제2판 출입국관리법

제2판
IMMIGRATION

출입국 관리법

CONTROL LAW

정혁진, 최영재 공저

국내 체류외국인은 200만 명을 넘어서서 우리나라 전체 인구의 약 4%를 차지하고 있다. 그러나 외국인의 출입국을 다루는 출입국관리법은 그 중요도에 비해 이제까지 활발하게 논의되지 않은 감이 있다. 알쏭달쏭한 부분이 있어도 이를 명확하게 다루는 자료가 많지 않고 문의할 곳도 마땅치 않다. 이 책은 이러한 문제의식에서 비롯되었기에 쟁점이 되는 부분마다 조문과 판례 및 사건을 최대한 정리하려고 노력하였다.

씨 아이 알

제2판 머리말

본 서 초판을 준비할 때의 목표는 세 가지였다. 현존하는 조문 및 판례를 최대한 반영하자, 부족하더라도 가급적 모든 쟁점에서 사견을 제시하자, 그리고 즐겁게 하자. 욕심 없이 소박하게 시작한 작업이었기에 결과물이 나오고 나서도 부담감이 적었고, 새로운 판례가 나오거나 법령이 개정될 때마다 누가 시키지 않아도 즐겁게 찾아보게 되었다. 이 때문에 개정 작업 역시 자연스레 즐거운 마음으로 임하게 되었다.

제2판에서는 2018년 개정된 출입국관리법 및 동법 시행령의 내용을 모두 반영하였고, 최근 선고된 중요 대법원 판결과 초판에서 충분히 다루지 못했던 하급심 판결들을 일부 보완하였다. 특히 사증발급거부에 관련된 대법원 판결이나 입국금지에 관한 하급심 판결들은 시간 들여 찾은 보람이 있다고 느껴질 정도로 사고의 지평을 넓히는 데 큰 도움을 받았다. 다만 시간에 쫓긴 나머지 비교법적 검토나 입법론을 다루지 못한 부분은 여전히 아쉽다. 지금까지와 같은 즐거운 마음으로 출입국관리법을 공부하다가 언젠가 이 부분까지 모두 본 서에서 다룰 수 있게 되기를 기대해본다.

제2판을 내는 과정에서 많은 분의 도움이 있었다. 부족한 책이 제2판으로 다시 나올 수 있도록 용기를 주신 분들 모두에게 진심으로 감사하다는 인사를 올리고 싶다. 특히 법무법인 디라이트의 황혜진, 김동환 변호사와 CJ E&M의 이은진 변호사는 본 서가 급변하는 시대 흐름을 세심하게 반영할 수 있게 도움을 주었고, 저자가 균형 잡힌 사고를 할 수 있도록 조언을 아끼지 않았다. 또한 오민철 법무사는 실무 처리 과정에서 궁금할 수 있는 부분들을 기탄없이 조언함으로써 본 서가 법률가들만 이해할 수 있는 난해한 암호문이 되지 않도록 도움을 주었다. 지면을 빌려 세 분 변호사님들과 오 법무사의 건승을 기원한다.

최근 국내외 정세가 급변하면서 출입국관리법에 대한 관심도도 이전보다는 높아진 것 같다. 이 책을 통해 독자들이 출입국관리법을 조금이나마 친숙하게 느끼게 되기를 간절히 바란다.

2018. 7.

저자들

초판 머리말

오늘날 대한민국 안에서 외국인을 찾아보기란 어려운 일이 아니다. 학교, 회사, 음식점, 상점, 공장 등 삶의 현장에서 외국인들이 차지하는 역할은 이미 상당하고 이들이 경제·문화 등 사회 전반에 미치는 영향력 역시 커져가고 있다. 통계에 따르면 대한민국에 체류 중인 외국인의 수는 2016년 9월 기준으로 이미 200만 명을 넘어섰고, 장기간 체류하기 위해 대한민국에 등록한 외국인 역시 116만 명에 달한다.[1] 귀화 역시 늘었는데, 2011년 이후 매년 1만여 명 이상의 외국인이 대한민국 국적을 취득하여 국민으로서 우리 사회에 편입되고 있다.[2]

방송 매체도 이러한 추세를 반영하고 있다. 당장 TV에서 외국인 패널이 등장하는 빈도가 잦아졌다. 일부 방송사는 아예 다수의 외국인 출연진들의 담화를 주된 소재로 하는 예능 프로그램[3]을 장기간 방송하기도 하였고, 한국 남성과 결혼한 외국인 여성과 시댁 간의 갈등 해소를 목표로 하는 프로그램[4] 역시 인기를 끌고 있다. 지나가는 사람의 눈동자 색이 다르면 신기하게 쳐다보던 시절, 피부색이 다른 인종에 대해 막연한 거부감을 느끼던 시절은 이제 먼 옛날이 되어버린 것만 같다. 그만큼 대한민국 사회가 외국인에 친숙해졌다는 뜻도 된다.

국가 간 담장이 낮아짐에 따라 외국인의 출입국 및 체류에 관한 사항을 국가 행정의 영역에서 보다 정치하게 다루어야 할 필요가 커지게 되었다. 대한민국에서 외국인의 출입국

---

1   법무부, 「출입국·외국인정책 통계월보」, 2016년 9월호, 15–21쪽.
2   http://www.index.go.kr/potal/main/EachDtlPageDetail.do?idx_cd=1760
     최종방문일 : 2016. 11. 19.
3   KBS, "미녀들의 수다", JTBC "비정상회담", "내 친구의 집은 어디인가", MBC "헬로! 이방인" 등.
4   EBS, "다문화 고부열전".

및 체류에 관한 사항을 규율하는 법률이 바로 출입국관리법이다. 하지만 출입국관리법의 중요도에 비해 논의는 그다지 활발하지 않았던 것으로 보인다. 출입국관리법에 관해 궁금한 부분이 있어 관련된 책을 참고하려고 해도 출판된 책은 한 손에 꼽을 정도로 적고, '출입국관리법' 하나만을 다룬 책 역시 서점에서는 찾을 수 없다. 조문의 해석상 의문이 드는 지점이 있어도 이에 관해 언급한 판례도 없고, 논문도 없으며, 명확한 답변을 들을 수 있는 곳도 마땅치 않다.

이 책은 이러한 문제의식에서 시작되었다. 이론적 배경이나 입법론에 대해 고민하기 이전에 조문, 판례, 법무부 지침[5] 등 대중에게 공개된 자료를 충실히 정리하는 것이 우선이라는 판단이 들었다. 조문의 의미가 무엇인지, 그 조문이 현실에 어떻게 적용되는지, 법원에서는 어떤 판단을 내리고 있는지를 유기적으로 엮어내는 것만으로도 큰 의미가 있을 것 같았다. 이 생각은 곧 이 책의 집필 방향이 되었다. 출입국관리법, 출입국관리법 시행령, 출입국관리법 시행규칙의 조문을 소개하면서 관련된 판례를 언급하였고, 대법원 판례가 존재하지 않거나 견해가 대립하는 부분은 가급적 빠짐없이 사견을 개진하도록 노력했다.

집필하는 동안 부족함을 느낄 때가 한두 번이 아니었다. 출입국관리사무소에 약 1년가량 근무했던 경험이나, 금융 전문 변호사로서의 20년 경력만으로 해소되지 않는 물음이 많았음에도 시간에 쫓겨 부족한 공부를 채우지 못한 것이 사실이다. 하지만 역설적으로 그랬기 때문에 충분한 비판과 논의를 통해 더 깊이 공부하면서 이 책을 보완하고 완성해나가야겠다는 욕심을 가지게 되었다. 관련 이민법제에 대해 더 깊이 공부해야겠다는 동기부여가 된 점 역시 필자들에게는 수확이다. 비교법적 연구나 입법론을 좀 더 다루지 못한 점은 여전히 아쉽지만, 빠진 부분을 보완하고 틀린 부분을 고쳐서 더 나은 개정판을 출간하는 것이 필자들의 목표다.

책을 작성하는 데 많은 사람들의 도움이 있었다. 법무부 출입국관리사무소에서 근무하는 이재유 과장은 현직자의 입장에서 서술의 체계가 바로 설 수 있도록 예리하게 지적해주었다. 김도윤, 김영호, 심정운, 이정환, 한준엽 공익법무관은 출입국 업무를 수행하였던

---

5   www.hikorea.go.kr에 공개된 지침을 의미한다.

경험을 바탕으로 쟁점이 되는 부분에서 적극적으로 의견을 개진해주었는데, 이들과의 의견 교환을 통해 논의가 좀 더 풍부해질 수 있었다. 지면의 제한으로 일일이 다 열거하기는 어렵지만 이 책을 내는 데는 주위 사람들의 도움과 응원이 큰 영향을 미쳤다. 진심으로 감사하다는 말을 전하고 싶다. 혹여 책에 미진한 부분이 있다면 그 비판은 전적으로 필자들의 몫이다. 이 책을 계기로 독자들이 출입국관리법에 대해 좀 더 관심을 가지게 되기를 희망한다.

2016. 12.
필자들

차례

03 국민의 출입국

04 외국인의 출입국

05 외국인의 등록 및 사회통합 프로그램

06 외국인의 추방

07 벌 칙

08 난 민

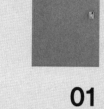

01

출입국관리법 개관

01
출입국관리법 개관

가. 입법목적

법무부 출입국·외국인정책본부의 통계에 따르면 2017년 한 해 동안 대한민국에 입국한 외국인은 13,359,509명, 대한민국에서 출국한 외국인은 13,393,163명이다.[1] 2018년 대한민국에 입국한 외국인의 수는 1월부터 4월까지의 기간만을 비교해보더라도 2017년에 비해 증가하였음을 알 수 있다.[2] 현재 대한민국에 체류하는 외국인 수도 2018년 4월 말 기준 2,260,392명(등록외국인은 1,192,293명)에 이른다.[3] 이처럼 대한민국과 관계를 맺고 살아가는 외국인의 수가 증가하는 추세에 있고, 출입국관리와 외국인의 체류질서 확립에 대한 필요성이 점점 더 커지고 있다.

1963년에 제정된 출입국관리법은 수차례 개정을 거쳐 현재에 이르기까지 대한민국을 드나드는 사람들을 관리하는 기본법으로 기능해왔다. 출입국관리법의 목적은 제1조에서 규정하는 바와 같이 국민 및 외국인의 출입국관리, 대한민국에 체류하는 외국인의 체류관리, 난민의 인정절차 관리에 있다. 출입국관리법 조문은 국민의 출입국, 외국인의 입국, 체류, 출국, 등록, 강제추방 순서로 배열되어 있다. 이후 선박 등의 검색, 선박 등의 장 및 운수업자의 책임, 난민여행증명서 발급, 보칙, 벌칙, 통고처분에 관한 목차가 순차적으로 등장한다.

1 　법무부 출입국·외국인정책본부, 「출입국·외국인정책 통계월보(2018년 4월호)」, 5쪽.
2 　법무부 출입국·외국인정책본부, 「출입국·외국인정책 통계월보(2018년 4월호)」, 5쪽.
3 　법무부 출입국·외국인정책본부, 「출입국·외국인정책 통계월보(2018년 4월호)」, 2쪽.

출입국관리법 제2장에서 '국민의 출입국' 부분을 다루기는 하지만 법률의 대부분은 대한민국을 출입하는 '외국인'들을 규율하는 내용으로 구성되어 있다. 이 때문에 출입국관리법은 외국인에 대한 부분에 더 무게를 두고 있는 편이다.

나. 출입국관리행정의 특수성

1) 광범위한 재량

출입국관리행정은 국민과 외국인의 출입국 및 체류관리를 위한 행정청의 공권력 행사를 의미한다. 출입국관리행정은 주권 행사의 일환으로 행해진다는 특성이 있기에 재량권이 다른 행정 영역에 비해 넓게 인정되는 경향이 있다. 헌법재판소 2005. 3. 31.자 2003헌마87 결정에서는 "출입국관리행정은 내·외국인의 출입국과 체류를 적절하게 통제·조정함으로써 국가의 이익과 안전을 도모하는 국가행정이다. …(중략)… 특히 외국인의 입국에 관한 사항은 주권국가로서의 기능을 수행하는 데 필요한 것으로서 광범위한 정책재량의 영역에 놓여 있는 분야라고 할 수 있을 것이다. 그러므로 이러한 영역의 공권력 행사의 위헌 여부를 판단함에 있어서는 '완화된 심사기준'이 적용되어야 한다."라고 설시함으로써 출입국관리행정의 재량권에 헌법적 근거를 부여하고 있다.

서울행정법원 2009. 12. 31. 선고 2009구합44898 판결 역시 "국가가 자국에 바람직하지 못하다고 판단하는 외국인을 추방할 수 있는 권리는 국제법상 확립된 권리로서 어떠한 외국인을 바람직하지 않다고 판단하여 추방할 것인지에 대하여는 국가가 자유로이 결정할 수 있다고 봄이 상당하다."라고 판시하면서 "외국인의 강제퇴거 여부 등을 결정함에 있어서는 그로 인하여 입게 될 당사자의 불이익보다는 국가의 이익과 안전을 도모하여야 하는 공익적 측면이 더욱 강조되어야 할 것이다."라는 점을 밝히고 있다. 서울행정법원 2011. 9. 15. 선고 2011구합21430 판결에서도 "특히 외국인의 출입국에 관한 사항은 주권국가로서의 기능을 수행을 하는 데에 필수적인 사항이라는 점에 비추어 엄격히 관리되어야 한다."라고 하여 같은 취지로 판단하고 있다.

다만 "여기에서 광범위한 정책재량이라 함은 출입국관리법에서 위임한 사항을 하위의 법규명령으로 구체화하는 과정에서 인정되는 것으로서 하위의 법규명령에 대한 위헌·위법 여부 심사에서 완화된 심사기준이 적용되어야 함을 의미하는 것이지, 대통령과 법무부장관이 수립한 정책을 단순히 집행하는 지위에 있는 하급행정청이 외국인 개개인에 대하여 개별적인 심사와 처분을 함에 있어서도 광범위한 재량이 부여되어 있다는 의미는 아니다. 즉, 정책형성에 있어서의 재량과 정책집행에 있어서의 재량은 본질적으로 다르다고 할 것이며, 개별처분은 정책집행의 영역이다(서울행정법원 2013. 10. 10. 선고 2013구합10342 판결)."라고 하여 정책재량 중에서도 특히 형성의 영역을 판단할 때 출입국관리행정의 고유한 속성을 고려한다고 밝히고 있다. 나아가 "출입국관리법에는 정책집행의 영역에 속하는 다양한 종류의 행정처분이 규정되어 있는데, 이들 각각에 관하여 행정청이 누리는 재량의 범위가 모두 동일하게 광범위하다고 볼 수는 없다. 재량의 범위는 각각의 근거 법령의 문언과 규율밀도, 입국, 체류자격 부여 및 변경, 귀화, 출국과 같은 출입국관리행정의 단계, 당해 행정처분이 침익적인지 아니면 수익적인지, 행정처분을 통해 부여되거나 박탈되는 지위의 성격과 등급이 어떠한지 등에 따라 달라진다고 할 것이다(서울행정법원 2013. 10. 10. 선고 2013구합10342 판결)."라는 설시를 통해 정책 집행 단계에서 재량의 한계를 판단하는 기준을 상세히 언급하고 있다.

출입국관리행정은 재량이 상대적으로 넓게 인정된다는 점 외에도 업무의 상당 부분이 지침과 같은 행정규칙에 위임되어 있다는 점이 특징이다. 체류자격부여 등 설권적 성격의 처분뿐 아니라 강제퇴거, 출국명령 등 침익적 처분의 구체적인 기준을 지침을 통해 해결하고 있다. 이는 시대 상황의 변화나 특정 사건의 발생 등에 따라 영향을 받기 쉬운 출입국관리 업무를 유동적·능동적으로 수행하기 위한 조처로 보이고, 출입국관리행정의 특수성을 감안할 때 일견 타당성이 있다. 실제 행정소송에서도 처분 담당자가 행정처분의 근거가 되는 지침을 따랐는지의 문제보다 그 처분 자체가 재량 범위 내에 있는 것인지를 더 비중 있게 판단하므로 지침의 존재 자체가 문제되는 경우는 많지 않다. 다만 지침이 행정규칙의 일종이고 행정규칙이 대외비인 경우가 흔치 않다는 점을 지적하는 목소리가 꾸준히 있어 왔다는 점은 기억할 필요가 있어 보인다.

2) 출입국관리법과 행정절차법의 관계

행정절차법 제3조 제2항 제9호에서는 "해당 행정작용의 성질상 행정절차를 거치기 곤란하거나 거칠 필요가 없다고 인정되는 사항과 행정절차에 준하는 절차를 거친 사항으로서 대통령령으로 정하는 사항"에 대해 행정절차법을 적용하지 않는다고 규정하고 있다. 동법 시행령 제2조 제2호에서는 외국인의 출입국·난민인정·귀화·국적회복에 관한 사항을 그 구체적인 항목으로 열거하고 있다. 이와 관련하여 행정절차법의 제 규정이 출입국관리행정에 어떤 양태로 적용되는지에 대한 검토가 요구된다.

인천지방법원 2013. 5. 9. 선고 2012구합5392, 인천지방법원 2013. 5. 16. 선고 2012구합5590 판결에서는 "행정절차법 제3조 제2항 제9호, 같은 법 시행령 제2조 제2호는 외국인의 출입국·난민인정·귀화·국적회복에 관한 사항에 대하여는 행정절차법이 적용되지 않는 것으로 규정하고 있으므로, 설령 피고(* 인천출입국관리사무소장, 저자 주)가 이 사건 처분을 하기 전에 행정절차법에 따른 절차를 준수하지 아니하였다고 하더라도 그 자체로 이 사건 처분이 위법하다고 보기는 어렵다."라고 설시함으로써 행정절차법과 출입국관리법의 관계를 밝히고 있다. 다만 대법원 2007. 9. 21. 선고 2006두20631 판결에서는 "행정과정에 대한 국민의 참여와 행정의 공정성, 투명성 및 신뢰성을 확보하고 국민의 권익을 보호함을 목적으로 하는 행정절차법의 입법목적과 행정절차법 제3조 제2항 제9호의 규정 내용 등에 비추어보면, 공무원 인사관계 법령에 의한 처분에 관한 사항 전부에 대하여 행정절차법의 적용이 배제되는 것이 아니라 성질상 행정절차를 거치기 곤란하거나 불필요하다고 인정되는 처분이나 행정절차에 준하는 절차를 거치도록 하고 있는 처분의 경우에만 행정절차법의 적용이 배제되는 것으로 보아야 할 것이다."라고 판시함으로써 행정절차법 제3조 제2항 제9호의 적용범위를 제한한 바 있다.

요컨대 출입국관리행정에도 행정절차법이 적용되나, 행정절차법 제3조 제2항 제9호의 문언 및 입법취지를 고려하여 일정한 범위에서 그 적용이 배제된다는 것이 현행법의 해석이라 하겠다. 행정절차법과의 관계는 출입국관리행정의 절차 중 구체적으로 문제되는 지점을 언급할 때 상술하도록 하겠다.

다. 다른 법률과의 관계

1) 난민법

구 출입국관리법(2012. 2. 10. 법률 제11298호로 개정되기 전의 것)에서는 제76조의2부터 제76조의10까지의 조문을 통해 난민인정절차 등 난민에 관한 처우를 규정하고 있었고, 대한민국이 1992. 12. 가입한 「난민의 지위에 관한 협약」 내용으로 관련 부분을 보충하여 제도를 운영해왔다. 그런데 구 출입국관리법의 조문이 구체적이지 못했던 까닭에 난민인정 절차의 운용과 난민신청자의 처우에 대해 문제점이 지적되어 왔다. 2012. 2. 10. 법률 제11298호를 통해 제정된 난민법은 이러한 문제의식이 반영된 결과물이다.

이러한 연혁적 배경의 영향으로 출입국관리법과 난민법은 밀접하게 관련되어 있다. 난민법 제4조에서 "난민인정자와 인도적 체류자 및 난민신청자의 지위와 처우에 관해서는 출입국관리법에 우선하여 난민법이 적용된다."라는 점을 규정함으로써 두 법 간의 우선순위를 정하고 있다. 현행 출입국관리법에도 난민여행증명서 등 일부 조문이 남아 있고(출입국관리법 제76조의5부터 7), 난민인정자 및 난민신청자에 대한 정책적 고려가 체류와 추방 등 출입국관리법 전반에 걸쳐 구체화되어 있다. 실무 역시 외국인의 추방에 관한 절차에서 난민신청자의 지위와 출입국사범의 지위가 경합할 때 난민에 관련된 사항을 비중 있게 고려하는 방향으로 변화하고 있는 추세다. 다만 현행법상의 난민인정절차가 충실히 제 기능을 발휘하고 있는지, 난민인정자 및 난민신청자에 대한 처우가 다른 국가들과 비교했을 때 적정한 수준인지에 대해서는 견해의 대립이 있다.

본 서는 출입국관리법에 관한 내용을 다루지만 이러한 연유에서 난민법을 언급하지 않을 수 없기에, 책의 말미에서 별도의 목차를 통해 조문을 간략하게나마 소개하고자 한다.

2) 국적법

출입국관리법 제2조 제1호에서는 "국민"을 "대한민국의 국민"으로, 제2호에서는 "대한민국의 국적을 가지지 아니한 사람"을 "외국인"으로 규정하고 있다. 이처럼 국적은 출입국관리법의 적용 대상이 되는 사람의 인적 귀속을 확정하는 근거가 되고, 국민이냐 외국인이냐의 구분은 곧 출입국관리법의 적용을 어디까지 받느냐의 문제로 귀결된다. 국민은 출입국 절차와 출국금지에 관한 조항 정도가 적용되고, 출입국관리법 위반이 있더라도 형사처벌 등 불이익을 받을 뿐 강제퇴거·출국명령을 통해 추방되지는 않는다. 반면 외국인은 입국 전에는 사증 발급을 위한 심사를, 입국 시에는 입국금지사유에 해당하는지에 대한 심사를 받고, 체류기간 중에는 체류목적에 맞게 활동해야 하는 법률상 제한이 따른다. 또한 출입국관리법을 위반하였거나 국내법 질서를 존중하지 않을 경우 강제퇴거·출국명령 등을 통해 국외로 추방되기도 하고, 행정처분에 의하여 보호시설에 구금될 수도 있다.

국적법에서는 외국인이 일정 기간 이상 대한민국에 체류할 것을 국적 취득의 요건으로 규정하고 있다(국적법 제5조 및 제6조). 국적법은, 귀화허가 등 처분에 대한 행정청의 재량이 국가 주권 행사의 일환으로 넓게 인정된다는 점에서 출입국관리법과 유사한 측면이 있다. 이처럼 국적법 역시 출입국관리법과 긴밀한 연관관계에 있으나 '출입국관리법'이라는 표제하에 묶기에는 분량이 방대하기에, 본 서에서는 관련 부분에서 해당 조문 또는 판례를 간략하게 언급하는 것으로 갈음하였다. 국적에 관한 사항은 추후 별도의 저술을 통해 정리할 예정이다.

3) 재외동포의 출입국과 법적 지위에 관한 법률

「재외동포의 출입국과 법적 지위에 관한 법률(이하 '재외동포법')」은, 재외국민 및 출입국관리법상 재외동포 체류자격자의 대한민국 내 법적 지위에 관해 적용된다(재외동포법 제3조). 재외동포법에서는 "재외동포"의 개념을 대한민국 국적 보유 여부에 따라 "재외국민"과 "외국국적동포"로 구분하고 있고, 출입국관리법에서는 재외동포법의 이러한 개념 정의를 원용하여 재외동포(F-4) 체류자격의 상세를 밝히고 있다. 체류자격의 구체적 내용이 규정되어 있는 출입국관리법 시행령 별표 제1호 28의2. F-4 항목에서는 재외동포 체류자격을 "재외동포의 출입국과 법적 지위에 관한 법률 제2조 제2호에 해당하는 사람", 즉 "외국국적동포"로 규정하고 있고, 다시 재외동포법 제5조 제2항에서는 F-4 체류자격의 결격사유를 열거하고 있다.

이처럼 출입국관리법 일부에 적용되는 내용이 '재외동포법'이라는 별도의 법률로 존재하고 있는 만큼 출입국관리행정을 이해하기 위해서는 재외동포법에 대한 이해 역시 필요하다. 본 서에서는 필요한 부분에 한해 재외동포법의 구체적인 내용을 인용하는 수준으로 간략히 언급하는 데 그쳤지만 추후 이 법에 대해 별도로 정리해둘 필요가 있어 보인다.

4) 노동관계법

대한민국에 체류하는 외국인들 가운데는 취업을 목적으로 입국하는 사람들도 많다. 이들에 대한 법률관계를 각종 노동관계법이 규율하고 있는데, 그중 대표적인 것으로 「외국인근로자의 고용 등에 관한 법률(이하 '외국인고용법'[4])」과 「근로기준법」이 있다. 외국인고용법은 요건을 갖춘 경우 단순노무 업종에 종사할 수 있는 외국인을 사용자가 일정 범위에서 고용할 수 있게 하는 고용허가제의 도입과 관련되어 있다. 외국인근로자 고용절차를 상세히 규정하면서 내국인 구인을 우선 노력해야 한다는 점을 명시(외국인고용법 제6조)하고 있는 점은 그 때문이다. 일정한 경우 외국인고용법상의 신고로 출입국관리법의 신고를 대체할 수 있는(외국인고용법 제17조 제2항) 등 특기할 사항이 있으므로, 출입국관리법을 언급할 때 함께 고려할 필요가 있다. 근로기준법 역시 외국인의 근로자성에 대해 논의가 있어 왔고 관련 쟁점에 대해 법원의 판단이 있었다는 점에서 외국인의 법적 지위를 논할 때 배제할 수 없는 법률이다.

라. 외국인의 법적 지위

1) 헌법

외국인은 대한민국의 국적을 가지지 아니한 사람을 말한다(출입국관리법 제2조 제2호). 대한민국헌법 제6조 제2항에서는 "외국인은 국제법과 조약이 정하는 바에 의하여 그 지위가 보장된다."라고 규정하고 있다. 헌법재판소는 이러한 헌법 규정을 구체화하고 있는데, 외국인에게도 일정한 경우 헌법상의 기본권주체성을 인정할 수 있음을 일관되게 밝히고 있다. 헌법재판소 1994. 12. 29.자 93헌마120 결정에서는 "기본권 보장규정인 헌법

---

4   이 법을 '외국인고용법'이라고 약칭하는 것이 타당하지 않다는 지적(차용호, "한국 이민법", 박영사, 2015, 991쪽)이 있다. 다만 대법원에서 제공하는 온라인 국가법령정보센터(www.glaw.scourt.go.kr)의 자료에서는 '외국인고용법'으로 약칭을 표기하고 있어 본 서는 이에 따랐음을 밝힌다.

제2장의 제목이 '국민의 권리와 의무'이고 그 제10조 내지 제39조에서 '모든 국민은 ……
권리를 가진다'고 규정하고 있으므로 국민(또는 국민과 유사한 지위에 있는 외국인과 사법
인)만이 기본권의 주체라 할 것"이라고 설시하여 이 점을 확인한 바 있다.

　헌법재판소는 나아가 "제한하고 있는 기본권이 권리의 성질상 외국인인 청구인에게 기
본권주체성을 인정할 수 있는 것인지를 개별적으로 결정하여야 한다(헌법재판소 2011. 9.
29.자 2007헌마1083등 결정)."라고 하여 기본권의 적용 여부를 판단하는 기준을 제시하
고 있다. 구체적으로, "직장 선택의 자유는 인간의 존엄과 가치 및 행복추구권과도 밀접한
관련을 가지는 만큼 단순히 국민의 권리가 아닌 인간의 권리로 보아야 할 것이므로 권리의
성질상 참정권, 사회권적 기본권, 입국의 자유 등과 같이 외국인의 기본권주체성을 전면적
으로 부정할 수는 없다(헌법재판소 2011. 9. 29.자 2009헌마351 결정, 헌법재판소 2000.
8. 31.자 97헌가12 결정)."라고 설시함으로써 기본권을 외국인에게 보장되는 영역과 그렇
지 않은 영역으로 구분하고 있다. 이러한 구분은, "인간의 존엄과 가치 및 행복추구권 등과
같이 단순히 '국민의 권리'가 아닌 '인간의 권리'로 볼 수 있는 기본권에 대해서는 외국인도
기본권 주체가 될 수 있다고 하여 인간의 권리에 대하여는 원칙적으로 외국인의 기본권주
체성을 인정하였다(헌법재판소 2011. 9. 29.자 2007헌마1083 등, 헌법재판소 2014. 4.
24.자 2011헌마474 등 참조)."라는 설시와 같이 현재는 확립된 것으로 받아들여지고 있다.

　헌법재판소 2011. 9. 29.자 2009헌마351 결정에서는, "직업의 자유 중 이 사건에서 문제
되는 직장 선택의 자유는 인간의 존엄과 가치 및 행복추구권과도 밀접한 관련을 가지는 만
큼 단순히 국민의 권리가 아닌 인간의 권리로 보아야 할 것"이라고 전제한 후 "외국인도 제
한적으로라도 직장 선택의 자유를 향유할 수 있다고 보아야 한다."라고 하여 인간의 존엄과
가치 및 자유권을 외국인에게도 인정한 바 있다. 또한 평등권 역시 인간의 권리로서 참정권
등에 대한 성질상의 제한 및 상호주의에 따른 제한이 있을 뿐 외국인의 기본권주체성 자체
는 인정된다고 보고 있다(헌법재판소 2011. 9. 29.자 2009헌마351 결정).

　한편 헌법재판소는 2018. 5. 31.자 2014헌마346 결정을 통해 "헌법 제12조 제4항 본문
의 문언 및 헌법 제12조의 조문 체계, 변호인 조력권의 속성, 헌법이 신체의 자유를 보장하
는 취지를 종합하여 보면 헌법 제12조 제4항 본문에 규정된 "구속"은 사법절차에서 이루어
진 구속뿐 아니라, 행정절차에서 이루어진 구속까지 포함하는 개념이다. 따라서 헌법 제

12조 제4항 본문에 규정된 변호인의 조력을 받을 권리는 행정절차에서 구속을 당한 사람에게도 즉시 보장된다(헌법재판소 2018. 5. 31.자 2014헌마346 결정)."라고 하여 변호인의 조력을 받을 권리 또한 외국인에게 인정된다는 점을 명확히 한 바 있다.

이처럼 외국인은 대한민국 헌법에 의해 보호를 받으므로 권리가 침해되었을 경우 헌법소송을 통해 권리 구제를 받을 수 있는 절차적 가능성이 열려 있다.

2) 법률

헌법상의 기본권은 아니지만 개별 법률에서 외국인의 권리에 관해 명문으로 규정하고 있는 경우가 있고, 판례가 이를 구체화한 사안도 있다. 외국인에게 인정되는 법률상 권리 중 대표적인 항목을 몇 가지 추려 소개해본다.

가) 공직선거법

기본권으로 보장되는 것은 아니나 외국인에게도 법률에 따라 참정권이 보장되고 있다. 공직선거법에서는 ① 출입국관리법 제10조에 따른 영주(F-5)의 체류자격을 취득하고 ② 그로부터 3년이 경과한 외국인으로서 ③ 출입국관리법 제34조에 따라 체류지 관서의 외국인등록대장에 기재된 사람 중 ④ 19세 이상의 자에게 지방자치단체의 의회의원 및 장의 선거권을 인정하고 있다(공직선거법 제15조 제2항 제3호). 해당 조문은 2005. 8. 4. 법률 제7681호로 개정되면서 신설된 것으로, 장기간 체류하며 대한민국과 생활상 밀접한 관계를 맺고 있는 외국인들이 주민으로서 가지는 생활이익을 보장하기 위한 차원에서 입법된 것이다.

따라서 공직선거법에 따라 지방의회 및 지방자치단체장 선거에는 일정한 경우 외국인이 참여할 수 있는 길이 제도적으로 보장되어 있다.

나) 지방자치법 및 주민투표법

지방자치법은 지방자치단체의 종류와 조직 및 운영에 관한 사항을 정하는 법률로, 주민의 요건과 권리를 구체적으로 규정하고 있다. 동법 제12조에서는 주민의 자격을 "지방자치단체의 구역 안에 주소를 가진 자"라고 규정하여 외국인을 배제하지 않고 있다. 동법 제15조 제2항 제2호 및 제3호에서는 만 19세 이상의 외국인 중 거소신고가 된 외국국적동 포와, 영주권 취득일로부터 3년이 경과하고 지방자치단체의 외국인등록명부에 등재된 사 람은 지방자치단체의 조례 제정 및 개폐에 참여할 수 있음을 규정하고 있다. 또한 지방자 치법 제14조 제2항과 이를 별도로 규정하는 주민투표법 제5조 제1항 제2호에서는 체류자 격을 갖춘 외국인 중 해당 지방자치단체의 조례로 정한 자에 대해 주민투표권도 인정하고 있다.

따라서 지방자치법과 주민투표법에 따라 외국인은 자신이 거주하는 지역의 사무에 의 견을 개진하여 반영시킬 수 있다.

다) 정당법

지방자치법과 주민투표법 등 개별 법률에 정한 외의 정치활동은 외국인에게 제한되어 있다. 정당법 제22조 제2항에서 외국인은 정당의 당원이 될 수 없다고 규정하고 있고, 정 치자금법 제31조 제1항에서는 외국인의 정치자금 기부를 금지하고 있다. 출입국관리법 역시 다른 법률에 정하지 않는 한 외국인의 정치활동을 금지하고 있어(출입국관리법 제17 조 제2항), 외국인이 대한민국에 체류하면서 투표 이외의 방식으로 정치적 견해를 표명하 기는 어렵다고 할 수 있다. 출입국관리법에서 금지하고 있는 '정치활동'의 개념이 명확하 지 않다는 점과 그 제한이 과도하다는 점에 대해서는 비판적 여론이 있다.[5]

라) 공무원법

공무원법에서는 외국인에게도 공무원이 될 자격이 있음을 규정하고 있다. 국가공무원 법 제26조의3 제1항에서는 국가안보 및 보안·기밀에 관계되는 분야를 제외하고는 외국인 을 공무원으로 임용할 수 있다고 규정하고 있고, 공무원임용령 제4조 제1항에서는 외국인 을 전문경력관, 임기제공무원, 특수경력직공무원으로 채용할 수 있다고 구체화하고 있

---

[5] http://news.joins.com/article/14773371
최종방문일 : 2016. 11. 12.

다. 또한 지방공무원의 임용 역시 지방공무원법 제25조의2 제1항, 지방공무원 임용령 제3조의4 제1항에 따라 지방전문경력관, 임기제공무원, 특수경력직공무원의 영역을 외국인에게도 개방하고 있다.

이러한 공무원 관계 법령에 따라 외국인은 일정한 범위에서 공무원으로 임용될 수 있다.

마) 부패방지 및 국민권익위원회의 설치와 운영에 관한 법률

부패방지 및 국민권익위원회의 설치와 운영에 관한 법률(이하 '위원회법')에 따라 국무총리 소속으로 설치된 국민권익위원회에서는 '고충민원'의 처리를 담당한다. 국민권익위원회에서 처리하는 고충민원은 위원회법 제2조 제5호에 규정된 바와 같이, 행정기관 등의 위법·부당하거나 소극적인 처분이나 불합리한 행정제도 등으로 국민에게 불편을 주는 사항에 관한 민원이다. 다만 동법 제43조 제1항에 따라 국회·법원·헌법재판소·선거관리위원회·감사원·지방의회에 관한 사항, 수사 및 형집행에 관한 사항, 다른 권리구제 절차가 진행 중인 사항, 사인 간의 권리관계 또는 사생활에 관한 사항에 대하여는 위원회에서 각하하거나 관계 기관에 이송할 수 있게 되어 있다. 따라서 국민권익위원회에서 현실적으로 처리하는 민원은 소송 등 불복절차에 이르기 이전 단계에 있는 행정부의 행위에 한정된다.

민원이 국민권익위원회에서 처리할 수 있는 사안일 경우 조사 후 합의를 권고하거나(위원회법 제44조), 조정을 진행하거나(위원회법 제45조), 관계 기관장에 대하여 시정권고 및 의견을 표명할 수 있고(위원회법 제46조), 제도가 불합리할 경우 제도 개선에 대한 의견을 제시할 수 있다(위원회법 제47조). 권고를 받은 관계 행정기관 등의 장이 그 내용을 이행하지 않는 경우 이유를 국민권익위원회에 문서로 통보하여야 하고(위원회법 제50조 제2항), 국민권익위원회는 권고내용의 불이행사유를 공표할 수 있다(위원회법 제53조 제3호). 위원회법 제39조 제1항에서는 "누구든지(국내에 거주하는 외국인을 포함한다) 위원회 또는 시민고충처리위원회에 고충민원을 신청할 수 있다."라고 하여 외국인에게도 고충민원의 신청적격이 있음을 명시하고 있으므로, 행정기관의 위법하거나 부당한 처분을 받은 외국인은 쟁송절차를 거치기 이전에 국민권익위원회의 도움을 받을 수 있다.

바) 인신보호법

인신보호법에서는 위법한 행정처분 또는 사인에 의한 시설 수용으로 부당하게 인신의 자유를 제한당하고 있는 개인을 위해 구제절차를 정하고 있는데, 이는 헌법이 정하는 국민의 기본권 보장을 목적으로 한다(인신보호법 제1조). 인신보호법의 적용대상인 '피수용자'는 자유로운 의사에 반하여 국가, 지방자치단체, 공법인 또는 개인, 민간단체 등이 운영하는 의료시설·복지시설·수용시설·보호시설(이하 "수용시설"이라 한다)에 수용·보호 또는 감금되어 있는 자를 말한다(인신보호법 제2조 본문). 다만, 형사절차에 따라 체포·구속된 자, 수형자 및 「출입국관리법」에 따라 보호된 자는 제외한다(인신보호법 제2조 단서). 이와 관련하여 출입국항에서 입국이 허가되지 않은 외국인이 인신보호법의 보호대상이 되는지 여부가 문제된 사안이 있다.

대법원은 "신체의 자유는 모든 인간에게 그 주체성이 인정되는 기본권이고, 인신보호법은 인신의 자유를 부당하게 제한당하고 있는 개인에 대한 신속한 구제절차를 마련하기 위하여 제정된 법률이므로, 대한민국 입국이 불허된 결과 대한민국 공항에 머무르고 있는 외국인에게도 인신보호법상의 구제청구권은 인정된다. 또한, 대한민국 입국이 불허된 외국인이라 하더라도 외부와의 출입이 통제되는 한정된 공간에 장기간 머무르도록 강제하는 것은 법률상 근거 없이 인신의 자유를 제한하는 것으로서 인신보호법이 구제대상으로 삼고 있는 위법한 수용에 해당한다(대법원 2014. 8. 25.자 2014인마5 결정)."라고 하여 이를 긍정하고 있다.

나아가 인신보호법의 목적인 '국민의 기본권 보장(제1조)'의 해석과 관련하여, "인신보호법 제1조가 명시한 '국민'을 해석함에 있어서도 신체의 자유에 대한 위 헌법 규정에 대한 해석론 및 위 기본권의 성격 및 주체에 대한 이론과 달리 한정적인 의미에서 외국인이 배제된 대한민국 국적을 보유한 '국민'으로 좁게 해석할 이유가 없고, 오히려 그러한 해석은 헌법에 반한다(대법원 2014. 8. 25.자 2014인마5 결정; 인천지방법원 2014. 4. 30.자 2014인라4 결정)."라고 설시함으로써 대한민국 국민뿐 아니라 외국인에게도 인신보호법이 적용된다는 점을 명확히 하였다. 그 근거로 "인신보호법상 구제청구는 헌법 제12조 제6항이 정한 체포·구속적부심사청구권을 형사절차에 의한 체포·구속뿐만 아니라 일반 행정기관을 비롯한 다른 국가기관 등에 의한 모든 형태의 공권력에 의한 체포·구속 및 개인에

의한 수용시설에의 구금 등에 대하여 즉시 이의를 제기하여 판사에 의한 적부심사를 받고
자 하는 취지에서 헌법위임에 따라 만들어진 제도"라는 점과, "헌법 제12조 제6항은 이러
한 절차적 권리로서 '적부의 심사를 법원에 청구할 권리'의 주체를 좁은 의미의 '국민'으로
한정하고 있지 아니하며 '누구든지' 이러한 권리를 행사할 수 있다고 정하고 있다."라는
점을 제시하고 있다(대법원 2014. 8. 25.자 2014인마5 결정; 인천지방법원 2014. 4. 30.
자 2014인라4 결정).

따라서 인신보호법 역시 명문으로 외국인의 권리를 보장하고 있다.

02

항만 등에서의 출입국관리

02
항만 등에서의 출입국관리

가. 개관

출입국관리법 제7장 및 제8장에서는 대한민국을 출입국하는 선박 등의 관리에 대한 사항을 규정하고 있다. 이때 '출입국항'은 출국하거나 입국할 수 있는 대한민국의 항구·공항과 그 밖의 장소로서 대통령령이 정하는 곳을 의미하고(출입국관리법 제2조 제6호), '선박 등'은 대한민국과 대한민국 밖의 지역 사이에서 사람이나 물건을 수송하는 선박·항공기·기차·자동차 그 밖의 교통기관을 말한다(출입국관리법 제2조 제8호).[6]

나. 운수업자 등의 의무

출입국관리법은 선박 등의 장이나 운수업자가 일반적으로 준수해야 할 사항에 대해 규정하고 있다(출입국관리법 제73조 및 제73조의2). 선박 등의 장이나 운수업자는 입국이나 상륙을 허가받지 아니한 사람의 입국·상륙(출입국관리법 제73조 제1호), 유효한 여권(선원의 경우에는 여권 또는 선원신분증명서)과 필요한 사증을 지니지 아니한 사람의 탑승(출입국관리법 제73조 제2호), 승선허가나 출국심사를 받지 아니한 사람의 탑승(출입국관리법 제73조 제3호), 출국 또는 입국 요건을 갖추지 못하여 선박 등에 탑승하기에 부적당하다고 출입국관리공무원이 통보한 사람의 탑승(출입국관리법 제73조 제4호)을 방

6 　다만 남북한이 분단된 현실 상황에서 기차와 자동차는 문제될 여지가 거의 없다.

지해야 한다. 또한 위 제1호부터 제3호까지에 규정된 입국·상륙·탑승의 방지를 위하여 요청하는 감시원을 배치해야 하고(출입국관리법 제73조 제5호), 출입국관리법을 위반하여 출입국을 하려는 사람이 숨어 있는지를 확인하기 위해 선박 등을 검색(출입국관리법 제73조 제6호)해야 한다. 이에 따라 선박 등의 검색과 출입국심사가 끝날 때까지 선박 등에 무단출입하는 행위를 금지(출입국관리법 제73조 제7호)해야 하고, 선박 등의 검색과 출국심사가 끝난 후 출항하기 전까지 승무원이나 승객의 승선·하선을 방지(출입국관리법 제73조 제8호)해야 한다. 이때 선박 등의 장이나 운수업자는 출입국관리공무원이 선박 등의 검색과 출입국심사를 위한 직무수행에 특히 필요하다고 인정하여 명하는 사항(출입국관리법 제73조 제9호)을 지켜야 한다.

또한 운수업자는 출입국관리공무원이 승객들의 출입국관리법 위반 여부[7]를 조사하기 위해, 또는 승객에게 입국금지사유가 존재하는지를 조사하기 위해 예약정보의 확인을 요청하는 경우 지체 없이 예약정보시스템을 열람하게 하거나 표준화된 전자문서로 제출하여야 한다(출입국관리법 제73조의2 제1항). 이때 열람하거나 문서로 제출받을 수 있는 자료의 범위는 성명, 국적, 주소, 전화번호, 여권번호, 여권의 유효기간 및 발급국가, 예약 및 탑승수속 시점, 여행경로와 여행사, 동반 탑승자와 좌석번호, 수하물, 항공권의 구입대금 결제방법, 여행출발지와 최종목적지, 예약번호에 한정된다(출입국관리법 제73조의2 제2항).

한편, 출입국관리공무원은 정확하고 신속한 출국검사를 위하여 운수업자에게 성명, 성별, 생년월일 및 국적, 여권번호와 예약번호, 출항편, 출항지 및 출항시간, 입항지와 입항시간, 환승 여부와 같이 승객에 관한 자료를 요청할 수 있는데, 이때 운수업자는 지체 없이

---

[7] 제7조 제1항
    외국인이 입국할 때에는 유효한 여권과 법무부장관이 발급한 사증(査證)을 가지고 있어야 한다.
    제7조의2
    누구든지 외국인을 입국시키기 위한 다음 각 호의 어느 하나의 행위를 하여서는 아니 된다.
    1. 거짓된 사실의 기재나 거짓된 신원보증 등 부정한 방법으로 외국인을 초청하거나 그러한 초청을 알선하는 행위.
    2. 거짓으로 사증 또는 사증발급인정서를 신청하거나 그러한 신청을 알선하는 행위.
    제12조의3 제1항
    누구든지 외국인을 불법으로 입국 또는 출국하게 하거나 대한민국을 거쳐 다른 국가에 불법으로 입국하게 할 목적으로 다음 각 호의 행위를 하여서는 아니 된다.
    1. 선박 등이나 여권 또는 사증, 탑승권이나 그 밖에 출입국에 사용될 수 있는 서류 및 물품을 제공하는 행위.
    2. 제1호의 행위를 알선하는 행위.

표준화된 전자문서로 제출하여야 한다(출입국관리법 제73조의2 제3항). 다만 천재지변·정전 또는 이에 준하는 사유로 정보시스템 또는 통신에 장애가 발생했거나, 출입국·외국인청의 장(이하 "청장"이라 한다), 출입국·외국인사무소의 장(이하 "사무소장"이라 한다), 출입국·외국인청 출장소장 또는 출입국 외국인사무소 출장소장(이하 "출장소장"이라 한다)과 운수업자 간 표준전자문서를 송수신할 수 있는 시스템이 구축되지 아니한 경우로서 청장·사무소장 또는 출장소장이 정당한 사유가 있다고 인정하는 경우 지체 없이 그 사유를 밝히고 서류로 제출할 수 있다(출입국관리법 제73조의2 제1항, 출입국관리법 제73조의2 제3항, 출입국관리법 시행규칙 제67조 제3항).

제출받은 자료를 열람하거나 문서로 제출하여줄 것을 요청할 수 있는 출입국관리공무원은 지방출입국·외국인관서의 장이 지정하는 사람으로 한정되고(출입국관리법 제73조의2 제4항), 지정된 출입국관리공무원은 제출받은 자료를 검토한 결과 이 법에 따른 출국 또는 입국 요건을 갖추지 못하여 선박 등에 탑승하기에 부적당한 사람이 발견된 경우에는 그 사람의 탑승을 방지하도록 선박 등의 장이나 운수업자에게 통보할 수 있다(출입국관리법 제73조의2 제5항).

다. 출·입항 예정통보

선박 등이 출입국항에 출·입항할 때 그 선박 등의 장이나 운수업자는 지방출입국·외국인관서의 장에게 출·입항 예정일시와 그 밖에 필요한 사항을 적은 출·입항 예정통보서를 출·입항 24시간 전까지 제출하여야 한다(출입국관리법 제74조 본문, 출입국관리법 시행령 제86조 본문). 다만 정규편 선박 등이 출·입항하는 경우나 그 밖에 특별한 사유가 있으면 통보하지 않아도 된다(출입국관리법 시행령 제86조 단서).

항공기의 불시착이나 선박의 조난 등 불의의 사고가 발생한 경우에는 지체 없이 그 사실을 지방출입국·외국인관서의 장에게 알려야 한다(출입국관리법 제74조 단서). 이 경우 출·입항 예정통보를 하지 않고 출입국항 또는 그 외의 장소에 입항한 선박 등의 장 또는 운수업자는 그 선박 등이 입항한 즉시 청장·사무소장 또는 출장소장에게 입항통보를 하여야 한다(출입국관리법 시행규칙 제67조 제1항).

라. 승선허가

출입국항 또는 출입국항이 아닌 장소에 정박하는 선박 등에 출입하려는 사람은 지방출입국·외국인관서의 장의 승선허가를 받아야 하고(출입국관리법 제72조 제1항 본문), 출입국관리공무원 외의 사람이 출입국심사장[8]에 출입하려는 경우에도 허가를 요한다(출입국관리법 제72조 제2항). 다만 선박 등의 승무원과 승객 또는 다른 법령에 따라 출입할 수 있는 사람은 허가를 받지 않아도 된다(출입국관리법 제72조 제1항).

승선허가를 받으려는 사람은 승선허가 신청서에 승선사유를 소명하는 자료를 첨부하여 청장·사무소장 또는 출장소장에게 제출하여야 하나, 부득이한 사유가 있는 경우 운수업자가 대리하여 신청서를 제출할 수 있다(출입국관리법 시행령 제84조 제1항). 또한 법 제72조 제2항에 따라 출입국심사장 출입허가를 받으려는 사람은 출입국심사장 출입허가 신청서에 출입사유를 소명하는 자료를 첨부하여 청장·사무소장 또는 출장소장에게 제출하여야 한다(출입국관리법 시행령 제84조 제5항).

마. 보고의무

출입국항이나 출입국항이 아닌 장소에 출·입항하는 선박 등의 장이나 운수업자는 승무원명부와 승객명부를 첨부한 출·입항보고서를 지방출입국·외국인관서의 장에게 제출하여야 한다(출입국관리법 제75조 제1항). 위 승무원명부와 승객명부에는 승무원 및 승객 각자에 대해 국적, 여권에 적힌 성명, 생년월일, 성별, 여행문서의 종류 및 번호, 환승객인지 여부(승객만 해당), 승객의 얼굴에 관한 정보[9]가 포함되어 있어야 한다(출입국관리법 시행령 제87조 제2항).

또한 위 선박 등의 장이나 운수업자는 여권[10]을 가지고 있지 않은 사람이 선박 등에 타고 있는 것을 알았을 때에는 지체 없이 지방출입국·외국인관서의 장에게 보고하고 그의 상

---

8 출입국심사장은 출국 또는 입국심사를 위하여 출입국항에 설치된 장소로 한다(출입국관리법 시행령 제84조 제3항).
9 출입국관리법 제14조의2에 따라 관광상륙허가를 신청하려는 경우만 해당한다.
10 선원의 경우 여권 또는 선원신분증명서를 말한다.

류을 방지하여야 한다(출입국관리법 제75조 제4항). 또한 출항할 경우 위 선박 등의 장이나 운수업자는 승무원상륙허가를 받은 승무원 또는 관광상륙허가를 받은 승객이 선박 등으로 돌아왔는지 여부, 정당한 출국절차를 마치지 아니하고 출국하려는 사람이 있는지 여부를 확인하여 지방출입국·외국인관서의 장에게 보고하여야 한다(출입국관리법 제75조 제5항).

위 출·입항보고서는 입항의 경우 국내 입항 2시간 이전까지(단, 법 제14조의2에 따라 관광상륙허가를 신청하려는 경우는 24시간 이전까지) 제출하여야 하나, 출발국 출항 후 국내 입항까지의 시간이 2시간(관광상륙허가의 경우 24시간) 미만인 경우 출발국에서 출항 후 20분 이내까지 제출할 수 있다(출입국관리법 시행령 제87조 제5항 제1호). 반면 출항의 경우 출항 준비가 끝나는 즉시 보고서를 제출하여야 한다(출입국관리법 시행령 제87조 제5항 제2호).

바. 출입국항에서의 검색

선박 등이 출입국항에 출·입항할 때에는 출입국관리공무원의 검색을 받아야 한다(출입국관리법 제69조 제1항). 부득이하게 출입국항이 아닌 장소에 출·입항하여야 할 사유가 발생하면 출·입항 예정통보서에 그 사유를 소명하는 자료를 첨부하여 미리 지방출입국·외국인관서의 장에게 제출하고 검색을 받아야 한다(출입국관리법 제69조 제2항 본문). 항공기의 불시착·선박의 조난 등 불의의 사고가 발생하였을 경우 지체 없이 그 사실을 지방출입국·외국인관서의 장에게 보고하여 검색을 받아야 한다(출입국관리법 제69조 제2항 단서).

대한민국 영역에서 사람이나 물건을 수송하는 선박, 항공기, 그 밖의 교통기관이 불의의 사고나 항해상의 문제 등 특별한 사정으로 외국에 기항한 경우에는 그 후 입항할 때 출입국관리공무원의 입항검색을 받아야 한다(출입국관리법 제70조 제1항). 또한 대한민국에 입국하거나 대한민국으로부터 출국하려는 사람의 환승을 위하여 국내공항 간을 운항하는 항공기도 역시 검색을 받아야 한다(출입국관리법 제70조 제2항).

출입국관리공무원은 이와 같이 선박 등의 검색을 할 때 승무원과 승객의 출입국 적격 여부 또는 이선 여부, 법령을 위반하여 입국이나 출국을 하려는 사람이 선박 등에 타고 있는지 여부, 출입국관리법 제72조에 따른 승선허가를 받지 않은 사람이 있는지 여부를 심사하여야 한다(출입국관리법 제69조 제3항). 이때 선박 등의 장에게 항해일지나 그 밖에 필요한 서류의 제출 또는 열람을 요구할 수 있고(출입국관리법 제69조 제4항), 선박 등에 승선 중인 승무원·승객 그 밖의 출입자의 신원을 확인하기 위하여 이들에게 질문을 하거나 그 신분을 증명할 수 있는 서류 등을 제시할 것을 요구할 수 있다(출입국관리법 제69조 제5항).

지방출입국·외국인관서의 장은 폭풍 등으로 인하여 승선에 위험이 따르는 경우, 선박 등이 국내항에 기항한 후 다른 국내항 간을 출입하려는 경우, 기타 선박 등에 승선하여 검색할 필요가 없다고 인정하는 경우에는 선박 등의 검색을 서류심사로 갈음할 수 있다(출입국관리법 제69조 제6항, 출입국관리법 시행규칙 제65조의2 제1항). 출항하려는 선박 등이 출항검색이 끝난 후 3시간 이내에 출항할 수 없는 부득이한 사유가 생겼을 때에는 지방출입국·외국인관서의 장에게 그 사유를 보고하고 출항 직전에 다시 검색을 받아야 한다(출입국관리법 제69조 제7항).

이와 같은 검색 및 심사를 하는 출입국관리공무원이나 권한 있는 공무원은 그 권한을 표시하는 증표를 지니고 이를 관계인에게 내보여야 한다(출입국관리법 제82조 제2호). 또한 출입국관리법 제69조 제4항에 따라 승객예약정보에 관한 정보를 수집한 출입국관리공무원이 자료를 누설하거나 다른 사람의 이용에 제공하는 등 부당한 목적을 위하여 사용하는 행위는 금지되어 있다(출입국관리법 제69조 제5항).

사. 출입국 정지 등

지방출입국·외국인관서의 장은 선박 등의 심사 결과 위법한 사실을 발견하였을 때 관계 승무원 또는 승객의 출국이나 입국을 정지시킬 수 있고(출입국관리법 제71조 제1항), 그 기간은 위법한 사실의 조사에 필요한 기간에 한정된다(출입국관리법 제71조 제2항). 조사를 마친 뒤에도 계속하여 출입국을 금지 또는 정지시킬 필요가 있을 때에는 국민의 출국·입국금지, 또는 외국인의 출국금지에 관해 법무부장관의 결정을 받아야 한다(출입국관리법 제71조 제3항). 법 제71조 제3항에 따라 법무부장관의 결정을 받아 조치를 취할 때 필요하다고 인정되면 선박 등에 대하여 출항의 일시정지 또는 회항을 명하거나 선박 등에 출입하는 것을 제한할 수 있고(출입국관리법 제71조 제4항), 이러한 점을 지체 없이 선박 등의 장이나 운수업자에게 통보하여야 한다(출입국관리법 제71조 제5항).

아. 송환의무

사증·여권 등의 문제로 입국이 허가되지 않은 자나 불법 입국을 시도한 자 등 일정한 요건에 해당하는 외국인이 탔던 선박 등의 장이나 운수업자는 그의 비용과 책임으로 그 외국인을 지체 없이 대한민국 밖으로 송환하여야 한다(출입국관리법 제76조). 유효한 사증과 여권 없이 입국하거나 체류자격을 부여받지 못한 사람(제1호), 출입국관리법 제11조에 따라 입국이 금지되거나 거부된 사람(제2호), 출입국관리법 제12조 제4항[11]에 따라 선박 등의 장이나 운수업자의 귀책사유로 입국이 허가되지 아니한 사람(제3호), 허가에 따라 상륙한 승무원 또는 승객으로서 그가 타고 있던 선박 등이 출항할 때까지 선박 등으로 돌아오지 아니한 사람(제4호), 제46조 제1항 제6호[12] 또는 제7호[13]에 해당하는 사람으로서 강제퇴거명령을 받은 사람이 송환 대상자에 해당한다.

청장·사무소장·출장소장은 선박 등의 장 또는 운수업자에게 법 제76조의 각 호의 어느 하나에 해당하는 외국인을 송환할 것을 요구할 때에는 송환지시서를 발급하여야 한다(출입국관리법 시행령 제88조 제1항 본문). 다만 긴급할 때에는 구두로 요구할 수 있으며, 이 경우 지체 없이 송환지시서를 발급하여야 한다(출입국관리법 시행령 제88조 제1항 단서). 선박 등의 장 또는 운수업자는 송환을 요구받은 때에는 그 외국인을 송환할 때까지 그의

---

11 출입국관리법 제12조 제4항
    출입국관리공무원은 외국인이 제3항 각 호의 요건을 갖추었음을 증명하지 못하면 입국을 허가하지 아니할 수 있다.
    출입국관리법 제12조 제3항
    출입국관리공무원은 입국심사를 할 때에 다음 각 호의 요건을 갖추었는지를 심사하여 입국을 허가한다.
    1. 여권과 사증이 유효할 것. 다만, 사증은 이 법에서 요구하는 경우만을 말한다.
    2. 입국목적이 체류자격에 맞을 것.
    3. 체류기간이 법무부령으로 정하는 바에 따라 정하여졌을 것.

12 제14조 제1항(승무원상륙허가), 제14조의2 제1항(관광상륙허가), 제15조 제1항(긴급상륙허가), 제16조 제1항(재난상륙허가) 또는 제16조의2 제1항(난민 임시상륙허가)에 따른 허가를 받지 아니하고 상륙한 사람.

13 제14조 제3항(제14조의2 제3항에 따라 준용되는 경우를 포함한다), 제15조 제2항, 제16조 제2항 또는 제16조의2 제2항에 따라 지방출입국·외국인관서의 장 또는 출입국관리공무원이 붙인 허가조건을 위반한 사람.

교통비·숙식비 등 비용을 부담하고 그를 보호하여야 한다(출입국관리법 시행령 제88조 제3항). 다만, 법 제70조 제2항에서 정하는 국내 환승 전용 항공기에 관하여 송환 의무는 출발지 공항까지로 한정되며, 그 이후 대한민국 밖으로의 송환 의무는 송환 대상 외국인이 환승하기 직전에 탔던 항공기의 장이나 운수업자에게 있다(출입국관리법 제70조 제2항 단서).

03

국민의 출입국

IMMIGRATION

CONTROL LAW

03
국민의 출입국

가. 법적 성격

헌법은 제14조에서 "모든 국민은 거주·이전의 자유를 가진다."라는 규정을 두고 있는데, 헌법재판소는 이 조항을 근거로 국민의 출입국을 기본권으로 인정하고 있다. 헌법재판소 2004. 10. 28.자 2003헌가18 결정에서는 "거주·이전의 자유는 국가의 간섭 없이 자유롭게 거주와 체류지를 정할 수 있는 자유로서 …(중략)… 구체적으로는 국내에서 체류지와 거주지를 자유롭게 정할 수 있는 자유영역뿐 아니라 나아가 국외에서 체류지와 거주지를 자유롭게 정할 수 있는 '해외여행 및 해외이주의 자유'를 포함하고 덧붙여 대한민국의 국적을 이탈할 수 있는 '국적변경의 자유' 등도 그 내용에 포섭된다고 보아야 한다. 따라서 해외여행 및 해외이주의 자유는 필연적으로 외국에서 체류 또는 거주하기 위해서 대한민국을 떠날 수 있는 '출국의 자유'와 외국체류 또는 거주를 중단하고 다시 대한민국으로 돌아올 수 있는 '입국의 자유'를 포함한다."라고 설시한 바 있다.

대법원 역시 2008. 1. 24. 선고 2007두10846 판결을 통해 "헌법 제14조는 '모든 국민은 거주·이전의 자유를 가진다.'라고 규정하고 있는데, 거주·이전의 자유란 국민이 자기가 원하는 곳에 주소나 거소를 설정하고, 또 그것을 이전할 자유를 말하며, 여기서 말하는 국민은 한국국적을 가진 한국인으로서 탈북한 원고도 당연히 국민에 포함되고, 그 자유에는 국내에서의 거주·이전의 자유 이외에 해외여행 및 해외이주의 자유가 포함되며, 해외여행 및 해외이주의 자유는 대한민국의 통치권이 미치지 않는 곳으로 여행하거나 이주할 수 있는 자유로서 구체적으로 우리나라를 떠날 수 있는 출국의 자유와 외국 체류를 중단하고 다시 우리나라로 돌아올 수 있는 입국의 자유를 포함한다."라고 하여 헌법재판소와 동일한 입장을 취하고 있다.

이처럼 국민의 출입국은 헌법상 기본권으로 보장되는 권리이므로 제한 시 헌법 제37조 제2항의 과잉금지원칙을 준수해야 한다는 제약이 따른다.

나. 출국

1) 출국심사

대한민국 국민은 출국 시 유효한 여권을 소지하고 있어야 하며, 출입국항에서 출입국관리공무원의 출국심사를 받아야 한다(출입국관리법 제3조 제1항 본문). 이때 '출입국항'이라 함은 출입국관리법 제2조 제6호, 동법 시행령 제98조에 따라 ① 1.「항공법」제2조 제7호에 따라 국토교통부장관이 지정한 국제공항, ②「남북교류협력에 관한 법률 시행령」제2조 제1항 제1호부터 제3호까지와 제6호에 따른 출입장소, ③「선박의 입항 및 출항 등에 관한 법률」제2조 제1호에 따른 무역항, ④ 오산군용비행장, 대구군용비행장, 광주군용비행장, 군산군용비행장 및 서울공항을 의미하고(출입국관리법 시행령 제98조 제1항), 도심공항터미널은「항공법」제2조 제8호에 따라 이를 출입국항시설의 일부로 본다(출입국관리법 시행령 제98조 제2항). 다만 부득이한 사유가 있는 경우 출입국항이 아닌 곳에서 관할 지방출입국·외국인관서의 장의 허가를 받아 출입국심사를 받은 후 출국할 수도 있다(출입국관리법 제3조 제1항 단서).

출국심사는 여권과 출국신고서를 출입국관리공무원에게 제출한 후 질문에 답하는 방식으로 이루어지는데, 공무원은 심사가 종료되면 출국심사인을 여권과 출국신고서에 찍어야 한다(출입국관리법 시행령 제1조 제1항부터 제3항). 다만 출국신고서는 일정한 경우 제출을 생략할 수 있는 규정이 있어(출입국관리법 시행령 제1조 제1항) 현재는 사실상 운용되지 않고 있다.[14]

한편 출입국관리법 시행령 제1조의2에서는 정보화기기를 이용한 출국심사를 규정하고

---

[14] 차용호, "한국 이민법", 박영사, 2015, 181쪽.

있다. 요건으로는 ① 유효한 복수여권을 가지고 있을 것, ② 법무부령으로 정하는 바에 따라 스스로 지문과 얼굴에 관한 정보를 등록하였을 것, ③ 출입국관리법상 출국금지 대상이 아닌 만 14세 이상의 사람으로서 주민등록증을 발급받았을 것 또는 주민등록이 된 만 7세 이상 만 14세 미만의 사람으로서 부모의 동의를 받아 지문 및 얼굴 정보를 등록하였을 것을 정하고 있다. 이러한 자격을 모두 갖춘 사람이 출입국관리법 시행규칙 제1조의2 제1항에 따라 자동출입국심사 등록신청서를 제출하면, 청장·사무소장·출장소장이 확인하여 여권에 등록 확인인을 날인하거나 등록 스티커를 붙이면 자동화기기에 의한 출국심사를 받을 수 있다(출입국관리법 시행규칙 제1조의2 제1항 및 제2항).

출국하는 국민의 신분이 선박 등의 승무원일 경우에는 승무원등록증 또는 선원신분증명서의 확인으로 출국심사인의 날인을 갈음할 수 있다(출입국관리법 제1조 제4항 본문). 다만 승무원이 최초로 출국하는 경우는 승무원등록을 해야 하므로 이 점에 대한 예외가 존재한다(출입국관리법 제1조 제4항 단서). 한편, 병역의무자인 국민이 출국하는 경우 출입국관리공무원은 「병역법」 제70조에 따른 국외여행허가를 받았다는 확인서를 제출받거나 또는 병무청장으로부터 정보통신망 등을 통해 국외여행허가를 받았음을 확인해야 한다(출입국관리법 시행령 제1조 제6항).

2) 출국금지

가) 목적

출입국관리법에서 규정하고 있는 출국금지는 재산의 해외도피 등을 통해 강제집행을 곤란하게 하는 것을 방지함에 주된 목적이 있다(대법원 2001. 7. 27. 선고 2001두3365 판결, 대법원 2013. 12. 26. 선고 2012두18363 판결 등).

나) 법적 성격

헌법재판소는 출국금지의 법적 성격에 대해 "법무부장관의 출국금지결정은 형사재판에 계속 중인 국민의 출국의 자유를 제한하는 행정처분일 뿐이고 영장주의가 적용되는 신체에 대하여 직접적으로 물리적 강제력을 수반하는 강제처분이라고 할 수는 없다(헌법재판소 2015. 9. 24.자 2012헌바302 결정).”라고 설시한 바 있다. 또한 이러한 점을 전제로 출입국관리법의 출국금지에 헌법 제12조 제3항의 영장주의가 적용되지 않는다고 판단하였다.

다) 출국금지의 기준과 한계

출입국관리법 시행규칙에서는 출국금지의 기준과 한계에 대해 정하고 있다. 출국금지는 필요 최소한의 범위에서 하여야 하고(출입국관리법 시행규칙 제6조 제1항), 단순히 공무수행의 편의나 형벌 또는 행정벌을 받은 사람에게 행정제재를 가할 목적으로 해서는 안된다(출입국관리법 시행규칙 제6조 제2항). 또한 범죄수사 등 예외적인 경우를 제외한다면 대상자가 유효한 여권을 가지고 있는 경우에만 출국금지가 가능하고(출입국관리법 시행규칙 제6조 제3항), 동일한 사유로 재차 출국금지를 할 수 없다(출입국관리법 시행규칙 제6조 제4호). 법무부장관은 출국을 금지하거나 출국금지 기간을 연장할 때 출입국관리법 시행규칙 제6조에 따른 출국금지의 기본원칙, 대상자의 범죄사실·연령·가족관계·해외도피 가능성을 고려해야 한다(출입국관리법 시행규칙 제6조의5 제1항).

출입국관리법 제4조가 거주·이전의 자유를 제한함에 있어 과잉금지원칙, 포괄위임입법금지원칙, 이중처벌금지원칙에 위반하는지에 대해 헌법재판소가 결정을 내린 바 있다. 헌법재판소는 2004. 10. 28.자 2003헌가18 결정을 통해 현행 출국금지 제도가 절차적 보장을 통해 기본권 제한을 최소화하고 있고, 출국금지 대상자의 형벌회피 또는 재산 도피를 방지하기 위한 목적과 대상자가 입는 불이익이 비례관계를 유지하고 있다고 판단한 바 있다. 또한 동 결정은 포괄위임입법금지원칙 위배 여부에 대하여도 위임의 구체성 및 명확성의 요구는 규제 대상의 종류와 성격에 따라 완화될 수 있고, 법률의 전반적 체계와 관련규정에 비추어볼 때 위임의 범위와 한계를 분명히 확정할 수 있다고 하여 출입국관리법 제4조는 포괄위임입법금지원칙에 위배되지 않는다고 설시하였다. 또한, 출국금지의 행정처분은 형벌이 아닌 행정조치의 성격을 지니고 있으므로 이중처벌금지원칙에도 위배되지 않는다고 보았다.

대법원은 “대상자가 단순히 출국을 기화로 해외로 도피하거나 시효기간 동안 귀국하지 아니하고 외국에 체재하여 그 시효기간을 넘기는 것을 방지하는 등 신병을 확보하기 위해 출국을 금지해서는 안 된다(대법원 2001. 7. 27. 선고 2001두3365 판결)."라고 하여 목적 상의 한계를 정하고 있다. 또한 "출입국관리법에 의한 출국금지는 국민의 기본권을 제한 하는 처분이므로 국가사법권 행사의 목적을 달성하기 위하여 불가피한 경우에 한하여 최 소한의 기간 동안만 시행되어야 하고, 출국금지기간 만료 전에 수사가 종결되어 종국처분 을 하는 경우 등 출국금지사유가 소멸하였다면, 출국금지를 요청한 수사기관은 즉시 출국 금지해제신청을 하여야 한다(대법원 2007. 11. 30. 선고 2005다40907 판결)."라고 판시 하여 최소 침해의 원칙에 따른 한계를 정하고 있다.

추징금 등 미납에 따른 출국금지와 관련해서는 "국민의 출국의 자유는 헌법이 기본권으 로 보장한 거주·이전의 자유의 한 내용을 이루는 것이므로 그에 대한 제한은 필요 최소한 에 그쳐야 하고 그 본질적인 내용을 침해할 수 없기에, 출국금지 역시 이러한 원칙에 기초 하여 운용되어야 할 것이다."라는 점을 밝히는 한편, "재산을 해외로 도피할 우려가 있는 지 여부 등을 확인하지 않은 채 단순히 일정 금액 이상의 조세를 미납하였고 그 미납에 정당한 사유가 없다는 사유만으로 바로 출국금지 처분을 하는 것은 헌법상의 기본권 보장 원리 및 과잉금지의 원칙에 비추어 허용되지 않는다(대법원 2013. 12. 26. 선고 2012두 18363 판결)."라고 설시함으로써 운용상 준수해야 할 요건을 명확히 한 바 있다. 같은 맥 락에서 "재산의 해외 도피 우려를 확인하지 않은 채 추징금 미납 사실 자체만으로 바로 출국금지처분을 하는 것은 형벌을 받은 자에게 행정제재의 목적으로 한 것으로 출국금지 업무처리규칙 제2조 제2항에 위반되거나 과잉금지의 원칙에 비추어 허용되지 아니한다 (대법원 2001. 7. 27. 선고 2001두3365 판결)"고 보았다. 또한 서울행정법원 2018. 4. 27. 선고 2017구합73693 판결은 "조세 미납을 이유로 한 출국금지는 그 미납자가 출국을 이용 하여 재산을 해외에 도피시키는 등으로 강제집행을 곤란하게 하는 것을 방지함에 주된 목 적이 있는 것이지 조세 미납자의 신병을 확보하거나 출국의 자유를 제한하여 심리적 압박 을 가함으로써 미납 세금을 자진하여 납부하도록 하기 위한 것이 아니다."라는 설시를 통 해 출국금지가 남용되어서는 안 된다는 점을 확인하기도 하였다.

위와 같이 여러 사례에 비추어볼 때 헌법재판소와 법원에서는 출국금지의 요건을 비교 적 엄격하게 제한적으로 해석하고 있음을 알 수 있다.

출입국관리법에서는 출국금지와 긴급출국금지를 구분하고 있으므로 그에 따라 출국금지를 우선 서술한 후 긴급출국금지를 소개하고자 한다.

라) 출국금지의 요건

법무부장관은 다음에 해당하는 국민에 대하여는 6개월 이내의 기간을 정하여 출국을 금지할 수 있다(출입국관리법 제4조 제1항). 형사재판에 계속 중인 자(제1호), 징역형이나 금고형의 집행이 끝나지 않은 자(제2호), 1천만 원 이상의 벌금 또는 2천만 원 이상의 추징금을 납부하지 않은 자(제3호, 출입국관리법 시행령 제1조의3 제1항), 5천만 원 이상의 국세·관세 또는 지방세를 정당한 사유 없이 납부기한 내에 내지 아니한 자(제4호, 출입국관리법 시행령 제1조의3 제2항)가 이에 해당한다.

한편 법무부장관은 범죄수사를 위해 출국이 적당하지 않다고 인정되는 사람에 대하여 1개월 이내의 기간을 정하여 출국을 금지할 수 있는데(출입국관리법 제4조 제2항 본문), 도주 등 특별한 사유로 수사진행이 어려운 사람의 경우나 기소중지결정이 되고 체포영장 또는 구속영장이 발부된 사람의 경우 기한에 예외가 있다(출입국관리법 제4조 제2항 단서).[15] 이때 "'범죄의 수사를 위하여 그 출국이 부적당하다고 인정되는 자'에는 내사단계에 있는 피내사자도 포함된다(대법원 2007. 11. 30. 선고 2005다40907 판결)."라는 것이 대법원의 입장이다. 이에 대해, 피의자에게 적용되는 기준을 피내사자에게도 동일하게 적용하여 헌법상 거주·이전의 자유를 제한하는 것은 기본권의 지나친 침해라는 지적이 있다.[16]

그 외에 병역법 제65조 제5항에 따라 보충역 편입처분이나 공익근무요원소집 해제처분이 취소된 사람, 거짓이나 그 밖의 부정한 방법으로 병역면제·제2국민역·보충역의 처분을 받고 그 처분이 취소된 사람, 병역법 시행령 제128조 제4항에 따라 징병검사·입영 등의 연기처분이 취소된 사람, 종전 병역법에 따른 병역면제 처분이 취소된 사람, 병역 기피·감면 목적으로 도망가거나 행방을 감춘 사람 등 병역의무 면탈 위험군에 대하여도

---

15 1. 소재를 알 수 없어 기소중지결정이 된 사람 또는 도주 등 특별한 사유가 있어 수사진행이 어려운 사람: 3개월 이내.
　　　2. 기소중지결정이 된 경우로서 체포영장 또는 구속영장이 발부된 사람: 영장 유효기간 이내.

16 차용호, 전게서, 194쪽.

출국금지를 할 수 있다(출입국관리법 제4조 제1항 제5호, 출입국관리법 시행규칙 제6조의2 제1항). 2억 원 이상의 국세 포탈 혐의나 20억 원 이상의 허위 세금계산서 발행 혐의로 세무조사를 받고 있는 사람과 같이 조세질서에 위해가 되는 사람, 3천만 원 이상의 공금횡령 또는 금품수수 등 혐의로 감사원의 감사를 받고 있는 사람, 출입국항에서 타인 명의의 여권 또는 위조·변조 여권으로 출입국하려 한 사람, 국가안보 또는 외교관계를 현저히 해칠 우려가 있는 사람 역시 출국금지 대상에 포함된다(출입국관리법 제4조 제1항 제5호, 출입국관리법 시행규칙 제6조의2 제1항).

마) 절차

출입국관리법 제4조 제1항 및 제2항의 사유가 있는 국민에게 법무부장관은 출국을 금지할 수 있고(출입국관리법 제4조 제1항 및 제2항), 중앙행정기관의 장 및 관계 기관의 장은 소관 업무와 관련하여 이러한 사유가 인정되는 사람에 대하여 법무부장관에게 출국금지를 요청할 수 있다(출입국관리법 제4조 제3항). 법무부장관은 출국을 금지하려는 경우 관계 기관의 장에게 의견을 묻거나 관련 자료를 제출하도록 요청할 수 있다(출입국관리법 시행령 제2조 제1항). 법무부장관은 중앙행정기관의 장 등으로부터 출국금지 요청서를 받으면 긴급한 조치가 필요한 경우는 1일 이내, 관계 기관의 장과 협의가 필요한 경우는 10일 이내, 그 밖의 경우는 3일 이내의 기간에 출국금지 여부 및 출국금지기간을 심사하여 결정하여야 한다(출입국관리법 시행령 제2조의3 제1항).

법무부장관이 계속 출국을 금지할 필요가 있다고 인정하는 경우에는 그 기간을 연장할 수 있는데(출입국관리법 제4조의2 제1항), 법 제4조 제3항에 따라 중앙행정기관의 장 등의 요청에 의해 출국금지 처분이 내려진 경우 해당 기관의 장은 출국금지 기간 연장 필요성이 있을 때 기간이 끝나기 3일 전까지 법무부장관에서 출국금지 기간 연장을 요청하여야 한다(출입국관리법 제4조의2 제2항). 출국금지사유가 없어진 경우 법무부장관은 즉시 출국금지를 해제해야 하고(출입국관리법 제4조의3 제1항), 중앙행정기관의 장 등의 요청에 의해 출국금지 처분이 내려진 경우 해당 기관의 장은 즉시 출국금지 해제를 요청해야 한다(출입국관리법 제4조의3 제2항).

이와 같이 출국을 금지하거나 출국금지를 연장하는 경우 즉시 당사자에게 그 사유와 기간 등을 밝혀 서면으로 통지하여야 하고(출입국관리법 제4조의4 제1항), 출국금지를 해제하였을 때에도 이를 즉시 당사자에게 통지해야 한다(출입국관리법 제4조의4 제2항). 다만 국가안보와 관련하여 혐의[17]가 있는 경우(출입국관리법 제4조의4 제3항 제1호, 출입국관리법 시행규칙 제6조의8 제1항), 범죄수사에 중대하고 명백한 장애가 생길 우려가 있는 경우 중 총 출국금지기간이 3개월을 넘지 않는 경우(출입국관리법 제4조의4 제3항 제2호), 출국이 금지된 사람이 있는 곳을 알 수 없는 경우(출입국관리법 제4조의4 제3항 제3호)에는 통지를 하지 않을 수 있다.

바) 이의신청

출국이 금지되거나 출국금지기간이 연장된 사람은 출국금지결정이나 출국금지기간 연장의 통지를 받은 날 또는 그 사실을 안 날부터 10일 이내에 법무부장관에게 출국금지결정이나 출국금지기간 연장결정에 대한 이의를 신청할 수 있다(출입국관리법 제4조의5 제1항). 법무부장관은 이의신청을 받으면 그날부터 15일 이내에 이의신청의 타당성 여부를 결정하여야 하는데, 부득이한 사유가 있으면 15일의 범위에서 한 차례만 그 기간을 연장할 수 있다(출입국관리법 제4조의5 제2항). 법무부장관은 이의신청이 이유 있다고 판단하면 즉시 출국금지를 해제하거나 출국금지기간의 연장을 철회하여야 하고, 그 이의신청이 이유 없다고 판단하면 이를 기각하고 당사자에게 그 사유를 서면에 적어 통보하여야 한다(출입국관리법 제4조의5 제3항).

사) 긴급출국금지

(1) 절차

출입국관리법 제4조의6은 일정한 경우 수사기관이 법무부장관을 거치지 않고 바로 출입국관리공무원에게 출국금지를 요청할 수 있는 '긴급출국금지'를 규정하고 있다. 범죄

17　형법 중 내란·외환의 죄, 국가보안법 위반의 죄, 군형법 중 반란·이적의 죄, 군형법 중 군사기밀 누설죄와 암호 부정사용죄와 관련된 혐의(출입국관리법 제6조의8 제1항)를 말한다.

피의자로서 사형·무기 또는 장기 3년 이상의 징역이나 금고에 해당하는 죄를 범하였다고 의심할 만한 상당한 이유가 있고, 증거를 인멸할 염려가 있거나 도망할 우려가 있는 경우 긴급출국금지를 요청할 수 있다(출입국관리법 제4조의6 제1항). 이때 이러한 요청을 받은 출입국관리공무원은 대상자를 출국시켜서는 안 된다(출입국관리법 제4조의6 제2항). 출입국관리공무원이 긴급출국금지를 한 경우에는 즉시 법무부장관에게 보고하여야 한다(출입국관리법 시행규칙 제6조의13).

수사기관은 긴급출국금지를 요청한 때부터 6시간 이내에 법무부장관에게 승인을 요청하여야 하고(출입국관리법 제4조의6 제3항), 법무부장관은 긴급출국금지 승인 여부와 출국금지기간을 심사하여 결정해야 한다(출입국관리법 시행령 제5조의3 제3항). 만약 수사기관이 긴급출국금지 승인을 요청하지 않았거나 긴급출국금지 승인을 요청한 때로부터 12시간 이내에 법무부장관으로부터 승인을 받지 못한 경우 수사기관 요청에 따른 출국금지를 해제하여야 한다(출입국관리법 제4조의6 제4항). 이에 따라 출국금지가 해제된 경우 수사기관은 동일한 범죄사실에 관하여 다시 긴급출국금지 요청을 할 수 없다(출입국관리법 제4조의6 제5항).

(2) 긴급출국금지에 대한 이의신청의 가부

긴급출국금지에 대해 법 제4조의5의 이의신청이 가능한지 여부는 명확하지 않다. 조문상 긴급출국금지 규정에 이의신청 절차가 별도로 규정되어 있지 않고, 출입국관리법 시행령 제5조의3 제5항의 준용 규정에 따르더라도 시행령에서 이의신청의 가부를 정하고 있지는 않으므로 이의신청이 명문으로 인정된다고 보기는 어려워 보인다. 다만 법 시행령 제5조의3 제5항에 따르면 시행령 제3조의4가 준용되는데, 시행령 제3조의4는 이의신청에 대한 심사 및 결정절차에 대해 언급하는 조문이므로 긴급출국금지에도 이의신청 절차가 예정되어 있다는 해석이 가능하다. 따라서 긴급출국금지에 대한 이의신청은 조문으로는 인정되지 않으나, 일반적인 출국금지와 구체절차를 달리 취급해야 할 논리적 근거가 없으므로 인정하는 것이 타당할 것이다. 다만, '이의신청을 할 수 있다'는 내용이 없음에도 이를 전제로 한 심사 및 결정에 관한 조문을 시행령에서 준용하고 있는 부분은 정비가 필요할 것으로 보인다.

아) 판례

> ### 대법원 2013. 12. 26. 선고 2012두18363 판결
> (하급심 서울고등법원 2012. 7. 19. 선고 2011누43180 판결(2심)
> 서울행정법원 2011. 11. 11. 선고 2011구합22679 판결(1심))
>
> 1. 사실관계
> ① 원고는 총 665,937,580원의 국세를 체납하였음.
> ② 원고는 국세 체납 이후 총 23회(2002년 2회, 2003년 4회, 2004년 0회, 2005년 2회, 2006년 1
>   회, 2007년 3회, 2008년 4회, 2009년 2회, 2010년 4회, 2011년 1회) 출입국하였음.
> ③ 이에 대해 국세청장이 원고의 출국금지를 요청하여 법무부장관은 2011. 6. 원고에 대해 출입국
>   관리법 제4조, 제4조의4 제1항에 따라 국세 체납을 이유로 6개월간 출국금지처분을 함.
>
> 2. 판단
> ① 국민의 출국의 자유는 헌법이 기본권으로 보장한 거주·이전의 자유의 한 내용을 이루는 것이므
>   로 그 제한은 필요 최소한에 그쳐야 하고 그 본질적인 내용을 침해할 수 없다.
> ② 조세 미납을 이유로 한 출국금지는 그 미납자가 출국을 이용하여 재산을 해외에 도피시키는 등
>   으로 강제집행을 곤란하게 하는 것을 방지함에 주된 목적이 있는 것이지 조세 미납자의 신병을
>   확보하거나 출국의 자유를 제한하여 심리적 압박을 가함으로써 미납 세금을 자진납부하도록 하
>   기 위한 것이 아니다.
> ③ 따라서 재산을 해외로 도피할 우려가 있는지 여부 등을 확인하지 아니한 채 단순히 일정 금액 이
>   상의 조세를 미납하였고 그 미납에 정당한 사유가 없다는 사유만으로 바로 출국금지 처분을 하는
>   것은 위와 같은 헌법상의 기본권 보장 원리 및 과잉금지의 원칙에 비추어 허용되지 아니한다.
> ④ 원고가 5천만 원 이상의 국세를 체납한 사실은 인정되지만 원고가 재산을 은닉하거나 해외로 도
>   피시킨 정황을 적발하지 못하였고, 원고의 현재 직책이나 과거 경력, 1회 평균 3~5일 정도의 비
>   교적 짧은 해외체류기간을 감안하면 그것이 재산의 해외 도피를 목적으로 한 출국이라고 단정하
>   기 어렵다.
> ⑤ 따라서 원고의 청구는 이유 있다.

서울행정법원 2005. 5. 19. 선고 2004구합32210 판결

1. 사실관계

① 원고는 A, B, C회사의 대표이사로 재직하였고 2004. 8. 지방세 12억 원가량을 비롯해 총 138억 가량의 세금을 체납하고 있음. A회사는 화의인가결정을 받았다가 화의인가결정이 취소되었고, B 및 C회사는 회사정리절차 개시결정을 받았다가 폐지결정을 받았음.

② 법무부장관은 2004. 8. 31. 원고에 대해 2004. 8. 31.부터 2005. 2. 28.까지 출국금지를 명하는 처분을 하였다가 2005. 2. 26. 출국금지기간을 2005. 3. 1.부터 2005. 8. 31.까지 연장하는 처분을 하였음.

③ 원고는 1990. 1.부터 2004. 7.까지 총 102회 출입국하였고, 관광 등 목적으로 짧게는 1~2일, 방문 및 동거 등 목적으로 길게는 1달 이상 체류하였음.

④ 원고는 2001. 5. 경부터 D회사와 제품개발, 해외수입 업무 등을 담당하다가 2003. 9.부터 정식 고문계약을 체결하여 해외로부터의 가구 수입 관련 업무를 담당하였음.

2. 판단

아래의 점을 종합하여 보면 원고에게 출국을 기화로 재산을 해외로 도피할 가능성이 있다고 보기는 어렵다 할 것이므로, 이 사건 처분은 이로 인하여 달성하려는 공익목적을 충분히 감안하더라도 원고에게 지나치게 가혹하여 그 재량권의 범위를 일탈·남용한 것으로서 위법하다.

① 원고는 D회사의 수입업무 전담 고문으로서 이 사건 처분 이전까지 미국, 중국, 필리핀 등지로부터 가구를 수입하는 업무를 전담하면서 주로 해외 관련 업무를 수행하고 있는데, 그 성격상 빈번한 외국출장이 필수적이다.

② 현재 원고 소유의 재산이 전혀 없고, 제3자 명의로 은닉하거나 해외로 도피한 재산이 있다고 밝혀진 바도 없다.

③ 원고가 100억 원이 넘는 국세를 체납하고 있음에도 국세청장이 원고에 대하여 출국금지조치를 요청한 바 없다.

④ 회사는 근로자들의 임금 및 퇴직금 채권 변제 확보를 위하여 회사 소유의 재고자산, 기계설비 및 매출채권 일체를 노조에게 양도하여 파산 당시에는 파산재단의 재원 자체가 고갈되어 파산절차의 집행비용도 부담하기 어려운 실정이었고, 원고는 파산선고 이후 실시된 세무조사에 의하여 회사 자료에 제대로 접근할 수 없었던 것으로 보인다.

⑤ 원고에게 부과된 이 사건 지방세의 성격에 비추어 볼 때 단순히 그 체납액이 과다하다는 사실만으로 그 미납에 대한 원고의 귀책사유나 비난가능성이 높다고 할 수 없다.

서울행정법원 1998. 12. 16. 선고 98구20390 판결

1. 사실관계

① 수입대행업자인 원고는 소외 A, B로부터 금 1,500,000원의 수입대행료를 받기로 하고 미국산 콩나물 재배용 콩의 수입을 대행하여 주기로 약정한 후, 수입신고 및 통관절차를 용역받은 소외 C에게 수입가격이 저가로 기재된 선하증권 등 수입신고 및 통관에 필요한 서류를 송부하여 C가 수입신고 및 통관을 하게 함으로써 위 소외 1, 2의 관세포탈 범행을 용이하게 하였음.

② 원고는 1998. 7. 10. 서울고등법원에서 특정범죄 가중처벌 등에 관한 법률 위반(관세)죄로 징역 2년 6월에 집행유예 3년 및 벌금형에 대한 선고유예, 추징금 371,880,032원을 선고받아 위 형이 그대로 확정되었음.

③ 법무부장관은 원고가 위 추징금을 납부하지 않았다는 이유로 출입국관리법 제4조 제1항 제1호, 동법시행령 제3조, 출국금지업무처리규칙 제3조 제1항 제3호, 출국금지기준 2.를 적용하여 1998. 9. 18.자로 1998. 9. 17.부터 1999. 3. 16.까지 원고의 출국을 금지하는 처분을 하였음.

2. 판단

아래와 같은 사정에 비추어 보면 원고가 단순히 추징금을 납부하지 않았다는 사유만으로 원고의 출국을 금지하는 이 사건 처분은 지나치게 가혹하여 무거운 처분으로서 재량권의 범위를 벗어난 위법한 처분이라고 할 것이다.

① 원고의 위 범행에 가담한 정도가 비교적 경미하였고 관세포탈로 인하여 위 수입대행료 이외에 다른 이득을 취할 의사가 있었던 것도 아니며, 실제로도 원고는 위 소외 A, B로부터 위 대행료 금 1,500,000원조차도 받지 못하고 있다.

② 위 추징금 371,880,000원은 위 형사사건 관세포탈물품의 국내도매가격에 상당한 금액으로서 위 사건 피고인들의 위 소외 A, B 및 원고 각자에게 과하여진 금원이고, 원고는 1996. 9.경 뉴질랜드 영주권을 취득하여 현재 처와 가족들은 뉴질랜드에서 생활하고 있어 원고가 장기간 뉴질랜드에 돌아가지 못하면 가족들의 생계가 위협을 받게 된다.

③ 원고는 국내에는 전혀 재산이 없어 추징금을 납부하지 못할 상황인 사실을 인정할 수 있고, 반증이 없으며, 원고가 이 사건 변론종결일 이후인 1998. 12. 1. 추징금 중 일부인 금 20,000,000원을 납부한 사실이 있다.

④ 원고가 관세포탈방조로 인하여 취한 이득이 전연 없고 그 범행가담의 정도도 비교적 경미한데 비하여 위 소외 A, B의 범행가담 정도는 원고와 비교할 수 없을 정도로 무거움에도 위 소외 A, B 및 원고가 위 추징금을 각자 납부해야 하는 결과 추징금을 납부하지 못한데 따른 책임을 물어 이 사건 처분을 하는 것은 원고에게 너무 가혹하다.

대법원 2016. 8. 24. 자 2016두39245 심리불속행기각 판결

(2심 : 서울고등법원 2016. 4. 28. 선고 2015누61315 판결
 1심 : 서울행정법원 2015. 8. 13. 선고 2015구합2291 판결)

1. 사실관계

① 원고는 P를 대신하여 1993경부터 1999. 11.까지 M주식회사를 운영하였고, 2000. 4.경부터 M주식회사의 대표이사로 근무했음. M주식회사는 2011. 12. 상법 제520조의2 제1항에 따라 해산된 후 2014. 12. 같은 조 제3항에 따라 청산종결됨.

② 원고는 2001.부터 증여세, 양도소득세 등 합계 563,759,000원 상당의 국세를 체납하였으나, 2013. 3. 관할 세무서장에게 체납 국세를 5회 분할하여 납부하겠다는 내용의 계획서를 제출하였을 뿐 자발적으로 체납 국세를 납부한 적이 없음.

③ 관할 세무서 등은 원고가 국세를 체납한 이후에 원고 명의로 된 토지 및 건물 등을 압류하여 징수절차를 거치고 있으나, 선순위 채권액이 과다하거나 지목이 도로에 해당하는 등이 이유로 체납 국세에 충당하기는 부족함. 이미 압류된 재산 외에는 원고 명의로 된 재산이 국내에 존재하는지 여부가 파악되지 않고 있음.

④ 원고의 가족인 처와 자녀들은 A국에 거주하고 있고 모두 A국의 영주권 또는 시민권을 취득한 상태로, 경제활동을 하고 있음. 원고는 사업 등의 목적으로 2001. 11.부터 2012. 11. 사이에 A국, B국, C국 등으로 총 48회에 걸쳐 출국하였음.

⑤ 국세청장이 국세 체납을 이유로 피고(* 법무부장관)에게 출국금지를 요청하였고, 피고는 2012. 12. 원고에 대하여 출국금지처분을 하였음. 이후 출국금지기간을 연장하는 처분을 하였음.

2. 판단

가. 제1심 법원의 판단 (원고 청구 기각)

다음과 같은 사정들을 종합해보면, 원고가 출국할 경우 재산을 해외로 도피할 우려가 있다고 보기 충분하므로, 이를 이유로 원고의 출국을 금지한 이 사건 처분은 정당하고, 이 사건 처분으로 인하여 원고가 입는 불이익이 그로 인하여 달성하려는 공익에 비하여 지나치게 커서 가혹하다고 보기는 어렵다.

① 원고는 2001. 6.부터 현재까지 장기간에 걸쳐 증여세 등 거액의 국세를 체납하였고, 그 미납에 정당한 사유가 있다고 볼만한 자료가 없다.

② 원고는 국세 체납일 이후 현재까지 자발적으로 체납 국세를 납부한 적이 없고, 관할 세무서 등이 원고 소유의 재산에 대하여 압류 등의 조치를 취하였음에도 불구하고 그 대부분을 징수하지 못하였는바, 원고 명의의 재산이 더 이상 확인되지 않아 체납 국세를 징수하는 것이 사실상 곤란할 것으로 보인다.

③ 원고는 별다른 소득원이 없음에도 2001. 11.부터 2012. 11.까지 A국, B국, C국 등으로 수차례 출국하였고, 해외체류기간 또한 짧지 않은데, 원고는 그 경비 등에 대해서 납득할 만한 설명을 하지 않고 있다.

④ 원고가 국세를 체납할 무렵 원고의 처와 자녀들은 A국에서 체류하고 있었고 현재는 시민권 또는 영주권을 취득하여 A국에서 거주하는 것으로 보이는 바, 국내에 있던 원고의 은닉재산이 A국에 생활기반을 마련한 처와 자녀들을 통해 해외로 유출되었거나 장래에 유출될 가능성이 높고, 원고가 제출한 자료만으로는 원고의 국세 체납 이후로 원고의 처와 자녀들이 경제활동을 통해 미국에서의 학비, 생활비 등을 스스로 부담하였다고 보기 어렵다.

⑤ 체납자에 대한 출국금지는 조세채권의 정당한 집행을 통한 국가재정의 건전성과 조세정의 실현이라는 공익과 밀접하게 관련되어 있다.

나. 제2심 법원의 판단(원고 청구 인용)

피고가 제출한 증거들만으로는 원고가 출국을 이용하여 재산을 은닉하거나 해외로 도피시킬 우려가 있다고 인정하기 어렵다. 따라서 이와 달리 판단하여 원고에 대하여 출국금지기간을 연장한 이 사건 처분은 과잉금지의 원칙에 위배되는 것으로서 위법하다.

① 원고는 P를 대신하여 M주식회사를 운영하는 과정에서 금융기관 및 지인으로부터 돈을 차용하였고, 이후 자금난에 처하여 P소유의 부동산 매각대금으로 위 차용금을 변제하게 된 것이므로, 이를 두고 원고가 P로부터 현금을 증여받아 개인재산을 축적하였다고 보기는 어렵다.

② 원고에 대한 출국금지처분은 원고가 국세를 체납하기 시작한 2001. 6.부터 약 11년이 경과한 2012. 12.에야 이루어졌다. 과세관청이 2001. 8.경까지 원고 소유의 부동산 등에 대하여 압류 등의 조치를 취하였으나 재산가치가 없어 대부분 징수하지 못하였고, 그로부터 상당한 시간이 흘렀음에도 원고 소유의 재산이 추가로 확인되지 않았으며(과세관청이 2010. 8. 압류한 건물은 멸실되었고, 2010. 6. 압류한 원고의 우체국에 대한 예금채권은 선순위 채권액이 과다하여 각 그 재산가치가 전혀 없다), 그 밖에 원고가 재산을 은닉하거나 해외로 도피시켰다고 볼 만한 정황도 전혀 발견되지 않았다. 설령 원고가 P로부터 증여받은 현금의 일부를 은닉하였다 하더라도, 체납 시점으로부터 약 11년이 지난 2012년까지 원고의 은닉재산이 남아있을 것으로 보기는 어렵다.

과세관청이 피고에 대하여 원고가 세금을 체납한 2001. 6.부터 2012. 12.까지 원고에 대하여 출국금지요청을 하지 않았다는 것은 원고에게 체납세금을 징수할 별다른 재산이 없거나 재산이 있더라도 이를 은닉하거나 해외로 도피시킬 개연성이 없었다는 것을 일응 반증하는 것이라고 볼 수 있다. 따라서 피고가 세금을 체납한 때로부터 상당한 기간이 경과하도록 출국금지처분을 하지 않다가 새로이 원고에 대하여 출국금지처분을 하기 위하여는 원고의 재산상황이 체납 시와 비교하여 증가하였거나 원고가 은닉하거나 해외에 도피시킴으로써 발견하지 못했던 원고의 재산이 새로이 밝혀지는 등 원고가 재산을 은닉하거나 해외에 도피시킬 수 있다는 객관적인 정황이 드러나야 할 것이지만, 피고가 제출한 전 증거를 종합하여 보아도 이러한 객관적인 정황은 인정되지 아니한다.

③ 원고는 2001. 11.경부터 2012. 11.경까지 총 48회에 걸쳐 해외로 출국하였지만, A국으로의 출국은 가족 방문 목적으로 이루어진 것으로 보이는 점, 그 외 국가로의 출국은 그 행선지가 주로 B국(23회), C국(4회), D국(3회)이며 그 체류기간이 비교적 짧은 점, 원고는 2014년부터 2015년까지 사이에 새로이 설립된 L주식회사 CEO의 지위에서 여러 국가기관 등과 다수의 PM 용역계약 등을 체결한 것으로 보이는 점, 원고가 과다한 여행비용을 지출하였다거나 거액의 돈을 소지하고 출국하였다고 볼 만한 사정이 없는 점 등에 비추어 보면, 원고가 재산 도피 목적 또는 관광 등 소비 목적으로 해외로 출국하였다고 보기 어렵다.

④ 현재 원고 가족들은 모두 독립된 생계를 유지하고 있어 도리어 원고에게 생활비 및 해외체류경비를 지원하였을 가능성도 충분히 있다.

⑤ 원고가 운영하던 P주식회사가 1998년경 자금난에 처하기 전까지는 원고는 관할 세무서로부터 성실납세자로 인정받으며, 1996년경에는 명예세무서장으로 위촉된 적이 있었는데, 1998년경 발생한 외환위기상황에서 원고가 운영하던 회사도 경영상의 어려움을 극복하지 못한 것으로 보인다.

⑥ 원고는 해외에서 여러 가지 사업을 추진하는 것으로 보이는데, 피고가 원고에 대하여 출국금지처분을 함으로써 이러한 사업기회를 박탈하게 된다면 원고로서는 이러한 사업을 통한 수익을 창출할 기회가 사라지게 되고 과세관청으로서도 원고에 대하여 체납세금을 징수할 가능성이 사라지게 될 뿐이다.

다. 입국

대한민국 밖의 지역에서 대한민국으로 입국하려는 국민은 유효한 여권을 소지하고 출입국항에서 출입국관리공무원의 입국심사를 받아야 한다(출입국관리법 제6조 제1항). 국민이 여권을 잃어버리거나 그 밖의 사유로 여권 없이 입국하려고 할 때에는 확인절차를 거쳐 입국하게 할 수 있다(출입국관리법 제6조 제2항). 출입국관리법 제1조에 따라 출입국관리공무원은 입국심사를 거쳐 입국심사인을 여권에 찍어야 하고(출입국관리법 제1조 제3항), 유효한 여권을 가지지 않고 입국하려는 국민에 대하여는 국민임을 증명할 수 있는 서류를 제출하게 하여 심사하고 그의 출국사실 등을 확인해야 한다(출입국관리법 제1조 제8항). 다만 여권자동판독기 등 정보화기기를 이용하여 개인별 출입국기록을 확보할 수 있는 경우 등에는 입국심사인의 날인을 생략할 수 있다(출입국관리법 제1조 제10항).

선박 등의 승무원인 국민이 입국하는 경우에는 승무원등록증 또는 선원신분증명서의 확인으로 입국심사인의 날인을 갈음할 수 있으나, 선박 등의 승무원이 최종적으로 입국하는 경우에는 그러하지 아니하다(출입국관리법 시행령 제1조 제4항).

04

외국인의 출입국

IMMIGRATION

CONTROL LAW

04
외국인의 출입국

가. 입국

1) 입국의 개념

가) 조문의 내용

출입국관리법 제7조에서 제13조 사이에서는 외국인의 입국에 관해 규정하고 있다. '입국'의 사전적 의미는 국외의 지역에서 대한민국으로 들어오는 물리적 행위를 의미하는 것이나, 출입국관리법에서는 문언의 의미가 명확하지 않아 해석이 달라질 여지가 있다. 출입국관리법 제12조 제1항은 "외국인이 입국하려는 경우에는 입국하는 출입국항에서 출입국관리공무원의 입국심사를 받아야 한다."라고 규정하고 있고, 동조 제3항에서는 "출입국관리공무원은 입국심사를 할 때에 다음 각 호의 요건을 갖추었는지를 심사하여 입국을 허가한다."라고 정하고 있다. 이때 '입국하려는 경우에는', '입국하는 출입국항에서'와 같은 표현에 비추어볼 때 출입국항에서 비로소 '입국'이 이루어진다는 것으로 보인다. 따라서 이 조문에서의 '입국'은 입국심사가 적법하게 완료되어 입국심사대를 통과하는 행위를 의미한다.

한편 출입국관리법 중 외국인의 불법입국 및 알선을 처벌하는 조항에서는 다른 개념으로 '입국'이라는 용어를 사용하고 있다. 출입국관리법 제93조의2 중 "입국심사를 받아야 하는 외국인을 집단으로 불법입국시키거나 이를 알선한 자(제1호)", "외국인을 집단으로 불법입국 또는 불법출국시킬 목적으로 선박 등을 제공하거나 이를 알선한 자(제2호)", "불법으로 입국한 외국인을 집단으로 대한민국 안에서 은닉 또는 도피하게 할 목적으로 선박 등을 제공하거나 이를 알선한 자(제3호)" 부분이 문제가 된다.

법 제93조의2 제1호 내지 제3호에서는 '불법입국'이라는 표현을 사용하고 있는데, 출입국심사 면탈을 전제로 하는 위 조문의 표현에 따르면 입국심사를 받지 않고도 관념적으로는 입국('불법입국')이 가능한 것으로 해석할 여지가 있다. 즉, 법 제93조의2에서 전제하는 '입국'의 행위태양이 입국심사대를 통과하는 행위만을 한정한다고 보기는 어려우므로, 이때의 '입국'은 입국심사를 거치지 않고 입국하는 행위를 폭넓게 포함한다고 새길 수 있게 된다. 따라서 이 조문에 따르면 '입국'은 입국심사대를 통과하는 행위가 아닌 대한민국의 영역에 진입하는 것 자체를 의미하는 것으로 보인다.

나) 비교 개념

입국과 유사한 개념으로 출입국관리법에서는 '상륙'을 규정하고 있다. 출입국관리법 제3장 제2절에서는 제14조부터 제16조의2를 통해 상륙허가가 가능한 경우를 열거하고 있다. 별도의 정의규정은 없으나 문언 및 취지를 고려할 때, 상륙은 '대한민국의 영해 또는 영공에 위치한 선박 등에 탑승한 외국인이 일정한 요건하에 대한민국의 영토로 진입하는 행위'를 의미한다고 새길 수 있다. 또한 상륙허가는 '출입국항에서의 입국심사 대신 간소화된 절차를 거쳐 대한민국의 영토에 진입하는 행위'라고 정의할 수 있을 것이다. 상륙은 법에서 예정하고 있는 체류기간이 긴급상륙허가 등 특수한 경우를 제외하고는 15일을 넘지 않고 별도로 체류자격이 부여되지 않는다는 점에서 입국과 구별된다.

다) 학설

입국의 개념에 관하여는, 외국인이 대한민국의 공항만 또는 공항만 이외의 장소에 들어오는 모든 행위를 의미한다는 영역진입설과, 외국인이 출입국관리공무원의 입국심사를 받아 대한민국의 영역에 들어오는 것을 의미한다는 입국심사설이 있을 수 있다는 점이 소개되기도 하였다.[18]

이는 '입국'의 개념을 정의하는 기준을 전자는 물리적인 진입으로, 후자는 국가의 고권

---

[18] 차용호, 전게서, 243-244쪽.

적 허가로 설정한 데서 비롯된 차이로 보인다. 따라서 본 서에서는 이러한 점을 고려하여 영역진입설을 '진입설'로, 입국심사설을 '허가설'로 소개하도록 하겠다.

라) 판례의 태도

(1) 진입설을 취한 판례

대법원은 "출입국관리법상 '입국'이라 함은 대한민국 밖의 지역으로부터 대한민국 안의 지역으로 들어오는 것을 말하고, 여기서 '대한민국 안의 지역'이라 함은 대한민국의 영해, 영공 안의 지역을 의미하는 것이다(대법원 2005. 1. 28. 선고 2004도7401 판결)."라고 판시하였는데, 이 부분은 "불법입국을 위한 선박이 영해에 들어옴으로써 곧바로 기수에 이른다고 볼 것이 아니라 출입국항에서 출입국관리공무원의 입국심사 없이 입국하였을 때 비로소 기수에 이르는 것으로 봄이 상당하다는 이유로 이 사건 범행이 출입국관리법 제93조의2 제1호[19] 위반의 미수에 해당한다(부산지방법원 2004. 10. 14. 선고 2004노2468 판결)."라는 원심의 설시에 대해 판단을 내린 것이므로 법리적으로 의미가 있다. 이 판결에 따르면 출입국관리법에서 예정한 입국심사 등 입국절차를 완료하지 않았더라도 대한민국의 영역에 진입하는 순간 출입국관리법상 입국이 이루어진 것이 된다.

(2) 허가설을 취한 판례

한편 공항만에서 입국이 허가되지 않은 자에 대한 인신보호법 적용 여부가 문제된 사건에서 법원은 "청구인의 경우 입국이 불허되었고, 출입국관리법상으로는 대한민국 영역 내로 입국하지 못한 지위에 있는 것은 사실이나, 다음과 같은 사정에 비추어 이러한 지위에 있는 청구인에게도 신체의 자유에 대한 위법한 침해에 대하여 구제를 구하는 인신보호법상 구제청구권은 당연히 인정된다고 할 것이다(인천지방법원 2014. 4. 30.자 2014인라4 결정)."라고 확인한 바 있고, 대법원에서도 같은 취지로 판시하였다(대법원 2014. 8. 25. 자 2014인마5 결정). 위 대법원 2014인마5 및 인천지방법원 2014인라4 결정에 따르면 입

---

19 현행법 제93조의2 제2항 제1호.

국심사가 완료된 후 입국이 허가되었을 때 비로소 출입국관리법상 '입국'이 이루어진다.

마) 사견

출입국관리법상 입국의 개념은 문언상으로 입국심사대를 통과하는 행위(법 제12조 제4항, 인천지방법원 2014. 4. 30.자 2014인라4 결정, 대법원 2014. 8. 25.자 2014인마5 결정) 또는 대한민국의 영역에 진입하는 행위(법 제93조의2, 대법원 2005. 1. 28. 선고 2004도7401 판결) 중 하나를 의미하는 것으로 보인다.

출입국관리법 조문을 유기적으로 해석한다면 허가설이 타당하다. 그 근거는 다음과 같다.

① 법 제11조 제2항에서는 일정한 사유가 있는 외국인에 대해 '입국을 거부할 수 있다'라고 규정하고 있는데 이는 '입국'의 개념에 대해 진입설이 아닌 허가설을 전제로 한 표현으로 볼 수 있다. 진입설에 따르면 입국에 대해 허부가 없더라도 사실행위 자체로 개념상 입국이 이루어지기 때문이다.

② 법 제7조 제1항에서 '외국인이 입국할 때에는 유효한 여권과 법무부장관이 발급한 사증을 가지고 있어야 한다.'라고 규정하고 있는데, 진입설에 따르면 진입하는 사실행위로 입국이 완료되므로 입국을 위해 여권 및 사증이 필요하지 않게 된다. 물론 여권과 사증을 구비하지 않은 경우 대한민국에 합법적으로 체류할 수 없어 강제퇴거 등 처분을 통해 추방되겠지만 이는 입국 이후의 단계에 해당한다.

③ 법 제7조의2에서는 외국인을 입국시키기 위해 허위초청, 허위사증발급신청 등 부정한 방법을 사용하는 행위를 금지하고 있는데, 이때의 '입국' 역시 진입설에 따르면 사실행위로 종료되므로 진입설을 취할 경우 조문의 취지가 부자연스러워지게 된다.

④ 법 제8조에서는 사증의 종류를 규정하면서 '1회만 입국할 수 있는 단수사증'과 '2회 이상 입국할 수 있는 복수사증'으로 구별하고 있다. 심사절차를 전제하지 않은 진입설을 취할 경우 단수입국이든 복수입국이든 입국행위 자체에 사증이 필연적으로 요구되는 것은 아니기 때문에 법 제7조 제1항과 마찬가지로 문언과 현실 사이에 괴리가 발생한다.

따라서 조문의 체계를 고려했을 때 출입국관리법상 입국은 법 제12조 제4항에서 도출되는 바와 같이 입국심사를 완료하여 입국심사대를 통과하는 행위를 의미한다고 보는 것이 타당하다.

다만 외국인의 불법입국 등 제재적 조치에 관한 조문(출입국관리법 제93조의2)을 적용할 때 대법원은 입국의 개념을 '대한민국의 영역에 진입하는 행위'로 넓게 해석하고 있는데, 이는 국경관리의 현실적인 필요에서 비롯된 것으로 보인다. 만약 불법입국 등의 조치에 관하여도 '입국'을 입국심사대를 통과하는 행위로 해석하게 된다면, 입국심사대를 통과하기 전 단계인 공항만 등지에서 불법적인 방법으로 대한민국의 영역에 진입하는 자들을 효과적으로 규제할 수 없게 되기 때문이다.

같은 법률 내에서 동일하게 '입국'이라는 단어를 사용하고 있음에도 조문의 취지에 따라 해석을 달리한다는 비판이 있을 수 있고 이는 합리적이다. 그러므로 이 부분 조문을 정비하여 입국심사대를 통과하는 행위를 의미하는 '입국'과 대한민국 영역 내로 들어오는 사실행위를 의미하는 '진입'으로 용어를 구별하는 것이 바람직할 것이다.

바) 난민법 제5조 및 제6조의 해석 문제

난민법 제5조 제1항에서는 "대한민국 안에 있는 외국인으로서 난민인정을 받으려는 사람은 법무부장관에게 난민인정 신청을 할 수 있다."라고 규정하고 있고, 제6조 제1항에서는 "외국인이 입국심사를 받는 때에 난민인정 신청을 하려면 「출입국관리법」에 따른 출입국항을 관할하는 지방출입국·외국인관서의 장에게 난민인정신청서를 제출하여야 한다."라고 규정하고 있다. 이때 난민법 제5조 제1항 '대한민국 안'의 해석에 대해 견해가 대립한다. '대한민국 안에 있는 외국인'을 출입국항·환승구역 등 대한민국의 관할권이 미치는 모든 장소에 있는 자로 새기는 견해가 있는 반면, 난민법 제6조에서 '출입국항에서 하는 신청'을 별도로 두고 있다는 점을 근거로 '상륙하거나 입국한 자'에 한정된다고 보는 견해도 있다.[20]

이에 대해 양자의 조화로운 해석을 시도하는 견해가 있다. 그 주장을 요약하자면, ①

---

20 이철우 외, "이민법", 박영사, 2016, 339-340쪽.

난민법 제5조 제1항의 '대한민국 안'을 대한민국에 상륙하거나 입국한 상태(즉, 입국심사를 완료한 상태)로 한정하는 것이 법무부의 견해인데, 이는 ② 대한민국의 영해·영공에만 들어오면 '입국행위'가 종료된다고 보는 대법원의 입장(대법원 2005. 1. 28. 선고 2004도7401 판결)과 배치되는 것으로 보일 여지가 있지만, ③ 출입국관리법 위반죄에 관한 판결을 난민법의 해석에 그대로 적용하기는 어려우므로 결국은 배치되지 않는다는 것이다.[21] 전술한 바와 같이 입국은 허가설에 따라 해석하는 것이 타당하므로 이 견해와 결론을 같이 한다.

다만 난민법 제5조 및 제6조의 해석은 입국의 개념과는 무관한 것으로 보인다. '대한민국 안'을 법무부의 입장과 같이 '상륙 또는 입국한 상태'로 새기더라도 제5조의 '대한민국 안'이 개념적으로 제6조의 '출입국항'을 반드시 배제하고 있다고 볼 수는 없다. 오히려 제6조는 '대한민국 안' 중에서도 특별히 출입국항에 있는 경우를 상정한 것으로 해석하는 것이 체계상 타당할 것이다. 실제 상당수의 외국인들이 출입국항에서 난민신청을 하므로, 대한민국 내에서도 특별히 규율할 필요가 있는 '출입국항'에 한정하여 별도로 제6조를 둔 것으로 해석하는 쪽이 현실에도 부합한다.

요컨대 ① 난민법 제5조의 '대한민국 안'은 입국의 개념에 관한 논의와는 무관하고, ② 난민법 제6조의 '출입국항'에 관한 규정은 난민법 제5조의 특별규정이라고 새기는 것이 타당하다.

2) 여권

가) 개념

'여권'이란 대한민국정부·외국정부 또는 권한 있는 국제기구에서 발급한 여권 또는 난민여행증명서나 그 밖에 여권을 갈음하는 증명서로서 대한민국정부가 유효하다고 인정하는 것을 말한다(출입국관리법 제2조 제4호). 판례는 여권의 개념을 "한 국가의 국민임을 확인하고, 사실상 외국의 당국에게 당해 여권의 소지자에게 입국하고 자유로이 그리고 안

---

[21] 이철우 외, 전게서 2016, 340쪽.

전하게 통과하도록 허용해달라고 요청하며, 여권의 소지자에게 여권발급국의 외교관 및 영사관직원들의 보호와 주선에 대한 권리를 승인하는 문서(서울고등법원 2007. 5. 3. 선고 2006누20268 판결)"라고 정의한 바 있다.

외국인이 대한민국에 입국하려면 유효한 여권을 소지하여야 하고(출입국관리법 제7조 제1항), 대한민국에 체류하는 17세 이상 외국인은 항상 여권을 지니고 있어야 하며(출입국관리법 제27조 제1항), 출입국관리공무원이나 권한 있는 공무원이 직무수행과 관련하여 여권 등의 제시를 요구했을 때 여권 등을 제시하여야 한다(출입국관리법 제27조 제2항). 유효한 여권 없이 대한민국에 입국하다 적발된 경우 강제퇴거의 대상이 되고(출입국관리법 제46조 제1항 제1호), 형사처벌도 받을 수 있다(출입국관리법 제94조 제2호, 여권법 제24조).

나) 이른바 '위명여권'에 관한 문제

(1) '위명여권'의 개념

외국인이 신분세탁 및 출입국규제 잠탈 목적으로 자국 정부에 허위의 인적사항을 신고하여 발급받은 여권을 속칭 '위명여권'이라 한다(서울행정법원 2013. 10. 10. 선고 2013구합10342 판결). 위명여권이 문제되는 경우는 대표적으로 두 유형이 있다. 대한민국 내에서 범죄 또는 출입국관리법 위반으로 제재적 행정처분을 받은 전력이 있는 외국인이 사증발급 및 입국 과정에서의 불이익을 회피하기 위해 허위 인적사항이 기재된 여권을 소지한 채 입국하는 경우가 그 하나이다. 두 번째 유형은 정치적 박해 등으로 국적국에서 여권을 발급받을 가능성이 사실상 없는 외국인이 난민신청을 목적으로 위명여권을 소지한 채 입국하는 경우가 있다. 출입국관리법 제2조 제4호 및 동법 제7조 제1항과 관련하여 위명여권이 쟁점이 된 사례가 있어 이를 소개한다.

(2) 대법원 2014. 10. 30.자 2014두38873 심리불속행 판결

(가) 1심 판결

출입국관리법 제2조 제4호에서는 여권을 "대한민국정부·외국정부 또는 권한 있는 국제기구에서 발급한 여권 또는 난민여행증명서나 그 밖에 여권을 갈음하는 증명서로서 대한민국정부가 유효하다고 인정하는 것"이라고 정의하고 있는데, 외국 정부에서 발급한 여권이 '유효한 여권'만을 의미하는지 여부에 대해 서울행정법원 2013. 10. 10. 선고 2013구합10342 판결에서는 "'대한민국정부가 유효하다고 인정하는 것'이란 표현은 '그 밖에 여권을 갈음하는 증명서'에만 해당하는 것이라고 봄이 타당하다. 왜냐하면 피고(* 서울출입국관리사무소, 저자 주)와 같이 해석할 경우 대한민국 정부에서 발급한 여권도 대한민국 정부가 별도로 유효하다고 인정하여야만 유효한 여권으로 취급될 수 있으며, 대한민국 정부가 발급한 여권의 효력을 그 말단의 하급행정청인 피고가 멋대로 부인할 수 있다는 우스운 결론에 이르게 되기 때문이다."라고 해석하고 있다.

또한 마찬가지 관점에서 "대한민국 정부에 소속된 개별 국가기관이 대한민국 정부가 승인한 국가나 정부 또는 국제기구에서 합법적으로 발행하여 외국인이 소지하고 있는 개개의 여권의 유효성을 개별적으로 심사하여 유효성을 판단할 수 있다는 의미로 보아서는 아니 된다."라고 판시하며 그 근거로 "외국정부 또는 권한 있는 국제기구가 발행한 여권을 어떤 요건에 따라 어느 범위에서 유효하다고 인정할지는 원칙적으로 대한민국 정부, 구체적으로 말하자면 대한민국 정부의 수반인 대통령 또는 출입국관리행정의 최상급행정청인 법무부장관에게 광범위한 정책재량이 있다 할 것이나, 현재의 출입국관리법 시행령이나 시행규칙에 그에 관한 세부사항을 규율하거나 하급행정청인 피고에게 외국정부가 발행한 개별 여권의 효력을 부인할 권한을 부여하는 규정은 존재하지 않는다."라는 점을 들고 있다.

나아가 "피고는 어떤 여권이 위명여권으로 의심된다 하더라도 그것이 유효한지를 발급한 외국 정부에 조회해보아야 할 것이지 이러한 조치 없이 막연히 여권 자체의 효력을 스스로 부인할 수는 없다."라고 결론내리고 있다. 이 판결에 따르면 비록 허위사실이 기재된 여권이라도 외국의 국가기관에서 유효하게 발급한 것이라면 출입국관리법 제7조 제1항 위반의 문제가 발생하지 않는다.

(나) 2심 법원 및 대법원의 견해
위 서울행정법원 2013구합10342 판결의 항소심인 서울고등법원 2014. 6. 13. 선고 2013누49830 판결에서는 견해를 달리하여 원심 판결을 취소하고 원고 청구를 기각하였다. 당 법원에서는 출입국관리행정이 광범위한 정책재량의 영역에 놓여 있다는 일반적인 설시에 덧붙여 "출입국관리행정의 일반적인 특성에다가 외국인에 대한 출입국관리행정은 여권에 기재된 인적 사항을 기초로 하는 데 출입국관리행정을 교란하려는 자의 소속 정부에 의하여 발급된 여권의 유효성을 부인할 수 없다면 대한민국의 출입국관리행정이 형해화될 위험이 있는 점 등에 비추어보면, 대한민국정부는 여권을 발급한 외국정부가 그 여권을 유효하다고 인정하는지 여부와는 별개로 외국인의 대한민국 입국 요건이 되는 여권의 유효성에 관해 판단할 필요성과 권한을 갖는다고 보아야 한다."라고 판시하여 1심과는 달리 판단하였다.

이러한 점을 전제로 출입국관리법 제7조 제1항과 관련해서도 "출입국관리법 제7조 제1항에서 규정하고 있는 '유효한 여권'이란 '여권 소지자의 실제 인적사항과 그 여권에 기재된 내용이 동일하여 본인임을 확인할 수 있는 것'을 요건으로 한다고 보아야 한다. 따라서 외국정부 또는 권한 있는 국제기구에서 발급한 여권이라고 하더라도 위 요건을 갖추지 못하면 출입국관리법 제7조 제1항에서 말하는 유효한 여권에 해당한다고 할 수 없다."라고 결론내린 후 1심 판결을 취소하였다. 서울고등법원 2013누49830 판결은 상고심인 대법원 2014두38873 사건에서 심리불속행으로 기각되면서 확정되었다. 2심 법원 및 대법원의 견해에 따르면 외국 국가기관에서 발급받은 유효한 여권이라도 허위사실이 기재되어 있으면 출입국관리법 제7조 제1항 위반이 문제될 수 있다.

(3) 서울고등법원 2016. 10. 14. 선고 2015누69968 판결

서울고등법원 2016. 10. 14. 선고 2015누69968 판결에서도 위 대법원 판결과 같은 취지로 판시한 바 있다. 이 판결에서는 "출입국관리법 제7조 제1항에 정해진 유효한 여권이라고 함은, 외국으로 출국하는 자국민에 대하여 해당국 정부가 발행하는 공식의 여행문서로서 해당 자국민의 신분을 공증함과 동시에 해당 자국민의 보호와 여행의 편의 제공을 외국 정부에 의뢰하는 공식문서(National Passport)뿐만 아니라 일정한 국제기구 등이 발행한 여권과 난민여행증명서나 그 밖에 여권에 갈음하는 증명서도 대한민국정부가 유효하다고 인정하는 것을 포함하며, 또한 권한 있는 관헌에 적법한 방식으로 발행되고 형식과 실체의 양면에서 유효한 것을 말한다. 그러므로 외견상 진정한 여권과 조금도 다르지 아니하더라도 사인이 부정하게 인쇄하여 작성한 것이라거나 정규의 절차에 의하여 취득하고 본인의 사진이 붙어 있는 등 형식요건을 갖추고 있더라도 타인의 명의를 모용한 것은 유효한 여권에 해당하지 아니한다고 해석하여야 한다."라고 하여 형식적으로 유효한 여권일지라도 별도의 판단이 필요하다고 하였다.

위 판결 및 원심 판결에서는 재량권 일탈·남용의 판단 기준에 대해 상세히 설시하고 있으므로 이를 소개하도록 한다. 위 판결의 원심인 서울행정법원 2015. 11. 26. 선고 2015구단57997 판결에서는 총 여섯 가지 근거를 제시하였는데, 이 부분은 서울고등법원 2016. 10. 14. 선고 2015누69968 판결에서 그대로 인용되었다.

① 출입국관리행정은 내·외국인의 출입국과 외국인의 체류를 적절하게 통제·조정함으로써 국가의 이익과 안전을 도모하고자 하는 국가행정작용으로, 특히 외국인의 출입에 관한 사항은 주권국가로서의 기능을 수행하는 데 필수적인 것으로서 엄격히 관리되어야 한다.

② 여권 등의 신분증 위조행위는 대한민국 국민도 엄하게 처벌을 받는 중대한 범죄이다. 그런데 이러한 위조행위의 위법성 자체에 더하여, 여권과 사증을 위조하여 대한민국에 입국하는 외국인은 대한민국이 입국을 거부할 만한 충분한 사유가 있음에도 이러한 위조행위를 통하여 대한민국 의사에 반하여 입국한 것으로서, 이는 마치 집주인을 속이고 주거에 침입하는 것과 다를 바 없다. 더욱이 갈수록 불안해져가는 국제 정세와 치안문제를 감안할 때 대한민국을 기망하여 입국한 외국인을 퇴거시킬 권한은 주권국가가 행할 수 있는 고유의 권한으로서 철저하게 보장되어야 한다.

③ 각 나라마다 성명, 생년월일에 대한 체계가 다양하고 신분등록 및 확인 제도와 그 관리 수준이 많이 달라, 외국인의 출입국을 관리하는 피고가 모든 외국인의 진정한 신분이 무엇인지 일일이 확인하는 것은 현실적으로 거의 불가능하다. 그런데 피고에게 적발된 대부분의 신원불일치자들은 현재 소지한 여권이 진정한 여권이라고 주장하여 피고의 출입국관리행정에 상당한 지장을 초래하고 있어 이러한 외국인에게 위조된 여권을 사용하는 데 따른 강한 불이익을 가하여 일반예방 차원에서 이러한 위조행위를 방지할 필요성이 크다.

④ 법무부 소속 출입국·외국인정책본부는 2012년과 2013년 두 차례에 걸쳐 두 개 이상의 신분을 사용하여 대한민국에 입·출국하였던 외국인들을 대상으로 '신원불일치자 자진신고제도'를 운영하면서 그러한 사실을 자진신고 하면 6개월 후 재입국하여 원래의 체류자격으로 체류할 수 있도록 하였다. 이에 따라 약 4,000여 명의 외국인들이 위명여권 사용행위를 자진신고 하여 혜택을 받았음에도 원고는 위 기간 동안 대한민국에 체류하였으면서도 자진신고를 하지 않아 끝까지 자신의 위법행위를 숨기려고 했던 것으로 보인다.

⑤ 원고는 2003. 11.경 강제퇴거를 당하면서 5년간 재입국 금지 대상이었는데 원고가 2005. 2. 재입국할 당시에서는 5년의 입국규제 기간이 경과하지 아니하여 원고는 제1신분으로는 입국이 불가능하였고, 원고가 과거 위명여권을 사용하여 대한민국에 입국하였던 전력이 밝혀졌다면 제2신분으로도 대한민국에 입국하지 못하였을 것이다. 따라서 이러한 입국규제가 출입국관리법을 위반한 외국인들에 대한 제재적 성격을 갖고 있는 점에 비추어 사후에라도 이러한 위법행위가 발견되면 해당 외국인을 출국시켜 출입국질서를 회복하는 것이 부당하다고 할 수 없다.

⑥ 원고는 이 사건 각 처분으로 인하여 자신이 입게 될 손해가 지나치게 크다고 주장하나 이는 어디까지나 원고의 귀책사유에서 비롯된 것이고, 그 손해 역시 금전적인 것에 불과하다. 따라서 위명여권을 사용한 출입국 행위가 출입국관리행정 및 사회 안전에 미치는 심각한 위해를 고려하여 볼 때 피고가 이 사건 각 처분으로 지키고자 하는 공익이 원고의 금전적인 손해보다 결코 가볍다고 할 수 없다.

(4) 사견

규범적으로는 각 국가에서 발급한 여권의 유효성을 인정하고 출입국관리사무소의 독자적 심사권을 배제하는 것이 타당하다. 하지만 일부 국가[22]의 경우 여권의 발급 그 자체가 기재된 정보의 유효성을 담보하지 못하고 있다는 현실 역시 고려할 필요가 있을 것이다.

---

22 "A국 관공서 명의로 발급되는 각종 공문서가 위조 또는 변조되는 경우가 많기 때문에 이 사건 결혼경위 등의 기재서류가 없으면 혼인의 진실성을 확인하는 것이 사실상 어렵다." (헌법재판소 2005. 3. 31.자 2003헌마87 결정)

출입국관리사무소 측에 제출된 서류 등을 비교·대조하여 여권의 기재사항이 허위일 수 있다는 합리적인 의심이 드는 경우에도 독자적으로 판단하지 못한다면 출입국관리에 심각한 위협이 될 수 있다. 따라서 2심 법원 및 대법원의 견해가 타당하다고 생각한다.

3) 사증

가) 개념

'사증'이란 외국인이 입국할 수 있음을 인정하는 그 국가의 '입국허가 확인' 또는 외국인의 입국허가신청에 대한 '영사의 입국추천행위'를 의미한다(출처 : Hi Korea 외국인을 위한 전자정부 정보마당 출입국/체류 안내 사증(VISA) 참조).[23] 법원은 사증의 개념을 "사증발급 신청인의 여권이 그 국적국가의 정부기관에서 합법적으로 발급된 유효한 여권임을 확인하고, 사증발급 신청의 사유와 사증발급에 요구되는 기준에 의하여 입국하려는 국가에서 입국·체류하는 것이 상당함을 확인하여 입국항만에서 출입국관리공무원의 입국심사를 받도록 허가한 문서(서울행정법원 2016. 9. 30. 선고 2015구합77189 판결)"라고 정의하고 있다.

현행법에 따르면 법무부장관의 위임에 따라 재외공관의 장이 외국인의 신청을 받아 사증을 발급한다(출입국관리법 제8조 제2항, 동법 시행령 제7조 제1항 및 제2항). 대한민국에 입국하는 외국인은 유효한 여권과 법무부장관이 발급한 사증을 가지고 있어야 하고(출입국관리법 제7조 제1항), 허위사증을 통한 입국을 제재하고 있다(출입국관리법 제7조 제2항). 대한민국에 입국하려는 외국인이 유효한 사증을 가지고 있지 않은 경우 강제퇴거, 출국명령 등 추방의 대상이 되기도 한다(출입국관리법 제46조 제1항 제1호, 동법 제68조 제1항 제1호).

다만 ① 재입국허가를 받았거나 재입국허가가 면제된 사람으로서 그 허가 또는 면제받은 기간이 끝나기 전에 입국하는 사람, ② 대한민국과 사증면제협정을 체결한 국가의 국민

---

23 http://oneclick.law.go.kr/CSP/CnpClsMain.laf?csmSeq=548&ccfNo=1&cciNo=1&cnpClsNo=1
   법제처, "찾기 쉬운 생활법령정보시스템" 홈페이지에도 동일한 내용으로 소개되어 있다.
   최종방문일 : 2018. 7. 1.

으로서 그 협정에 따라 면제대상이 되는 사람, ③ 국제친선, 관광 또는 대한민국의 이익 등을 위하여 입국하는 사람, ④ 난민여행증명서를 발급받고 출국한 후 그 유효기간이 끝나기 전에 입국하는 사람으로서 대통령령으로 정하는 바에 따라 따로 입국허가를 받은 사람의 경우 무사증으로 입국할 수 있다(출입국관리법 제7조 제2항). 또한 「제주특별자치도 설치 및 국제자유도시 조성을 위한 특별법(이하 '제주특별법')」 제197조 제1항에 따라 법무부장관이 정하여 고시한 국가[24]의 국민 외의 외국인은 무사증으로 입국할 수 있다(제주특별법 제197조 제1항). 따라서 법 제7조 제2항에 해당하는 외국인의 입국을 허가할 때에는 여권에 제1항에 따른 입국심사인을 찍은 후 출입국관리법 시행령 별표 1 중 4. 사증면제(B-1) 체류자격과 체류기간을 적어야 하고, 외교·관용 사증면제협정 적용대상으로서 대한민국에 주재하려는 외국인의 입국을 허가할 때에는 시행령 별표 1 중 1. 외교(A-1) 또는 2. 공무(A-2) 체류자격과 체류기간을 적어야 한다(출입국관리법 시행령 제15조 제7항).

나) 사증발급거부의 처분성

(1) 거부처분과 신청권

행정소송법 제2조 제1항 제1호에서는 처분의 개념을 "행정청이 행하는 구체적 사실에 관한 법집행으로서의 공권력의 행사 또는 그 거부와 그 밖에 이에 준하는 행정작용"이라고 정의하고 있다.

대법원은 행정행위 중 특히 거부행위의 처분성이 문제된 사건에서, "국민의 적극적 행위 신청에 대하여 행정청이 그 신청에 따른 행위를 하지 않겠다고 거부한 행위가 항고소송의 대상이 되는 행정처분에 해당하는 것이라고 하려면, 그 신청한 행위가 공권력의 행사 또는 이에 준하는 행정작용이어야 하고 그 거부행위가 신청인의 법률관계에 어떤 변동을 일으키는 것이어야 하며 그 국민에게 그 행위발동을 요구할 법규상 또는 조리상의 신청권이 있어야 한다고 할 것인바, 여기에서 '신청인의 법률관계에 어떤 변동을 일으키는 것'이라는 의미는 신청인의 실체상의 권리관계에 직접적인 변동을 일으키는 것은 물론 그렇지

----

24 이란, 수단, 시리아, 마케도니아, 쿠바, 팔레스타인, 아프카니스탄, 이라크, 리비아, 나이지리아, 가나. (11개 국가)

않다 하더라도 신청인이 실체상의 권리자로서 권리를 행사함에 중대한 지장을 초래하는 것도 포함한다고 해석함이 상당하다(대법원 2002. 11. 22. 선고 2000두9229 판결)."라고 하여 법률상 이익과 신청권을 처분성의 인정 요건으로 언급한 바 있다. 이러한 판례의 태도에 따르면 사증발급거부행위가 행정쟁송의 대상이 되는 '처분'에 해당하는지 여부는 법률상 이익 및 신청권의 존부에 따라 달라진다.

(2) 법원의 판단

(가) 처분성을 인정한 판례

사증발급거부행위가 행정쟁송의 대상이 되는 처분에 해당하는지에 대해 수차례 법원의 판단 대상이 된 바 있으나 결론이 귀일되어 있지는 않다. 서울행정법원 2007. 11. 14. 선고 2007구합21204 판결에서는 "재외동포법은 외국국적동포를 단순한 외국인과는 달리 취급하여 외국국적동포에게 방문취업사증을 발급받을 수 있는 신청권을 부여하고 있다고 봄이 상당하고, 그 신청한 행위가 거부되는지 여부에 따라 신청인의 법률관계에 변동이 생기게 되므로, 방문취업사증의 발급으로 인해 외국국적동포가 누리는 이익은 단순한 반사적 이익이 아닌 법률상 이익으로 보아야 할 것이다. 따라서 재외동포법 제2조 제2호 소정 외국국적동포인 원고들의 방문취업(H-2) 사증발급 신청에 대하여 피고가 한 이 사건 거부행위는 행정소송의 대상이 되는 '처분'이라고 할 것(이다)."라고 하여 사증발급거부행위의 처분성을 인정하였다.

서울행정법원 2013. 12. 12. 선고 2013구합21205 판결에서는 "사증을 발급받는 것은 외국인이 대한민국에 입국하기 위한 요건이 되는 것이므로, 재외공관의 장의 사증발급행위는 공권력의 행사에 해당하고 그 거부행위는 사증신청인으로 하여금 대한민국에 입국할 수 없도록 하는 것으로서 신청인의 법률관계에 변동을 초래한다고 할 것이며, 위 법령규정에 따라 외국인은 사증발급에 관한 법규상의 신청권을 가진다고 할 것"이라는 점을 들어 사증발급거부행위가 항고소송의 대상이 된다는 점을 밝힌 바 있다.

위 서울행정법원 2013구합21205 판결의 항소심인 서울고등법원 2014. 9. 5. 선고 2014누41086 판결에서도 "출입국관리법 제7조 제1항, 제8조 제3항, 제10조 제1항을 종합하면 입국하려는 외국인은 대통령령으로 정하는 체류자격을 가져야 하고, 유효한 여권이 법무부장관이 발급한 사증을 가지고 있어야 하며, 사증발급에 관한 기준과 절차는 법무부령으로 정한다. 같은 법 시행령 제7조 제1항, 제2항에 의하면 사증을 발급받으려는 외국인은 사증발급신청서에 법무부령으로 정하는 서류를 첨부하여 재외공관의 장에게 제출하여야 하고, 재외공관의 장은 외국인이 사증발급 신청을 하면 법무부령으로 정하는 바에 따라 체류자격과 체류기간 등 필요한 사항을 적은 사증을 발급한다."라고 밝히는 한편, "사증을 발급받는 것은 외국인이 대한민국에 입국하기 위한 요건이 되는 것이므로, 재외공관의 장의 사증발급행위는 공권력의 행사에 해당하고 그 거부행위는 사증신청인으로 하여금 대한민국에 입국할 수 없도록 하는 것으로서 신청인의 법률관계에 변동을 초래한다고 할 것이며, 위 법률 규정에 따라 외국인은 사증발급에 관한 법규상의 신청권을 가진다고 할 것이다(서울고등법원 2014. 9. 5. 선고 2014누41086 판결)."라고 설시하여 사증발급거부행위의 처분성을 인정하고 있다. 그러나 위 판결의 상고심인 대법원 2018. 5. 15. 선고 2014두42506 판결에서는 결론을 달리하였는데 이는 후술하도록 하겠다.

외국인에게 결혼이민(F-6) 사증발급신청을 거부한 처분이 다툼의 대상이 되었던 서울행정법원 2016. 7. 15. 선고 2015구합82860 판결에서도 사증발급거부의 처분성을 인정하였다. "출입국관리법 제7조 제1항, 제10조 제1항을 종합하면, 입국하려는 외국인은 대통령령으로 정하는 체류자격을 부여받고, 유효한 여권과 법무부장관이 발급한 사증을 가지고 있어야 하는바, 사증을 발급받는 것은 외국인이 대한민국에 입국하기 위한 요건이 되므로 재외공관의 장의 사증발급행위는 공권력의 행사에 해당하고, 그 거부행위는 사증발급을 신청한 자가 대한민국에 입국할 수 없도록 하는 것으로서 신청인의 법률관계에 변동을 초래한다고 볼 수 있다."라고 판단하였고, "관계 법령에서 외국인의 사증발급 신청절차 및 그 심사기준에 관하여 규정하고 있으므로 외국인에게 적어도 사증발급 심사라는 행정발동에 대한 신청권은 인정된다고 봄이 타당"하다고 하여 법령 규정에 따라 외국인이 사증발급에 대한 법규상의 신청권을 가진다고 판단하였다.

위 2015구합82860 판결에서는 나아가, 당해 사안에서 외국인은 "비록 사증발급이 외국인에 대하여 대한민국 입국 허용 여부를 결정짓는 국가의 고권적 행위라 하더라도, 결혼동거 목적의 사증발급 신청을 받은 재외공관의 장은 혼인의 진정성 및 정상적인 결혼 생활의 가능성이 인정된다면 특별한 사정이 없는 한 사증을 발급하여야 할 것이므로, 적어도 결혼이민 체류자격을 갖춘 외국인의 경우 대한민국 입국의 전제가 되는 사증발급에 관한 조리상의 신청권이 인정된다."라고 하여 조리상의 신청권 역시 인정된다고 판단하였다.

서울행정법원 2016. 9. 30. 선고 2015구합77189 판결에서는 사증발급거부가 항고소송의 대상적격이 된다고 판단하며 그 근거로 재외동포법의 입법취지 및 체계를 들고 있다. 먼저, 재외동포법의 조문 체계에 대해 "재외동포법 제1조는 재외동포의 대한민국에의 출입국과 대한민국 안에서의 법적지위를 보장함으로 목적으로 한다고 규정하고 있고, 제2조 제2호는 대한민국의 국적을 보유하였던 자 또는 그 직계비속으로서 외국국적을 취득한 자 중 대통령령이 정하는 자(이하 "외국국적동포"라 한다)를 "재외동포"로 규정하고 있으며, 제4조는 정부는 재외동포가 대한민국 안에서 부당한 규제와 대우를 받지 아니하도록 필요한 지원을 하여야 한다고 규정하고 있고, 제5조는 법무부장관은 대한민국 안에서 활동하고자 하는 외국국적동포에게 신청에 의하여 재외동포 체류자격을 부여할 수 있다고 규정하면서(제1항), 병역기피목적의 외국국적 취득, 대한민국의 이익을 해칠 우려 등 재외동포체류자격 부여가 거부되는 사유를 설시하고 있고(제2항), 법무부장관이 재외동포 체류자격을 부여할 경우 대통령령으로 정하는 바에 따라 외교부장관과 협의하여야 한다고 규정하고 있다(제3항)."라고 설시하였다.

위 서울행정법원 2015구합77189 판결에서는 나아가 "재외동포법의 입법취지, 외국국적동포의 지위, 재외동포법 제5조가 외국국적동포의 체류자격 신청에 관하여 규정하면서 다른 체류자격과 달리 그 소극적 요건에 관하여 직접 규정하면서 체류자격 부여를 위하여 외교부장관과의 협의를 거칠 것을 요구하고 있는 점 등을 종합하여 보면, 재외동포법은 외국국적동포를 단순한 외국인과는 달리 취급하여 외국국적동포에게 재외동포사증을 발급받을 수 있는 신청권을 부여하고 있다고 봄이 상당하고, 그 신청한 행위가 거부되는지 여부에 따라 신청인의 법률관계에 변동이 생기게 되므로, 사증발급에 관한 법규상의 신청권이 있는 원고의 사증발급 신청을 거부한 이 사건 거부행위는 단순한 사실의 통지가 아닌 항고소송의 대상이 되는 처분에 해당하여 대상적격이 인정된다."라고 결론을 내리고 있다.

이 판결의 항소심인 2017. 2. 23. 선고 2016누68825 판결 역시 처분성을 인정한 원심의 판단을 유지하였다.

서울행정법원 2018. 2. 9. 선고 2017구합58915 판결에서도 사증발급거부의 처분성을 인정하였는데, 그 근거로 외국인에게 법규상의 신청권이 인정된다는 점 외에도 "출입국관리법 제12조에 의하면 외국인이 유효한 여권과 사증을 소지하고 있다 하더라도 대한민국으로 입국하려는 경우에는 입국하는 출입국항에서 출입국관리공무원의 입국심사를 추가로 받아야 하는바, 이 사건 처분이 취소되더라도 원고가 대한민국으로 당연히 입국할 수 있게 되는 것은 아니라 하더라도 이 사건 처분이 취소되지 않고서는 위와 같은 입국심사조차 받을 수 없으므로 이 사건 처분의 취소를 구할 법률상 필요성이 없다고 볼 수 없다(서울행정법원 2018. 2. 9. 선고 2017구합58915 판결)."라는 점을 설시하였다.

(나) 처분성을 부정한 판례

앞서 언급한 서울행정법원 2012구합21205 판결 및 서울고등법원 2014누41086 판결의 상고심 판결인 대법원 2018. 5. 15. 선고 2014두42506 판결에서는 외국인에게 사증발급거부의 취소를 다툴 법률상 이익이 없다고 보았는데, 그 근거로 다음과 같은 점을 설시하였다.

대법원 2018. 5. 15. 선고 2014두42506 판결

구 출입국관리법(2018. 3. 20. 법률 제15492호로 개정되기 전의 것, 이하 '출입국관리법'이라 한다)은 외국인이 입국한 때에는 원칙적으로 유효한 여권과 대한민국의 법무부장관이 발급한 사증을 가지고 있어야 하고(제7조 제1항), 입국하는 출입국항에서 출입국관리공무원의 입국심사를 받아야 한다고(제12조 제1항) 규정하고 있다. 따라서 외국인이 이미 사증을 발급받은 경우에도 출입국항에서 입국심사가 면제되지는 않는다. 사증발급은 외국인에게 대한민국에 입국할 권리를 부여하거나 입국을 보장하는 완전한 의미에서의 입국허가결정이 아니라, 외국인이 대한민국에 입국하기 위한 예비조건 내지 입국허가의 추천으로서의 성질을 가진다고 봄이 타당하다.

…(중략)…

외국인에게는 입국의 자유를 인정하지 않는 것이 세계 각국의 일반적인 입법 태도이다. 그리고 우리 출입국관리법의 입법목적은 "대한민국에 입국하거나 대한민국에서 출국하는 모든 국민 및 외국인의 출입국관리를 통한 안전한 국경관리와 대한민국에 체류하는 외국인의 체류관리 및 난민(難民)의 인정절차 등에 관한 사항을 규정"하는 것이다(제1조). 체류자격 및 사증발급의 기준과 절차에 관한 출입국관리법과 그 하위법령의 위와 같은 규정들은, 대한민국의 출입국 질서와 국경관리라는 공익을 보호하려는 취지일 뿐, 외국인에게 대한민국에 입국할 권리를 보장하거나 대한민국에 입국하고자 하는 외국인의 사익까지 보호하려는 취지로 해석하기는 어렵다.

사증발급 거부처분을 다투는 외국인은 아직 대한민국에 입국하지 않은 상태에서 대한민국에 입국하게 해달라고 주장하는 것으로, 대한민국과의 실질적 관련성 내지 대한민국에서 법적으로 보호가치 있는 이해관계를 형성한 경우는 아니어서, 해당 처분의 취소를 구할 법률상 이익을 인정하여야 할 법정책적 필요성도 크지 않다. 반면, 국적법상 귀화불허가처분이나 출입국관리법상 체류자격변경 불허가처분, 강제퇴거명령 등을 다투는 외국인은 대한민국에 적법하게 입국하여 상당한 기간을 체류한 사람이므로, 이미 대한민국과의 실질적 관련성 내지 대한민국에서 법적으로 보호가치 있는 이해관계를 형성한 경우이어서, 해당 처분의 취소를 구할 법률상 이익이 인정된다고 보아야 한다. 나아가 중화인민공화국(이하 '중국'이라 한다) 출입경관리법 제36조 등은 외국인이 사증발급 거부 등 출입국 관련 제반 결정에 대하여 불복하지 못하도록 명문의 규정을 두고 있으므로 국제법의 상호주의원칙상 대한민국이 중국 국적자에게 우리 출입국관리행정청의 사증발급 거부에 대하여 행정소송 제기를 허용할 책무를 부담한다고 볼 수는 없다.

이와 같은 사증발급의 법적 성질, 출입국관리법의 입법목적, 사증발급 신청인의 대한민국과의 실질적 관련성, 상호주의원칙 등을 고려하면, 우리 출입국관리법의 해석상 외국인에게는 사증발급 거부처분의 취소를 구할 법률상 이익이 인정되지 않는다고 봄이 타당하다.

(3) 학설

원칙적으로 외국인은 사증발급에 관한 법규상·조리상 신청권을 가지지 못하고 대한민국에 입국할 권리가 없으므로 사증발급거부 행위는 항고소송의 대상이 될 수 없으나, 대한민국에서 이미 형성된 보호이익을 가지고 있거나 일정한 생활관계의 기반이 형성된 경우 예외적으로 인정할 필요가 있다는 견해가 있다.[25]

(4) 사견

외국인의 입국, 체류 등 출입국관리행정은 "주권국가로서의 기능을 수행을 하는 데에 필수적인 사항(서울행정법원 2011. 9. 15. 선고 2011구합21430 판결)"이고, "거주·이전의 자유는 입국의 자유에 관한 것이므로 이에 대해서도 외국인의 기본권주체성은 인정되지 아니(헌법재판소 2014. 6. 26.자 2011헌마502 결정)"한다. 따라서 외국인에게 입국의 자유가 기본권으로 보장되지는 않는다. 다만, 출입국관리법 제7조에서 외국인의 입국에

25 차용호, 전게서, 68쪽.

관한 규정을 두고 있고 법무부령으로 사증발급 기준(출입국관리법 시행규칙 제9조의2), 사증추천인(출입국관리법 시행규칙 제9조의3), 결혼동거 목적의 외국인 사증 발급 절차 및 기준(출입국관리법 시행규칙 제9조의4 및 제9조의5), 사증발급의 승인(출입국관리법 시행규칙 제10조) 등 구체적인 절차와 요건을 상세히 정하고 있으므로 외국인의 입국의 자유는 법률에 의해 보장된 법률상 권리라고 보는 것이 타당하다. 따라서 사증발급은 법률에 의해 외국인에게 신청권이 인정된다고 보아야 하고, 사증발급거부행위 역시 행정소송의 대상인 처분이라 할 것이다. 대법원 2018. 5. 15. 선고 2014두42506 판결에서는 사증발급거부의 원고적격이 인정되지 않는다고 판시한 바 있으나, 위 판결은 대한민국과의 실질적 관련성 및 중국과의 상호주의 원칙이 주된 근거가 된 것으로 보이므로, 대한민국에 이미 입국해서 생활했던 경험이 있는 등 대한민국과 일정한 관계가 있는 외국인 중 중국 국적자를 제외한 사람에 대해서는 추후 결론이 달라질 여지가 있어 보인다.

이러한 재외공관의 사증발급거부행위는 입국금지자에 대해 내려지는 경우가 많은데, 입국금지의 법적 성격 역시 첨예하게 논쟁의 대상이 되고 있다. 출입국관리법 제11조 제1항에서 정하는 사유가 있는 외국인이 출국할 때 출입국관리사무소 내부 전산망에 입국금지에 관한 사항을 입력하는데, 입국금지가 어떤 행위를 의미하는지에 대해 현재 법원의 입장은 명확하지 않으나, 위와 같은 '전산망에 입력하는 행위'의 처분성은 법원에서도 부정한 바 있다(서울행정법원 2014. 10. 31. 선고 2014구합12550 판결). 따라서 법 제11조 제1항의 사유가 있는 외국인은 외국에 있는 동안 입국금지 그 자체를 문제 삼을 수 없고, 입국금지가 입력된 상태에서 대한민국의 공항만에 진입하여 입국심사를 받은 후 입국이 불허되었을 때에야 비로소 다툴 수 있게 된다. 그런데 문제는, 출입국관리사무소 내부 전산망에 입국금지가 입력된 외국인에게는 재외공관에서의 사증 발급이 거부된다는 데 있다. 정리하자면, 입국금지가 입력된 외국인이 이를 다투기 위해서는 대한민국 공항만의 입국심사대 앞까지 가야 하나 애초에 사증 발급이 불가능하므로 다툴 가능성이 전혀 없게 되는 것이다. 이러한 점을 고려할 때 사증발급거부행위의 처분성을 인정하여 입국금지의 정당성 역시 그 절차에서 다툴 수 있도록 보장하는 것이 체계상 타당하다고 생각한다. 사증발급거부의 처분성은 입국금지에 관한 부분에서 다시 한번 정리하도록 하겠다.

다) 사증발급신청과 관련된 헌법재판소 결정

결혼동거목적 사증발급신청 과정에서 재외공관에서 전화예약으로 사증신청접수일 지정을 한 행위와, 외국인 배우자와의 교제과정·결혼경위·소개인과의 관계·교제경비내역 등을 한국인이 직접 기재하여 제출할 것을 요구하는 조치가 헌법소원의 대상이 되는 공권력의 행사에 해당하는지 문제된 바 있다. 헌법재판소는 접수일을 전화로 지정한 행위는 단순한 비권력 사실행위에 불과하여 헌법소원의 대상이 되는 공권력의 행사에 해당하지 않으나, 교제 경위, 교제 경비 등을 직접 기재한 서류를 제출할 것을 요구한 행위는 헌법소원의 대상이 되는 공권력의 행사에 해당한다고 판단하였다(헌법재판소 2005. 3. 31.자 2003헌마87 결정).

동 결정에서 헌법재판소는 "출입국관리법은 행정주체의 우월성, 강행성, 명령성, 행위규범성을 특성으로 하는 출입국관리에 관한 행정작용을 규정한 법"이라고 설시하며, "국가기관인 피청구인이 청구인으로 하여금 결혼경위 등을 기재하도록 요구한 행위는 청구인의 처 A가 결혼동거목적거주 사증발급신청을 함에 있어 동 신청이 수리될 수 있는 요건으로서, 뒤에서 보는 바와 같이 법령의 근거에 따라 청구인과 위 A에게 결혼경위, 소개인 관계, 교제경비내역, 교제경위 등을 '초청사유서'와 '결혼동거사증신청 첨부서류'에 기재해야 하는 의무를 부과한 고권적 행위라고 할 것이다."라는 근거를 제시하고 있다.

다만 한·중 국제결혼이 한국입국 및 취업을 위한 편법으로 악용되고 있는 현실을 고려할 때 목적의 정당성이 있고, 결혼경위 등 기재요구를 통해 이러한 목적을 달성하는 데 기여할 수 있으며, 다른 방식으로는 혼인의 진실성을 확인할 수 없다는 점에서 필요한 최소한의 침해에 해당하므로 과잉금지원칙에 위배되지 않는다고 판단하였다. 또한 다른 국가에 비해 중국인 배우자에 의한 사증신청이 월등히 많고 중국인 불법체류자의 비율 역시 압도적으로 높다는 점에서 평등원칙에도 위반하지 않는다고 보았고, 나아가 위 결혼경위 등 기재요구 행위가 헌법에 위반하지 않는다고 결론을 내렸다.

라) 사증발급인정서

(1) 개념

사증과 구별되는 개념으로 사증발급인정서가 있다. 사증발급인정은 외국인의 입국에 관하여 초청인이 국내에서 사증발급에 관한 절차를 처리하도록 하여 피초청인의 입국을 원활하게 하는 제도를 의미[26]하는데, 출입국관리법 및 동법 시행규칙에서 구체적으로 규정하고 있다.

(2) 대상자

사증발급인정서의 신청은 대한민국에 입국하려는 외국인이 신청하는데(출입국관리법 제9조 제1항), 외국인을 초청하려는 국민이 이를 대리할 수 있다(출입국관리법 제9조 제2항). 사증발급인정서의 발급대상자는 ① 미수교국가 또는 특정국가의 국민, ② 출입국관리법 시행령 별표 1 중 체류자격 10. 문화예술(D-1)부터 25. 특정활동(E-7)까지·25의3. 비전문취업(E-9)·25의4. 선원취업(E-10)·26. 방문동거(F-1)·27. 거주(F-2)·28. 동반(F-3)·28의2. 재외동포(F-4)·제28의3. 영주(F-5)·28의4. 결혼이민(F-6)·29. 기타(G-1) 및 31. 방문취업(H-2)의 자격에 해당하는 자, ③ 기타 법무부장관이 특히 필요하다고 인정하는 자이다(출입국관리법 시행규칙 제17조 제1항).

(3) 절차

사증발급인정서를 발급받고자 하는 자는 출입국관리법 시행규칙 제76조에서 규정하는 사증발급인정신청서에 필요한 서류를 첨부하여 그 외국인을 초청하려는 자의 주소지를 관할하는 주소지 관할 청장·사무소장에게 제출하여야 하고(출입국관리법 시행규칙 제17조 제2항), 주소지 관할 청장·사무소장은 발급기준을 확인하고 의견을 붙여 이를 법무부장관에게 송부하여야 한다(출입국관리법 시행규칙 제17조 제4항).

법무부장관은 신청서류를 심사한 결과 사증발급이 타당하다고 인정하는 때에는 전자문

---

26 차용호, 전게서, 73쪽.

서로 사증발급인정서를 발급하여 이를 재외공관의 장에게 송신하고, 초청자에게는 사증발급인정번호를 포함한 사증발급인정내용을 지체 없이 통지하여야 한다(출입국관리법 시행규칙 제17조 제5항). 또한 법무부장관은 재외공관에 출입국관리정보시스템이 개설되어 있지 아니하는 등 전자문서에 의한 사증발급인정서를 송신할 수 없는 부득이한 사유가 있는 경우 초청자에게 직접 사증발급인정서를 교부할 수 있다(출입국관리법 제17조 제6항). 초청인이 동시에 신청한 사증발급인정서 발급대상자가 2인 이상일 경우에는 그 대표자의 사증발급인정서에 사증발급대상자 명단을 첨부하여 사증발급인정서를 발급할 수 있다(출입국관리법 시행규칙 제17조 제7항).

이러한 절차를 거쳐 사증발급인정내용을 통보받은 초청자는 사증발급신청서에 사증발급인정번호를 기재하여, 직접 사증발급인정서를 교부받은 초청자는 사증발급신청서에 사증발급인정서를 첨부하여 재외공관의 장에게 사증발급을 신청할 수 있다(출입국관리법 시행규칙 제17조의2 제1항 및 제2항). 재외공관의 장은 사증발급인정제도 규정에 의해 사증발급을 신청하는 자에 대하여는 사증발급인정번호 등 사증발급인정내용 또는 사증발급인정서의 내용에 따라 사증을 발급하여야 하고, 사증을 발급한 경우 사증발급인정서는 회수하여야 한다(출입국관리법 시행규칙 제17조의2 제3항 및 제4항).

(4) 기준

출입국관리법 제9조 제1항의 규정에 의한 사증발급인정서 발급을 위해 재외공관의 장은 ① 유효한 여권을 소지하고 있는지 여부, ② 법 제11조의 규정에 의한 입국의 금지 또는 거부의 대상이 아닌지 여부, ③ 시행령 별표 1에서 정하는 체류자격에 해당하는지 여부, ④ 시행령 별표 1에서 정하는 체류자격에 부합한 입국목적을 소명하는지 여부, ⑤ 해당 체류자격별로 허가된 체류기간 내에 본국으로 귀국할 것이 인정되는지 여부, ⑥ 그 밖에 시행령 별표 1의 체류자격별로 법무부장관이 따로 정하는 기준에 해당하는지 여부를 심사·확인하여야 한다(출입국관리법 시행규칙 제17조의3 제1항 및 제9조의2).

다만 외국인을 고용하려는 사용사업주 또는 외국인을 초청하는 사람이 아래 항목에 해당할 경우 사증발급인정서를 발급하지 아니할 수 있다(출입국관리법 시행규칙 제17조의3

제2항).

① 허위초청 금지·선박 등의 제공 금지·외국인 고용 제한 금지·외국인등록증 등의 채무이행 확보수단 제공 금지 등 금지 규정을 위반하여 금고 이상의 형의 선고를 받고 그 형의 집행이 종료되거나 집행을 받지 아니하기로 한 날, 또는 500만 원 이상의 벌금형의 선고를 받거나 500만 원 이상의 범칙금의 통고처분을 받고 벌금 또는 범칙금을 납부한 날부터 3년이 경과되지 아니한 사람(제1호)

② 허위초청 등 금지·선박 등의 제공금지·외국인 고용 제한·근무처 변경 및 추가·외국인등록증 등의 채무이행 확보수단 제공 등 금지 규정을 위반하여 500만 원 미만의 벌금형의 선고를 받거나 500만 원 미만의 범칙금의 통고처분을 받고 벌금 또는 범칙금을 납부한 날부터 1년이 경과되지 아니한 사람(제2호)

③ 외국인에게 윤락행위·사행행위·마약류 판매 및 공급행위 강요 등으로 「성매매알선 등 행위의 처벌에 관한 법률」, 「사행행위 등 규제 및 처벌특례법」 및 「마약류관리에 관한 법률」 등을 위반하여 금고 이상의 형의 선고를 받고 그 형의 집행이 종료되거나 집행을 받지 아니하기로 한 날부터 3년이 경과되지 아니한 사람(제3호)

④ 외국인근로자 또는 기술연수생에게 임금 또는 수당을 체불하거나 강제근로시키는 등 「근로기준법」을 위반하여 금고 이상의 형의 선고를 받고 그 형의 집행이 종료되거나 집행을 받지 아니하기로 한 날부터 3년이 경과되지 아니한 사람(제4호)

⑤ 신청일부터 최근 1년간 법 제9조 제2항에 따라 10인 이상의 외국인을 초청한 자로서 피초청 외국인의 과반수 이상이 불법체류 중인 사람(제5호)

⑥ 신청일부터 최근 1개월간 법 제19조 또는 법 제19조의4의 규정에 의한 신고의무를 2회 이상 게을리한 사람(제6호)

⑦ 그 밖에 제1호 내지 제6호에 준하는 사유에 해당하는 자로서 법무부장관이 따로 정하는 사람(제7호)

법무부장관은 출입국관리법 시행령 별표1 중 체류자격 25의3. 비전문취업(E-9) 또는 25의4. 선원취업(E-10)에 해당하는 사증발급인정서를 발급받으려는 외국인이 ① 비전문취업(E-9) 체류자격으로 국내에 5년 이상 체류한 사실이 있는 경우, ② 선원취업(E-10)

체류자격으로 국내에 5년 이상 체류한 사실이 있는 경우, ③ 비전문취업(E-9) 또는 선원취업(E-10) 체류자격으로 국내에 체류한 기간을 합산한 기간이 5년 이상인 경우, 사증발급인정서를 발급하지 아니한다(출입국관리법 시행규칙 제17조의3 제3항).

한편, 출입국관리법 시행령 별표 1 중 체류자격 27. 거주(F-2) 가목 또는 28의4. 결혼이민(F-6) 가목에 해당하는 결혼동거 목적의 사증발급인정서 발급을 위해서는 재외공관의 장이 ① 교제경위 및 혼인의사 여부, ② 당사국의 법령에 따른 혼인의 성립 여부, ③ 초청인이 최근 5년 이내에 다른 배우자를 초청한 사실이 있는지 여부, ④ 초청인이 「국민기초생활 보장법」 제2조 제11호에 따른 기준 중위소득을 고려하여 법무부장관이 매년 정하여 고시하는 소득 요건을 충족하였는지 여부, ⑤ 건강상태 및 범죄경력 정보 등의 상호 제공 여부, ⑥ 피초청인이 기초 수준 이상의 한국어 구사가 가능한지 여부,[27] ⑦ 부부가 함께 지속적으로 거주할 수 있는 정상적인 주거공간의 확보 여부,[28] ⑧ 초청인이 「국적법」 제6조 제2항 제1호 또는 제2호에 따라 국적을 취득하거나 영 별표 1 28의3. 영주(F-5) 나목에 따라 영주자격을 취득하고 3년이 경과하였는지 여부를 심사할 수 있다(출입국관리법 시행규칙 제17조의3 제4항 및 제9조의5 제1항).

(5) 사증발급인정서의 신청인 적격

사증발급인정신청 불허결정에 대해, 외국인을 초청한 사람이 불복할 수 있는지 여부가 쟁점이 된 사례가 있다.[29]

제주지방법원 2006. 6. 7. 선고 2005구합733 판결은 ① 사증발급인정서의 발급신청을 초청인이 대리할 수 있다고 명문으로 규정함으로써 외국인 입국과 관련된 초청인의 이해관계를 법적으로 보장하고 있는 점, ② 사증발급인정 신청 과정에서 '초청인' 작성 서류를 제출하도록 요구하고 사증발급인정서 교부 역시 '초청인'에게 이루어지는 등 초청인의 이해관계를 법적으로 보호하고 있다는 점, ③ 초청인의 결격사유 유무가 사증발급인정서 발

---

27 이 경우 구체적인 심사·확인 기준은 법무부장관이 정하여 고시한다(출입국관리법 시행규칙 제9조의5 제1항 제6호).
28 고시원, 모텔, 비닐하우스 등 일반적으로 부부가 함께 지속적으로 거주할 수 있는 장소로 보기 어려운 곳은 정상적인 주거 공간이 확보된 것으로 보지 아니한다(출입국관리법 시행규칙 제9조의5 제1항 제7호).
29 차용호, 전게서, 79쪽.

급에 매우 중요한 기준이 되는 점, ④ 직접적인 이해당사자인 초청인이 사증발급인정 불허를 다툴 수 없다면 달리 다툴 방도가 없다는 점 등을 고려하였을 때 초청인에게 사증발급인정불허처분을 다툴 원고적격이 인정된다고 보았다. 반면, 서울행정법원 2009. 3. 13. 선고 2008구합41250 판결에서는 초청자는 단지 외국인의 신청만 대리할 수 있을 뿐 독자적인 신청권이 있는 것은 아니고, 법률에서 보호하는 초청자의 이해관계는 사실상의 것에 지나지 않는다는 점을 근거로 원고적격을 부정하기도 하였다.

초청인에게 사증발급인정불허처분을 다툴 원고적격이 있는지에 대해, 원칙적으로 사증발급인정서 발급은 국가기관의 재량사항에 해당하나 국내 장기체류 등으로 긴밀한 생활관계가 형성된 외국인 또는 결혼이민을 통한 가족형성 등 초청인에게 법률상 보호받아야 할 이익이 있는 경우 원고적격을 폭넓게 인정할 필요가 있다는 견해가 있다.[30] 출입국관리행정에는 재량의 한계가 폭넓게 인정되지만 재량이 무제한이라는 의미는 아니므로, 일정한 경우 초청인에게 사증발급인정불허처분을 다툴 기회를 줄 필요가 있을 수 있다. 따라서 위 견해가 타당하다고 생각한다.

마) 사증의 종류

사증은 1회만 입국할 수 있는 단수사증과 2회 이상 입국할 수 있는 복수사증으로 구분된다(출입국관리법 제8조 제1항). 사증에는 체류자격이 기재되어 있는데, 국내 체류자격에 따라 알파벳 A부터 H 사이에 해당하는 사증을 발급받게 된다(출입국관리법 제10조 제1항, 출입국관리법 시행령 제12조, 출입국관리법 시행령 별표 1). 체류자격에 따른 사증의 구분은 '4. 외국인의 체류와 출국' 부분의 '가. 외국인의 체류' 목차에서 상세히 서술하도록 하겠다.

바) 신원보증

사증발급 및 사증발급인정서 발급 시 법무부장관이 필요하다고 인정하는 경우 초청자나 그 밖의 관계인에게 그 외국인의 신원을 보증하게 할 수 있다(출입국관리법 제90조 제1항).

---

30 차용호, 전게서, 82쪽.

피보증외국인이 소속하는 기관 또는 단체가 있는 때의 신원보증인은 특별한 사유가 없는 한 그 기관 또는 단체의 장이 된다(출입국관리법 시행규칙 제77조 제3항). 법무부장관은 신원보증을 한 사람에게 피보증외국인의 체류, 보호 및 출국에 드는 비용의 전부 또는 일부를 부담하게 할 수 있고(출입국관리법 제90조 제2항), 신원보증인이 보증책임을 이행하지 않아 국고에 부담이 되게 한 경우 신원보증인에게 구상권을 행사할 수 있다(출입국관리법 제90조 제3항). 신원보증인이 비용을 부담하지 아니할 염려가 있거나 신원보증인의 보증만으로는 보증목적을 달성할 수 없다고 인정될 때에는 신원보증인에게 피보증외국인 1인당 300만 원 이하의 보증금을 예치하게 할 수 있다(출입국관리법 제90조 제4항). 신원보증인의 보증기간은 최장 4년으로 한다(출입국관리법 시행규칙 제77조 제7항).

4) 입국금지 등

가) 의의

출입국관리법 제11조 제1항에서는 외국인의 입국이 대한민국 사회에 미칠 영향을 고려하여 일정 범주 외국인의 입국을 '금지'하고 있다(이하 '입국금지'라 한다). 그런데 동법 제11조 제2항에서는 외국인의 국적국과의 관계에서 상호주의 원칙에 따라 해당 외국인의 입국을 '거부'할 수 있음을 규정하고 있고(이하 '입국거부'라 한다), 동법 제12조 제4항에서는 입국심사 과정에서 요건을 갖추지 못한 경우 입국을 '불허'한다는 점을 밝히고 있다(이하 '입국불허'라 한다).

이때 입국을 '금지'한다는 것이 대체 어떤 행위를 의미하는지 논란이 되어 왔고, 법원에서도 이를 아직 명확하게 정의하지 못하고 있다. 따라서 본 서에서는 조문의 내용 및 판례를 통해 그 의미를 이해하는 한편 실무를 포괄할 수 있는 정의를 검토하도록 하겠다.

나) 조문의 연혁

1963년 제정된 출입국관리법(법률 제1289호, 1963. 3. 5. 제정)에서는 제9조(현행 출입국관리법 제11조 제1항에 해당)에서 입국금지를, 제10조(현행법 제11조 제2항)에서 상호주의에 입각하여 입국거부를, 제11조(현행 출입국관리법 제12조에 해당) 제4항에서 입국심사 후 규정위반이 발견된 경우 입국금지를 할 수 있다고 규정하고 있다. 1963년 법률은 입국금지와 입국거부는 현행법과 동일한 내용으로 규정하고 있으나, 입국불허를 '입국금지'라고 표현하였다는 점에서 차이가 있다.

1984년 시행된 개정법(법률 제3694호, 1983. 12. 31. 전부개정)에서는 제10조 제1항(현행 출입국관리법 제11조 제1항)에서 입국금지를, 제10조 제2항(현행법 제11조 제2항)에서 입국거부를, 제11조(현행법 제12조)에서 입국불허를 규정하고 있다. 제정법에서 별도의 조문으로 규정했던 입국거부를 입국금지 조문의 하위 항목에 위치시켰고, 출입국심사 후 요건을 갖추지 못한 외국인에 대한 입국의 제한을 현행법과 동일하게 '입국불허'라고 규정하였다. 특기할 만한 사항으로, 출입국심사 후 요건을 갖추지 못했더라도 입국불허 대신 출입국관리공무원이 체류자격 또는 체류기간을 정정한 후 허가할 수 있다는 규정을 둔 점이다(제11조 제6호).

1993년 시행된 개정법(법률 제4522호, 1992. 12. 8. 전부개정)은 조문의 체계 및 용어는 이전과 동일하나, 출입국관리공무원이 입국심사 시 체류자격 또는 체류기간을 정정한 후 허가할 수 있었던 조문이 삭제되었다.

출입국관리법 시행규칙 제78조 제3항에서는 권한위임에 관한 규정을 두고 있는데, 이는 2013. 5. 31. 개정법(같은 날 시행)에서 신설된 것이다. 따라서 법무부장관이 행하던 입국금지를, 2013. 5. 31. 이후에는 위임에 따라 원칙적으로 청장·사무소장·출장소장 또는 보호소장이 행하게 되었다.

출입국관리법 시행규칙 제78조

③ 법무부장관은 영 제96조 제1항에 따라 법 제11조에 따른 입국금지에 관한 권한 중 법 제58조에 따른 심사결정에 의한 입국금지 권한을 청장·사무소장·출장소장 또는 보호소장에게 위임한다. 다만, 중앙행정기관의 장 및 법무부장관이 정하는 관계 기관의 장이 소관 업무와 관련하여 요청하는 입국금지에 대해서는 그러하지 아니한다. 〈신설 2013. 5. 31., 2016. 7. 5., 2018. 5. 15.〉

다) 입국금지 등의 개념에 관한 논의

(1) 학설

출입국관리법 제11조 제1항의 입국금지를 '대한민국 밖의 지역으로부터 대한민국의 영역으로 들어오려는 외국인에 대하여 공항만에서 그의 입국을 허용하지 않는 국가의 행위'라 정의하는 한편, 동법 제11조 제2항의 입국거부를 '대한민국에 입국하려는 외국인의 국적국가가 출입국관리법 제11조 제1항에 규정된 입국금지사유 이외의 다른 사유로 대한민국 국민의 입국을 거부할 때에는 대한민국이 그와 동일한 사유로 그 외국인의 입국을 허가하지 않는 것'이라 정의하는 견해가 있다.[31]

(2) 조문

출입국관리법 시행규칙 제78조 제3항에 따르면 법 제11조에 의한 입국금지는 ① 법 제58조에 따른 심사결정에 의한 입국금지, ② 그 외의 입국금지로 구별되는 것으로 보인다. 구별 기준은 명확히 밝히지 않았으나 출입국사범심사를 거치지 않는 입국금지는 중앙행정기관의 장 및 법무부장관이 정하는 관계 기관의 장이 소관 업무와 관련하여 요청하는 경우에 한정되는 것으로 보이므로 현실에서는 주로 ①의 입국금지가 문제될 것이다.

(3) 사견

(가) 문제의 제기

출입국관리법상 '입국금지'의 해석이 명확하지 않은 이유는 앞서 '외국인의 입국' 부분에서 서술한 바와 같이 '입국'의 개념이 명확하게 정립되지 않았기 때문이다. 출입국관리법 조문상으로는 입국심사를 통과해야 비로소 입국이 이루어지는 것으로 보이나, 대법원에서는 영해 또는 영공에 진입하기만 하면 입국이 기수에 이른다고 보고 있다(대법원 2005. 1. 28. 선고 2004도7401 판결). 즉, 대법원의 입장에 따르면 일단 외국인이 공항만에 진입한 이상 입국이 이루어진 것이므로 적어도 개념상으로는 공항만에서 입국을 거부

---

31 차용호, 전게서, 295-296쪽.

하거나 불허할 여지가 없게 되는 것이다.

이러한 사정을 종합적으로 고려할 때, 현행법하에서는 입국금지, 입국불허, 입국거부의 개념을 다음과 같이 정의하는 것이 타당하다.

(나) 입국금지

입국금지는, 출입국관리사무소가 외국인에 대한 조사를 종료한 후 출입국관리법 제58조에 따라 출입국사범심사결정을 내릴 때 대상 외국인이 대한민국에 재차 입국하는 것이 적절하지 않다고 판단할 경우 향후 일정한 기간 동안 입국을 금지하는 것이 타당하다는 의견을 입력하는 행위를 의미한다. 즉, 입국금지는 외국인이 대한민국 내에 있을 때 향후 출국할 것을 전제로 이루어지는 출입국관리사무소의 사실행위로, 대상 외국인이 출국 후 대한민국에 입국하려 할 때 그 효과가 발생한다. 이러한 입국금지의 처분성이 인정되는지 여부에 대해서는 후술하도록 하겠다.

(다) 입국불허

'입국' 항목에서 의견을 밝힌 바와 같이, '입국'은 입국심사가 종료된 후 입국이 허가된 상태를 의미한다고 해석하는 것이 타당하다. 따라서 입국심사를 거쳤는지의 여부를 기준으로 법 제11조와 법 제12조를 구별할 수 있을 것이다. 입국심사를 거쳐 입국이 부적당하다는 점이 드러나 물리적인 진입이 거부되는 상황은 법 제12조 제4항의 '입국불허'에 해당하고, 물리적인 입국을 전제로 하지 않은 국가기관 내부의 의사결정 행위를 '입국금지'에 해당한다고 보아야 할 것이다. 다만 법 제12조 제4항의 입국불허의 근거로 법 제11조의 입국금지가 원용되는 경우가 많으므로 양자는 밀접한 관련을 맺고 있다.

최근 들어 입국불허에 관한 하급심 판결들이 선고되어 이를 소개한다. 공항만에서의 입국심사 결과 입국이 거부된 사안인 서울고등법원 2017. 11. 17. 선고 2017누59880 판결(1심 인천지방법원 2017. 6. 22. 선고 2017구합51253 판결)은 위 처분을 '입국불허'라 정의하면서, "출입국관리법 제11조 제1항 제3, 4호는 '대한민국의 이익이나 공공의 안전을 해치는 행동 또는 사회질서나 선량한 풍속을 해치는 행동을 할 염려가 있다고 인정할 만한 상당한 이유가 있는 사람에 대하여는 입국을 금지할 수 있다'고 규정하고 있고, 같은 법

제12조 제4항, 제3항 제4호는 '출입국관리공무원은 외국인이 출입국관리법 제11조에 따른 입국의 금지 또는 거부의 대상이 아님을 증명하지 못할 경우 입국을 허가하지 아니할 수 있다'고 규정하고 있으며, 이에 따라 법무부장관은 입국규제 업무처리 등에 관한 지침을 마련하여 성폭력범죄의 처벌 등에 관한 특례법 위반의 죄를 범한 자는 영구적으로 입국을 금지하도록 하고 있다(서울고등법원 2017. 11. 17. 선고 2017누59880 판결; 인천지방법원 2017. 6. 22. 선고 2017구합51253 판결)."라고 하여 출입국관리법 제11조 제1항의 입국금지와 동법 제12조 제4항의 입국불허를 개념상 구별하고 있다.

서울행정법원 2018. 4. 13. 선고 2017구합76074 판결[32] 역시 공항만의 입국심사 과정에서 범죄전력이 발견되어 입국이 거부된 사안으로, 다툼의 대상이 되는 처분을 '입국금지'로 지칭하기는 하였으나, "원고는 출입국관리법 제11조 제1항 제3호에서 정하는 '대한민국의 이익이나 공공의 안전을 해치는 행동을 할 염려가 있다고 인정할 만한 상당한 이유가 있는 사람' 또는 제8호에서 정하는 '법무부장관이 그 입국이 적당하지 아니하다고 인정하는 사람'에 해당하는 것으로 보이므로, 같은 법 제12조 제3항 제4호에서 규정한 입국불허가 사유가 있다(서울행정법원 2018. 4. 13. 선고 2017구합76074 판결)."라고 하여 판단의 대상이 출입국관리법 제11조 제1항의 입국금지 자체가 아니라 출입국관리법 제12조 제3항에 따른 입국심사를 거친 후에 내려진 처분, 즉 출입국관리법 제12조 제4항의 입국불허임을 명확히 하고 있다.

덧붙이자면 위 서울행정법원 2018. 4. 13. 선고 2017구합76074 판결에서는 입국불허처분에 행정절차법이 적용되는지 여부도 판단의 대상이 되었는데, 위 판결은 "이 사건 처분과 같은 출입국 심사과정에서의 입국금지조치는, 출입국관리공무원이 국내로 입국하려는 외국인들을 상대로 즉석에서 여권과 사증의 유효성, 입국목적, 체류기간, 출입국관리법 제11조 소정의 입국금지 또는 거부 대상자인지 여부를 판단하여 이루어지는 것이어서(출입국관리법 제12조 제3항) 그 성질상 긴급성, 적시성을 요하므로 행정절차법이 정하는 행정절차를 거치기 곤란한 것으로 보이고, 나아가 처분의 당사자인 외국인이 이미 출석한 상태에

---

[32] 위 사건은 현재 서울고등법원 2018누44717 사건으로 계속 중이다.

있기 때문에 즉석에서 처분의 이유를 설명해주고 그에 대한 외국인의 의견을 청취하면 될 것으로 보여 성질상 행정절차를 거치는 것이 불필요한 것으로 보이기도 하므로, 이 사건 처분에는 행정절차법이 적용되지 않는다고 봄이 상당하다."라고 판단하였고, 나아가 "가사 이 사건 처분에도 행정절차법이 적용된다고 하더라도, 행정청은 당사자에게 의무를 부과 하거나 권익을 제한하는 처분을 함에 있어서 해당 처분의 성질상 의견청취가 현저히 곤란 하다고 인정될 만한 상당한 이유가 있는 경우 당사자에게 사전 통지를 하지 않을 수 있고, 그와 같은 경우 의견청취 절차도 하지 않을 수 있으며(행정절차법 제21조 제4항 제3호, 제 22조 제4항), 행정청이 처분을 하는 과정에서 신속히 처리할 필요가 있는 경우에는 문서가 아닌 말 또는 그 밖의 방법으로 처분을 할 수 있고(행정절차법 제24조 제1항), 긴급히 처분 을 할 필요가 있는 경우에는 처분을 받는 당사자에게 그 근거와 이유를 제시하여야 할 필요 가 없(다)(행정절차법 제23조 제1항 제3호)."라고 하여 처분 전 사전통지 및 의견청취를 생 략할 수 있고, 필요한 경우 처분 시 이유를 제시하지 않을 수 있다고 판단하였다.

(라) 입국거부

한편, 법 제11조의 제1항의 입국금지는 물리적인 입국 상황을 전제로 하지 않은 사전적·내부 적 개념인 반면 동조 제2항의 입국거부는 그러한 상황에 한정되지 않는다는 점에서 구별된 다. 법 제11조의 표제도 '입국의 금지 등'으로, 법 제11조 제2항의 입국거부를 제1항의 입국 금지와 구별하고 있다. 또한 입국금지는 사회질서 유지를 목표로 하고 있는 데 반해, 입국 거부는 상호주의 원칙에 근거를 두고 있다는 점에서도 차이가 있다. 입국거부는 입국금지 에 해당하지 않는 사유를 대상으로 하고 있으므로(출입국관리법 제11조 제2항), 입국금지 사유와 그 외의 사유가 동시에 존재하는 경우 입국금지에 해당한다고 보아야 할 것이다.

(마) 소결

개념상 공항만에서 외국인의 입국을 허용하지 않는 행위는 법 제12조 제4항의 '입국불허' 에 해당한다. 입국금지는 이러한 입국불허자에 해당하는 외국인이 "물리적으로 대한민국의 영역에 진입하기 이전 시점에서 해당 외국인의 입국에 대비하여 내부적·구체적 판단 기준 을 설정하는 행위"이다. 따라서 입국금지의 실질은 후술할 서울행정법원 2014. 10. 31. 선고

2014구합12550 판결의 설시와 같이 '입국금지의 의견 입력'으로 볼 수 있을 것이다.

라) 입국금지의 처분성

(1) 문제의 제기

출입국관리법 제11조 제1항의 입국금지는, 기존에 법무부장관의 권한이던 것이 2013. 5. 31. 법 개정을 통해 현재는 청장·사무소장·출장소장 또는 보호소장에게 권한이 위임되어 있다(출입국관리법 제11조 제1항, 출입국관리법 시행령 제96조 제1항, 출입국관리법 시행규칙 제78조 제3항).

입국금지는 그 행위가 항고소송의 대상이 되는지, 즉 처분성이 있는지가 중요한 쟁점이된다. 이와 관련하여 입국금지의 취소가 주요 쟁점이 된 대법원 판결이 존재한다(대법원 2013. 2. 28. 선고 2012두5992 판결). 그러나 이 대법원 판결은 입국금지자로 지정된 외국인이 입국심사대를 통과하여 이미 입국이 완료된 상태에서 강제퇴거명령이나 출국명령이 아닌, 사후적으로 입국금지 통보를 하였다는 점에서 사실관계가 특수하여 일반화하기 어렵다. 덧붙이자면 현존하는 판례 가운데 권한이 위임되기 이전의 것, 즉 법무부장관을 피고로 한 사건은 대부분 처분성을 인정하였지만 권한이 위임된 이후의 판례는 결론이 귀일되어 있지 않다.

실무에서의 입국금지는 강제퇴거명령 등 구체적인 처분이 있을 때 출입국관리사무소에서 입국금지사유에 해당한다는 의견을 밝히는 형태로 이루어진다(서울행정법원 2014. 10. 31. 선고 2014구합12550 판결; 서울행정법원 2013. 12. 12. 선고 2013구합22512 판결). 다만 선박 등의 장이나 운수업자들에게는 입국이나 상륙을 허가받지 않은 사람이 대한민국에 입국 또는 상륙하는 것을 방지해야 할 의무가 있고(출입국관리법 제72조 제1호), 출입국관리공무원이 입국금지자에 해당한다고 의심할 만한 상당한 이유가 있는 사람에 대한 조사를 위해 승객 예약정보의 확인을 요청하는 경우 성명, 국적을 비롯한 승객의 개인정보를 제출해야 할 의무가 있으므로(출입국관리법 제72조의2 제1항 및 제2항), 실제로는 이러한 입국금지자에 대해서는 항공권 등의 발권 자체가 거부된다. 따라서 입국금지가 실제 적용되는 형태는 재외공관의 사증발급거부, 혹은 운수업자의 항공권 발권 등 거부의 방식이다.

(2) 판례

(가) 처분성을 부정한 사례

§ 서울고등법원 2014. 10. 1. 선고 2014누40434 판결(하급심 서울행정법원 2013. 12. 12. 선고 2013구합 22512 판결)

서울행정법원 2013. 12. 12. 선고 2013구합22512 판결에서는 외국인에 대한 사범심사를 종료한 뒤 작성하는 심사결정서의 성격을 지닌 '출입국사범심사결정통고서'[33]에 '입국금지 10년 함이 상당하다.'라고 기재된 부분이 문제가 되었다. 이에 대해 재판부는 "이 사건 처분은 출국명령 처분이고, 따로 피고가 원고를 상대로 10년의 입국금지 처분을 한 바도 없다. 출입국사범심사결정통고서에 기재된 '출국명령 후 입국금지 10년 함이 상당하다.'라는 기재는 구체적 처분이라고 보기는 어렵고, 출입국관리법 제11조에 따른 입국금지 처분의 처분권자는 피고가 아니라 법무부장관임을 고려할 때, 처분권자인 법무부장관에게 입국금지 처분을 상신하겠다는 계획의 표명에 불과한 것으로 봄이 타당하다. 만약 원고가 법무부장관으로부터 입국금지 처분을 받은 바 있고 그 위법을 다투고자 한다면 그 처분에 대하여 별도로 소를 제기하여야 할 것이다."[34]라고 판시하였다. 이 판결의 항소심인 서울고등법원 2014. 8. 20. 선고 2014누40434 판결에서도 "입국금지처분의 처분권자는 법무부장관이므로, 을 제6호증(출입국사범심사결정통고서)에 기재된 '입국금지 10년'은 피고의 내부적인 의견 표명에 불과하다."라고 하여 같은 결론을 내렸다. 위 설시에 따르면 출입국사범심사 시 이루어지는 입국금지에 대한 의견 표명은 처분이 아니지만, 법무부장관이 별도로 행하는 입국금지에 대한 조치는 처분이다. 그러나 이러한 해석은 개정 전 시행규칙 조문에 따른 것으로 현행법과는 맞지 않다. 이 사건 처분이 내려진 시점은 2013. 4. 10.으로, 권한위임에 관한 조문인 출입국관리법 시행규칙 제78조 제3항이 신설되기 전이다. 따라서 처분 당시 입국금지를 내리는 주체가 법무부장관이었다는 점에서 이 판례의 해석이 현재도 유효하다고 보기는 어렵다.

---

[33] 해당 부분에서 서술한 바와 같이, 이 문서는 용의자에게 교부되지 않는다.

[34] 위 판결에 대해 원고가 항소하였으나, 항소심 판결에서 입국금지 부분에 대해 별도의 설시를 하지는 않았다. (서울고등법원 2014. 10. 1. 선고 2014누40434 판결)

§ 서울행정법원 2014. 10. 31. 선고 2014구합12550 판결

서울행정법원 2014. 10. 31. 선고 2014구합12550 판결은 출국명령, 체류자격변경 불허 처분, 입국규제 모두에 대해 취소를 구하는 원고 청구 중 입국규제 부분을 각하하였다. 해당 판결에서는 원고가 출국명령을 받을 당시 피고 출입국관리사무소가 내부 전산망에 입국규제일자·규제만료예정일자·규제사유를 입력한 점을 '입국규제 입력'이라 정의하면서, "이 사건 입국규제 입력은 원고에게 법 제11조 제1항이 정한 입국금지사유가 있기 때문에 원고가 차후 출국하였다가 대한민국에 재입국을 요청할 경우 피고가 적절하게 입국금지 조치를 취하기 위하여 한 사전적·내부적 업무처리에 불과하다."라고 판시하였다. 이 판결에서는 입국금지 절차가 ① 외국인이 출국명령 등 처분을 받을 때 출입국관리사무소 내부 전산망에 입국규제에 관한 상세를 입력하는 행위와, ② 출국했던 외국인이 다시 대한민국으로 재입국을 요청할 때 취하는 입국금지 조치로 실무에서 구분됨을 언급하고 있다. 이때 '재입국을 요청할 때 취하는 입국금지 조치'가 어떠한 상황을 의미하는지는 명확하지 않으나, 사증발급거부 또는 입국불허를 의미하는 것으로 보인다.

§ 서울고등법원 2015. 11. 25. 선고 2015누48497 판결(하급심 서울행정법원 2015. 6. 5. 선고 2015구단 52923 판결)

서울고등법원 2015. 11. 25. 선고 2015누48497 판결에서도 유사하게 판단한 바 있다. 명시적으로 '입국금지'라는 표현을 사용하지는 않았지만, "법무부에서 제정한 '입국규제 업무 처리 등에 관한 지침(이하 '이 사건 지침'이라 한다)'에서는 원고와 같이 '마약류관리에 관한 법률'을 위반한 외국인에 대한 입국금지의 기준이 되는 기간을 '10년 이상(영구)'으로 정하고 있는 사실이 인정되기는 한다. 그러나 이 사건 지침은 입국금지에 관한 행정청 내부의 재량준칙을 정한 것에 지나지 않아 대외적으로 국민이나 법원을 기속하는 효력이 없을 뿐 아니라 원고로서는 향후 출입국관리 업무를 담당하는 행정청으로부터 대한민국 입국을 불허하는 처분을 받고 그러한 처분이 재량권을 일탈·남용하는 등 위법할 경우 행정소송 등을 통하여 권리 구제를 받을 수 있다."라는 설시를 통해 입국불허 처분을 다툼으로써 입국금지를 간접적으로 다툴 수 있음을 밝히고 있다. 이 판결 역시 입국금지가 아닌 별도의 입국불허 처분에 대해 다투어야 한다고 설시함으로써 입국금지의 처분성을 부인하고 있다.

§ 부산지방법원 2016. 1. 15. 선고 2015구합22791 판결[35]

부산지방법원 2016. 1. 15. 선고 2015구합22791 판결에서는, "입국금지처분은 출입국 관리법 제11조에 따라 법무부장관에 의하여 이루어지는 것으로 갑 제3호증(용의사실인지 보고서)에 기재된 '입국금지 1년'은 피고의 내부적인 의견표명에 불과하고 달리 피고가 원 고에 대하여 입국금지처분을 하였다고 볼 만한 자료가 없다. 따라서 이 사건 소 중 입국금 지명령의 취소를 구하는 부분은 존재하지 않는 처분의 취소를 구하는 소로서 부적법하 다."라고 판시하여 출입국관리사무소에서 입국규제 여부를 기재하는 행위의 처분성을 부 정하였다.

§ 서울행정법원 2018. 1. 11, 선고 2017구합80127 판결

서울행정법원 2018. 1. 11, 선고 2017구합80127 판결에서는 외국인이 강제퇴거명령을 받으면서 입국금지에 대한 점을 고지받은 행위에 대하여, "위 관계 법령의 조문과 위 인정 사실에 의하면, 피고는 법 제58조에 따른 심사결정을 하면서 법 제46조 제1항 제3호에 정한 사유가 있다는 이유로 강제퇴거명령을 하였고 그 강제퇴거명령의 근거로서 법 제11 조 제1항 제3호, 제4호가 정한 입국금지사유가 발생하였다는 것을 고지한 것이거나 원고 가 출국 후 대한민국에 입국할 때 그와 같은 입국금지처분이 내려질 수 있음을 미리 알려 준 것에 불과한 것으로 보이고, 달리 피고가 2017. 5. 25. 원고에게 입국금지처분을 하였 다고 보기는 어렵다. …(중략)… 따라서 이 사건 소는 존재하지 않는 처분의 취소를 구하는 것으로서 부적법하다."라고 하여 처분 자체가 존재하지 않는다고 판단하였다.

§ 서울행정법원 2018. 5. 4. 선고 2017구합86590 판결[36]

서울행정법원 2018. 5. 4. 선고 2017구합86590 판결에서는 입국금지의 처분성을 부정 하면서 그 근거를 상세히 서술하고 있다. 위 판결에서는 "을 제3호증의 기재에 의하면, 피고 소속 공무원이 2017. 6. 20. 원고에게 열람시켜 주었던 출입국사범심사결정통고서 의 심사결정주문란에 '원고를 출국명령과 입국금지 10년에 처한다'는 내용이 기재되어 있

---

35 이 판결의 항소심인 부산고등법원 2016. 6. 17. 선고 2016누20166 사건에서는 원고가 입국금지명령처분의 취소를 구하 는 부분에 관한 소를 취하하였다.

36 이 사건은 2018. 7. 현재 서울고등법원 2018누48085호로 진행 중이다.

는 사실을 인정할 수 있다. 위 출입국사범심사결정통고서의 심사결정주문란만 보면 피고가 출입국관리법 제11조 제1항, 92조 제1항, 출입국관리법 시행령 제96조 제1항, 출입국관리법 시행규칙 제78조 제3항 본문에 근거하여 2017. 6. 20. 원고에게 10년의 입국금지처분을 한 것으로 오해할 여지가 있기는 하다."라고 하여 입국금지가 처분이라고 보일 여지는 있다고 설시하였다.

그러나 법원은 "① 원고는 위 출입국사범심사결정통고서의 확인자란에 서명을 하였는데, 위 확인자란에는 '출국명령 통고를 받았음을 확인함'이라는 문구만이 기재되어 있고 '입국금지 통고를 받았음을 확인함'이라는 문구는 기재되어 있지 않은 사실, ② 위 출입국사범심사결정통고서의 적용법조란에는 이 사건 처분의 근거법령인 '출입국관리법 제46조 제1항 제1호, 제7조 제1항'만이 기재되어 있고 입국금지처분의 근거법령은 기재되어 있지 않은 사실, ③ 피고 소속 공무원은 원고에게 위 출입국사범심사결정통고서를 열람시켜 주었을 뿐이고 원고에게 이를 교부하지 않았던 사실, ④ 피고는 2017. 6. 20. 원고에게 이 사건 처분의 처분서(갑 제17호증)를 교부하였으나 입국금지처분의 처분서는 교부하지 않은 사실을 각 인정할 수 있다. 위 각 인정사실에 더하여 원고 스스로도 이 법정에서 2017. 6. 20. 피고나 피고 소속 공무원으로부터 입국금지처분을 고지받은 적이 없다고 자인하고 있는 점 등을 종합하면, 위 출입국사범심사결정통고서의 심사결정주문란에 기재되어 있는 '입국금지 10년'은 확정되지 않은 피고의 내부적 의견에 불과하다고 봄이 타당하다."라고 하여 입국금지는 행정청 내부의 의견 입력에 해당한다는 기존의 입장을 재확인하고 있다.

(나) 처분성을 긍정한 사례

§ 대법원 2013. 2. 28. 선고 2012두5992 판결

대법원 2013. 2. 28. 선고 2012두5992 판결은, 정면으로 입국금지를 다툰 사안이다. 사실관계를 정리하자면 아래와 같다.

① 리비아 국적의 원고는 2010. 4. 22. 횡령죄로 징역 6월에 집행유예 1년을 선고받았고 2010. 4. 30. 형이 확정됨.

② 원고는 출입국관리사무소로부터 어떤 처분도 받지 않고 2010. 10. 14. 리비아로 출

국하였음.

③ 법무부장관은 2010. 11. 6. 국내에 체류하고 있지 않던 원고에게 입국금지 5년의 처분을 하였음.[37]

④ 원고는 2010. 11. 29. 인천공항을 통해 아무런 제지 없이 국내에 입국하였고, 입국한 다음 날 입국금지처분을 고지받았음.

형사처벌을 받은 외국인이 강제퇴거 등 처분을 받기 전에 출국할 수 있었다는 점, 입국금지자가 제지 없이 입국하였다는 점 등 다소 이례적인 사실이 인정되었다. 대법원은 이에 대해 입국금지가 처분에 해당한다는 점을 전제로, 원고에게 입국금지사유가 인정되지 않는다고 판시한 원심의 판단을 반박한 후 입국금지 처분을 취소한 원심 판단의 결론이 타당하다고 하였다(대법원 2013. 2. 28. 선고 2012두5992 판결).

위 대법원 2012두5992 판결의 원심인 서울고등법원 2012. 2. 10. 선고 2011누19750 판결에서는 "외국인에 대한 입국허가 여부는 국가의 고유한 주권행사에 관한 사항으로 국가의 광범위한 재량권이 인정되는 영역이기는 하다. 그러나 같은 항 제3, 4, 8호의 경우 다른 조항보다 더 광범위하고 추상적으로 입국금지사유를 규정하고 있어서 그 해석 여하에 따라 외국인에 대한 국가의 자의적인 입국제한이 가능할 수도 있으므로 그 조항에의 해당 여부를 판단함에 있어서 나머지 조항들에 비하여 상대적으로 엄격하게 해석할 필요가 있다."라고 설시하면서, "원고의 경우 이 사건 범죄사실로 인한 유죄판결의 확정 후 잠시 리비아로 출국하였다가 입국할 때까지 강제퇴거대상이나 입국금지대상에 포함된다는 고지를 받은 바도 없고(물론 이 사건 처분과 같은 입국금지처분은 행정절차법의 적용을 받지는 아니한다). 리비아로 출국하였다가 아무런 제지 없이 국내에 입국한 다음 날에서야 이 사건 입국금지처분을 고지받았을 뿐이다. 이처럼 평온하게 국내에 이미 입국한 외국인에 대한 입국금지처분은 사실상 국외로의 '강제퇴거명령'과 동일한 효과를 갖게 되므로 국가에게 광범위한 재량권이 인정되는 단순한 입국허가와는 달리 판단해야 할 필요가 있

---

37 입국금지가 내려진 2010. 11. 6.에는 출입국관리법 시행규칙 제78조 제3항의 권한위임 규정이 존재하지 않았으므로 법무부장관에게 입국금지를 내릴 권한이 있었다.

다.”라고 하여 입국금지의 처분성을 인정하였다. 다만 이 판결은 권한위임 이전에 법무부 장관을 피고로 한 사안이라 현재와는 차이가 있고, 사실관계가 특수하여 일반화하기에 적절하지 않을 수 있다.

§ 서울행정법원 2013. 6. 20. 선고 2012구합37227 판결

권한위임 이전에 내려진 판결 중 서울행정법원 2013. 6. 20. 선고 2012구합37227 판결에서는 “행정소송법 제2조 제1항 제1호의 ‘처분 등’이라 함은 행정청이 행하는 구체적 사실에 관한 법집행으로서의 공권력의 행사 또는 그 거부와 그 밖에 이에 준하는 행정작용을 말한다. 이 사건 처분은 강제퇴거명령을 받은 외국인에 대하여 입국을 금지시키는 제재적 처분이므로, 항고소송의 대상이 되는 처분에 해당한다.”라고 하여 처분성을 인정하였다. 역시나 권한위임 이전의 판결인 서울행정법원 2013. 5. 10. 선고 2012구합41103 판결에서도 “이 사건 처분은 ‘위명여권을 행사하였다’는 이유로 이루어진 제재적 처분”이라고 하여 처분성을 인정하였다. 이 사건에서는 처분이 문서로 이루어지지 않은 점이 다투어졌는데, 이에 대해서는 “이 사건 처분이 문서로 이루어지지 않은 사실은 당사자 사이에 다툼이 없다. 그러나 행정절차법 제3조 제2항 제9호, 동 시행령 제2조 제2호에 의하면, 외국인의 출입국에 관한 사항에 대하여는 행정절차법이 적용되지 않고, 이 사건 처분은 외국인의 출입국과 관련된 것이므로, 행정절차법이 정하고 있는 절차에 따르지 아니하더라도 위법하다고 볼 수 없다.”라고 하여 원고의 청구를 배척하였다. 이 설시는 항소심인 서울고등법원 2014. 3. 19. 선고 2013누17321 판결에서 동일하게 확인되었다.

§ 서울고등법원 2017. 2. 23. 선고 2016누68825 판결(하급심 서울행정법원 2016. 9. 30. 선고 2015구합 77189 판결)[38]

서울행정법원 2016. 9. 30. 선고 2015구합77189 판결에서는 “출입국관리법령에 의하면 법무부장관의 입국금지조치는 특정 외국인이 입국금지사유에 해당한다는 이유로 이루어지는 제재적 처분으로서, 위 처분이 있는 경우 해당 외국인의 입국금지 사항이 출입국관리정보시스템에 등록되게 되고, 출입국관리공무원이 입국심사에서 해당 외국인이 입국금지사유에 해당하는지 여부를 심사함에 있어 상급 기관인 법무부장관의 입국금지조치가

---

38 현재 대법원 2017두38874호 사건으로 계속 중이다.

있는 경우 그 조치에 구속되어 이를 판단하게 되므로", "출입국관리법 제11조에 따른 법무부장관의 입국금지조치는 항고소송의 대상이 되는 처분에 해당한다고 봄이 상당하다."라고 판시하였다. 또한 입국금지조치에 행정처분에 해당하는 절차를 거치지 않는 점에 대하여는 "처분 대상자인 외국인에게 처분서 등의 방법으로 통지가 이루어지지 아니하는 것은 입국금지조치가 외국인의 입국 신청에 대응하는 조치가 아니고, 해외에 소재한 외국인의 주소를 일일이 확인하여 처분서를 송달하는 것이 곤란함을 이유로 한 것이므로, 위와 같은 사정만으로 입국금지조치의 처분성을 부정할 수 없다."라고 판단하였다.

위 2015구합77189 판결에서는 재외공관의 사증발급과의 실무적 관계를 "2008. 7. 3. 개정된 출입국관리법 시행규칙 제9조의2 제2호는 법무부장관으로부터 사증발급 권한을 위임받은 재외공관의 장이 사증을 발급하는 경우 사증발급을 신청한 외국인이 출입국관리법 제11조가 정한 입국금지대상에 해당하는지 여부를 심사·확인하여야 한다고 규정하고 있는바, 재외공관의 장으로서는 해당 외국인에 대한 법무부장관의 입국금지조치가 없는 경우에는 자체적으로 입국금지대상자 해당 여부를 심사·확인할 수 있을 것이나, 이미 적법·유효한 입국금지조치가 내려진 경우, 위임기관인 법무부장관의 입국금지조치에 반하여 해당 외국인이 입국금지대상자에 해당하지 아니한다고 판단할 수는 없을 것이다."라고 하여 재외공관에서 사증발급을 할 때 입국금지조치가 그 근거가 된다고 보았다.

이 판결의 항소심인 서울고등법원 2017. 2. 23. 선고 2016누68825 판결은 입국금지의 처분성을 원심과 같이 명시하지는 않았으나, 인정될 여지가 있다고 판시하였다. 구체적으로 "원고는, 이 사건 입국금지조치의 처분성이 인정되지 않아 원고로서는 입국금지조치 자체의 위법성을 별도로 다툴 수가 없어 그 불가쟁력이나 구속력이 원고에게 수인한도를 넘는 가혹함을 가져오는 예외적인 경우에 해당하므로 이 사건 입국금지조치의 하자를 이유로 이 사건 거부행위의 위법성을 다툴 수 있다고 주장하나, 이 사건 입국금지조치의 처분성이 인정되지 않는다고 쉽게 단정할 수 없어 위 입국금지조치에 관하여 별개로 행정심판 내지 행정소송을 제기할 것을 기대하기 매우 어려웠다고 볼 수 없는 점(입국금지조치의 처분성에 대하여는 논란이 있고, 우리 법원은 입국금지명령 취소청구소송에서 이를 각하하지 않고 실제 판단을 한 바도 있다. 대법원 2013. 2. 28. 선고 2012두5992 판결 참조), 이 사건 거부행위는 이 사건 입국금지조치에 따라 당연히 예상되는 후속 처분에 불과하고 원고의 입장에서는 대한민국으로의 입국을 금지한 이 사건 입국금지조치가 직접적으로 중요하고 본질적인 처분임에도 불구하고, 원고는 이 사건 입국금지조치 당시나 그 이후 이 사건 입국금지조치에 관하여 어떠한 형태로의 법적 쟁송도 제기하지 않다가(2003. 경 입국금지가 일시 해제되었을 때에도 어떠한 법적 이의를 제기한 바가 없다) 재외동포법상 병역기피 목적으로 국적을 이탈한 외국국적동포에게도 체류자격이 부여될 수 있는 연령 (38세)에 이른 후에야 비로소 사증발급을 신청하고 이를 거부당하자 이 사건 소를 제기한 점, 이 사건 입국금지조치가 취소되거나 해제되지 않는 한 대한민국으로의 입국 허가, 즉 사증발급 역시 이루어지지 않을 것임은 충분히 예측할 수 있는 점 등에 비추어보면, 원고가 제출한 증거만으로는 이 사건 입국금지조치의 하자를 이유로 이 사건 거부행위의 효력을 다툴 수 없게 하는 것이 원고에게 수인한도를 넘는 불이익을 주거나 원고가 그 결과를 예측할 수 없었던 예외적인 경우에 해당한다고 인정하기에 부족하고, 달리 이를 인정할 증거가 없으므로, 이 사건 입국금지조치의 하자를 이유로 이 사건 거부행위의 위법성을 다툴 수 없음은 마찬가지라 할 것이다."라고 하여 입국금지와 사증발급의 관계에 대해 상술하였다.

§ 서울고등법원 2017. 11. 9. 선고 2017누63186 판결(하급심 서울행정법원 2017. 7. 13. 선고 2017구합 56346 판결)

국내에 체류하던 외국인이 출국하기 위해 공항만에서 출국심사를 받던 중 벌금 이상의 형사처분 전력이 확인되어 그 자리에서 출입국관리법 제68조 제1항에 따라 출국명령 처분을 받으면서 동시에 출입국관리법 제11조 제1항 제3호에 따라 입국금지 1년의 처분을 받은 것이 문제되었는데, 이에 대해 재판부에서는 '입국금지 1년'이 처분이라는 점을 다툼 없는 사실로 인정한 후[39] 이를 전제로 본안 판단을 하여 원고의 청구를 기각하였다. 다만 이 사건의 경우 입국금지의 처분성에 대해 원고, 피고 어느 쪽에서도 적극적으로 다투지 않았기 때문에 위와 같은 결론이 내려진 것으로 보이므로, 법원에서 입국금지의 처분성 그 자체에 대해 유의미한 판단을 내린 사례로 단정하기는 어렵다.

---

39 행정청에서 입국금지의 처분성에 대한 본안전 항변을 별도로 하지 않았던 것으로 추측된다.

§ 서울행정법원 2017. 11. 29. 선고 2017구단67653 판결[40]

서울행정법원 2017. 11. 29. 선고 2017구단67653 판결에서는 입국금지의 처분성 뿐 아니라 입국금지에 행정절차법이 적용되는지 여부에 대해서도 판단하였으므로 이를 소개한다. 법원은 위 사건에서 입국금지가 처분이라는 점을 다툼 없는 사실로 인정한 후,[41] 위 입국금지 처분에 행정절차법이 적용되는지 여부에 대해 "행정절차법 제23조 제1항은 행정청이 처분을 하는 때에는 당사자에게 그 근거와 이유를 제시하도록 규정하고 있고, 이는 행정청의 자의적 결정을 배제하고 당사자로 하여금 행정구제절차에서 적절히 대처할 수 있도록 하는 데 그 취지가 있다(대법원 2013. 11. 14. 선고 2011두18571 판결). 따라서 출입국관리행정관청이 대한민국에 현재하는 외국인에 대하여 입국금지처분을 함에 있어서, 행정청 스스로 자의적인 결정을 배제함과 동시에 외국인으로 하여금 입국금지처분에 대하여 적절히 대처할 수 있게끔 처분서에 처분의 근거와 이유는 제시하여야 할 필요가 있고, 이 경우가 처분의 근거와 이유 제시를 하기 곤란한 경우라고 볼 수도 없고, 나아가 강제퇴거처분은 별론으로 하고 입국금지처분 자체가 행정절차에 준하는 절차를 거친 처분이라고 볼 만한 아무런 근거도 없으므로, 대한민국에 현재하는 외국인에 대하여 입국금지처분의 경우에는 행정절차법 제23조 제1항이 적용된다고 볼 것이다."라고 하여 입국금지처분에도 행정절차법이 적용된다고 판단하였다.

(3) 사견

(가) 처분의 개념

행정소송법은 항고소송의 대상이 되는 처분의 개념을, "행정청이 행하는 구체적 사실에 관한 법집행으로서의 공권력의 행사 또는 그 거부와 그 밖에 이에 준하는 행정작용(이하 "처분"이라 한다) 및 행정심판에 대한 재결을 말한다."라고 정의하였다(행정소송법 제2조 제1항 제1호). 대법원은 위 행정소송법 조항에 대해 "항고소송의 대상이 되는 행정처분은 행정청의 공법상의 행위로서 특정사항에 대하여 법률에 의하여 권리를 설정하고 의무를

---

40 현재 서울고등법원 2018누30145호 사건으로 계속 중이다.

41 행정청에서 입국금지의 처분성에 대한 본안전 항변을 별도로 하지 않았던 것으로 추측된다.

명하며, 기타 법률상 효과를 발생케 하는 등 국민의 권리·의무에 직접관계가 있는 행위이어야 하고, 그 자체로서 국민의 구체적인 권리·의무에 직접적인 변동을 초래케 하는 것이 아닌 일반적, 추상적인 법령 또는 내부적 내규 및 내부적 사업계획에 불과한 것 등은 그 대상이 될 수 없다고 할 것이다(대법원 1994. 9. 10. 선고 94두33 판결, 대법원 1983. 4. 26. 선고 82누528 판결 및 대법원 1987. 11. 24. 선고 87누761 판결 등 참조)."라고 설시한 바 있다.

(나) 입국금지의 특성

입국금지의 양태에 대해 서울행정법원 2013. 12. 12. 선고 2013구합22512 판결에서는 입국금지 절차가 담당자의 의견을 법무부장관에게 상신하는 행위와 법무부장관의 처분으로 절차상 구분되는 것으로 설시하였으나, 전술한 바와 같이 법무부장관으로부터 권한 위임을 받은 출입국관리사무소장이 입국금지에 대한 의견을 입력하는 행위 그 자체로 조치가 종료된다는 점에서 이 설시는 법령과 정확히 부합하지는 않는 것으로 보인다. 입국금지는 처분청이 해당 외국인이 장차 대한민국에 입국할 때 대처하기 위해 내려둔 내부적 의사결정 행위이고, 외국인이 입국을 시도하는 시점인 사증발급신청 시에 사증발급거부의 형태로, 또는 무사증의 경우 공항만에서 입국심사 시 입국불허의 형태로 비로소 드러나게 된다는 점에서[42] 입국금지 그 자체는 처분이 아니라고 볼 여지도 있다. 서울행정법원 2014. 10. 31. 선고 2014구합12550 판결 이유 중 "차후 출국하였다가 대한민국에 재입국을 요청할 경우 피고가 적절하게 입국금지 조치를 하게 된다"는 설시 역시 이 점을 뒷받침하고 있다.

그러나 입국금지는 항고소송의 대상이 되는 처분이라고 보는 것이 타당하다. 출입국관리사무소에서 외국인에 대한 사범심사결정 시 입국금지에 관한 의견을 시스템에 입력함으로써 향후 사증발급거부, 입국불허 내지는 항공권 발권 거부의 형태로 입국이 금지된다는 사실이 그 시점부터 명확해지므로, 입국금지 그 자체로 구체적인 권리 또는 의무에 직

---

[42] 다만, 전술한 바와 같이 입국금지자의 경우 항공사에서 발권 자체를 거부하므로 현실적으로는 공항만까지 오는 것 자체가 거의 불가능하다.

접적인 변동을 초래한다고 볼 수 있을 것이다. 하급심 판결은 입국금지가 단순히 행정청 내부의 의사결정 내지는 의견의 입력에 불과하여 처분성을 부정하기도 하였으나, 이러한 입국금지의 의사결정 내지 의견의 입력 이후 행정청에서 별도로 다른 조치가 취해지지는 않는다는 점, 이후의 모든 행정행위가 그러한 의사결정 내지 의견 입력을 근거로 이루어진다는 점을 고려할 때 이러한 해석이 타당하다고 보기는 어렵다. 따라서 입국금지의 처분성을 인정하는 것이 타당하여, 입국금지의 처분성이 인정되지 않는다는 기존 견해를 변경한다.

마) 불복방법

입국금지사유가 문제되는 경우는 세 가지가 있을 수 있다. 강제퇴거 등에 관한 처분을 하면서 전산망에 입국금지에 관한 사항을 입력하는 '입국금지', 강제퇴거 등으로 출국한 외국인의 사증발급 신청행위에 대해 입국금지를 근거로 내려지는 '사증발급거부', 사증을 발급받거나 또는 무사증으로 공항만에 도착하였으나 새로이 발견된 입국금지사유 등으로 인해 법 제12조 제4항에 따라 내려지는 '입국불허'가 그것이다.

먼저, 입국금지는 그 자체로 사증발급 등 출국 이후 모든 행정행위의 근거가 된다는 점에서 처분성이 인정된다 할 것이므로 행정소송으로 다툴 수 있다고 보는 것이 타당하다. 다만 실무상으로는 내부 지침에 따라 입국금지 기간을 입력해두면서 용의자에게 입국금지에 관해 별도로 고지하지 않는 경우가 많아, 향후 용의자의 법률관계에 영향을 미치는 행정청의 행위 자체는 존재함에도 그러한 행위가 존재한다는 점을 증명하기가 쉽지 않은 측면이 있다. 이러한 이유에서 현실적으로는 입국금지 자체를 다투는 경우보다 입국금지를 근거로 재외공관에서의 사증발급이 거부될 때 그 사증발급거부행위를 행정소송으로 다투는 것이 한 방법이 될 수 있다.

한편, 공항만에서의 입국불허는 권력적 사실행위에 해당하는 것으로 처분에 해당하고, 대법원에 따르면 동일한 소송 당사자 사이에서 동일한 사유로 위법한 처분이 반복될 위험성이 있어 행정처분의 위법성 확인 내지 불분명한 법률문제에 대한 해명이 필요하다고 판단되는 경우 처분의 효과가 소멸하였더라도 처분을 다툴 법률상 이익이 있으므로(대법원 2007. 7. 19. 선고 2006두19297 전원합의체 판결), 행정소송으로 다툴 수 있을 것이다.

바) 사증발급거부와 입국금지가 동시에 문제된 사례

사증발급거부는 입국금지를 근거로 이루어지는 조치이고 입국을 위해서는 사증이 발급되어야 하므로 양자는 밀접한 관계에 있다. 사증발급거부와 입국금지가 개별적으로 문제된 사례는 있었으나, 양자가 동시에 법원의 판단 대상이 된 경우는 많지 않았다. 최근 선고된 서울행정법원 2016. 9. 30. 선고 2015구합77189 판결에서 사증발급거부의 위법성이 다루어졌는데, 재판부에서 판결 이유를 설시하며 입국금지의 처분성에 대해서도 판단을 한 바 있다. 해당 판결은 이미 관련 부분에서 일부 언급한 바 있으나, 입국금지와 사증발급거부 간의 관계를 설정한 의미 있는 판결이므로 별도로 상세히 서술하도록 한다.

※ 사증발급거부와 입국금지가 동시에 문제된 사례
서울행정법원 2016. 9. 30. 선고 2015구합77189 판결

1. 사실관계

① 원고는 1976. 대한민국에서 출생하여 2002. 미국 시민권을 취득함으로써 같은 날 대한민국 국적을 상실한 재외동포이고, 피고는 법무부장관으로부터 사증발급에 관한 권한을 위임받은 재외공관의 장임.

② 병무청장은 2002. 1. 법무부장관에게 '원고는 공연을 위하여 병무청장의 국외여행허가를 받고 출국한 후 미국시민권을 취득함으로써 사실상 병역의무를 면탈하였는데, 원고가 재외동포의 자격으로 입국하여 방송활동, 음반출판, 공연 등 연예활동을 할 경우 국군 장병들의 사기가 저하되고 청소년들이 병역의무를 경시하게 되며 외국국적 취득을 병역 면탈의 수단으로 악용하는 사례가 빈번히 발생할 것으로 예상되므로 원고가 재외동포 자격으로 재입국하고자 하는 경우 국내에서 취업, 가수활동 등 영리활동을 할 수 없도록 하고, 불가능할 경우 입국 자체를 금지하여 달라'고 요청하였음.

③ 법무부장관은 2002. 2. 출입국관리법 제11조 제1항 제3호, 제4호 및 제8호에 따라 원고의 입국을 금지하는 결정을 하였음(이하 '입국금지조치').

④ 원고는 2015. 8. 피고에게 재외동포(F-4) 자격의 사증 발급을 신청하였음. 피고 직원은 2015. 9. 원고의 부친에게 유선으로 '원고가 입국규제대상자에 해당하여 사증발급이 불허되었다. 자세한 이유는 법무부에 문의하기 바란다'고 통보한 후 원고에게 여권과 사증발급 신청서를 반환하였음.

2. 판단

가. 입국금지조치의 처분성(긍정)

구 출입국관리법(2002. 12. 5. 법률 제6745호로 일부개정되기 전의 것) 제11조 제1항은 법무부장관은 대한민국의 이익이나 공공의 안전을 해하는 행동을 할 염려가 있다고 인정할만한 상당한 이유가 있는 자(제3호) 등 각호에서 정한 사유에 해당하는 외국인에 대하여 입국을 금지할 수 있다고 규정하고 있고, 제12조 제3항 제4호, 제4항은 출입국관리공무원이 입국심사를 함에 있어 제11조의 규정에 의한 입국의 금지 또는 거부의 대상이 아닐 것인지 여부를 심사하여 외국인이 위 요건을 갖추지 못하였다고 인정될 때 입국을 허가하지 아니할 수 있다고 규정하고 있으며, 구 출입국관리법 시행령(2002. 4. 18. 대통령령 제17579호로 일부개정되기 전의 것) 제13조는 법무부장관이 출입국관리법 제11조에 따라 입국을 금지하기로 결정한 자 및 입국금지를 해제한 자에 대하여 전산업무처리절차에 따라 그 자료를 관리하여야 하고, 재외공관의 장 등은 위 입국금지자명부를 비치하여야 한다고 규정하고 있고, 제14조 및 제2조는 중앙행정기관의 장 기타 관계기관의 장은 소관업무와 관련하여 입국금지사유에 해당하는 자가 있다고 인정하는 경우 법무부장관에게 입국금지요청을 하고, 법무부장관이 이를 심사한 후 입국을 금지한 경우 이를 요청기관의 장에게 통보하도록 하며, 요청기관의 장은 출국금지기간을 연장할 필요가 있는 경우 출국금지기간연장을 요청하여야 하고, 출국금지사유가 소멸한 경우 출국금지해제를 요청하여야 한다고 규정하고 있다.

위 출입국관리법령에 의하면 법무부장관의 입국금지조치는 특정 외국인이 입국금지사유에 해당한다는 이유로 이루어지는 제재적 처분으로서, 위 처분이 있는 경우 해당 외국인의 입국금지사항이 출입국관리정보시스템에 등록되게 되고, 출입국관리공무원이 입국심사에서 해당 외국인이 입국금지사유에 해당하는지 여부를 심사함에 있어 상급 기관인 법무부장관의 입국금지조치가 있는 경우 그 조치에 구속되어 이를 판단하게 되므로(2008. 7. 3. 개정된 출입국관리법 시행규칙 제9조의2 제2호는 법무부장관으로부터 사증발급 권한을 위임받은 재외공관의 장이 사증을 발급하는 경우 사증발급을 신청한 외국인이 출입국관리법 제11조가 정한 입국금지대상에 해당하는지 여부를 심사·확인하여야 한다고 규정하고 있는바, 재외공관의 장으로서는 해당 외국인에 대한 법무부장관의 입국금지조치가 없는 경우에는 자체적으로 입국금지대상자 해당 여부를 심사·확인할 수 있을 것이나, 이미 적법·유효한 입국금지조치가 내려진 경우, 위임기관인 법무부장관의 입국금지조치에 반하여 해당 외국인이 입국금지대상자에 해당하지 아니한다고 판단할 수는 없을 것이다), 출입국관리법 제11조에 따른 법무부장관의 입국금지조치는 항고소송의 대상이 되는 처분에 해당한다고 봄이 상당하고, 처분대상자인 외국인에게 처분서 등의 방법으로 통지가 이루어지지 아니하는 것은 입국금지조치가 외국인의 입국 신청에 대응하는 조치가 아니고, 해외에 소재한 외국인의 주소를 일일이 확인하여 처분서를 송달하는 것이 곤란함을 이유로 한 것이므로, 위와 같은 사정만으로 입국금지조치의 처분성을 부정할 수 없다.

나. 사증발급거부행위

1) 처분성(긍정)

재외동포법 제1조는 재외동포의 대한민국에의 출입국과 대한민국 안에서의 법적지위를 보장함을 목적으로 한다고 규정하고 있고, 제2조 제2호는 대한민국의 국적을 보유하였던 자 또는 그 직계비속으로서 외국국적을 취득한 자 중 대통령령이 정하는 자(이하 "외국국적동포"라 한다)를 "재외동포"로 규정하고 있으며, 제4조는 정부는 재외동포가 대한민국 안에서 부당한 규제와 대우를 받지 아니하도록 필요한 지원을 하여야 한다고 규정하고 있고, 제5조는 법무부장관은 대한민국 안에서 활동하고자 하는 외국국적동포에게 신청에 의하여 재외동포 체류자격을 부여할 수 있다고 규정하면서(제1항), 병역기피목적의 외국국적 취득, 대한민국의 이익을 해칠 우려 등 재외동포체류자격 부여가 거부되는 사유를 설시하고 있고(제2항), 법무부장관이 재외동포체류자격을 부여할 경우 대통령령으로 정하는 바에 따라 외교부장관과 협의하여야 한다고 규정하고 있다(제4항).

위와 같은 재외동포법의 입법취지, 외국국적동포의 지위, 재외동포법 제5조가 외국국적동포의 체류자격 신청에 관하여 규정하면서 다른 체류자격과 달리 그 소극적 요건에 관하여 직접 규정하면서 체류자격 부여를 위하여 외교부장관과의 협의를 거칠 것을 요구하고 있는 점 등을 종합하여 보면, 재외동포법은 외국국적동포를 단순한 외국인과는 달리 취급하여 외국국적동포에게 재외동포사증을 발급받을 수 있는 신청권을 부여하고 있다고 봄이 상당하고, 그 신청한 행위가 거부되는지 여부에 따라 신청인의 법률관계에 변동이 생기게 되므로, 사증발급에 관한 법규상의 신청권이 있는 원고의 사증발급 신청을 거부한 이 사건 거부행위는 단순한 사실의 통지가 아닌 항고소송의 대상이 되는 처분에 해당하여 대상적격이 인정된다.

2) 처분사유의 존부

가) 비례의 원칙 위반 여부

① 이 사건 입국금지조치는 원고의 자유로운 입국으로 인하여 초래될 수 있는 대한민국 장병의 사기 저하, 병역 기피 풍조 등을 방지하기 위한 것으로서 원고의 입국을 금지함으로써 그 목적을 달성할 수 있으므로, 적합성의 원칙을 위반하였다고 볼 수 없다.

② 원고는 방송·연예활동을 제한하는 조건으로 입국을 허가하거나 기간을 정하여 입국을 금지하는 방법으로도 위 목적을 달성할 수 있다고 주장하나, 이 사건 입국금지조치 당시 원고의 행동이 초래한 사회적 영향과 충격을 감안할 때 원고의 자유로운 입국 자체가 국군 장병의 사기 저하 등을 초래할 수 있었고, 이 사건 입국금지조치의 목적에 비추어 볼 때 적어도 구 병역법(2002. 12. 5. 법률 제6749호로 일부개정되기 전의 것) 제71조 제1항에 따라 원고가 36세가 됨으로써 공익근무요원소집의무가 면제되는 시기까지 10년 이상은 입국을 금지할 필요가 있었으며(이 사건 입국금지조치 이후인 2005. 12. 29. 재외동포법이 개정되어 병역기피 목적을 위하여 외국국적을 취득한 재외동포에 대하여 38세가 되는

때까지 재외동포체류자격 부여를 제한하는 제5조 제2항 제1, 2호가 신설되었다), 원고가 다시 대한민국 국적을 취득함으로써 병역의 의무를 이행하는 등의 사정이 발생할 경우 병무청장의 요청 등에 의하여 입국금지조치가 해제될 수 있었고, 이 사건 입국금지조치의 효력이 계속 유지되는 중에도 인도적 이유로 원고에 대한 입국을 임시로 허가할 수 있는 길도 열려 있었으므로(실제로 앞서 본 바와 같이 원고는 2003. 6. 26.부터 같은 달 27.까지 입국허가를 받아 입국한 바 있다), 이 사건 입국금지조치가 필요성의 원칙을 위반하였다고 볼 수 없다.

③ 원고는 이 사건 입국금지조치로 인하여 대한민국에 입국하여 진실을 해명하고 사죄를 구함으로써 명예를 회복하여야 할 원고의 인간으로서의 존엄과 가치, 행복추구권이 침해된다고 주장하나, 굳이 대한민국에 입국하지 않더라도 대한민국 언론 해외지사 또는 타국 언론과의 기자회견 등을 통하여 얼마든지 진실을 해명할 기회를 가질 수 있고, 반드시 대한민국에 입국하여 기자회견을 하는 방법으로만 진실을 해명할 수 있다고 볼 아무런 근거가 없으며, 이 사건 입국금지조치로 인하여 제한되는 기본권은 고국 내지 고향을 방문할 수 있는 자유를 포함하는 입국의 자유임이 분명하고, 이로 인하여 보충적 기본권인 인간으로서의 존엄과 가치 및 행복추구권까지 제한된다고 볼 수는 없다. 나아가 입국의 자유에 대한 외국인의 기본권주체성이 인정되지 않는 점(헌법재판소 2014. 6. 26. 선고 2011헌바502 결정 참조), 원고는 병역을 기피하기 위하여 미국 시민권을 취득함으로써 대한민국 국적을 상실하게 된 재외동포에 해당하는 점 등을 고려하면, 이 사건 입국금지조치가 비례의 원칙을 위반하였는지 여부는 보다 완화된 기준에 따라 판단되어야 한다.

④ 이 사건 입국금지조치를 통하여 달성하고자 하는 공익은 병역의무를 부담하는 국민들의 병역의무 이행의지가 약화되는 것을 방지하여 병역의무 이행을 확보하고, 이를 통하여 영토의 보전 및 대한민국의 국가 안전을 도모하며 탈법적 수단에 의한 병역기피 행위를 방지함으로써 국가의 법질서와 기강을 확립하기 위한 것이고, 위와 같은 공익은 병역기피 목적으로 미국 시민권을 취득한 원고의 입국을 금지함으로써 원고가 고국인 대한민국을 방문할 수 없게 되는 불이익보다 작다고 볼 수 없다.

나) 평등의 원칙 위반 여부

원고는 국적포기로 인하여 병역의무가 소멸한 남성은 매년 3,000명 이상, 그 후 다시 국적을 회복한 남성은 매년 1,000명 이상에 달하고, 2005년경 언론에 발표된 국적포기에 의한 병역기피의혹 대상자 약 4,500명 중 고위공직자 자제가 약 1,200명에 달함에도 원고의 경우만 외국 시민권 취득에 따른 국적 포기를 병역 기피로 단정하여 이 사건 입국금지조치를 한 것은 평등의 원칙에 위반된다고 주장하나, 앞서 본 바와 같이 원고는 단순히 미국시민권 취득을 통하여 대한민국 국적을 상실함으로써 병역의 의무를 면하게 된 것이 아니라, 이미 소집통지서를 수령한 상태로서 정당한 사유 없이 소집기일로부터 3일 내에 입영하지 아니할 경우 병역법(2004. 12. 31. 법률 제7272호로 일부개정되기 전의 것) 제88조 제1항에 의하여 3년 이하의 징역에 처할 상황에 있었는데, 일본 공연 및 미국 가족 방문을 빌미로 국외여행허가를 받은 후 미국에 입국하여 미국 시민권을 취득하는 방법으로 병역의 의무를 기피하였고, 위와 같이 탈법적인 방법으로 병역의 의무를 기피하였음에도 자숙하지 아니하고 국적상실신고를 한 바로 다음날 공연·음반출판을 목적으로 한 재외동포(F-4) 자격의 사중 발급을 신청함으로써 대한민국 국내에서 영리활동을 하려고 한 점, 원고가 언급하고 있는 국적 포기 사례들은 대부분 이 사건 입국금지조치 이후의 사정에 불과하고, 위 국적 포기 사례들이 대한민국 장병들의 사기 저하 및 청소년들에 대한 영향에 있어 원고와 같은 악영향을 끼쳤다고 볼 수 없으며, 원고의 경우와 같이 입영통지 또는 소집통지를 받은 상태에서 소집일자를 연기하고 국외여행허가를 받아 출국한 후 외국 시민권을 취득하는 등의 탈법적인 방법으로 이루어졌다고 볼만한 사정이 존재하지 않는 점 등을 고려하면, 이 사건 입국금지조치가 다른 외국국적 취득자에 비하여 원고를 불리하게 취급함으로써 평등의 원칙을 위반한 것이라 볼 수 없다. 따라서 원고의 위 주장은 이유 없다.

다) 소결론

따라서 이 사건 입국금지조치는 적법한 처분으로서 이 사건 거부행위 당시에도 그 효력이 유지되고 있었으므로, 하자의 승계 여부에 관하여 나아가 살필 필요 없이 이 사건 입국금지조치를 이유로 원고의 재외동포 사증발급 신청을 거부한 이 사건 거부행위는 출입국관리법 제8조 제3항, 출입국관리법 시행규칙 제9조의2 제2호에 따른 것으로서 그 처분사유가 인정된다.

3) 재량권 일탈·남용 여부(적법)

출입국관리법 제8조 제3항, 같은 법 시행규칙 제9조의2는 재외공관의 장이 사증을 발급하는 경우 유효한 여권을 소지하고 있는지 여부(제1호), 출입국관리법 제11조의 규정에 의한 입국의 금지 또는 거부의 대상이 아닌지 여부(제2호), 출입국관리법 시행령 별표 1에서 정하는 체류자격에 해당하는지 여부(제3호), 위 시행령 별표 1에서 정하는 체류자격에 부합한 입국목적을 소명하는지 여부(제4호), 해당 체류자격별로 허가된 체류기간 내에 본국으로 귀국할 것이 인정되는지 여부(제5호) 등을 심사하도록 규정하고 있는바, 사증발급에 관한 재외공관의 장의 재량은 앞서 본 요건이 충족되는 경우에도 재량으로 사증발급을 거부할 수 있는 재량을 의미하는 것으로 보아야 하고, 앞서 본 요건에 미치지 못하는 경우에도 사증을 발급하는 재량을 의미하는 것으로는 볼 수 없다.

앞서 본 바와 같이 이 사건 입국금지조치가 적법·유효한 이상 피고로서는 이 사건 입국금지조치의 효력을 부인함으로써 원고가 입국금지대상자에 해당하지 아니한다고 판단할 수 없으므로, 사증발급의 다른 요건들이 충족되었는지 여부에 관하여 나아가 판단할 필요 없이 출입국관리법 시행규칙 제9조의2 제2호에 따라 원고의 사증발급 신청을 거부하여야 한다. 또한 출입국관리법 시행규칙 제10조 제3호는 재외공관의 장이 법무부장관이 그 사증발급에 관하여 특별히 승인을 얻어야만 사증발급을 받을 수 있도록 한 사증발급규제자에 대하여 사증을 발급하고자 하는 때에는 사증발급권한 위임규정인 제9조의 규정에 불구하고 법무부장관의 승인을 얻어야 한다고 규정하고 있으나, 위 규정은 재외공관의 장이 입국금지대상자 등의 사증발급규제자에 대하여 사증을 발급하고자 하는 때 법무부장관의 승인을 얻도록 한 규정일 뿐, 입국금지대상자에 대하여 사증을 발급하지 아니하는 경우에도 법무부장관의 승인을 얻어야 한다는 취지로는 볼 수 없으므로, 피고가 법무부장관의 승인을 거치지 아니한 채 원고의 사증발급 신청을 거부하였다 하더라도 이를 이유로 이 사건 거부행위가 재량권을 일탈·남용한 것이라고 볼 수도 없다. 따라서 원고의 이 부분 주장도 이유 없다.

3. 사견

위 판결은 사증발급거부와 입국금지 모두의 처분성을 인정함으로써 사인의 권리구제에 좀 더 비중을 둔 것으로 보인다. 그러나 전술한 바와 같이 그 자체로 외부로 표현되지 않는 국가의 의사결정인 입국금지에 대해 그 자체로 처분성을 인정하기는 어렵고, 입국금지로 인해 발생하는 불이익은 사증발급거부행위를 다툼으로써 시정할 수 있다. 판결에서는 입국금지를 처분으로 전제한 후 해외체류자에게 통지하기가 현실적으로 어렵기 때문에 송달하지 않는다고 설시하였으나, 입국금지조치의 본질은 서울행정법원 2014. 10. 31. 선고 2014구합12550 판결에서 설시한 바와 같이 특정 외국인의 입국이 대한민국의 국익에 부합하는지 여부를 판단하여 이를 내부 전산 시스템에 입력하는 '입국규제의 입력'이라 할 것이므로 송달이 문제될 여지가 없다. 따라서 입국금지의 처분성은 부정하는 것이 타당할 것이다. 사증발급거부행위에 대하여는 판결의 결론과 같이 처분성을 인정하는 것이 타당하다. 다만 재외동포법이 아니더라도 출입국관리법 자체에서 신청권을 도출할 수 있다는 사견을 덧붙인다.

서울고등법원 2017. 2. 23. 선고 2016누68825 판결
(위 서울행정법원 2016. 9. 30. 선고 2015구합77189 판결의 항소심)

1. 사실관계

원심과 동일함.

2. 판단

가. 입국금지

  1) 입국금지의 처분성(긍정할 여지가 있다는 취지)

  이 사건 입국금지조치의 처분성이 인정되지 않는다고 쉽게 단정할 수 없어 위 입국금지조치에 관하여 별개로 행정심판 내지 행정소송을 제기할 것을 기대하기 매우 어려웠다고 볼 수 없는 점(입국금지조치의 처분성에 대하여는 논란이 있고, 우리 법원은 입국금지명령 취소청구소송에서 이를 각하하지 않고 실제 판단을 한 바도 있다.

  2) 입국금지의 상당성(긍정)

  원고는, 이 사건 입국금지조치의 위법 여부를 금지조치가 내려진 시점을 기준으로 판단하여야 한다고 하더라도 이 사건 거부행위 당시까지 경과한 기간, 즉 14년 이상 입국금지조치의 효력이 유지되었음을 전제로 그 위법 여부를 판단하여야 하는데, 이러한 점을 고려하면 이 사건 입국금지조치는 상당성을 잃은 것으로 위법하다고 주장한다.

  그러나 이 사건 입국금지조치가 내려지게 된 경위 및 목적에 비추어 보면, 그 당시 원고에 대하여 입국금지기간을 특정하지 않고 입국금지조치를 내려야 할 필요성과 상당성을 충분히 인정할 수 있어 입국금지기간을 특정하지 않았다는 사정만으로 이 사건 입국금지조치가 위법하다고 볼 수 없고, 이와 같이 입국금지기간을 특정하지 않은 것에 어떠한 잘못이 있다고 할 수 없는 이상, 나아가 이 사건 입국금지조치 당시 입국금지기간이 특정되지 않았기 때문에 현재의 상황과 같이 입국금지조치가 장기간 지속될 가능성이 있었다거나 이를 예상할 수 있었다고 하더라도 이를 이유로 그 당시 입국금지기간을 특정하지 않고 입국금지조치를 내린데 어떠한 잘못이 있었다고 볼 수도 없다.

나. 사증발급거부행위

  1) 처분성(긍정)

  원심 판결이유를 그대로 유지하였음.

  2) 사증발급거부행위의 위법성(부정)

  이 사건 입국금지조치에 원고의 주장과 같은 하자가 있다고 가정하더라도, 앞서 인정한 사실관계에 비추어 보면 그 하자가 위 입국금지조치를 당연무효에 이르게 할 정도로 중대하고도 명백한 것이라고 볼 수 없으므로, 이 사건 입국금지조치의 하자를 이유로 별개의 처분인 이 사건 거부행위가 위법하다고 다툴 수는 없다.

이에 대하여 원고는, 이 사건 입국금지조치의 처분성이 인정되지 않아 원고로서는 입국금지조치 자체의 위법성을 별도로 다툴 수가 없어 그 불가쟁력이나 구속력이 원고에게 수인한도를 넘는 가혹함을 가져오는 예외적인 경우에 해당하므로 이 사건 입국금지조치의 하자를 이유로 이 사건 거부행위의 위법성을 다툴 수 있다고 주장하나, 이 사건 입국금지조치의 처분성이 인정되지 않는다고 쉽게 단정할 수 없어 위 입국금지조치에 관하여 별개로 행정심판 내지 행정소송을 제기할 것을 기대하기 매우 어려웠다고 볼 수 없는 점(입국금지조치의 처분성에 대하여는 논란이 있고, 우리 법원은 입국금지명령 취소청구소송에서 이를 각하하지 않고 실제 판단을 한 바도 있다. 대법원 2013. 2. 28. 선고 2012두5992 판결 참조),

이 사건 거부행위는 이 사건 입국금지조치에 따라 당연히 예상되는 후속 처분에 불과하고 원고의 입장에서는 대한민국으로의 입국을 금지한 이 사건 입국금지조치가 직접적으로 중요하고 본질적인 처분임에도 불구하고, 원고는 이 사건 입국금지조치 당시나 그 이후 이 사건 입국금지조치에 관하여 어떠한 형태로의 법적 쟁송도 제기하지 않다가(2003.경 입국금지가 일시 해제되었을 때에도 어떠한 법적 이의를 제기한 바가 없다) 재외동포법상 병역기피 목적으로 국적을 이탈한 외국국적동포에게도 체류자격이 부여될 수 있는 연령(38세)에 이른 후에야 비로소 사증발급을 신청하고 이를 거부당하자 이 사건 소를 제기한 점, 이 사건 입국금지조치가 취소되거나 해제되지 않는 한 대한민국으로의 입국 허가, 즉 사증발급 역시 이루어지지 않을 것임은 충분히 예측할 수 있는 점 등에 비추어 보면, 원고가 제출한 증거만으로는 이 사건 입국금지조치의 하자를 이유로 이 사건 거부행위의 효력을 다툴 수 없게 하는 것이 원고에게 수인한도를 넘는 불이익을 주거나 원고가 그 결과를 예측할 수 없었던 예외적인 경우에 해당한다고 인정하기에 부족하고, 달리 이를 인정할 증거가 없으므로, 이 사건 입국금지조치의 하자를 이유로 이 사건 거부행위의 위법성을 다툴 수 없음은 마찬가지라 할 것이다.

3. 사견

사증발급거부의 처분성을 인정한 원심 판단을 유지하였다. 다만 입국금지 부분은 직접적인 다툼의 대상이 아니어서 처분성을 명시적으로 인정하지는 않았으나, 처분성이 인정될 수도 있다는 취지로 판시하였다. 전술한 바와 같이 입국금지의 처분성은 부정하되 사증발급거부행위의 처분성을 인정하는 것이 타당하다고 생각하므로 이 판결의 결론에는 찬성한다.

5) 조건부 입국허가

조건부 입국허가는 외국인이 입국에 필요한 모든 요건 중 일부를 갖추지 못하였지만 추후 보완이 가능하거나 입국을 허가할 필요성이 인정되는 경우, 일정한 조건하에 입국을 허가하는 제도다.

지방출입국·외국인관서의 장은 ① 부득이한 사유로 유효한 여권과 사증을 갖추지 못하였으나 일정 기간 내에 그 요건을 갖출 수 있다고 인정되는 사람, ② 입국금지사유가 있음이 의심되거나 입국목적이 체류자격에 맞지 않다고 의심되어 특별히 심사할 필요가 있다고 인정되는 사람, ③ 그 외에 지방출입국·외국인관서의 장이 조건부 입국을 허가할 필요가 있다고 인정되는 사람에 대하여 조건부로 입국을 허가할 수 있다(출입국관리법 제13조 제1항). 이때 허가기간은 72시간의 범위로 한정되나(출입국관리법 시행령 제16조 제1항), 부득이한 경우 72시간의 범위 내에서 연장할 수 있다(출입국관리법 시행령 제16조 제2항).

여권 및 사증을 갖추지 못해 조건부 입국허가를 받은 외국인(출입국관리법 제13조 제1항 제1호)이 그 허가기간 내에 요건을 갖추었다고 인정되면 입국심사를 하여야 하고, 입국일은 조건부 입국허가일로 한다(출입국관리법 시행령 제16조 제3항). 입국심사를 할 때에는 조건부 입국허가서를 회수하여야 하고(출입국관리법 시행령 제16조 제4항), 만약 외국인이 입국심사를 받지 않고 출국하는 경우 역시 조건부 입국허가서를 회수하여야 한다(출입국관리법 시행령 제16조 제5항).

조건부 입국허가서를 발급할 때 그 허가서에는 주거의 제한, 출석요구에 따를 의무 및 그 밖에 필요한 조건을 붙여야 한다(출입국관리법 제13조 제2항). 이때 필요한 경우 1천만원 이하의 보증금을 예치하게 할 수 있다(출입국관리법 제13조 제2항). 보증금액을 정할 때에는 외국인의 소지금, 입국목적, 체류비용과 그 밖의 사정을 고려해야 하고(출입국관리법 시행령 제17조 제1항), 외국인이 조건을 구비하여 입국심사를 받은 때 또는 허가기간 내 조건을 충족하지 못하여 출국할 때 돌려주어야 한다(출입국관리법 시행령 제17조 제3항). 또한 조건부 입국허가를 받은 사람이 도주하거나 정당한 사유 없이 2회 이상 출석요구에 따르지 아니한 때에는 보증금 전부를, 그 밖의 이유로 허가조건을 위반한 때에는 그 일부를 국고에 귀속시킬 수 있다(출입국관리법 시행령 제17조 제4항). 보증금을 국고에 귀속시키기 위해서는 국고귀속 결정 사유 및 국고귀속 금액 등을 적은 보증금 국고귀속 통지서를 그 외국인에게 발급하여야 한다(출입국관리법 시행령 제17조 제5항).

또한 조건부 입국허가 시 법무부장관이 필요하다고 인정하는 경우 초청자나 그 밖의 관계인에게 그 외국인의 신원을 보증하게 할 수 있다(출입국관리법 제90조 제1항). 피보증

외국인이 소속하는 기관 또는 단체가 있는 때의 신원보증인은 특별한 사유가 없는 한 그 기관 또는 단체의 장이 된다(출입국관리법 시행규칙 제77조 제3항). 법무부장관은 신원보증을 한 사람에게 피보증외국인의 체류, 보호 및 출국에 드는 비용의 전부 또는 일부를 부담하게 할 수 있고(출입국관리법 제90조 제2항), 신원보증인이 보증책임을 이행하지 않아 국고에 부담이 되게 한 경우 신원보증인에게 구상권을 행사할 수 있다(출입국관리법 제90조 제3항). 신원보증인이 비용을 부담하지 아니할 염려가 있거나 신원보증인의 보증만으로는 보증목적을 달성할 수 없다고 인정될 때에는 신원보증인에게 피보증외국인 1인당 300만 원 이하의 보증금을 예치하게 할 수 있다(출입국관리법 제90조 제4항). 이때 신원보증인의 보증기간은 최장 4년으로 한다(출입국관리법 시행규칙 제77조 제7항).

6) 외국인의 상륙

가) 의의

출입국관리법 제3장 제2절에서는 외국인의 상륙에 관한 규정을 두고 있다. 입국의 개념에 관한 목차에서 서술한 바와 같이 상륙은 '대한민국의 영해 또는 영공에 위치한 선박 등에 탑승한 외국인이 일정한 요건하에 대한민국의 영토로 진입하는 행위'를 의미하고, 상륙허가는 '출입국항에서의 입국심사 대신 간소화된 절차를 통해 대한민국의 영토에 진입하는 행위'를 의미한다. 구체적으로는 업무상 대한민국 등을 수시로 출입하는 승무원상륙허가(출입국관리법 제14조), 일정 범위의 순회 여객운송선박의 승객에 대한 관광상륙허가(출입국관리법 제14조의2), 질병 또는 사고 등으로 인한 긴급상륙허가(출입국관리법 제15조), 조난을 당한 선박의 구조를 위한 재난상륙허가(출입국관리법 제16조), 난민에 대한 임시상륙허가(출입국관리법 제16조의2)가 있다.

나) 승무원의 상륙허가

출입국관리공무원은 ① 승선 중인 선박 등이 대한민국의 출입국항에 정박하고 있는 동안 휴양 등을 위해 상륙하려는 외국인승무원 또는 ② 대한민국의 출입국항에 입항할 예정이거나 정박 중인 선박 등으로 옮겨 타려는 외국인승무원에 대해, 선박 등의 장 또는 운수업자나 승무원 본인이 신청하면 15일의 범위에서 상륙을 허가할 수 있다(출입국관리법 제14조 제1항). 출입국관리공무원은 승무원상륙허가를 할 때에는 허가서를 발급하여야 하고, 상륙허가의 기간이나 행동지역의 제한 등 필요한 조건을 붙일 수 있다(출입국관리법 제14조 제3항). 다만 상륙허가를 받은 승무원일지라도 대한민국의 출입국항에 입항하거나 정박 중인 선박 등으로 옮겨 타려는 승무원은 출입국관리법 제12조에 따라 일반적인 입국심사 절차를 거쳐야 한다(출입국관리법 제14조 제4항, 출입국관리법 제14조 제1항 제2호).

상륙허가기간은 최대 15일이나, 연장 신청을 통해 15일의 범위에서 연장할 수 있다(출입국관리법 시행령 제21조 제2항). 출입국관리공무원은 대한민국에 정기적으로 운항하거나 자주 출·입항하는 선박 등의 외국인승무원이 상륙허가를 받을 때에는 유효기간 범위에서 2회 이상 상륙할 수 있도록 복수상륙허가를 할 수 있다(출입국관리법 시행령 제18조의2 제1항). 복수상륙허가를 할 때에는 유효기간이 1년이고 상륙허가기간이 15일 이내인 승무원 복수상륙허가서를 발급하여야 한다(출입국관리법 시행령 제18조의2 제2항).

다) 관광상륙허가

관광을 목적으로 대한민국과 외국 해상을 국제적으로 순회하여 운행하는 여객운송선박이 관광상륙을 허가받으려면 크게 두 가지 요건이 필요하다. ① 선박이 출입국 관계 법령에 따라 일정한 요건을 갖추어야 하고, ② 선박의 장 또는 운수업자가 상륙허가 신청을 하여야 한다. 이러한 요건을 갖춘 경우 그 선박에 승선한 외국인승객에게 3일 이내의 범위에서 관광상륙을 허가할 수 있다(출입국관리법 제14조의2 제1항).

관광상륙허가의 대상이 되는 선박은 ① 국제총톤수 2만 톤 이상이거나, ② 대한민국을 포함하여 3개국 이상의 국가를 기항하였거나, ③「해운법」제4조에 따라 순항여객운송사업 또는 복합해상여객운송사업 면허를 받았거나(동법 제6조에 따라 해상여객운송사업의 승인을 받은 경우,「개항질서법」제5조에 따라 입항신고를 하거나 입항허가를 받은 경우를 포함한다), ④「관광진흥법」제4조에 따라 같은 법 시행령 제2조 제1항 제3호 라목2)에 따라 크루즈업을 등록하였거나(법무부장관이 정하는 숙박시설, 식음료시설 및 위락시설 등을 갖춘 선박을 포함한다), ⑤ 그 밖에 국경관리의 필요성 등을 고려하여 법무부장관이 정하는 요건을 갖춘 경우를 의미한다(출입국관리법 시행규칙 제24조의2 제1항). 다만 이러한 요건을 갖추지 못했더라도 대규모 국제행사나 국제교류·협력 등 국가이익을 위하여 외국인 승객의 출입국을 지원할 필요가 있는 경우 법무부장관은 제1항 제1호 및 제2호의 요건을 완화해서 적용하거나 적용하지 아니할 수 있다(출입국관리법 시행규칙 제24조의2 제2항).

출입국관리공무원이 관광상륙허가를 할 때는 유효한 여권을 소지하고 있는지 여부, 대한민국에 관광목적으로 하선하여 자신이 하선한 기항지에서 그 선박으로 돌아와 출국할 예정인지 여부, 사증면제협정·「제주특별자치도 설치 및 국제자유도시 조성을 위한 특별법」 제197조·상호 단체여행객 유치에 관한 협정 등에 의한 입국인지 여부를 고려하여야 한다(출입국관리법 시행령 제18조의3 제2항). 다만 법무부장관이 관광상륙허가를 하지 아니할 필요가 있다고 인정하는 경우 출입국관리공무원은 관광상륙허가를 해서는 안 되는데(출입국관리법 시행령 제18조의3 제3항), 이때 고려하는 요소로는 외국인승객이 입국금지 또는 입국거부 대상인지 여부, 관광상륙허가를 신청한 선박의 장 또는 운수업자가 외국인승객을 성실히 관리하지 아니하였는지 여부,[43] 그 밖에 대한민국의 안전을 위한 국경관리 및 체류관리 필요성이 있다. 이러한 관광상륙허가는 외국인승객이 하선하였던 선박이 출항하는 즉시 효력을 상실한다(출입국관리법 시행령 제18조의3 제4항).

라) 긴급상륙허가

긴급상륙허가는 승무원을 포함하여 선박 등에 타고 있는 외국인이 질병이나 그 밖의 사고로 긴급히 상륙할 필요가 있을 경우 선박 등의 장이나 운수업자의 신청을 받아 30일의 범위에서 그 외국인을 상륙할 수 있도록 하는 제도이다(출입국관리법 제15조 제1항). 이때 긴급상륙한 사람의 생활비·치료비·장례비와 그 밖에 상륙 중에 발생한 모든 비용은 선박 등의 장이나 운수업자가 부담하여야 한다(출입국관리법 제15조 제3항). 긴급상륙허가를 할 때는 긴급상륙허가서를 발급하여야 하고(출입국관리법 제15조 제2항, 동법 제14조 제3

---

43 과거에 관광상륙허가를 받았던 외국인승객이 선박으로 돌아오지 아니한 비율이 법무부장관이 정하는 기준을 초과하는지를 고려한다(출입국관리법 시행령 제18조의3 제4항).

항), 긴급상륙허가서에는 상륙허가의 기간 및 행동지역의 제한 등 필요한 조건을 붙일 수 있다(출입국관리법 제15조 제2항, 동법 제14조 제3항). 긴급상륙허가기간은 연장할 수 있으나 1회에 연장할 수 있는 기간은 30일을 초과할 수 없다(출입국관리법 시행령 제21조 제2항).

마) 재난상륙허가

재난상륙허가는 승무원을 포함하여 조난을 당한 선박 등에 타고 있는 외국인을 긴급히 구조할 필요가 있는 경우 그 외국인을 30일의 범위에서 상륙할 수 있게 하는 제도로, 선박 등의 장, 운수업자, 「수상에서의 수색·구조 등에 관한 법률」에 따른 구조업무 집행자 또는 그 외국인을 구조한 선박 등의 장의 신청에 의해 이루어진다(출입국관리법 제16조 제1항). 이때 상륙한 사람의 생활비 등에 관하여는 선박 등의 장이나 운수업자가 부담하여야 한다(출입국관리법 제16조 제3항, 동법 제15조 제3항). 재난상륙허가를 할 때는 재난상륙허가서를 발급하여야 하고(출입국관리법 제16조 제2항, 동법 제14조 제3항), 재난상륙허가서에는 상륙허가의 기간 및 행동지역의 제한 등 필요한 조건을 붙일 수 있다(출입국관리법 제16조 제2항, 동법 제14조 제3항). 재난상륙허가기간은 연장할 수 있으나 1회에 연장할 수 있는 기간은 30일을 초과할 수 없다(출입국관리법 시행령 제21조 제2항).

바) 난민임시상륙허가

선박 등에 타고 있는 외국인이 「난민법」 제2조 제1호에 규정된 이유나 그 밖에 이에 준하는 이유로 그 생명·신체 또는 신체의 자유를 침해받을 공포가 있는 영역에서 도피하여 곧바로 대한민국에 비호를 신청하는 경우 그 외국인을 상륙시킬 만한 상당한 이유가 있다고 인정되면 법무부장관은 외교부장관과 협의하여 90일의 범위에서 난민 임시상륙허가를 할 수 있다(출입국관리법 제16조의2 제1항). 난민 임시상륙허가는 그 특성상 선박 등의 장이 아닌 외국인 개인이 신청할 수 있다. 난민 임시상륙허가를 할 때는 난민 임시상륙허가서를 발급하여야 하고(출입국관리법 제16조의2 제2항, 동법 제14조 제3항), 난민 임시상륙허가서에는 상륙허가의 기간, 행동지역의 제한 등 필요한 조건을 붙일 수 있다(출입국관리법 제16조의2 제2항, 동법 제14조 제3항). 또한 난민 임시상륙허가서를 발급할 때에는 난민보호서 기타 법무부장관이 따로 지정하는 장소에 그 거소를 지정하여야 한다(출입국관리법 시행령 제20조의2 제3항, 동법 시행규칙 제24조의4 제2항). 난민 임시상륙허가기간은 연장할 수 있으나 1회에 연장할 수 있는 기간은 30일을 초과할 수 없다(출입국관리법 시행령 제21조 제2항).

사) 미수교국가국민의 상륙에 관한 절차

출입국관리공무원은 미수교국가의 국민이 승무원상륙허가, 관광상륙허가, 긴급상륙허가, 재난상륙허가를 하려는 경우, 해당 출입국항에 주재하는 관계기관의 공무원에게 의견을 물을 수 있다(출입국관리법 시행규칙 제23조 제1항 본문). 다만 관계기관 공무원의 의견이 일치하지 않은 경우나 청장·사무소장 또는 출장소장이 결정하기 곤란하다고 인정하는 경우 법무부장관의 승인을 얻어야 한다(출입국관리법 시행규칙 제23조 제1항 단서).

아) 상륙허가대상자의 행동지역

출입국관리공무원은 미수교국가의 국민이 승무원상륙허가, 관광상륙허가, 긴급상륙허가, 재난상륙허가를 하려는 경우 관할구역(출장소장의 경우 소속 출입국·외국인청 또는 출입국·외국인사무소의 관할구역)을 행동지역으로 정한다(출입국관리법 시행규칙 제24조 본문). 다만 ① 승무원이 승무원상륙허가서를 국내의 다른 출입국항에서 계속 사용하려는 경우, ② 출입국관리법 제14조의2 제1항에 따라 관광상륙허가를 받은 외국인승객이 같은 조 제3항에 따른 관광상륙허가서를 관광목적으로 관할지역 밖에서 계속 사용하려는 경우, ③ 그 밖에 출입국관리공무원이 행동지역을 확대할 필요가 있다고 인정하는 경우에는 관할구역 외의 지역을 행동지역으로 정할 수 있다(출입국관리법 시행규칙 제24조 단서).

7) 각종 허가의 취소 또는 변경

법무부장관은 외국인이 일정한 경우에 해당하면 법 제8조에 따른 사증발급, 법 제9조에 따른 사증발급인정서의 발급, 법 제12조 제3항에 따른 입국허가, 법 제13조에 따른 조건부 입국허가, 법 제14조에 따른 승무원상륙허가, 법 제14조의2에 따른 관광상륙허가를 취소하거나 변경할 수 있다(출입국관리법 제89조 제1항). 구체적으로 신원보증인이 보증을 철회하거나 신원보증인이 없게 된 경우(제1호), 거짓이나 그 밖의 부정한 방법으로 허가 등을 받은 것이 밝혀진 경우(제2호), 허가조건을 위반한 경우(제3호), 사정 변경으로 허가상태를 더 이상 유지시킬 수 없는 중대한 사유가 발생한 경우(제4호), 그 외에 이 법 또는 다른 법을 위반한 정도가 중대하거나 출입국관리공무원의 정당한 직무명령을 위반한 경우(제5호)가 이에 해당한다.

단, 영주자격을 가진 외국인에 대해서는 제한된 경우에 한해 영주자격을 취소할 수 있다(출입국관리법 제89조의2 제1항). 개정법에서는 ① 거짓이나 그 밖의 부정한 방법으로 영주자격을 취득한 경우(제1호), ②「형법」,「성폭력범죄의 처벌 등에 관한 특례법」등 법무부령으로 정하는 법률에 규정된 죄를 범하여 2년 이상의 징역 또는 금고의 형이 확정된 경우(제2호), ③ 최근 5년 이내에 이 법 또는 다른 법률을 위반하여 징역 또는 금고의 형을 선고받고 확정된 형기의 합산기간이 3년 이상인 경우(제3호), ④ 대한민국에 일정금액 이상 투자 상태를 유지할 것 등을 조건으로 영주자격을 취득한 사람 등 대통령령으로 정하는 사람이 해당 조건을 위반한 경우(제4호), ⑤ 국가안보, 외교관계 및 국민경제 등에 있어서 대한민국의 국익에 반하는 행위를 한 경우(제5호)를 열거하고 있다. 이 중 제1호 사유는 필요적 취소사유라는 점에서 다른 항목과 구별된다.

법무부장관은 법 제89조 제1항에 따른 각종 허가 등의 취소나 변경에 필요하다고 인정하면 해당 외국인이나 법 제79조에 따른 신청인을 출석하게 하여 의견을 들을 수 있다(출입국관리법 제89조 제2항). 이때 법무부장관은 취소하거나 변경하려는 사유, 출석일시와 장소를 출석일 7일 전까지 해당 외국인이나 신청인에게 통지하여야 한다(출입국관리법 제89조 제3항).

나. 체류

1) 체류자격

대한민국에 입국한 외국인이 대한민국 내에서 적법하게 머무르기 위해서는 체류자격이 있어야 한다(출입국관리법 제10조 제1항). 체류자격은 "외국인이 국내에서 머물면서 일정한 활동을 할 수 있는 법적 지위를 유형화한 것으로, 그에 따라 일정한 권리를 부여받고 의무를 부담하는 출입국관리법에서 정한 자격(서울행정법원 2016. 9. 30. 선고 2015구합 77189 판결)"을 말한다.

체류자격이 부여된 외국인은 그 체류자격과 체류기간의 범위에서 대한민국에 체류할 수 있다(출입국관리법 제17조 제1항). 또한 법률에서 달리 정하는 경우를 제외하고는 정치활동이 금지되고(출입국관리법 제17조 제2항). 외국인이 정치활동을 하였을 때에는 법무부장관으로부터 활동의 중지명령 등을 받을 수 있다(출입국관리법 제17조 제3항). 한편, 대한민국에서 출생하여 체류자격을 가지지 못하고 체류하게 되는 외국인은 일정한 기간 내에 체류자격을 부여받아야 한다(출입국관리법 제23조, 동법 시행령 제29조). 체류자격의 상세는 출입국관리법 시행령 제12조, 동법 시행령 별표 1에 명시되어 있고, 체류자격의 상한은 출입국관리법 시행규칙 제18조의2, 동법 시행규칙 별표 1에서 정하고 있다. 각 체류자격에 대한 상세는 별도의 항목으로 서술하도록 하겠다.

외국인이 체류자격 없이 대한민국 내에 체류하거나 체류자격의 허용범위를 넘는 활동을 하는 경우 강제퇴거, 출국명령, 출국권고의 대상이 된다(출입국관리법 제46조 제1항, 출입국관리법 제68조 제1항 제1호, 출입국관리법 제67조 제1항 제1호). 또한 체류에 관한 출입국관리법 위반은 동시에 형사처벌의 대상도 된다(출입국관리법 제94조 제7호). 체류자격 부여, 체류자격 외 활동허가, 체류자격 변경 및 연장허가 등과 관련하여 위조·변조된 문서 등을 입증자료로 제출하거나 거짓 사실이 적힌 신청서 등을 제출하는 등 부정한 방법을 사용하는 행위는 금지되고(출입국관리법 제26조 제1호), 이를 알선하는 행위 역시 금지된다(출입국관리법 제26조 제2호). 법 제26조를 위반한 외국인은 강제퇴거 대상이 되고(출입국관리법 제46조 제1호 제10호의2), 형사처벌도 받을 수 있다(출입국관리법 제94조 제17호의2).

체류자격 부여 및 각종 허가를 할 때 법무부장관이 필요하다고 인정하는 경우 초청자나 그 밖의 관계인에게 그 외국인의 신원을 보증하게 할 수 있다(출입국관리법 제90조 제1항). 피보증외국인이 소속하는 기관 또는 단체가 있는 때의 신원보증인은 특별한 사유가 없는 한 그 기관 또는 단체의 장이 된다(출입국관리법 시행규칙 제77조 제3항). 법무부장관은 신원보증을 한 사람에게 피보증외국인의 체류, 보호 및 출국에 드는 비용의 전부 또는 일부를 부담하게 할 수 있고(출입국관리법 제90조 제2항), 신원보증인이 보증책임을 이행하지 않아 국고에 부담이 되게 한 경우 신원보증인에게 구상권을 행사할 수 있다(출입국관리법 제90조 제3항). 신원보증인이 비용을 부담하지 아니할 염려가 있거나 신원보증인의 보증만으로는 보증목적을 달성할 수 없다고 인정될 때에는 신원보증인에게 피보증외국인 1인당 300만 원 이하의 보증금을 예치하게 할 수 있다(출입국관리법 제90조 제4항). 신원보증인의 보증기간은 최장 4년으로 한다(출입국관리법 시행규칙 제77조 제7항).

2) 체류자격의 종류

2018. 3. 20. 출입국관리법 개정으로 체류자격의 체계에 변화가 생기게 되었는데, 개정 출입국관리법 시행일이 2018. 9. 21.이라는 점을 고려하여 이를 본 서에서 간략하게 소개하고자 한다. 현행법은 체류자격의 유형을 출입국관리법 시행령에 전부 위임하고 있는 반면, 개정법은 체류자격을 대한민국에 영주할 수 있는 영주자격과 출입국관리법에 따라 체류기간이 제한되는 일반체류자격으로 구분하고 있다(출입국관리법 제10조). 이 중 일반체류자격은 관광, 방문 등의 목적으로 대한민국에 90일 이하의 기간(사증면제협정이나 상호주의에 따라 90일을 초과하는 경우에는 그 기간) 동안 머물 수 있는 체류자격인 단기체류자격과, 유학, 연수, 투자, 주재, 결혼 등의 목적으로 대한민국에 90일을 초과하여 법무부령으로 정하는 체류기간의 상한 범위에서 거주할 수 있는 장기체류자격으로 구분된다(출입국관리법 제10조의2 제1항).

영주자격은 활동범위 및 체류기간의 제한을 받지 않으나(출입국관리법 제10조의3 제1항), 영주자격을 가진 외국인에게 발급하는 외국인등록증(이하 '영주증'이라 한다)의 유효기간은 10년이므로(출입국관리법 제33조 제3항), 영주자격 외국인은 매 10년마다 영주증을 재발급받아야 한다(출입국관리법 제33조의2). 이러한 영주자격은 대통령령으로 정하는 영주(F-5)의 자격에 부합한 사람으로서 ① 대한민국의 법령을 준수하는 등 품행이 단정하고, ② 본인 또는 생계를 같이하는 가족의 소득, 재산 등으로 생계를 유지할 능력이 있으며, ③ 한국어능력과 한국사회·문화에 대한 이해 등 대한민국에서 계속 살아가는 데 필요한 기본소양을 갖추고 있는 외국인에 대해 부여될 수 있다(출입국관리법 제10조의3

제2항). 다만 법무부장관은 대한민국에 특별한 공로가 있는 사람, 과학·경영·교육·문화예술·체육 등 특정 분야에서 탁월한 능력이 있는 사람, 대한민국에 일정금액 이상을 투자한 사람 등 대통령령으로 정하는 바에 따라 위 영주자격 취득에 필요한 요건 일부를 완화하거나 면제할 수 있다(출입국관리법 제10조의3 제3항).

2018. 6. 12.자로 개정 및 시행된 출입국관리법 시행령에서는 중앙행정기관의 장이 지적재산권 등 우수한 기술력을 보유한 사람으로 인정하여 추천하는 외국인에 대해 D-8(기업투자) 체류자격 부여하는 내용과, H-2(방문취업) 체류자격 연령 요건을 기존의 25세에서 18세로 완화하는 내용 등을 포함하고 있다.

체류자격은 A-1부터 H-2까지 총 36개의 종류이고 각 체류자격별로 체류기간 및 활동범위가 상이하므로 개별적으로 확인할 필요가 있다. 특히 각 체류자격별로 구체적으로 문제되는 사항에 관하여는 법무부 출입국·외국인정책본부에서 외국인을 위한 전자정부 홈페이지(www.hikorea.go.kr)를 통해 공개한 외국인체류 안내매뉴얼(2018. 5. 10.자, 이하 '체류 매뉴얼'이라 한다), 사증발급 안내매뉴얼(2018. 5. 10.자, 이하 '사증 매뉴얼'이라 한다)에 상세히 정해져 있으므로 이 점 역시 서술에 반영하였다.

취업활동을 할 수 있는 체류자격은 단기취업(C-4), 교수(E-1), 회화지도(E-2), 연구(E-3), 기술지도(E-4), 전문직업(E-5), 예술흥행(E-6), 특정활동(E-7), 비전문취업(E-9), 선원취업(E-10), 거주(F-2),[44] 재외동포(F-4),[45] 영주(F-5), 결혼이민(F-6), 관광취업(H-1), 방문취업(H-2)이 있다(출입국관리법 시행령 제23조). 법무부장관은 취업활동을 할 수 있는 체류자격을 가지지 아니한 외국인을 고용한 자(이하 "불법고용주"라 한다)에게 그 외국인의 출국에 드는 비용의 전부 또는 일부를 부담하게 할 수 있고(출입국관리법 제90조의2 제1항), 불법고용주가 제1항에 따른 비용 부담책임을 이행하지 아니하여 국고에 부담이 되게 한 경우에 법무부장관은 그 불법고용주에게 구상권을 행사할 수 있다(출입국관리법 제90조의2 제2항).

....

44 마목(영주 체류자격을 상실한 사람 중 국내 생활관계의 권익보호 등을 고려하여 법무부장관이 국내에서 계속 체류하여야 할 필요가 있다고 인정하는 사람 중 강제퇴거된 사람을 제외한 자)은 제외.

45 단순노무행위를 하는 경우, 선량한 풍속이나 그 밖의 사회질서에 반하는 행위를 하는 경우, 그 밖에 공공의 이익이나 국내 취업질서 등을 유지하기 위하여 그 취업을 제한할 필요가 있다고 인정되는 경우 제외.

가) A계열 체류자격

(1) A-1(외교)

A-1 체류자격은 대한민국정부가 접수한 외국정부의 외교사절단이나 영사기관의 구성원, 조약 또는 국제관행에 따라 외교사절과 동등한 특권과 면제를 받는 사람과 그 가족에게 부여된다(출입국관리법 시행령 별표 1). A-1 자격이 부여되는 동반가족의 범위는 체류 매뉴얼에서 구체화하고 있는데, 법적 혼인관계의 배우자, 본인 또는 배우자의 61세 이상의 부모, 60세 이상의 부모로서 체류 중 소득이 있는 활동에 종사하지 않는 조건으로 입국한 자, 민법상 미성년인 미혼동거 자녀, 26세 이하의 한국 내 정규교육기관에 FULL TIME으로 재학 중인 미혼동거 자녀, 민법상 성년의 미혼동거 자녀로 별도 생계유지가 불가능한 장애인(체류 매뉴얼 A-1 부분, 대한민국 주재 외국 공관원 등을 위한 신분증 발급과 관리에 관한 규칙(외교통상부령 제1호, 2013. 3. 23.)이 이에 해당한다.

A-1 자격의 체류기간 상한은 별도로 정해져 있지 않으므로 A-1 자격 외국인은 재임기간 동안 대한민국에 체류할 수 있다(출입국관리법 시행규칙 별표 1). A-1 자격자가 출국한 날로부터 1년 이내 재입국하려는 경우 재입국허가가 면제되고, 단수사증을 소지한 자가 재임기간 내에 재입국하고자 하는 경우 대상자의 요청이 있으면 재입국허가가 가능하다(출입국관리법 제30조 제1항, 동법 시행규칙 제44조의2 제1항 제2호).[46] 또한 A-1 자격자는 외국인등록 면제 대상이나 본인이 원할 경우 외국인등록증을 발급받을 수 있고, 등록사항 변경신고 및 체류지 변경신고 등 등록외국인에게 부여되는 각종 의무도 면제받을 수 있다(체류 매뉴얼 A-1 부분).

A-1 자격자의 취업 문제는 매뉴얼에서 상세히 정하고 있다. 먼저 "주한외국공관원 가족"의 국내취업을 위한 체류자격 외 활동허가는 상호주의에 따라 외교통상부장관(의전외빈담당관)의 추천을 받은 자에 한하여 행해진다. 취업허용 국가는 2012. 6. 현재 25개 국가[47]이고, 범위는 각급 대학, 학원 등에서 이루어지는 외국어강의(E-2), 영화·TV 단역 출연 등

---

46 단, 재임기간 중 유효한 복수사증이 있는 경우 재입국허가가 불필요하다.

47 일본, 스리랑카, 방글라데시, 이스라엘, 미국, 캐나다, 독일, 영국, 프랑스, 스웨덴, 체코, 폴란드, 러시아, 네덜란드, 벨기에, 헝가리, 뉴질랜드, 덴마크, 노르웨이, 아일랜드, 호주, 파키스탄, 인도, 싱가포르, 포르투갈.

문화활동 관련 직종(E-6), 문화연구언론기관 등의 교열·통역·번역 등 외국어 관련 직종 및 외국인 학교 교사(E-7), 문화예술(D-1), 종교(D-6), 교수(E-1), 연구(E-3), 특정활동(E-7) 중 외국인투자기업·외국기업 국내지사 등의 국내 채용 필수전문인력·외국계 회사의 경영자문 컨설턴트 등의 직종에 걸쳐 있다(체류 매뉴얼 A-1 부분). 다만, 대한민국과 협정을 체결하여 국내에 주소지를 둔 국제기구에 근무 중인 직원의 배우자 및 미성년 자녀에 대하여는 상호주의를 적용하지 않고 청장·사무소장 등이 심사하여 체류자격 외 활동을 허가한다(체류 매뉴얼 A-1 부분).[48]

일반적인 A-1 소지자에 대한 취업은 외국어회화강사(E-2), 외국인학교교사(E-7), 외국어교열요원(E-7)으로의 활동, 문화예술(D-1), 종교(D-6), 교수(E-1), 연구(E-3), 주한외국공관이나 외국기관 등에서 고용하는 행정요원(E-7), 특정활동(E-7) 중 벤처기업 등의 정보기술(IT)·E-business[49]에 대해 허용된다(체류 매뉴얼 A-1 부분). 단 이 경우 외교부(외교사절담당관)에서 받은 고용추천서가 필수적으로 요구된다.

특기할 만한 점은, A-1 자격자가 수익을 목적으로 하지 않는 학술 또는 예술 활동을 하기 위해서는 문화예술(D-1) 자격 활동에 대한 허가가 있어야 한다(체류 매뉴얼 A-1)는 것이다.

(2) A-2(공무)

A-2 체류자격은 대한민국정부가 승인한 외국정부 또는 국제기구의 공무를 수행하는 자와 그 가족에게 부여된다(출입국관리법 시행령 별표 1). A-2 자격이 부여되는 동반가족의 범위는 매뉴얼에서 구체화하고 있는데 A-1과 동일하고, 그 외 취업, 체류기간, 재입국허가, 외국인등록 등 체류에 관한 사항 전반 역시 A-1과 동일하다.

(3) A-3(협정)

대한민국정부와의 협정에 의하여 외국인등록이 면제되거나 이를 면제할 필요가 있다고

---

48 이때 단순노무 업종 취업은 제한된다.
49 단, 이 경우 소관부처장관의 고용추천을 요한다(매뉴얼 A-1 부분).

인정되는 자 및 그 가족에게 협정(A-3) 체류자격이 부여된다. 매뉴얼에서는 이와 관련하여 SOFA(대한민국과 아메리카합중국간의 상호방위조약 제4조에 의한 시설과 구역 및 대한민국에서의 합중국 군대의 지위에 관한 협정)를 예로 들고 있다. 또한 국내에서 출생한 자(출생일로부터 90일 이내에 신청해야 한다), 주한미군(A-3-1) 현지 제대자(제대일로부터 30일 이내에 접수해야 한다)도 그 대상자가 된다.

A-3 자격자는 E-1(교수) 내지 E-7(특정활동)에 관한 활동을 할 수 있다. 입국 시 A-3 사증으로 입국하지 않았더라도 입국 후 A-3로 자격변경을 받으면 체류자격 외 활동을 허용하고 있다(체류 매뉴얼 A-3 부분). A-3 자격자가 출국한 날로부터 1년 이내 재입국하려는 경우 재입국허가가 면제되고, 단수사증을 소지한 A-3 자격자가 재임기간 내에 재입국하고자 하는 경우 대상자의 요청이 있으면 재입국허가가 가능하다(출입국관리법 제30조 제1항, 동법 시행규칙 제44조의2 제1항 제2호, 체류 매뉴얼 A-3 부분). 또한 A-3 자격자는 외국인등록 면제 대상이나 본인이 원할 경우 외국인등록증을 발급받을 수 있고, 등록사항 변경신고·체류지 변경신고 등 등록외국인에게 부여되는 각종 의무도 면제받을 수 있다(체류 매뉴얼 A-3 부분).

특기할 만한 점은, A-2 자격자 역시 수익을 목적으로 하지 않는 학술 또는 예술 활동을 하기 위해서는 문화예술(D-1) 자격 활동에 대한 허가가 있어야 한다(체류 매뉴얼 A-1)는 것이다.

나) B계열 체류자격

(1) B-1(사증면제)

대한민국과 사증면제협정을 체결한 국가의 국민으로서 그 협정에 의한 활동을 하려는 자에게 B-1 체류자격이 부여된다(출입국관리법 시행령 별표 1). 사증면제협정을 통해 입국한 외국인에 대하여는 원칙적으로 체류기간 연장이나 체류자격 변경허가를 하지 아니하므로 체류기간이 협정기간 또는 법무부장관이 별도로 정하는 기간을 초과하는 경우 반드시 사증을 발급받아야 한다(체류 매뉴얼 B-1 부분).

(2) B-2(관광통과)

관광 또는 통과 목적으로 대한민국에 사증 없이 입국하려는 외국인에게 부여되는 체류자격이 B-2이다(출입국관리법 시행령 별표 1). B-2 자격은 B-1 자격과 동일하게 원칙적으로 체류기간 연장 및 체류자격 변경허가를 하지 아니하므로 체류기간이 이를 초과할 경우 별도의 사증을 받아 입국하여야 한다(체류 매뉴얼 B-2 부분).

다) C계열 체류자격

(1) C-1(일시취재)

일시취재(C-1) 체류자격은 외국의 신문·방송·잡지·기타 보도기관으로부터 파견되어 단기간 취재·보도활동을 하려는 자, 외국의 보도기관과의 계약에 의하여 단기간 취재·보도활동을 하려는 자, 외국 언론사의 지사 설치 준비를 위해 단기간 취재·보도활동을 하려는 자에게 부여된다(출입국관리법 시행령 별표 1). 체류기간의 상한은 90일이나, 국내 장기취재의 필요성이 입증될 경우 장기취재(D-5) 자격으로 변경할 수 있다(체류 매뉴얼 D-5 부분).

(2) C-3(단기방문)

단기방문(C-3) 체류자격은 2011. 12. 15. 단기상용(C-2)과 단기종합(C-3) 체류자격이 통합된 것으로, 시장조사·업무연락·상담·계약 등 상용활동이나 관광·통과·요양·친지방문·친선경기·각종 행사나 회의 참가 또는 참관·문화예술·일반연수·강습·종교의식 참석·학술자료 수집·그 밖에 이와 유사한 목적으로 90일을 넘지 않는 기간 동안 체류하려는 자에게 부여된다(출입국관리법 시행령 별표 1). 단, 영리를 목적으로 하는 사람에게는 발급하지 않으므로 이 경우 C-4 체류자격을 검토해야 한다(체류 매뉴얼 C-3 부분).

C-3 체류자격은 C-3-1(단기일반), C-3-2(단체관광 등), C-3-3(의료관광), C-3-4(일반상용), C-3-5(협정상 단기상용), C-3-6(우대기업 초청단기상용), C-3-7(도착관광), C-3-8(동포방문), C-3-9(일반관광), C-3-10(순수환승)으로 세분화된다(체류 매뉴얼 C-3). C-3-2 사증 소지자는 원칙적으로 체류기간 연장 또는 체류자격 변경이 제한

되지만, 출국할 항공기 등이 없거나 영주·귀화신청 등 부득이한 사유가 있는 경우 허가된다(체류 매뉴얼 C-3). 복수사증의 경우 출국할 선박 등이 없거나 입국 당시 예측하지 못한 사고·질병 등의 부득이한 사유가 있는 경우에 한하여 체류기간 연장이 허용된다(체류 매뉴얼 C-3).

(3) C-4(단기취업)

단기취업(C-4) 체류자격은 일시흥행, 광고·패션모델, 강의·강연, 연구, 기술지도 등 수익을 목적으로 단기간 취업활동을 하려는 자에게 부여된다(출입국관리법 시행령 별표 1).

무사증(B-1, B-2) 또는 단기방문(C-3) 입국자로 입단테스트 등을 위해 입국한 운동선수, 연주자, 무용가, 상금이 걸린 국제대회참가자 등의 경우 관련 입증자료를 제출하면 청장·사무소장 재량으로 C-4 자격으로 변경이 허가될 수 있다(체류 매뉴얼 C-4). 이는 불가피한 사유가 있거나 국익차원에서 필요하다고 인정되는 경우에 해당하여야 하고, 예술흥행(E-6-2)에 해당하는 활동을 위한 체류자격변경은 불가능하며, 체류기간은 입국일로부터 기산한다(체류 매뉴얼 C-4). 그 외에도 노벨상 수상자 등 저명인사[50]가 강연 등 활동을 하고자 하는 경우에도 체류자격 부여가 가능하다.

C-4 자격은 1회에 부여할 수 있는 체류기간 상한이 90일이고 원칙적으로 연장이 불가능하다. 다만 출국할 선박 등이 없거나 그 밖에 부득이한 사유로 출국할 수 없는 경우에 한하여 청장·사무소장·출장소장이 체류기간 연장허가를 할 수 있다(체류 매뉴얼 C-4). C-4 자격자의 취업활동에 관하여 근무처변경·추가허가 권한은 청장·사무소장에게 위임되어 있는데, 근무처 변경 시 주무부처 장의 고용추천서는 필요하지 않다(체류 매뉴얼 C-4).

라) D계열 체류자격

(1) D-1(문화예술)

문화예술(D-1) 체류자격은 수익을 목적으로 하지 아니하는 학술 또는 예술상의 활동을

---

[50] 대학의 총장·학장이나 세계 유수의 과학지 등에 논문이 게재된 인사 등으로 언론에 당사자의 경력이 보도되는 등 객관적 입증이 되는 경우를 의미한다(체류 매뉴얼 C-4).

하려고 하는 자에게 부여되는 체류자격으로, 대한민국의 고유문화 또는 예술에 대하여 전문적인 연구를 하거나 전문가의 지도를 받으려는 사람을 포함한다(출입국관리법 시행령 별표 1). 구체적으로 논문작성, 창작활동, 학술 또는 순수 예술 활동에 종사하는 자 또는 대한민국의 고유문화 또는 예술에 대하여 전문적으로 연구하거나 전문가의 지도를 받으려는 자를 의미한다(사증 매뉴얼 D-1 부분). 1회에 부여할 수 있는 체류기간의 상한은 2년이다(출입국관리법 시행규칙 별표 1). 단 체류기간이 90일 이하일 경우 단기방문(C-3-1)에 해당한다.

D-1 자격 외국인이 대한민국의 고유문화 또는 고유예술에 대한 전문가의 지도·대학부설 어학원에서의 한국어 연수·정규교육기관(초·중·고·대학교)에서의 교육을 받으려는 경우 체류목적 내라면 체류자격 외 활동허가가 필요하지 않다(체류 매뉴얼 D-1). 또한 영리를 목적으로 하지 않는 자원봉사 역시 별도의 허가를 요하지 않는다(체류 매뉴얼 D-1). 출입국관리법 제35조 제3호, 동법 시행령 제44조, 동법 시행규칙 제49조의2에서는 D-1 자격 외국인이 소속기관 또는 단체가 변경되거나 추가된 경우 14일 이내에 체류지 관할 지방출입국·외국인관서의 장에게 외국인등록사항 변경신고를 해야 함을 규정하고 있다. 영리목적이 없는 D-1 체류자격 소지자는 근무처 변경·추가 대신 위 규정에 따른 외국인등록사항 변경신고를 하여야 한다(체류 매뉴얼 D-1).

D-1 자격자의 경우 출국한 날로부터 1년 이내 재입국하려는 경우 재입국허가가 면제되나, 체류기간이 1년보다 적게 남아 있는 경우 체류기간 범위 내에서 면제된다(출입국관리법 제30조 제1항, 동법 시행규칙 제44조의2 제1항 제2호, 체류 매뉴얼 D-1).

(2) D-2(유학)

유학(D-2) 체류자격은 전문대학 이상의 교육·학술연구 기관에서의 유학 또는 연구활동을 하는 외국인에게 부여된다(출입국관리법 시행령 별표 1). 구체적으로는 고등교육법에 따라 설립된 전문대학·대학·대학원 또는 특별법에 의해 설립된 전문대학 이상의 학술기관에서, 정규과정(학사·석사·박사)의 교육을 받거나 특정의 연구를 하고자 하는 자를 의미한다. D-2 체류자격은 세부약호로 D-2-1(전문학사과정 유학)부터 D-2-8(단기유학)으로 구분되고, 1회에 부여할 수 있는 체류기간의 상한은 2년이다(출입국관리법 시행규칙 별표 1).

외국인유학생의 시간제 취업(아르바이트)은 통상적으로 학생이 행하는 단순노무 등 시간제취업 활동에 한정하여 체류자격 외 활동허가를 받아야 한다(체류 매뉴얼 D-2). 단, 이때 허가되는 취업활동은 통역·번역, 음식점 보조, 사무보조, 영어마을이나 영어캠프 보조요원, 관광안내 보조 등 단순노무에 한정되고 회화지도 등 출입국관리법 시행령 별표 1에 해당하는 활동에 종사하고자 하는 경우 해당 체류자격을 취득해야 한다. 유학(D-2) 자격 소지자 중 학교 유학생 담당자의 확인을 받은 경우 학부 및 어학연수과정생은 주당 20시간 이내, 석·박사과정생은 주당 30시간 이내, 석·박사 수료 후 논문준비생은 주당 30시간 이내에서 시간제 근무가 가능하다(체류 매뉴얼 D-2).

시간제 취업 허가를 연장하기 위해서는 일정한 요건이 필요한데, 최근 이수학기 기준 출석률 70%를 초과하면서 평균학점 C(평점 2.0) 초과인 자로 학업과 취업의 병행이 가능한 경우여야 한다(체류 매뉴얼 D-2). 다만 유학자격의 본질적 사항을 침해하지 아니하는 범위 내에서 일시적 사례금, 상금 기타 일상생활에 수반되는 보수를 받고 행하는 활동은 허가 없이 할 수 있다. 체류 매뉴얼에서는 그 예시로 교내 조교·도서관 사서 등 근로장학생으로 참여하는 경우, 일시적인 가사보조 또는 사무보조, 영화나 방송 등의 1회적인 출연 대가를 들고 있다.

유학 체류자격은 학사일정을 고려하여 2년 이내에서 3월 말 또는 9월 말까지 연장을 허가한다. 질병·사고 등 부득이한 사유가 있다고 인정되는 경우에는 예외적으로 해당 체류자격으로 변경할 수 있으나, 다만 개인적인 사정 및 학점미달 등의 사유로 휴학하는 자는 체류기간 연장을 제한한다(체류 매뉴얼 D-2).

외국인유학생이 재학 또는 연수 중인 학교의 장은 외국인유학생의 관리를 담당하는 직원을 지정하고 이를 관할 청장·사무소장·출장소장에게 통보하여야 한다(출입국관리법 재19조의4 제1항). 또한 학교장은 입학하거나 연수허가를 받은 외국인유학생이 매 학기 등록기한까지 등록을 하지 아니하거나 휴학을 한 경우, 제적·연수중단 또는 행방불명 등의 사유로 외국인유학생의 유학이나 연수가 끝난 경우에는 그 사실을 안 날부터 15일 이내에 지방출입국·외국인관서의 장에게 신고하여야 한다(출입국관리법 제19조의4 제2항).

(3) D-3(기술연수)

기술연수(D-3)는 법무부장관이 정하는 연수조건을 갖춘 사람으로서 국내의 산업체에서 연수를 받으려는 사람에게 부여되는 체류자격이다(출입국관리법 시행령 별표 1). 체류 매뉴얼에서는 외국환거래법에 의해 외국에 직접 투자한 산업체, 외국에 기술을 수출하는 산업체로서 법무부장관이 산업연수가 필요하다고 인정하는 산업체, 대외무역법에 의거 외국에 산업설비를 수출하는 산업체로 구체화하고 있다.

D-3 자격은 1회에 부여하는 체류기간의 상한이 1년이다(출입국관리법 시행령 별표 1, 체류 매뉴얼 D-3). D-3 자격자는 원칙적으로 체류자격 외 활동이 불허되고 체류자격 변경 역시 해당사항이 없다(체류 매뉴얼 D-3). 체류기간 연장은 그 필요성, 과거 이탈율, 범법사항 등을 확인하여 허부를 결정한다(체류 매뉴얼 D-3).

(4) D-4(일반연수)

일반연수(D-4) 체류자격은 법무부장관이 정하는 요건을 갖춘 교육기관이나 기업체·단체 등에서 교육 또는 연수를 받거나 연구활동에 종사하려는 사람에게 부여된다(출입국관리법 시행령 별표 1). 단, 연수기관으로부터 체재비를 초과하는 보수를 받거나 유학(D-2), 기술연수(D-3) 체류자격에 해당하는 사람은 제외한다(동법 시행령 별표 1). 사증 매뉴얼에서는 대학부설 어학원에서 한국어를 연수하는 자, 유학(D-2) 자격에 해당하는 기관 또는 학술연구기관 이외의 교육기관(고등학교 이하 교육기관 등)에서 교육을 받는 자, 국·공립 연구기관이나 연수원 등에서 기술·기능 등을 연수하는 자, 외국인투자기업 또는 외국에 투자한 기업체 등에서 인턴(실습사원)으로 교육 또는 연수를 받거나 연구 활동에 종사하는 자로 그 대상자를 구체화하고 있다(사증 매뉴얼 D-4). D-4 자격자에게 1회에 부여할 수 있는 체류기간의 상한은 2년이다.

한편 법원은 출입국관리사무소에서 일반연수(D-4) 체류자격자에게 일정한 금액의 잔고증명을 요하는 데 대하여, "피고는 유학생이 일반연수(D-4) 체류자격을 유지하기 위하여 미화 9,000달러 이상이 은행계좌에 예치된 사실을 증명할 수 있는 잔고증명서를 요구하고 있는데, 미화 9,000달러는 대한민국에서 한국어 교육기관의 학비, 주거비, 기타 생활비 등을 고려하여 볼 때 지나치게 과다한 금액으로 보이지 아니하고, 유학생들로 하여금 취업활동 등 허가된 체류자격 외의 활동을 할 유혹에 빠지는 것을 방지하게끔 할 수준의 적정한 금액으로 보일 뿐이며, 잔고증명서 발급요구도 피고가 체류기간 연장신청 등을 하는 유학생들의 실질적인 재정능력을 조사확인하는 것이 불가능한 이상, 최소한의 불가피한 요구로서 부당하다고 볼 수 없다(서울행정법원 2017. 11. 29. 선고 2017구단13311 판결)."라고 하여 그 필요성을 인정한 바 있다.

(5) D-5(취재)

취재(D-5) 체류자격은 외국의 신문, 방송, 잡지, 그 밖의 보도기관으로부터 파견되었거나 외국 보도기관의 계약에 따라 국내에 주재하면서 취재 또는 보도활동을 하려는 자에게 부여된다(출입국관리법 시행령 별표 1). 1회에 부여할 수 있는 체류기간 상한은 2년이다(체류 매뉴얼 D-5). 단, 체류기간이 90일 이하인 경우는 일시취재(C-1)에 해당한다(사증 매뉴얼 D-5).

체류자격 외 활동은 직장 내에서 동료직원 등을 대상으로 하는 회화지도 활동, 영리 또는 유상 목적이 아닌 사회봉사활동 차원의 회화지도 활동 등은 허용되나, 회화지도 활동이 주가 되거나 허용기준 등을 벗어나는 경우는 대상에서 제외된다(체류 매뉴얼 D-5). D-5 자격으로 등록한 외국인이 출국한 날로부터 1년 이내 재입국하려는 경우는 재입국허가가 면제된다.

(6) D-6(종교)

종교(D-6) 체류자격은 외국의 종교단체 또는 사회복지단체로부터 국내에 등록된 그 지부에 파견되어 근무하는 자, 외국의 종교단체 또는 사회복지단체로부터 파견되어 국내 유관 종교단체에서 종교 활동을 하는 자, 소속 종교단체가 운영하는 의료·교육·구호단체 등으로부터 초청되어 선교 또는 사회복지 활동에 종사하는 자, 국내 종교단체의 추천을 받아 그 종교단체에서 수도·수련·연구 활동을 하는 자, 국내 종교단체 또는 사회복지단체로부터 초청되어 사회복지활동에만 종사하는 자에게 부여되는 체류자격이다(출입국관리법 시행령 별표 1, 체류 매뉴얼 D-6). 단, 체류기간이 90일 이하인 경우 단기방문(C-3) 체류자격에 해당한다(사증 매뉴얼 D-6). 체류자격 외 활동 및 재입국허가에 관한 부분은 취재(D-5) 자격자와 동일하다(체류 매뉴얼 D-6).

(7) D-7(주재)

주재(D-7) 체류자격은 다음 외국인들에게 부여된다. 외국의 공공기관·단체 또는 회사의 본사·지사 그 밖의 사업소 등에서 1년 이상 근무한 사람으로서 대한민국에 있는 그 계열회사·자회사·지점 또는 사무소 등에 필수 전문인력으로 파견되어 근무하려는 사람,[51] 「자본시장과 금융투자업에 관한 법률」제9조 제15항 제1호에 따른 상장법인 또는 「공공기관의 운영에 관한 법률」제4조에 따른 공공기관이 설립한 해외 현지법인이나 해외지점에서 1년 이상 근무한 사람으로서 대한민국에 있는 그 본사나 본점에 파견되어 전문적인 지식·기술 또는 기능을 제공하거나 전수받으려는 사람[52]이 그에 해당한다(출입국관리법 시행령 별표 1). 1회에 부여할 수 있는 체류기간 상한은 2년이다(출입국관리법 시행규칙 별표 1).

체류자격 외 활동의 경우, 원래의 체류목적을 침해하지 않는 범위 내에서 정규교육기관의 교육을 받고자 하는 때에는 체류기간 범위 내에서 별도의 허가를 받을 필요가 없다(체류 매뉴얼 D-7 부분). 또한 D-5, D-6 체류자격에서와 같이 일정 범위와 회화지도 활동은 체류자격 외 활동허가가 없이도 자유로이 할 수 있다. 그 외 독일, 칠레 등 특정 국적 외국인들에게 적용되는 지침이 일부 있다(체류 매뉴얼 D-7 부분).

(8) D-8(기업투자)

기업투자(D-8) 자격은 「외국인투자촉진법」에 따른 외국인투자기업 대한민국 법인의 경영·관리 또는 생산·기술 분야에 종사하려는 필수 전문인력('법인에 투자', D-8-1), 지식재산권을 보유하는 등 우수한 기술력으로 「벤처기업육성에 관한 특별조치법」제2조의

---

[51] 다만, 기업투자(D-8) 체류자격에 종사하는 사람은 제외하며, 국가기간산업 또는 국책사업에 종사하려는 경우나 그 밖에 법무부장관이 필요하다고 인정하는 경우에는 1년 이상의 근무요건을 적용하지 않는다(출입국관리법 시행령 별표 1 D-7).

[52] 다만, 상장법인의 해외 현지법인이나 해외지점 중 본사의 투자금액이 미화 50만 달러 미만인 경우는 제외한다(출입국관리법 시행령 별표 1 D-7).

2 제1항 제2호 다목에 다른 벤처기업을 설립한 사람 중 같은 법 제25조에 따라 벤처기업 확인을 받은 기업의 대표자 또는 기술성이 우수할 것으로 평가를 받은 기업의 대표자('벤처 투자', D-8-2), 「외국인투자촉진법」에 따른 외국인투자기업인 대한민국 국민(개인)이 경영하는 기업의 경영·관리 또는 생산·기술 분야에 종사하려는 필수 전문인력('개인 기업에 투자', D-8-3), 국내전문학사 이상 또는 외국 학사 이상의 학위를 가진 사람 중 관계 중앙행정기관의 장이 지식재산권 보유 등 우수한 기술력을 보유한 사람으로 인정하여 추천한 사람으로서 지식재산권을 보유하거나 이에 준하는 기술력 등을 가진 법인 창업자('기술창업자', D-8-4)에게 부여되는 체류자격이다(출입국관리법 시행령 별표 1, 사증 매뉴얼). 1회에 부여하는 체류기간의 상한은 D-8-1, D-8-3은 5년, D-8-2, D-8-4는 2년이다(출입국관리법 시행규칙 별표 1 사증 매뉴얼 D-8 부분).

D-8 자격자는 체류자격 외 활동이나 체류자격 변경이 비교적 넓게 인정되고 있다. 체류 목적을 침해하지 않는 범위에서 별도의 허가 없이 정규교육기관의 교육을 받을 수 있고, 외국인투자기업 CEO 등 우수전문인력이 대학에서 90일 이내 강의활동을 하려는 경우 단기취업(C-4) 자격으로의 자격 외 활동이 가능하며(체류 매뉴얼 D-8 부분), 대학 강연활동이 허가된다. 또한 D-8 자격으로 등록한 외국인이 출국한 날로부터 1년 이내 재입국하려는 경우는 재입국허가가 면제된다.

(9) D-9(무역경영)

무역경영(D-9) 체류자격은 대한민국에 회사를 설립하여 경영하거나 무역, 그 밖의 영리사업을 위한 활동을 하려는 사람으로서 필수 전문인력에 해당하는 사람에게 부여된다(출입국관리법 시행령 별표 1). 이때, 수입기계 등의 설치, 보수, 조선 및 산업설비 제작·감독 등을 위하여 대한민국 내의 공·사 기관에 파견되어 근무하려는 사람은 포함되지만, 국내에서 채용하는 사람과 기업투자(D-8) 체류자격에 해당하는 사람은 포함되지 않는다. 체류 매뉴얼에서는 D-9 자격 해당자를 대외무역법령 및 대외무역관리규정에 의하여 한국무역협회장으로부터 무역거래자별 무역업 고유번호를 부여받은 무역거래자, 산업설비 도입회사에 파견 또는 초청되어 그 장비의 설치·운영·보수에 필요한 기술을 제공하는 자, 선박건조 및 산업설비 제작의 감독을 위하여 파견되는 자(발주자 또는 발주사가 지정하는 전문용역 제공회사에서 파견되는 자)로 구체화하고 있다. 1회에 부여할 수 있는 체류기간 상한은 2년이다(출입국관리법 시행규칙 별표 1).

D-9 자격자 역시 일정 범위에서 대학 강연활동이 허용되고 별도의 허가 없이 정규교육기관의 교육을 받을 수 있다는 점에서 D-8과 같다(체류 매뉴얼 D-9 부분). 한편, 부득이한 사유로 사증면제(B-1) 또는 단기사증을 소지하고 입국한 외국인 중 일정 범위의 자에 대해 D-9 체류자격으로의 변경이 허가되고, D-2·D-10 자격자로 일정한 범위의 외국인 개인사업자나 D-8 자격으로 체류하고 있는 개인사업자 등에 대해 D-9로의 체류자격 변경이 허가된다(체류 매뉴얼 D-9 부분).

(10) D-10(구직)

구직(D-10) 체류자격은 교수(E-1)부터 특정활동(E-7)까지의 체류자격에 해당하는 분야에 취업하기 위하여 연수나 구직활동 등을 하려는 사람으로서 법무부장관이 인정하는 사람,[53] 기업투자(D-8) 다목[54]에 해당하는 창업 준비 등을 하려는 사람으로서 법무부장관이 인정하는 사람에게 부여된다(출입국관리법 시행령 별표 1). 1회에 부여할 수 있는 체류기간 상한은 6개월이다.

유학(D-2) 자격 소지자의 경우 일정한 요건을 갖출 때 D-10 자격으로 변경이 가능하고, D-10 자격자가 일정 요건을 갖추었을 경우 취업(E-1 내지 E-7) 자격으로 변경이 가능하다(체류 매뉴얼 D-10 부분). 체류기간 연장은 요건에 따라 최대 1년 또는 최대 2년까지 가능하다(체류 매뉴얼 D-10 부분). D-10 자격자 역시 출국한 날로부터 1년 이내 재입국하려는 경우 재입국허가가 면제되고, 체류기간이 1년보다 적게 남아 있는 경우 체류기간 범위 내에서 재입국허가가 면제된다.

---

53 단, 예술흥행(E-6) 자격 중 유흥업소 등의 흥행활동(E-6-2)은 제외하고, 순수예술 및 스포츠 분야만 허용(체류 매뉴얼).

54 출입국관리법 시행령 별표 1. D-8
　다. 다음의 어느 하나에 해당하는 사람으로서 지식재산권을 보유하거나 이에 준하는 기술력 등을 가진 사람 중 법무부장관이 인정한 법인 창업자.
　　1) 국내에서 전문학사 이상의 학위를 취득한 사람.
　　2) 외국에서 학사 이상의 학위를 취득한 사람.

마) E계열 체류자격

(1) E-1(교수)

교수(E-1) 체류자격은 「고등교육법」에 따른 자격요건을 갖춘 외국인으로서 전문대학 이상의 교육기관이나 이에 준하는 기관에서 전문 분야의 교육 또는 연구·지도 활동에 종사하려는 자에게 부여된다(출입국관리법 시행령 별표 1). 구체적으로는 한국과학기술원 등 학술기관의 교수, 전문대학 이상의 교육기관에서 임용하는 전임강사 이상의 교수, 대학 또는 대학부설연구소의 특수 분야 연구교수, 전문대학 이상의 교육과학기술 분야의 교육·연구지도 활동에 종사하고자 하는 자로서 교육인적자원부장관의 고용추천이 있는 자를 의미한다(사증 매뉴얼 E-1 부분). 1회에 부여하는 체류기간의 상한은 5년이다(출입국관리법 시행령 별표 1).

체류자격 외 활동은 직장 내에서 동료직원 등을 대상으로 하는 회화지도 활동, 영리 또는 유상 목적이 아닌 사회봉사활동 차원의 회화지도 활동 등은 허용되나, 회화지도 활동이 주된 활동이 되거나 허용기준 등을 벗어나는 경우는 대상에서 제외된다(체류 매뉴얼 E-1 부분). 또한 전문대학 이상의 교육기관이나 정부출연연구소, 국·공립연구소, 기업부설연구소 등 이공계 연구기관에 근무하고자 하는 자로서 교육과학기술부장관의 교육추천을 받은 자에 대해서는 교수(E-1) 또는 연구(E-3) 자격 간 상호 체류자격 외 활동이 허가된다(체류 매뉴얼 E-1 부분). E-1 자격으로 등록한 외국인이 출국한 날로부터 1년 이내 재입국하려는 경우는 재입국허가가 면제된다.

(2) E-2(회화지도)

회화지도(E-2)는 법무부장관이 정하는 자격요건을 갖춘 외국인으로서 외국어 전문학원, 초등학교 이상의 교육기관 및 부설어학연구소, 방송사 및 기업체 부설 어학연수원, 그 밖에 이에 준하는 기관 또는 단체에서 외국어 회화지도에 종사하려는 외국인에게 부여되는 체류자격이다(출입국관리법 시행령 별표 1). '회화지도'라 함은, 외국어전문학원·교육기관·기업·단체 등에서 수강생에게 외국어로 상호 의사소통하는 방법을 지도하는 활동을 의미하고, 외국어로 특정 어학이나 문학 또는 통·번역 기법 등을 지도하는 것은 회화지도 활동에 해당하지 않는다(체류 매뉴얼 E-2 부분). 위 시행령 별표상 '기타 이에 준하는 기관 또는 단체'는 평생교육법에 의해 설치된 평생교육시설로서 법무부장관이 정한 기준에 부합하는 시설, 다른 법령(조례 포함)에 의하여 국가 또는 지방자치단체가 설치·운영하는 평생교육 시설, 근로자직업능력개발법에 따라 설립된 직업능력개발훈련시설과 직업능력개발훈련법인, 건설기술관리법령에 따라 건설기술인력교육훈련 대행기관으로 지정을 받은 (재)건설산업교육원, 소속 직원이 회화지도 학습을 할 수 있는 어학기자재 등이 구비된 강의실을 보유한 법인기업 및 공공기관을 의미한다(체류 매뉴얼 E-2 부분).

E-2 자격자는 크게 두 가지로 구분되고 자격요건 역시 다르다(체류 매뉴얼 E-2 부분). 먼저, 외국어 학원 등의 강사가 있다. 이 경우 해당 외국어를 모국어로 하는 국가의 국민으로서 해당 외국어를 모국어로 하는 국가에서 대학 이상의 학교를 졸업하고, 학사 이상의 학위를 소지한 자 또는 이와 동등 이상의 학력이 있는 자, 해당 외국어를 모국어로 하는 국가에서 고등학교 또는 전문대학을 졸업하고 국내의 대학에서 학사 이상의 학위를 취득한 경우 자격을 인정한다(체류 매뉴얼 E-2 부분).

다음으로 교육부 또는 시·도교육감 주관으로 모집·선발된 자로서 초·중·고등학교에서 근무하려는 외국인이 있다. 구체적으로는 ① 영어를 모국어로 하는 국가[55] 국민으로서 출신국가에서 대학을 졸업하고 학사학위 이상의 학위를 취득한 자, ② 인도 국적자로서 대학 이상의 학교를 졸업하고 학사 이상의 학위와 교사자격증(영어전공)을 소지한 자, ③ 영어를 모국어로 하는 국가 국민으로서 출신국가에서 대학 2년 이상을 이수하였거나 전문대학 이상을 졸업한 자, ④ 영어를 모국어로 하는 국가 국민으로서 10년 이상 해당 외국어로 정규교육을 받고 국내 대학에서 2년 이상을 이수하였거나 전문대학 이상을 졸업한 자, ⑤ 중국 국적자로서 중국 내 대학 이상의 학교를 졸업하고 학사 이상의 학위증과 중국 국가한어판공실이 발급한 중국어 교사 자격증서를 소지한 자가 이에 해당한다(체류 매뉴얼 E-2 부분).

유학(D-2), 구직(D-10) 자격자가 E-2 체류자격에 해당하는 요건을 모두 갖추고 취업

---

55 미국, 영국, 캐나다, 남아공, 뉴질랜드, 호주, 아일랜드의 7개국에 한정한다.

하려는 해당 기관·단체 등 대표자와 고용계약을 체결하였다면 E-2 체류자격으로의 자격 변경이 허가된다(체류 매뉴얼 E-2 부분). E-2 자격자에게 1회에 부여할 수 있는 체류기간 상한은 2년이다(출입국관리법 시행규칙 별표 1).

(3) E-3(연구)

연구(E-3) 체류자격은 대한민국 내 공·사 기관으로부터 초청을 받아 각종 연구소에서 자연과학 또는 산업상 고도기술의 연구·개발에 종사하려는 사람[56]에게 부여된다(출입국관리법 시행령 별표 1). 구체적으로, ① 특정 연구기관 육성법, 정부출연 연구기관 등의 설립·운영 및 육성에 관한 법률에 의한 연구기관에서 자연과학 분야의 연구 또는 산업상의 고도기술의 연구개발에 종사하는 과학기술자, ② 방위사업법의 규정에 의한 연구기관에서 연구 활동에 종사하는 과학기술자, ③ 기술개발촉진법 등 관련 법령에 따라 자연과학 분야 또는 산업상의 고도산업기술을 개발하기 위하여 기관 또는 단체[57]와 계약을 맺어 연구하는 과학기술자, ④ 정부출연연구소, 국·공립연구소, 기업부설연구소 등 이공계 연구기관에서 자연과학 분야의 연구 또는 산업상 고도기술의 연구개발에 종사하고자 하는 자로서 교육부장관의 고용추천이 있는 자[58]가 이에 해당한다(체류 매뉴얼 E-3 부분). 1회 부여 체류자격의 상한은 5년이다(출입국관리법 시행규칙 별표 1).

전문대학 이상의 교육기관이나 정부출연연구소, 국·공립연구소, 기업부설연구소 등 이공계 연구기관에 근무하고자 하는 자로서 교육과학기술부장관의 교육추천을 받은 자에 대해서는 교수(E-1) 또는 연구(E-3) 자격 간 상호 체류자격 외 활동이 허가된다(체류 매뉴얼 E-3 부분). E-3 자격으로 등록한 외국인이 출국한 날로부터 1년 이내 재입국하려는 경우는 재입국허가가 면제된다.

---

[56] 교수(E-1) 체류자격에 해당하는 사람은 제외한다.
[57] 기업부설연구소, 산업기술연구조합육성법에 의한 산업기술연구조합, 교육법에 의한 대학 또는 전문대학, 국·공립 연구기관, 산업기술혁신촉진법에 의한 기술 지원공공기관, 민법 또는 다른 법률에 의하여 설립된 과학기술 분야의 비영리법인인 연구기관, 기타 과학기술 분야의 연구기관이나 단체와 영리를 목적으로 하는 법인(사증 매뉴얼 E-3).
[58] 이공계 석사학위 이상 소지자로서 해당 분야의 연구 개발 업무에 3년 이상 종사한 경력이 있는 자, 이공계 박사학위 소지자, 교육과학기술부 WCU사업(세계수준의 연구중심대학 육성사업)으로 초빙된 신성장동력 분야 교수(체류자격 E-1) 및 연구원(체류자격 : E-3).

(4) E-4(기술지도)

기술지도(E-4) 체류자격은 자연과학 분야의 전문지식 또는 산업상 특수한 분야에 속하는 기술을 제공하기 위하여 대한민국 내 공·사 기관으로부터 초청을 받아 종사하려는 사람에게 부여된다(출입국관리법 시행령 별표 1). 구체적으로 외국인투자촉진법 규정에 의한 기술도입 계약에 따라 대한민국 국민 또는 대한민국 법인에게 기술을 제공하는 자, 국내에서 구할 수 없는 산업사의 고도기술 등을 국내 공·사기관에 제공하는 자[59]가 이에 해당한다(체류 매뉴얼 E-4 부분). 1회에 부여할 수 있는 체류기간의 상한은 5년이다(출입국관리법 시행령 별표 1).

유학(D-2), 구직(D-10) 체류자격자가 E-4 해당 자격요건을 갖추고 기관·단체 등 대표자와 고용계약을 체결한 경우 E-4로 체류자격을 변경할 수 있다(체류 매뉴얼 E-4 부분). E-4 자격으로 등록한 외국인이 출국한 날로부터 1년 이내 재입국하려는 경우는 재입국허가가 면제된다.

(5) E-5(전문직업)

전문직업(E-5) 체류자격은 대한민국 법률에 따라 자격이 인정된 외국의 변호사, 공인회계사, 의사, 그 밖에 국가공인 자격이 있는 사람으로서 대한민국 법률에 따라 할 수 있도록 되어 있는 전문업무에 종사하려는 사람[60]에게 부여된다(출입국관리법 시행령 별표 1). 구체적으로는 국토해양부장관의 추천을 받은 항공기조종사, 최신의학 및 첨단의술 보유자로서 보건복지부장관의 고용추천을 받아 국가 또는 지방자치단체 의료기관·의료법인, 비영리법인 및 정부투자기관에서 개설한 의료기관에서 근무하고자 하는 의사, 국내의 의(치)과 대학을 졸업한 후 대학부속병원 또는 보건복지부장관이 지정한 병원 등에서 인턴·레지던트 과정을 연수하는 자, 남북교류 협력에 관한 법률 규정에 따라 남북 협력사업 승인을 받은 자가 금강산 관광개발사업 등의 목적으로 초청하는 관광선 운항에 필요한 선박 등의

---

59 외국의 용역발주업체에서 파견되어 산업상의 특수 분야에 속하는 기술을 제공하는 자, 국내 산업체에서 도입한 특수기술 등을 제공하는 자를 의미한다(사증 매뉴얼 E-4).

60 교수(E-1) 체류자격에 해당하는 자는 제외한다(출입국관리법 시행령 별표 1).

필수전문인력, 국내 운수회사 등에 고용되어 선장 등 선박 운항의 필수전문요원으로 근무하고자 하는 자가 이에 해당한다(사증 매뉴얼 E-5 부분).

유학(D-2), 구직(D-10) 체류자격자가 E-5 해당 자격요건을 갖추고 기관·단체 등 대표자와 고용계약을 체결한 경우 E-5로 체류자격을 변경할 수 있다(체류 매뉴얼 E-5 부분). E-5 자격으로 등록한 외국인이 출국한 날로부터 1년 이내 재입국하려는 경우는 재입국허가가 면제된다. 1회에 부여하는 체류기간의 상한은 5년이다(출입국관리법 시행규칙 별표 1).

(6) E-6(예술흥행)

예술흥행(E-6) 체류자격은 수익이 따르는 음악, 미술, 문학 등 예술활동과 수익을 목적으로 하는 연예, 연주, 연극, 운동경기, 광고·패션 모델, 그 밖에 이에 준하는 활동을 하려는 사람에게 부여된다(출입국관리법 시행령 별표 1). 구체적으로 ① 창작활동을 하는 작곡자, 화가, 조각가, 공예가, 저술가 및 사진작가 등 예술가, ② 음악, 미술, 문학, 사진, 연주, 무용, 영화, 체육, 기타 예술상의 활동에 관한 지도를 하는 자, ③ 출연형태나 명목을 불문하고 수익을 위하여 개인 또는 단체로 연예, 연주, 연극, 운동 등을 하는 자, ④ 스스로 연예, 연주, 연극 등에 출연하려는 자뿐 아니라 분장사, 매니저 등 동행하는 자가 이에 해당한다(사증 매뉴얼 E-6 부분). 단, 체류기간이 90일 이하인 경우는 단기취업(C-4) 체류자격에 해당한다.

E-6 자격은 E-6-1, E-6-2, E-6-3의 세 가지로 세분화된다. E-6-1은 예술활동·전문 방송연기·공연법 규정에 의한 전문연예활동에 종사하는 자에게, E-6-2는 E-6-1에 해당하지 않는 자 중 관광진흥법에 의한 호텔업시설·유흥업소 등에서 공연 또는 연예활동에 종사하는 자에게, E-6-3은 운동선수 및 동행 매니저 등으로 운동 분야에 종사하는 자에게 부여된다(사증 매뉴얼 E-6 부분). 1회에 부여할 수 있는 체류기간의 상한은 2년이다(출입국관리법 시행규칙 별표 1).

(7) E-7(특정활동)

특정활동(E-7)은 대한민국 내의 공·사 기관 등과의 계약에 따라 법무부장관이 특별히 지정하는 활동에 종사하려는 사람에게 부여되는 체류자격이다(출입국관리법 시행령 별표 1). 이때 '특별히 지정하는 활동'이란 법무부장관이 국가경쟁력 강화 등을 위해 전문적인 지식·기술 또는 기능을 가진 외국인력 도입이 특히 필요하다고 지정한 분야를 의미하는데, 해당 분야는 '한국표준직업분류'상 대분류 항목과 직능수준 등을 감안하여 전문직종·준전문직종·숙련기능직종으로 구분된다(사증 매뉴얼 E-7 부분).

전문직종은 경제이익단체 고위임원·기업 고위임원·경영지원 관리자 등 총 15개 분야의 관리자와, 생명과학·자연과학·사회과학·법률 등 52개 직종의 전문가 및 관련 종사자로 구성되어 있다. 준전문직종은 면세점 또는 제주특별자치도 내 판매사무원·항공운송 사무원·호텔 접수사무원·의료 코디네이터의 4개 직종을 의미하는 사무종사자, 운송 서비스 종사자·관광통역 안내원·카지노 딜러·주방장 및 조리사의 4개 직종을 포괄하는 서비스 종사자로 구성되어 있다. 숙련기능인력은 농축산어업 숙련기능인·동물사육사·해삼양식기술자의 3개 직종으로 구성된 농림축산어업 숙련 종사자와, 할랄 도축원·악기 제조사·악기 조율사·뿌리산업체 숙련기능공 등 6개 직종으로 구성된 기능원 및 관련 기능 종사자가 있다(사증 매뉴얼 E-7 부분).

E-7 자격 부여에는 몇 가지 기본원칙이 있다(사증 매뉴얼 E-7 부분). 전문성 수준 및 대체성 등에 따라 전문인력·준전문인력·숙련기능인력으로 구분한 후 도입 및 관리기준을 달리하여 탄력적으로 운영하되, 직능수준이 높고 국민으로의 대체가 어려워 국가경쟁력 강화에 기여도가 높은 전문인력에 대하여는 간편한 사증·체류절차로 유치 및 정주를 지원한다. 다만, 국민고용 침해 우려가 있는 숙련기능인력에 대해서는 자격·임금요건·업체별 쿼터 설정 등 국민고용 보호장치를 마련하여야 한다.

E-7 자격으로 1회에 부여할 수 있는 체류기간 상한은 3년이다(출입국관리법 시행규칙 별표 1). 한편, E-7 허용직종에 90일 이하 단기간 취업하는 외국인은 단기취업(C-4) 사증이 발급된다(사증 매뉴얼 E-7 부분).

(8) E-9(비전문취업)

비전문취업(E-9)은 「외국인근로자의 고용 등에 관한 법률」에 따른 국내 취업 요건을 갖춘 사람⁶¹에게 부여되는 체류자격이다(출입국관리법 시행령 별표 1). E-9 체류자격은 고용허가제를 전제로 하여 도입된 것이다. 고용허가제는 「외국인근로자의 고용 등에 관한 법률」에 따라 도입된 것으로, 사업주에게 외국인근로자의 고용을 허가하고 외국인근로자에게는 당해 사업주에게 고용되는 조건으로 최장 4년 10개월간 취업을 허용하는 인력제도다. 2004. 8. 고용허가제가 시행된 이후 대한민국은 현재까지 16개국⁶²과 MOU를 체결하였다(사증 매뉴얼 E-9 부분). 1회에 부여할 수 있는 체류기간의 상한은 3년이다(출입국관리법 시행규칙 별표 1).

E-9 체류자격은 다섯 가지 자격으로 세분화된다. 상시근로자 300인 미만 또는 자본금 80억 이하 제조업 종사자에게 부여되는 E-9-1, 건설업 종사자에게 부여되는 E-9-2, 작물재배업·축산업·작물재배 및 축산관련 서비스업 종사자에게 부여되는 E-9-3, 연안어업·근해어업·양식어업·소금채취업 등 종사자에게 부여되는 E-9-4, 건설폐기물 처리업·창고업·재생용 재료수집 및 판매업·인쇄물 출판업·음악 및 기타 오디오 출판업 등 서비스업 종사자에게 부여되는 E-9-5로 구분된다(사증 매뉴얼 E-9 부분).

외국인이 E-9 체류자격으로 입국하기 위해서는 사증을 발급받아야 하는데, E-9 사증을 발급받기 위해서는 청장·사무소장 또는 출장소장이 발급한 사증발급인정서가 있어야 한다. 사증발급인정서는 E-9 자격자를 초청하고자 하는 사업장의 대표가 사업장 주소지를 관할하는 출입국관리사무소 또는 출장소의 장에게 발급을 신청하여 받을 수 있다(사증 매뉴얼 E-9 부분).

그 외에도 성실하게 근무한 근로자에 대하여는 재입국 취업 시 특례를 적용하고 있다. 특례 적용은 해당 외국인이 ① 고용허가제(E-9)로 입국하여 취업활동기간(4년 10개월)이 만료될 때까지 사업장 변경 없이 한 사업장에 계속 근무하고 있을 것,⁶³ ② 종사 업종이 농축산업·어업 또는 50인 이하의 제조업에 해당할 것, ③ 재입국하여 근로를 시작하는

---

61 일정 자격이나 경력 등이 필요한 전문직종에 종사하려는 사람은 제외한다.

62 태국, 필리핀, 스리랑카, 베트남, 인도네시아, 몽골, 파키스탄, 우즈베키스탄, 캄보디아, 중국, 방글라데시, 네팔, 미얀마, 키르기스스탄, 동티모르, 라오스.

63 휴·폐업 등 외국인근로자의 책임이 아닌 사유로 사업장 변경을 한 경우에는 취업활동기간 만료일까지 마지막 사업주와의 근로계약 기간이 1년 이상일 것(사증 매뉴얼 E-9 부분).

날부터 효력이 발생하는 1년 이상의 근로계약을 체결하고 있을 것, ④ 사업장별 외국인 고용한도 등 고용허가서 발급요건을 갖추고 있을 것을 요건으로 한다(사증 매뉴얼 E-9 부분).

E-9 자격으로 1회에 부여할 수 있는 체류기간 상한은 3년이다(출입국관리법 시행령 별표 1). 다만 체류자격 외 활동은 억제되고 근무처의 변경 역시 절차에 따라야 한다(체류 매뉴얼 E-9 부분). E-9 자격자는 원칙적으로 최초 고용허가를 받은 사업장에서 계속 취업하여야 하나, 예외적으로 사업장의 휴·폐업 등 그 사업 또는 사업장에서 정상적인 근로관계를 지속하기 곤란한 경우 다른 사업장으로의 변경을 신청할 수 있다(체류 매뉴얼 E-9 부분). 다만 입국한 날부터 3년 이내의 취업가능기간 중에는 원칙적으로 3회, 재고용절차에 따라 체류기간이 연장된 기간 중에는 2회를 초과하여 변경할 수 없다(체류 매뉴얼 E-9 부분). E-9 자격자 역시 출국한 날부터 1년 이내에 재입국하려는 경우 재입국허가를 면제한다(체류 매뉴얼 E-9 부분).

(9) E-10(선원취업)

선원취업(E-10) 체류자격은, 일정한 사업자에게 6개월 이상 노무를 제공할 것을 조건으로 선원근로계약을 체결한 외국인 중 「선원법」 제2조 제6호에 따른 부원[64]에 해당하는 사람에게 부여된다(출입국관리법 시행령 별표 1). 출입국관리법에서는 외국인을 고용한 사업자의 요건을 정하고 있는데 구체적으로는 다음과 같다. 「해운법」 제3조 제1호·제2호·제5호 또는 제23조 제1호에 따른 사업을 경영하는 사람 또는 그 사업체, 「수산업법」 제8조 제1항 제1호, 제41조 제1항 또는 제57조 제1항에 따른 사업을 경영하는 사람 또는 그 사업

---

64 선원법 제2조(정의)
   이 법에서 사용하는 용어의 뜻은 다음과 같다.
   1. "선원"이란 이 법이 적용되는 선박에서 근로를 제공하기 위하여 고용된 사람을 말한다. 다만, 대통령령으로 정하는 사람은 제외한다.
   3. "선장"이란 해원(해원)을 지휘·감독하며 선박의 운항관리에 관하여 책임을 지는 선원을 말한다.
   4. "해원"이란 선박에서 근무하는 선장이 아닌 선원을 말한다.
   5. "직원"이란 「선박직원법」 제2조 제3호에 따른 항해사, 기관장, 기관사, 전자기관사, 통신장, 통신사, 운항장 및 운항사와 그 밖에 대통령령으로 정하는 해원을 말한다.
   6. "부원"(부원)이란 직원이 아닌 해원을 말한다.
   7. "예비원"이란 선박에서 근무하는 선원으로서 현재 승무(승무) 중이 아닌 선원을 말한다.

체,「크루즈산업의 육성 및 지원에 관한 법률」제2조 제7호에 따른 국적 크루즈사업자로서 동조 제4호에 따른 국제순항 크루즈선을 이용하여 사업을 경영하는 사람 또는 그 사업체가 적용대상이 된다(출입국관리법 시행령 별표 1).

E-10 체류자격은 E-10-1(내항선원), E-10-2(어선원), E-10-3(순항여객선원)의 세가지 유형으로 세분화된다. 먼저 E-10-1 자격은「해운법」제3조 제1호(내항정기여객운송사업)·제2호(내항부정기여객운송 사업) 및 제23조 제1호(내항화물운송)의 사업을 영위하는 자와 그 사업체에서 6개월 이상 선원근로계약을 체결한 부원에게 부여된다. 단 이때의 부원은「선원법」이 적용되는 선박[65] 중 어선을 제외한 총톤수 5톤 이상의 내항상선에 승선하는 부원에 한정된다.[66] E-10-2 자격은「수산업법」제8조 제1항 제1호(정치망어업), 제41조 제1항(동력어선을 이용한 근해어업), 제57조 제1항(어획물운반업)의 규정에 의한 사업을 영위하는 자와 그 사업체(20톤 이상의 어선)에서 6개월 이상 선원근로계약을 체결한 부원에게 부여된다. E-10-3 자격은「크루즈산업의 육성 및 지원에 관한 법률」제2조 제7호에 따른 국적 크루즈 사업자로서, 동조 제4호에 따른 국제순항 크루즈선을 이용하여 사업을 경영하는 자와 그 사업체에서 6개월 이상 노무를 제공할 것을 조건으로 선원근로계약을 체결한 부원에게 부여된다. 단, 이때의 크루즈선은 해운법시행령 제3조의 규정에 따라 총톤수 2천 톤 이상의 것을 의미한다(사증 매뉴얼 E-10 부분). E-10 사증 역시 청장·사무소장 또는 출장소장이 발급한 사증발급인정서가 있어야 부여된다는 점에서 E-9 사증과 동일하다(사증 매뉴얼 E-10 부분).

1회에 부여할 수 있는 체류기간 상한은 1년이다(출입국관리법 시행규칙 별표 1). 체류자격 외 활동은 허가되지 않고, 근무처 변경 및 추가 역시 일정한 요건하에 제한적으로 허용된다(체류 매뉴얼 E-10 부분). 선원취업자가 사업장의 휴·폐업 등으로 정상적인 근로관계를 지속하기 곤란한 때에는 수협중앙회 등의 추천을 받아 근무처 변경 신청을 할 수 있

---

[65] 선박법에 따른 대한민국 선박(어선법에 의한 어선 포함) 및 국적취득부 용선 외국선박, 내항운행 외국선박(단, 총톤수 5톤 미만의 선박, 호수·강 또는 항내만 항행하는 선박, 총톤수 20톤 미만의 어선, 자력항행능력 없는 부선은 제외). (선원법 제2조 제1항)

[66] 외국인선원의 총원 및 척당 승선인원, 취업 분야 등은 한국해운조합·수협중앙회 등 사용자단체와 선원노동조합연합단체가 노사 합의로 결정한 후 해양수산부에 통보하도록 되어 있음(선원법 제104조 및 동법 시행령 제39조, 해양수산부 고시 외국인선원관리지침).

다. 최초 입국 후 최대 3년까지 체류기간 연장이 허용되나 재고용에 의해 취업활동기간 연장허가를 받은 경우에는 최초 입국일로부터 최대 4년 10개월까지 체류가 허용된다(체류 매뉴얼 E-10 부분). E-10 자격자 역시 출국한 날부터 1년 이내에 재입국하려는 경우 재입국허가를 면제한다(체류 매뉴얼 E-10 부분).

바) F계열 사증

(1) F-1(방문동거)

방문동거(F-1) 체류자격은 ① 친척 방문·가족 동거·피부양·가사정리·그 밖에 이와 유사한 목적으로 체류하려는 사람으로서 법무부장관이 인정하는 사람, ② 외교(A-1)·기업투자(D-8)·영주(F-5) 등 일정 범주의 사람의 가사보조인, ③ 외교(A-1)부터 협정(A-3)까지의 체류자격에 해당하는 사람과 외국인등록을 마친 사람의 동거인으로서 그 세대에 속하지 않는 사람, ④ 그 밖에 부득이한 사유로 직업활동에 종사하지 않고 대한민국에 장기간 체류하여야 할 사정이 있다고 인정되는 사람에게 부여된다(출입국관리법 시행령 별표 1).

구체적으로는 주한 외국공관원의 가사보조인, 외교(A-1) 내지 협정(A-3) 자격에 해당하는 자의 동거인으로서 그 세대에 속하지 아니한 사람, SOFA 해당자의 21세 이상 동반자녀 또는 기타 가족, 고등학교 이하의 교육기관에 입학 예정이거나 재학 중인 미성년외국인 유학생과 동반 체류하려는 부모, 재외동포(F-4) 자격을 취득한 자의 가족, 거주(F-2) 자격자의 배우자 또는 미성년 자녀, 그 밖에 부득이한 사유로 직업활동에 종사하지 아니하고 대한민국에 장기간 체류하여야 할 사정이 있다고 인정되는 사람을 의미한다(사증 매뉴얼 F-1 부분, 체류 매뉴얼 F-1 부분).

F-1 자격자에게 1회에 부여할 수 있는 체류기간의 상한은 2년이다(출입국관리법 시행규칙 별표 1). F-1 자격자 중 일정 요건을 갖춘 자는 외국어회화지도(E-2) 또는 교사(E-7)로의 자격 외 활동이 허가된다(체류 매뉴얼 F-1). 한편 국민과 혼인한 외국인 배우자의 가족이 일정한 요건을 갖춘 경우 방문동거 체류자격으로 변경이 허가되고, 국민의 배우자 중 혼인이 단절되었지만 혼인단절자(F-6-3)에 해당하지 않는 자로서 재산분할·가사정리 등

의 사유로 국내 체류가 불가피한 사람에 대하여도 일정한 경우 방문동거(F-1)로 체류자격 변경이 허가된다(체류 매뉴얼 F-1 부분). 그 외에도 대한민국 국적취득절차(국적회복, 귀화, 국적판정)를 밟고 있는 외국인에 대해 일정한 경우 방문동거(F-1)자격으로 변경이 허가되고, 방문취업(H-2) 자격자의 배우자 및 미성년자녀에 대해 방문동거(F-1) 자격으로 체류자격 변경이 허가된다(체류 매뉴얼 F-1 부분).

(2) F-2(거주)

거주(F-2) 체류자격은 가족관계·투자·난민 등 다양한 영역에서 체류의 필요성이 인정되는 외국인에게 부여된다(출입국관리법 시행령 별표 1). F-2 체류자격은 1회에 부여할 수 있는 체류기간의 상한이 3년이다(출입국관리법 시행규칙 별표 1). F-2 체류자격의 구분 및 자격요건(출입국관리법 시행령 별표 1)은 아래와 같다.

① 국민의 미성년 외국인 자녀 또는 영주(F-5) 체류자격을 가지고 있는 사람의 배우자 및 그의 미성년 자녀

② 국민과 혼인관계(사실상의 혼인관계를 포함한다)에서 출생한 사람으로서 법무부장관이 인정하는 사람

③ 난민의 인정을 받은 사람

④ 「외국인투자촉진법」에 따른 외국인투자가 등으로 일정한 요건[67]을 갖춘 사람

⑤ 영주(F-5) 체류자격을 상실한 사람 중 국내 생활관계의 권익보호 등을 고려하여 법무부장관이 국내에서 계속 체류하여야 할 필요가 있다고 인정하는 사람[68]

⑥ 외교(A-1)부터 협정(A-3)까지의 체류자격 외의 체류자격으로 대한민국에 7년[69] 이상 계속 체류하여 생활 근거지가 국내에 있는 사람으로서 법무부장관이 인정하는 사람

---

67 1) 미화 50만 달러 이상을 투자한 외국인으로서 기업투자(D-8) 체류자격으로 3년 이상 계속 체류하고 있는 사람.
　　2) 미화 50만 달러 이상을 투자한 외국법인이 「외국인투자촉진법」에 따른 국내 외국인투자기업에 파견한 임직원으로서 3년 이상 계속 체류하고 있는 사람.
　　3) 미화 30만 달러 이상을 투자한 외국인으로서 2명 이상의 국민을 고용하고 있는 사람.

68 강제퇴거된 사람은 제외한다.

69 다만 교수(E-1)부터 전문직업(E-5)까지 또는 특정활동(E-7) 체류자격을 가진 사람에 대해서는 최소 체류기간을 5년으로 한다.

⑦ 비전문취업(E-9), 선원취업(E-10) 또는 방문취업(H-2) 체류자격으로 취업활동을 하고 있는 사람으로서 과거 10년 이내에 법무부장관이 정하는 체류자격으로 4년 이상의 기간 동안 취업활동을 한 사실이 있는 사람 중 일정한 요건[70]을 모두 갖춘 사람

⑧ 「국가공무원법」 또는 「지방공무원법」에 따라 공무원으로 임용된 사람으로서 법무부장관이 인정하는 사람

⑨ 나이, 학력, 소득 등이 법무부장관이 정하여 고시하는 기준에 해당하는 사람

⑩ 투자지역, 투자대상, 투자금액 등 법무부장관이 정하여 고시하는 기준에 따라 부동산 등 자산에 투자한 사람 또는 법인[71]의 임원, 주주 등으로서 법무부장관이 인정하는 외국인

⑪ 위 두 항목(9, 10)에 해당하는 사람의 배우자 및 자녀[72]

이 중 국민의 미성년 외국인 자녀 또는 영주(F-5) 체류자격을 가지고 있는 사람의 배우자 및 그의 미성년 자녀(출입국관리법 시행령 별표 1, F-2 가목)는 배우자의 초청이 있어야 한다. 이때 초청인은 출입국관리법 제90조 제1항에 따라 피초청인의 신원보증인이 된다(출입국관리법 시행규칙 제9조의4 제1항). 또한 동항에 따라 결혼동거 목적의 사증 발급 신청을 받은 재외공관의 장은 혼인의 진정성 및 정상적인 결혼 생활의 가능성 여부를 판단하기 위하여 사증 발급을 신청한 외국인과 그 초청인에 대하여 일정한 요건[73]을 심사·확인

---

70 1) 법무부장관이 정하는 기술·기능 자격증을 가지고 있거나 일정 금액 이상의 임금을 국내에서 받고 있을 것.
   2) 법무부장관이 정하는 금액 이상의 자산을 가지고 있을 것.
   3) 대한민국 민법에 따른 성년으로서 품행이 단정하고 대한민국에서 거주하는 데에 필요한 기본 소양을 갖추고 있을 것.

71 이 경우 법인에 대하여는 법무부장관이 투자금액 등을 고려하여 체류자격 부여인원을 정한다.

72 법무부장관이 정하는 요건을 갖춘 자녀만 해당한다.

73 1. 교제경위 및 혼인의사 여부.
   2. 당사국의 법령에 따른 혼인의 성립 여부.
   3. 초청인이 최근 5년 이내에 다른 배우자를 초청한 사실이 있는지 여부.
   4. 초청인이 「국민기초생활 보장법」 제2조 제11호에 따른 기준 중위소득을 고려하여 법무부장관이 매년 정하여 고시하는 소득 요건을 충족하였는지 여부.
   5. 건강상태 및 범죄경력 정보 등의 상호 제공 여부.
   6. 피초청인이 기초 수준 이상의 한국어 구사가 가능한지 여부. 이 경우 구체적인 심사·확인 기준은 법무부장관이 정하여 고시한다.
   7. 부부가 함께 지속적으로 거주할 수 있는 정상적인 주거공간의 확보 여부. 이 경우 고시원, 모텔, 비닐하우스 등 일반적으로 부부가 함께 지속적으로 거주할 수 있는 장소로 보기 어려운 곳은 정상적인 주거공간이 확보된 것으로 보지 아니한다.

할 수 있다(출입국관리법 시행규칙 제9조의5 제1항 본문). 다만 초청인과 피초청인 사이에 출생한 자녀가 있는 경우 등 법무부장관이 정하는 경우에 해당하면 요건 중 일부에 대한 심사를 면제할 수 있다(출입국관리법 시행규칙 제9조의5 제1항 단서).

(3) F-3(동반)

동반(F-3) 체류자격은 문화예술(D-1)부터 특정활동(E-7)까지의 체류자격에 해당하는 사람[74]의 배우자와, 미성년 자녀로서 배우자가 없는 사람에게 부여된다(출입국관리법 시행령 별표 1). 1회에 부여할 수 있는 체류기간의 상한은, 가족에 동반하여 체류하는 F-3 자격자의 특성상 동반하는 본인에게 정해진 체류기간을 초과할 수 없다(체류 매뉴얼 F-3 부분). 한편, 등록을 마친 F-3 자격자가 출국한 날부터 1년 이내에 재입국하려는 경우 재입국허가가 면제된다(체류 매뉴얼 F-3 부분).

(4) F-4(재외동포)

재외동포(F-4) 체류자격은 「재외동포의 출입국과 법적 지위에 관한 법률」 제2조 제2호에 해당하는 사람에게 부여된다(출입국관리법 시행령 별표 1). 다만 단순노무행위를 하는 경우, 선량한 풍속이나 그 밖의 사회질서에 반하는 행위를 하는 경우, 공공의 이익이나 국내 취업질서 등을 유지하기 위하여 그 취업을 제한할 필요가 있다고 인정되는 경우 체류자격 부여가 제한된다(출입국관리법 시행령 제23조 제3항).

출입국관리법 시행령 제23조 제3항 제1호의 단순노무행위는 "단순하고 일상적인 육체노동을 요하는 업무"로서 한국표준직업분류(통계청고시)에 의한 단순노무직 근로자의 취업 분야를 의미한다(출입국관리법 시행규칙 제27조의2 제1항). 선량한 풍속이나 그 밖의 사회질서에 반하는 행위는 「사행행위 등 규제 및 처벌특례법」 제2조 제1항 제1호 및 동법 시행령 제1조의2 등에서 규정하고 있는 사행행위 영업장소 등에 취업하는 행위, 「식품위

---

8. 초청인이 「국적법」 제6조 제2항 제1호 또는 제3호에 따라 국적을 취득하거나 영 별표 1 28의3. 영주(F-5) 나목에 따라 영주자격을 취득하고 3년이 경과하였는지 여부.

74 단, 기술연수(D-3) 체류자격에 해당하는 사람은 제외한다.

생법」제36조 제2항 및 동법 시행령 제21조 제8호 등에서 규정하고 있는 유흥주점 등에서 유흥종사자로 근무하는 행위, 「풍속영업의 규제에 관한 법률」제2조 및 동법 시행령 제2 조등에서 규정하고 있는 풍속영업 중 선량한 풍속에 반하는 영업장소 등에 취업하는 행위를 의미한다(출입국관리법 시행규칙 제27조의2 제2항). 법무부장관은 출입국관리법 시행규칙 제27조의2 제1항 및 제2항과 출입국관리법 시행령 제23조 제3항 제3호에 따른 재외동포의 취업활동 제한에 관한 구체적 범위를 지정하여 고시한다(출입국관리법 시행규칙 제27조의2 제3항).

「재외동포의 출입국과 법적 지위에 관한 법률(이하 '재외동포법'이라 한다)」제2조 제2호는 대한민국의 국적을 보유하였던 자[75] 또는 그 직계비속으로서 외국국적을 취득한 자 중 대통령령으로 정하는 자를 외국국적동포라 규정하고 있다. 재외동포법 시행령 제3조에서는 외국국적동포에 해당하는 사람으로, ① 대한민국의 국적을 보유하였던 자[76]로서 외국국적을 취득한 자 또는 ② 부모의 일방 또는 조부모의 일방이 대한민국의 국적을 보유하였던 자로서 외국국적을 취득한 자를 들고 있다. 이에 따르면 본인이 대한민국 국적자였거나, 부모 또는 조부모까지가 대한민국 국적자였을 경우 재외동포 자격이 있다.

F-4 자격의 체류기간은 최장 3년이고(재외동포법 제10조 제1항), 신청에 의해 부여된다(재외동포법 제5조 제1항). 다만 외국국적동포가 병역기피 목적으로 국적을 이탈한 경우 등 일정한 범위의 외국인에 대하여는 재외동포체류자격이 부여되지 않는다(재외동포법 제5조 제2항). F-4 자격자는 대한민국에 거주할 때 대한민국 내 거소를 정하여 국내거소신고를 할 수 있다(재외동포법 제6조 제1항). 이렇게 국내거소신고를 한 외국국적동포가 체류기간 내에 출국하였다가 재입국하는 경우에는 출입국관리법 제30조에 따른 재입국허가가 필요하지 않다(재외동포법 제10조 제3항). 재외동포 체류자격을 부여받은 외국국적동포는 사회질서 또는 경제안정을 해하지 않는 한 취업이나 경제활동에서 제한을 받지 않는다(재외동포법 제10조 제5항).

법무부장관은 외국국적동포 중 재외동포법 제10조 제1항의 체류기간을 초과하여 국내

---

[75] 대한민국정부 수립 전에 국외로 이주한 동포를 포함한다.
[76] 대한민국정부 수립 이전에 국외로 이주한 동포를 포함한다.

에 계속 체류하려는 자에게는 체류기간 연장허가를 할 수 있다(재외동포법 제10조 제2항). 그러나 재외동포법 또는 출입국관리법을 위반한 경우(제2호), 금고 이상의 형을 선고받은 경우(제3호), 그 밖에 법무부장관이 관계 부처 또는 관련 단체와 협의하여 고시하는 경우(제4호)에는 법무부장관의 재량으로 허가하지 않을 수 있다(재외동포법 시행령 제16조 제1항). 단, 병역기피 목적의 국적이탈자나 국익을 해할 우려가 있는 자 등 재외동포법 제5조 제2항[77]에 해당하는 외국국적동포에 대해서는 체류기간 연장이 금지되므로 재량으로도 허가할 수 없다(재외동포법 시행령 제16조 제1항 제1호, 재외동포법 제5조 제2항).

(5) F-5(영주)

영주자격은 출입국관리법 제46조 제1항 각호의 강제퇴거 대상에 해당하지 않는 외국인 중 대한민국과 밀접한 관련을 맺고 있는 자에게 부여된다. 영주자격을 부여하기 위한 요건은 개정 출입국관리법 제10조의3에서 정하고 있는데, 구체적으로 대통령령으로 정하는 영주(F-5)의 자격에 부합한 사람으로서 ① 대한민국의 법령을 준수하는 등 품행이 단정하고, ② 본인 또는 생계를 같이하는 가족의 소득, 재산 등으로 생계를 유지할 능력이 있으며, ③ 한국어능력과 한국사회·문화에 대한 이해 등 대한민국에서 계속 살아가는 데 필요한 기본소양을 갖추고 있는 외국인일 것을 요건으로 한다(출입국관리법 제10조의3 제2항). 다만 법무부장관은 대한민국에 특별한 공로가 있는 사람, 과학·경영·교육·문화예술·체육 등 특정 분야에서 탁월한 능력이 있는 사람, 대한민국에 일정금액 이상을 투자한 사람 등 대통령령으로 정하는 바에 따라 위 영주자격 취득에 필요한 요건 일부를 완화하거나 면제할 수 있다(출입국관리법 제10조의3 제3항).

영주자격을 취득한 외국인은 활동범위 및 체류기간의 제한을 받지 않으나(출입국관리법

---

[77] 재외동포법 제5조
② 법무부장관은 외국국적동포에게 다음 각 호의 어느 하나에 해당하는 사유가 있으면 제1항에 따른 재외동포체류자격을 부여하지 아니한다. 다만, 제1호나 제2호에 해당하는 외국국적동포가 38세가 된 때에는 그러하지 아니하다. 〈개정 2010. 5. 4., 2011. 4. 5.〉
1. 직계존속(直系尊屬)이 외국에 영주할 목적 없이 체류한 상태에서 출생하여 외국국적을 취득함으로써 복수국적자(複數國籍者)가 된 남자가 병역을 기피할 목적으로 법률 제7499호 국적법중개정법률 시행 전 종전 제12조의 이중국적자의 국적선택의무에 따라 18세가 되는 해의 1월 1일 전에 대한민국 국적을 이탈하여 외국인이 된 경우.
2. 대한민국 남자가 병역을 기피할 목적으로 외국국적을 취득하고 대한민국 국적을 상실하여 외국인이 된 경우.
3. 대한민국의 안전보장, 질서유지, 공공복리, 외교관계 등 대한민국의 이익을 해칠 우려가 있는 경우.

제10조의3 제1항), 영주증의 유효기간은 10년으로 한다(출입국관리법 제33조 제3항).[78] 영주증을 발급받은 사람은 유효기간이 끝나기 전까지 영주증을 재발급받아야 하는데(출입국관리법 제33조 제4항), 개정 출입국관리법 시행일인 2018. 9. 20. 당시 영주자격을 취득한 날부터 10년이 경과한 사람은 법 시행일로부터 2년 이내에, 영주자격을 취득한 날부터 10년이 경과하지 아니한 사람은 10년이 경과한 날부터 2년 이내에 관할 지방출입국·외국인관서의 장에게 영주증을 재발급받아야 한다(출입국관리법 제33조의2 제1항).

개정법에 따르면 영주자격 요건의 상세는 법무부령에 위임되어 있으나, 현재 법무부령은 현재 정비 중에 있다. 따라서 영주자격의 구체적인 요건을 제시하고 있는 현행 출입국관리법 시행령 별표1 부분을 아래와 같이 소개한다.

① 다음 요건을 모두 갖춘 외국인. 대한민국 민법에 따른 성년일 것. 본인 또는 동반가족이 생계를 유지할 능력이 있을 것. 품행이 단정하고 대한민국에 계속 거주하는 데에 필요한 기본 소양을 갖추는 등 법무부장관이 정하는 조건을 갖추었을 것. 주재(D-7)부터 특정활동(E-7)까지의 체류자격이나 거주(F-2) 체류자격으로 5년 이상 대한민국에 체류하고 있을 것

② 다음 요건을 모두 갖춘 외국인. 국민 또는 영주(F-5) 체류자격을 가진 사람의 배우자 또는 미성년 자녀일 것. 대한민국에 2년 이상 체류하고 있거나 대한민국에서 출생한 것을 이유로 체류자격 부여 신청을 한 사람일 것. 출생 당시 그의 부 또는 모가 영주(F-5) 체류자격으로 대한민국으로 체류하고 있을 것. 생계유지 능력, 품행, 기본적 소양 등을 고려한 결과 대한민국에 계속 거주할 필요가 있다고 법무부장관이 인정하였을 것

③ 외국인투자촉진법에 따라 미화 50만 달러 이상을 투자한 외국투자가로서 5명 이상의 국민을 고용하고 있는 사람

④ 재외동포(F-4) 체류자격으로 대한민국에 2년 이상 계속 체류하고 있는 사람으로서 생계유지 능력, 품행, 기본적 소양 등을 고려하여 대한민국에 계속 거주할 필요가

---

[78] 다만 개정 출입국관리법 시행 당시 종전의 규정에 따라 영주자격을 가진 사람의 영주증은 개정법 제33조 제1항에 따라 영주증을 재발급받기 전까지 유효한 것으로 본다(출입국관리법 제33조의2 제3항).

있다고 법무부장관이 인정하는 사람

⑤ 재외동포의 출입국과 법적 지위에 관한 법률 제2조 제2호의 외국국적동포로서 국적법에 따른 국적 취득 요건을 갖춘 사람

⑥ 종전 출입국관리법 시행령(대통령령 제17579호로 일부 개정되어 2002. 4. 18. 공포·시행되기 이전의 것을 말한다) 별표 1 제27호 란의 거주(F-2) 체류자격[79]이 있었던 사람으로서 생계유지 능력, 품행, 기본적 소양 등을 고려하여 대한민국에 계속 거주할 필요가 있다고 법무부장관이 인정하는 사람

⑦ 다음 각 호의 어느 하나에 해당하는 사람으로서 법무부장관이 인정하는 사람

1) 국외에서 일정 분야의 박사 학위를 취득한 사람으로서 영주(F-5) 체류자격 신청 시 국내 기업 등에 고용된 사람

2) 국내 대학원에서 정규과정을 마치고 박사학위를 취득한 사람

⑧ 법무부장관이 정하는 분야의 학사 학위 이상의 학위증 또는 법무부장관이 정하는 기술자격증이 있는 사람으로서 국내 체류기간이 3년 이상이고, 영주(F-5) 체류자격 신청 시 국내 기업에 고용되어 법무부장관이 정하는 금액 이상의 임금을 받는 사람

⑨ 과학·경영·교육·문화예술·체육 등 특정 분야에서 탁월한 능력이 있는 사람 중 법무부장관이 인정하는 사람

⑩ 대한민국에 특별한 공로가 있다고 법무부장관이 인정하는 사람

⑪ 60세 이상으로서 법무부장관이 정하는 금액 이상의 연금을 해외로부터 받고 있는 사람

⑫ 다음 요건을 모두 갖춘 외국인. 방문취업(H-2) 체류자격으로 취업활동을 하고 있는 사람으로서 일정한 요건[80]을 갖추고 있을 것. 근속기간이나 취업지역, 산업 분야의 특성, 인력 부족 상황 및 국민의 취업 선호도 등을 고려하여 법부무장관이 인정하는 사람

---

79 이에 해당되는 종전의 체류자격을 가진 적이 있는 사람을 포함한다.

80 출입국관리법 시행령 별표 1. 거주(F-2) 사목
  1) 법무부장관이 정하는 기술·기능 자격증을 가지고 있거나 일정 금액 이상의 임금을 국내에서 받고 있을 것(기술·기능 자격증의 종류 및 임금의 기준에 관하여는 법무부장관이 관계 중앙행정기관의 장과 협의하여 고시한다).
  2) 법무부장관이 정하는 금액 이상의 자산을 가지고 있을 것.
  3) 대한민국 민법에 따른 성년으로서 품행이 단정하고 대한민국에서 거주하는 데에 필요한 기본 소양을 갖추고 있을 것.

⑬ 나이, 학력, 소득 등이 법무부장관이 정하여 고시하는 기준에 해당하는 사람 중 대한
민국에 3년 이상 체류하고 있고 생계유지 능력, 품행, 기본적 소양 등을 고려하여 대
한민국에 계속 거주할 필요가 있다고 법무부장관이 인정하는 사람

⑭ 거주(F-2) 차목[81]의 체류자격을 받은 후 5년 이상 계속 투자 상태를 유지한 사람으로
서 생계유지 능력, 품행, 기본 소양 등을 고려하여 대한민국에 계속 거주할 필요가
있다고 법무부장관이 인정하는 사람과 그 배우자 및 자녀[82]

⑮ 기업투자(D-8) 다목[83]에 해당하는 체류자격으로 대한민국에 3년 이상 계속 체류하
고 있는 사람으로서 투자자로부터 3억 원 이상의 투자금을 유치하고 2명 이상의 국
민을 고용하는 등 법무부장관이 정하는 요건을 갖춘 사람

⑯ 5년 이상 투자 상태를 유지할 것을 조건으로 법무부장관이 정하여 고시하는 금액 이
상을 투자한 사람으로서 품행 등 법무부장관이 정하는 요건을 갖춘 사람

⑰ 기업투자(D-8) 가목[84]에 해당하는 체류자격을 가지고 외국인투자촉진법 시행령 제
25조 제1항 제4호에 따른 연구개발시설의 필수전문인력으로 대한민국에 3년 이상
계속 체류하고 있는 사람으로서 법무부장관이 인정하는 사람

한편 사증 매뉴얼 및 체류 매뉴얼에서는 외국국적동포의 영주권 취득 요건을 별도로 규
정하고 있다. 재외동포(F-4) 자격으로 대한민국에 2년 이상 계속 체류하고 있는 사람으로
서 소득 등 기준이 일정한 요건을 충족하는 경우 영주(F-5) 체류자격이 부여된다(체류 매
뉴얼 '외국국적동포'에 관한 부분). 또한 방문취업(H-2) 자격 소지자 중 제조업 등 분야에

---

81 출입국관리법 시행령 별표 1. 거주(F-2) 차목
   투자지역, 투자대상, 투자금액 등 법무부장관이 정하여 고시하는 기준에 따라 부동산 등 자산에 투자한 사람 또는 법인
   의 임원, 주주 등으로서 법무부장관이 인정하는 외국인.
82 법무부장관이 정하는 요건을 갖춘 자녀만 해당한다.
83 출입국관리법 시행령 별표 1. 기업투자(D-8) 다목
   다음의 어느 하나에 해당하는 사람으로서 지식재산권을 보유하거나 이에 준하는 기술력 등을 가진 사람 중 법무부장관
   이 인정한 법인 창업자.
   1) 국내에서 전문학사 이상의 학위를 취득한 사람.
   2) 외국에서 학사 이상의 학위를 취득한 사람.
84 출입국관리법 시행령 별표 1. 기업투자(D-8) 가목
   외국인투자촉진법에 따른 외국인투자기업의 경영·관리 또는 생산·기술 분야에 종사하려는 필수 전문인력(국내에서
   채용하는 사람은 제외한다).

서 근무처를 변경하지 않고 4년 이상 근무하였고, 국내에서 과거 1년간 생계를 같이하는 동거가족이 3천만 원 이상의 자산을 보유하는 등 생계유지능력이 있으며, 한국산업인력공단에서 실시하는 자격을 취득하였거나 연간 소득이 한국은행 고시 전년도 일인당 국민총소득(GNI) 이상인 외국인에게도 F-5 체류자격이 부여된다(체류 매뉴얼 '외국국적동포'에 관한 부분 중). 외국국적동포 중 영주 체류자격(F-5)을 취득한 자의 배우자 및 미성년 자녀에게는 거주(F-2) 자격이 부여된다(체류 매뉴얼 '외국국적동포'에 관한 부분 중).

F-5 체류자격은 여타 체류자격에 비해 외국인에게 폭넓은 권리가 인정된다. 1회에 부여할 수 있는 체류기간의 상한에 제한이 없고, 체류기간 중 별도의 체류자격 외 활동허가가 없이 행위를 할 수 있으며(출입국관리법 시행령 제23조 제4항), 근무처 변경·추가 등 외국인에게 부여되는 의무 중 상당 부분이 면제된다(체류 매뉴얼 F-5 부분). 또한 F-5 자격자 중 출국한 날부터 2년 이내에 재입국하려는 자에 대하여는 재입국허가가 면제된다(출입국관리법 제30조 제1항, 출입국관리법 시행규칙 제44조의2 제1항 제1호). F-5 자격자는 예외[85]에 해당하지 않는 한 대한민국 밖으로 강제퇴거되지 않고(출입국관리법 제46조 제2항), 강제퇴거에 대한 이의신청을 한 경우 그 신청이 이유 없다고 인정되는 경우라도 그 체류를

---

[85] 출입국관리법 제46조 제2항
1. 형법 제2편 제1장 내란의 죄 또는 제2장 외환의 죄를 범한 사람.
2. 5년 이상의 징역 또는 금고의 형을 선고받고 석방된 사람 중 법무부령으로 정하는 사람.
3. 제12조의3 제1항 또는 제2항을 위반하거나 이를 교사 또는 방조한 사람.
출입국관리법 시행규칙 제54조
법 제46조 제2항 제2호에서 "법무부령으로 정하는 자"란 다음 각 호의 어느 하나에 해당하는 자로서 법무부장관이 강제퇴거함이 상당하다고 인정하는 자를 말한다.
1. 형법 제2편 제24장 살인의 죄, 제32장 강간과 추행의 죄 또는 제38장 절도와 강도의 죄 중 강도의 죄를 범한 자.
2. 성폭력범죄의 처벌 등에 관한 특례법 위반의 죄를 범한 자.
3. 마약류관리에 관한 법률 위반의 범한 자.
4. 특정범죄 가중처벌 등에 관한 법률 제5조의2·제5조의4·제5조의5·제5조의9 또는 제11조 위반의 죄를 범한 자.
5. 국가보안법 위반의 죄를 범한 자.
6. 폭력행위 등 처벌에 관한 법률 제4조 위반의 죄를 범한 자.
7. 보건범죄단속에 관한 특별조치법 위반의 죄를 범한 자.
출입국관리법 제12조의3 제1항
누구든지 외국인을 불법으로 입국 또는 출국하게 하거나 대한민국을 거쳐 다른 국가에 불법으로 입국하게 할 목적으로 다음 각 호의 행위를 하여서는 아니 된다.
1. 선박 등이나 여권 또는 사증, 탑승권이나 그 밖의 출입국에 사용될 수 있는 서류 및 물품을 제공하는 행위.
2. 제1호의 행위를 알선하는 행위.
출입국관리법 제12조의3 제2항
누구든지 불법으로 입국한 외국인에 대하여 다음 각 호의 행위를 하여서는 아니 된다.
1. 해당 외국인을 대한민국에서 은닉 또는 도피하게 하거나 그러한 목적으로 교통수단을 제공하는 행위.
2. 제1호의 행위를 알선하는 행위.

허가할 수 있다(출입국관리법 제61조 제1항, 출입국관리법 시행령 제76조 제1항 제1호).

또한 F-5 자격자는 각종 허가 등의 취소·변경 시에도 특례가 적용된다. 법무부장관은 일정한 경우[86] 외국인에 대한 사증발급, 사증발급인정서의 발급, 입국허가, 조건부 입국허가, 승무원 상륙허가, 관광상륙허가, 체류허가 등을 취소 또는 변경할 수 있는데(출입국관리법 제89조 제1항), 이때에도 F-5 자격자는 일정한 경우에 한해 영주자격을 취소할 수 있다(출입국관리법 제89조의2 제1항). 구체적으로, ① 거짓이나 그 밖의 부정한 방법으로 영주자격을 취득한 경우(제1호), ②「형법」,「성폭력범죄의 처벌 등에 관한 특례법」등 법무부령으로 정하는 법률에 규정된 죄를 범하여 2년 이상의 징역 또는 금고의 형이 확정된 경우(제2호), ③ 최근 5년 이내에 이 법 또는 다른 법률을 위반하여 징역 또는 금고의 형을 선고받고 확정된 형기의 합산기간이 3년 이상인 경우(제3호), ④ 대한민국에 일정금액 이상 투자 상태를 유지할 것 등을 조건으로 영주자격을 취득한 사람 등 대통령령으로 정하는 사람이 해당 조건을 위반한 경우(제4호), ⑤ 국가안보, 외교관계 및 국민경제 등에 있어서 대한민국의 국익에 반하는 행위를 한 경우(제5호) 영주자격이 취소될 수 있다. 다만 제1호 사유의 경우 법무부장관이 F-5 자격을 필요적으로 취소해야 한다는 점에서 다른 사유와 구별된다.

법무부장관은 위 제1항에 따라 영주자격을 취소하는 경우 대한민국에 계속 체류할 필요성이 인정되고 일반체류자격의 요건을 갖춘 경우 해당 외국인의 신청이 있는 때에는 일반체류자격을 부여할 수 있다(출입국관리법 제89조의2 제2항).

(6) F-6(결혼이민)

(가) 개관

결혼이민(F-6)은 ① 국민의 배우자, ② 국민과 혼인관계(사실상의 혼인관계를 포함한

---

[86] 출입국관리법 제89조 제1항
   1. 신원보증인이 보증을 철회하거나 신원보증인이 없게 된 경우
   2. 거짓이나 그 밖의 부정한 방법으로 허가 등을 받은 것이 밝혀진 경우
   3. 허가조건을 위반한 경우
   4. 사정 변경으로 허가상태를 더 이상 유지시킬 수 없는 중대한 사유가 발생한 경우
   5. 제1호부터 제4호까지에서 규정한 경우 외에 이 법 또는 다른 법을 위반한 정도가 중대하거나 출입국관리공무원의 정당한 직무명령을 위반한 경우

다)에서 출생한 자녀를 양육하고 있는 부 또는 모로서 법무부장관이 인정하는 사람, ③ 국민인 배우자와 혼인한 상태로 국내에 체류하던 중 그 배우자의 사망이나 실종 또는 그 밖에 자신에게 책임이 없는 사유로 정상적인 혼인관계를 유지할 수 없는 사람으로서 법무부장관이 인정하는 사람에게 부여되는 체류자격이다(출입국관리법 시행령 별표 1).

체류 매뉴얼에서는 F-6 체류자격을 F-6-1, F-6-2. F-6-3으로 세분화하고 있다. F-6-1은 양 당사자의 국가에 혼인이 유효하게 성립되어 있고 대한민국 국민과 결혼생활을 지속하기 위해 국내 체류를 하고자 하는 외국인에게, F-6-2는 'F-6-1'에 해당하지 않으나 국민과 혼인관계(사실상의 혼인관계를 포함한다)에서 출생한 미성년 자녀를 국내에서 양육하거나 양육하려는 부 또는 모에게,[87] F-6-3은 국민인 배우자와 혼인한 상태로 국내에 체류하던 중 그 배우자의 사망·실종 또는 그 밖에 자신에게 책임이 없는 사유로 정상적인 혼인관계를 유지할 수 없는 사람에게 부여된다(체류 매뉴얼 F-6 부분). F-6 자격은 국민의 배우자라는 신분 특성상 체류자격 구분에 따른 취업활동의 제한을 받지 않고, 근무처의 변경 및 추가에 관한 의무 역시 부담하지 않는다(체류 매뉴얼 F-6 부분). 1회에 부여할 수 있는 체류기간의 상한은 3년이다(출입국관리법 시행규칙 별표 1).

F-6 자격 중 혼인의 요건에 대하여는 관련법에 규정이 존재하므로 이에 따른다. 민법 제812조 제1항에서는 "가족관계의 등록 등에 관한 법률에 정한 바에 의하여 신고함으로써 효력이 생긴다."라고 규정하고 있고, 국제사법 제36조에서는 "혼인의 성립요건은 각 당사자에 관하여 그 본국법에 의한다(국제사법 제36조 제1항). 혼인의 방식은 혼인거행지법 또는 당사자 일방의 본국법에 의한다(국제사법 제36조 제2항 본문). 다만, 대한민국에서 혼인을 거행하는 경우에 당사자 일방이 대한민국 국민일 때에는 대한민국 법에 의한다(국제사법 제36조 제2항 단서)."라고 규정하고 있다. 따라서 F-6 자격을 취득하기 위해서는 대한민국 법에 따라 혼인신고를 하여야 한다.

F-6 체류자격에 해당하는 사증을 받기 위해서는 배우자의 초청이 있어야 하고, 초청인

---

87 법원은 최근, "국내에 혼자 거주하면서 미성년 자녀와 함께 외국에 거주하는 상대방 배우자에게 자녀의 양육비를 지급하는 자는 결혼이민(F-6-2) 체류자격 부여 대상이 아니다(서울고등법원 2017. 10. 19. 선고 2017누67706 판결, 대법원 2018. 2. 13.자 2018두67636 결정)."라고 판시하였는데, 이에 따르면 F-6-2 체류자격은 자녀 양육이 국내에서 이루어지는 경우에 한해 인정될 것으로 보인다.

은 출입국관리법 제90조 제1항에 따라 피초청인의 신원보증인이 된다(출입국관리법 시행규칙 제9조의4 제1항). 또한 동항에 따라 결혼동거 목적의 사증 발급 신청을 받은 재외공관의 장은 혼인의 진정성 및 정상적인 결혼 생활의 가능성 여부를 판단하기 위하여 사증 발급을 신청한 외국인과 그 초청인에 대하여 일정한 요건[88]을 심사·확인할 수 있다(출입국관리법 시행규칙 제9조의5 제1항 본문). 다만 초청인과 피초청인 사이에 출생한 자녀가 있는 경우 등 법무부장관이 정하는 경우에 해당하면 요건 중 일부에 대한 심사를 면제할 수 있다(출입국관리법 시행규칙 제9조의5 제1항 단서).

판례는 "위 시행규칙 제9조의5 제1항 각 호의 심사요건은 단순히 '혼인의 진정성'만을 판단하기 위한 것이 아니라 '정상적인 결혼생활의 가능성 여부'도 아울러 판단하기 위한 것이다. 이처럼 '혼인의 진정성'뿐만 아니라 '정상적인 결혼생활의 가능성'도 고려한다는 점에서, 여기서 말하는 '정상적인 결혼생활의 가능성'이란 어느 정도 장기간 지속 가능한 결혼생활이어야 함은 물론, 특히 혼인귀화자가 국적 취득 후 단기간 내에 내국인과 이혼하고 외국인을 결혼이민자로 초청하는 경우에는 다문화가정이 조기해체됨으로써 발생할 사회문제 등을 고려하여 합리적으로 해석·적용할 필요가 있다. 이러한 점에서 원고와 B 사이에 '혼인의 진정성'이 인정된다고 하더라도, 그와 같은 사정만으로 위 시행규칙 제9조의5 제1항 제8호[89]에서 정한 심사요건이 면제될 수는 없다(수원지방법원 2017. 10. 13. 선고 2017구단6710 판결)."라고 하여 F-6 체류자격에 관련된 일응의 심사 기준에 관하여 설시한 바 있다.

....

[88] 1. 교제경위 및 혼인의사 여부.
2. 당사국의 법령에 따른 혼인의 성립 여부.
3. 초청인이 최근 5년 이내에 다른 배우자를 초청한 사실이 있는지 여부.
4. 초청인이 「국민기초생활 보장법」 제2조 제11호에 따른 기준 중위소득을 고려하여 법무부장관이 매년 정하여 고시하는 소득 요건을 충족하였는지 여부.
5. 건강상태 및 범죄경력 정보 등의 상호 제공 여부.
6. 피초청인이 기초 수준 이상의 한국어 구사가 가능한지 여부. 이 경우 구체적인 심사·확인 기준은 법무부장관이 정하여 고시한다.
7. 부부가 함께 지속적으로 거주할 수 있는 정상적인 주거공간의 확보 여부. 이 경우 고시원, 모텔, 비닐하우스 등 일반적으로 부부가 함께 지속적으로 거주할 수 있는 장소로 보기 어려운 곳은 정상적인 주거공간이 확보된 것으로 보지 아니한다.
8. 초청인이 「국적법」 제6조 제2항 제1호 또는 제3호에 따라 국적을 취득하거나 영 별표 1 28의3. 영주(F-5) 나목에 따라 영주자격을 취득하고 3년이 경과하였는지 여부.
[89] 초청인이 「국적법」 제6조 제2항 제1호 또는 제2호에 따라 국적을 취득하거나 시행령 별표 1중 28의3. 영주(F-5) 나목에 따라 영주자격을 취득하고 3년이 경과하였는지 여부.

(나) 판례

　'배우자'의 개념을 구체적으로 정의한 하급심 판례가 존재한다. 대구지방법원 2012. 4. 18. 선고 2011구합2394 판결에서는 "출입국관리법 시행령 제12조 [별표1] 소정의 '배우자'라 함은 우리나라 법률에 의하여 우리나라 국민과의 혼인이 성립된 것으로 인정되는 외국인을 의미하고, 자신의 본국법에 의하여 우리나라 국민과의 혼인이 성립된 것으로 인정되는 외국인을 의미하는 것은 아니다."라고 판시한 바 있다.

　F-6 자격자에 관한 판례 중에는 혼인의 진정성 여부에 대해 판단한 사건이 다수 존재한다. 특히, 대한민국 국민과 혼인한 후 귀화하여 국적을 취득한 외국인이, 대한민국 배우자와 이혼하고 다른 외국인 배우자와 혼인하는 경우가 문제되어 왔다.

　이와 관련하여 대구고등법원 2016. 8. 5. 선고 2016누4547 판결(확정)에서 명문의 설시를 한 바 있다. 외국인의 체류자격 변경허가 및 연장허가는 "입국한 외국인이 체류자격에 따른 체류기간이 만료되었음에도 대한민국에 계속 체류할 필요가 있다면 출국 후 재입국하는 절차를 거쳐야 함이 원칙이고, 다만 예외적인 경우에 한하여 엄격한 심사를 거쳐 체류자격 변경허가나 체류기간 연장허가를 받아 국내에 체류할 수 있다고 보아야 한다."라고 설시하였다. 나아가 대한민국에 체류 중인 외국인이 '국민의 배우자'로 체류자격 변경허가를 받기 위해서는 "결혼동거 목적의 사증을 발급받는 것과 실질적으로 동일하므로, 그 사증 발급을 위한 심사기준은 위 체류자격 변경허가 여부를 결정하는 경우에도 적용될 수 있다."라고 하여 출입국관리법 시행규칙 제9조의5 제1항 각호의 요건을 심사할 수 있다고 판단하였다.

　이러한 점을 전제로 혼인귀화자가 국적을 취득한 후 3년 이내에 다른 외국인을 결혼이민자로 초청하는 행위를 제한하는 출입국관리법 시행규칙 제9조의5 제1항 제8호 요건에 대하여 "혼인귀화자가 국적을 취득한 후 3년 이내에 다른 외국인을 결혼이민자로 초청하는 행위를 제한한 것은 혼인귀화자가 국민과의 혼인을 이유로 대한민국 국적을 취득한 후 단기간 내에 이혼하고 다른 외국인을 결혼이민자로 초청하지 못하도록 함으로써 건전한 국제결혼 문화를 정착시키고, 다문화가정의 조기해체를 방지하고자 하는 취지로 보이는 바, 원고와 같이 국내에서 장기간 불법체류를 한 외국인이 혼인귀화로 대한민국 국적을 취득한 사람과 결혼하여 임신이나 출산을 하였다는 이유로 그 배우자의 국적취득 후 3년 경과 여부에 관계없이 체류자격 변경을 허가할 경우 위와 같은 제도의 취지가 몰각될 뿐만 아니라 강제퇴거가 예정되어 있는 불법체류자들이 국내에서의 체류를 연장하기 위한 방편으로 혼인귀화자를 상대로 결혼과 임신을 시도하는 현상이 발생할 우려도 있어 보인다.”라고 하여 그 타당성을 인정하는 한편, 해당 요건은 출입국관리법 시행규칙 제9조의5 제1항 단서에 따라 자녀가 있는 경우 심사가 면제되는 요건에도 해당하지 않는다고 판단하였다(대구고등법원 2016. 8. 5. 선고 2016누4547 판결).

전술한 바와 같이 국민의 배우자와 혼인생활을 유지하던 중 외국인 본인에게 책임이 없는 사유로 혼인관계를 유지할 수 없는 사람에게는 F-6-3 자격이 부여된다. 이때 ‘책임이 없는 사유’에는 전적으로 대한민국 국민의 유책으로 이혼에 이르게 된 경우도 포함되는데, 대법원에서는 이 요건에 대해 엄격한 기준으로 판단하고 있다. 대법원 2014. 9. 4. 선고 2014두36402 판결에서는 “이혼소송에서 확정된 조정을 갈음하는 결정조서는 확정판결과 동일한 효력이 있으나(가사소송법 제59조 제2항, 민사소송법 제220조), 그 결정조서에 유책배우자를 특정하는 내용의 기재가 있다고 하더라도 이를 확정판결에서 인정된 사실과 같이 볼 수는 없으므로, 행정청의 처분 등에 대하여 제기된 항고소송에서 법원의 채택한 증거에 기초하여 자유로운 심증에 의하여 혼인관계 파탄의 책임 유무를 인정할 수 있다.”라고 판시함으로써 법원의 판결에 의해 확정된 사실관계만을 판단의 근거로 삼고 있다. 이러한 판시는, 당사자의 의사에 따라 다양한 문구로 작성될 수 있는 조정조서의 특성과 그에 따른 남용 위험을 고려한 것으로 보인다.[90]

한편 판례는 국민인 배우자의 귀책사유가 기재된 화해권고결정의 효력에 대하여 위 대법원 2014두36402 판결의 설시와 같이, 화해권고결정에도 불구하고 항고소송에서는 법원의 자유로운 심증에 의하여 혼인관계 파탄의 책임 유무를 인정할 수 있다고 설시하면서, “원고가 배우자의 귀책사유로 이혼하고 배우자로 하여금 원고에게 위자료를 지급한다는 내용의 화해권고결정이 확정되기는 하였으나, 최초의 화해권고결정은 ‘원고와 배우자는

---

90 이 사건의 1심 판결인 서울행정법원 2013. 9. 12. 선고 2013구합12140 판결에서는 조정조서에 대한민국 국민인 배우자의 유책을 명기하는 대신 위자료를 지급하지 않기로 하는 이면합의가 있었다는 점을 하나의 근거로 제시하고 있다. 이 부분 사실관계는 항소심인 서울고등법원 2014. 4. 2. 선고 2013누48196 판결에서도 동일하게 확인되었고 이후 대법원에서 확정되었다.

이혼한다'라고만 되어 있었는데 원고가 배우자의 귀책사유를 명시해 달라는 취지로 이의를 제기하여 그러한 내용이 포함된 2차 화해권고결정이 내려진 점, 화해권고결정에서 지급을 명하는 위자료 액수가 다액이라고 볼 수 없는 점, 원고의 주장과 같이 배우자가 거의 매일 술을 마시고 주정이나 폭언을 하였다거나 도박을 일삼는 등 혼인생활 내내 부당한 행위를 뒷받침할 만한 아무런 자료가 제출되지 못한 점 등을 종합해보면, 원고가 본인에게 책임이 없는 사유로 정상적인 혼인생활을 할 수 없었던 사람에 해당한다고 단정하기 어렵다(수원지방법원 2017. 9. 20. 선고 2016구단8955 판결)."라고 하여 단순히 화해권고결정의 기재만으로 혼인파탄의 귀책사유 유무를 판단하기는 어렵다는 결론을 내리기도 하였다.

사) G-1(기타)

(1) 개관

G 계열 체류자격은 기타(G-1) 체류자격이 유일하다. 출입국관리법 시행령 별표 1에서는 외교(A-1)부터 결혼이민(F-6)까지의 체류자격 및 관광취업(H-1) 또는 방문취업(H-2) 체류자격에 해당하지 않는 사람으로서 법무부장관이 인정하는 사람으로 대상자를 한정하고 있다. 체류 매뉴얼에서는 '법무부장관이 인정하는 사람의 범위'를 산업재해 청구 및 치료 중인 자와 보호자, 질병 또는 사고로 치료중인 자와 보호자, 각종 소송 수행 중인 자, 체불임금 노동관서 중재 중인 자, 난민신청자, 난민불인정자 중 인도적 체류허가자, 임신 또는 출산 등 인도적 체류허가자, 외국인 환자, 성매매 피해 외국인여성 등 인도적 고려가 필요한 자로 구체화하고 있다.

G-1 자격은 1회에 부여할 수 있는 체류기간의 상한이 1년이다(출입국관리법 시행규칙 별표1). 난민인정을 받지 못한 자 중 인도적 체류를 허가받은 외국인은 체류기간을 초과하지 않는 범위 내에서 1회에 한해 1년의 기간을 정해 체류자격 외 활동이 허용된다(체류 매뉴얼 G-1 부분). 또한 난민인정 신청을 한 후 6개월이 경과한 자 역시 체류허가기간 범위 내 1회에 한해 6개월 기간으로 체류자격 외 활동허가를 받아 취업활동을 할 수 있다(체류 매뉴얼 G-1 부분).

(2) 난민신청자의 체류자격 외 활동에 관한 판례

G-1 자격자의 경우 원칙적으로 취업이 제한되므로(출입국관리법 시행령 제23조), 취업을 하여 소득을 올리기 위해서는 체류자격 외 활동허가를 별도로 받아야 한다(출입국관리법 제20조). 이때 체류자격 외 활동의 허부에 대해 의견 대립이 있어 왔고, 그에 따라 법원의 판결을 받기도 했다. 대법원에서 확정된 판결 중 두 명의 미얀마인에 대한 사건이 특히 사회적으로 주목을 받았던 바, 이를 자세히 소개하도록 한다. 두 명의 미얀마인 각각에 대해 사건이 진행되었는데, 각각 대법원에서 2014두42872(하급심 서울고등법원 2014. 9. 19. 선고 2013누49861 판결, 서울행정법원 2013. 10. 10. 선고 2013구합13617 판결), 2014두44090 판결(하급심 서울고등법원 2014. 10. 7. 선고 2013누52638 판결, 서울행정법원 2013. 11. 14. 선고 2013구합13624 판결)에 의해 종결되었다.

사실관계는 다음과 같다.

① 미얀마인인 원고는 단기방문(C-3) 자격으로 대한민국에 체류하던 중 난민인정 신청을 하였고, 출입국관리사무소는 원고의 체류자격을 난민신청자에게 부여되는 기타(G-1) 체류자격으로 변경하였다.

② 원고는 체류자격 외 활동허가를 받지 않고 약 15일간 단순노무 활동에 종사하다가 적발되어 출입국관리사무소로부터 범칙금 1백만 원의 통고처분을 받았다. 출입국관리사무소는 약 4개월간 원고가 취업활동을 할 수 있도록 체류자격 외 활동허가를 하였다.

③ 원고는 체류기간 및 체류자격 외 활동허가 기간연장을 출입국관리사무소에 신청하였는데, 출입국관리사무소에서는 원고의 체류기간연장은 허가하면서 체류자격 외 활동허가 기간연장은 불허하였다.

④ 체류자격 외 활동허가기간이 도과한 후 같은 사업장에서 계속 일하다 적발된 원고는, 출입국관리사무소로부터 강제퇴거명령 및 보호명령을 받았다.

이에 대하여 1심 법원에서는 난민신청자에게 생계지원이나 취업활동허가 중 하나는 제공하여야 한다는 것이 제정 난민법의 취지이고 이는 종래 난민 법제의 문제점에 대한 반성적 고려에 기인한 것이라 전제하면서, "위와 같은 부조리는 원고의 경우처럼 난민인정 신청 후 1년이 훨씬 넘어서야 난민인정 여부 결정이 이루어지고, 법무부장관에게 이의신청을 하더라도 다시 1년이 넘는 시간을 기다려야 하는 행정지체 상황에서 극명하게 드러난다. 현실적으로 실제 난민이 아님에도 국내 체류기간을 늘려보려는 의도에서 난민인정 신청을 남용하는 사람이 상당수 있는 것은 사실이지만, 그 주요원인 중의 하나가 바로 이러한 행정지체 상황이다. 이러한 행정지체는 선량한 난민이 야기한 것이 아니므로, 대기기간의 장기화 문제를 난민인정 신청자의 불이익으로 돌려서는 아니 된다. 난민인정 신청을 남용하는 문제는 난민심사관을 늘려 심사기간을 대폭 단축시키고 그 밖의 제도적 보완장치를 갖추어 남용의 실익이 없도록 함으로써 억제하여야 할 것이지, 난민신청자 전부를 난민인정 시까지는 난민이 아닌 것으로 추정하여 생계지원도 없이 취업활동도 할 수 없게 하는 것은 선량한 난민에 대한 보호의무를 방기하는 것이나 다름없다(서울행정법원 2013. 10. 10. 선고 2013구합13617 판결)."라고 하여 난민신청자인 G-1 자격자에게 체류자격 외 활동허가를 부여하여야 한다고 결론내리고 있다.

같은 사건으로 소송 중이었던 다른 미얀마인에 대한 판결에서도 "피고는 원고에 대하여 출입국관리법 제76조의8 제3항 제2호, 같은 법 시행령 제88조의9 제4항에 따라 원고가 난민인정 신청을 한 후 1년이 지난 후에야 비로소 3개월가량만 체류자격 외 활동허가를 하였고, 난민불인정결정을 한 후에는 취업활동허가를 연장해주지 아니하였다. 그런데 난민신청자는 대한민국에 아무런 연고가 없고 본국의 박해를 피해 긴급하게 출국하기 때문에 특별한 사정이 없는 한 대한민국에서 난민인정절차가 진행되는 동안 생계비 지원 또는 취업활동허가 등의 일정한 혜택이 없는 이상 체류를 지속하기 어려운 사정이 있고, 나아가 원고와 같이 난민인정절차가 상당 기간 지연되는 경우에는 취업활동을 허가하지 않는 이상 생계를 유지하기 위하여 어쩔 수 없이 출입국관리법 제18조 제1항, 제20조를 위반하는 상황이 발생할 수 있다(서울행정법원 2013. 11. 14. 선고 2013구합13624 판결)."라고 설시하여 같은 입장을 취한 바 있다. 이러한 설시는 고등법원 및 대법원을 통해 현재 확정되었다.

위 판결들은 강제퇴거명령 및 보호명령과 관련하여서도 중요한 설시를 하고 있으므로 해당 부분에서 재차 인용하도록 하겠다.

(3) G-1 자격자의 귀화에 관한 판례

외국인이 대한민국 국적을 취득하기 위해서는 일정 기간의 대한민국 체류를 필요로 한다(국적법 제5조 및 제6조). 이때 귀화를 신청한 외국인이 국내 거주요건을 갖추었는지 여부를 판단하는 데에 체류자격별로 차등을 둘 수 있는지가 쟁점이 되기도 하였다. 대법원 2010. 7. 15. 선고 2009두19069 판결에서는 "국적법 제6조 제1항은 간이귀화의 요건으로서 '외국인이 대한민국에 3년 이상 계속하여 주소가 있는 자'에 해당할 것(이하 '국내거주요건'이라고 한다)을 정하고 있고, 국적법 시행규칙 제5조는 국적법 제6조의 규정에 의한 기간은 '외국인이 적법하게 입국하여 외국인등록을 마치고 국내에서 계속 체류한 기간'으로 한다고 정하고 있다. 이러한 법규정의 문언이나 체계, 국내거주요건이 간이귀화절차, 나아가 귀화절차 일반에서 가지는 의미와 특성·역할 등에 비추어볼 때, 귀화신청인이 국내거주요건을 갖추었는지 여부를 판단함에 있어서 출입국관리법 시행령 제12조에 정한 외국인의 체류자격에 따라 그 기간의 산정을 달리할 것은 아니다."라고 판시한 바 있다. 대법원의 이러한 판시는 대법원 2010. 10. 28. 선고 2010두6496 판결 등을 통해 거듭 확인된 바 있다.

아) H계열 체류자격

(1) H-1(관광취업)

관광취업(H-1) 체류자격은 대한민국과 "관광취업"에 관한 협정이나 양해각서 등을 체결한 국가의 국민으로서 협정 등의 내용에 따라 관광과 취업활동을 하려는 사람[91]에게 부여되는 체류자격이다(출입국관리법 시행령 별표 1). 구체적으로 ① 대한민국과 관광취업에 관한 협정이나 양해각서를 체결한 국가의 국민 중 관광을 주된 목적으로 입국하는 청소년(18세 이상 30세 이하)들이 그 여행경비를 충당하기 위하여 단기간의 취업활동을 하는 경우 ② 외국인이 유효한 여권과 왕복항공권 및 초기 체류기간 동안의 소요경비를 소지하고 있는 경우 허용된다. 한편, ③ 일정한 자격요건을 갖추어야 하는 전문직종(의사, 변호

---

91 협정 등의 취지에 반하는 업종이나 국내법에 따라 일정한 자격요건을 갖추어야 하는 직종에 취업하려는 사람은 제외한다.

사, 교수 등)에 종사하기 위해서는 해당 체류자격으로 변경허가를 받아야 한다(체류 매뉴얼 H-1 부분). 한편 협정 등의 취지에 반하는 업종 또는 국내법에 의하여 일정한 자격을 갖추어야 하는 직종에 취업하려는 자, 유흥접객 업소에서 접객원·무용수·가수·악사·곡예사 등으로 종사하려는 자, 일정한 자격요건을 갖추어야 하는 직종, 한국어 연수 이외의 정규과정의 교육 또는 연수를 받고자 하는 자, 입국 직후부터 관광이 아닌 취업에만 전념하고자 하는 자에 대하여는 체류허가가 억제된다(체류 매뉴얼 H-1 부분).

1회에 부여할 수 있는 체류기간 상한은 협정상의 체류기간에 따라 결정되고, 취업활동을 하는 데 별도의 근무처 추가 또는 변경은 필요하지 않다. 체류자격 변경은 원칙적으로 제한되나, 의사·변호사·교수·회화강사 등 일정한 자격요건을 갖추어야 하는 직종과 특정활동(E-7) 등 일정한 요건을 필요로 하는 경우 자격변경이 허용된다. 다만 다른 체류자격에서 H-1 자격으로의 변경은 불가능하다(체류 매뉴얼 H-1 부분).

(2) H-2(방문취업)

방문취업(H-2) 체류자격은, 18세(*기존 출입국관리법 시행령 별표 2에서 연령 요건을 25세로 규정하고 있었으나, 2018. 6. 12. 개정 출입국관리법 시행령에서 연령 요건이 18세로 하향 조정되었다) 이상의 중국·구소련 지역 동포에게 3년간 유효한 복수사증을 발급하여 그 유효기간 범위 내에서 자유로운 출입국을 보장하고 최대 4년 10개월까지의 체류를 허용하기 위해 도입되었다. 해당 체류자격의 외국인들이 국내 취업을 원할 경우 취업교육 및 구직신청 등 절차를 거쳐 출입국관리법 시행령에서 정하는 단순노무 분야 허용업종에서 취업활동이 가능하다(체류 매뉴얼 H-2 부분).

그 대상자 및 활동범위는 모두 출입국관리법 시행령 별표 1에 상세히 규정되어 있다. 체류자격에 해당하는 사람은 다음 요건을 갖추어야 한다. 「재외동포의 출입국과 법적 지위에 관한 법률」 제2조 제2호[92]에 따른 외국국적동포(이하 "외국국적동포"라 한다)에 해당해야 하고, 만 18세 이상이어야 하며, 활동범위 내에서 체류하려는 사람으로서 법무부장

---

[92] 2. 대한민국의 국적을 보유하였던 자(대한민국정부 수립 전에 국외로 이주한 동포를 포함한다) 또는 그 직계비속(직계비속)으로서 외국국적을 취득한 자 중 대통령령으로 정하는 자.

관이 인정하는 사람(다만, 재외동포(F-4) 체류자격에 해당하는 사람은 제외한다)이어야 한다. 여기에 덧붙여 다음 중 어느 하나에 해당하여야 한다.

① 출생 당시에 대한민국 국민이었던 사람으로서 가족관계등록부, 폐쇄등록부 또는 제 적부에 등재되어 있는 사람 및 그 직계비속

② 국내에 주소를 둔 대한민국 국민 또는 영주(F-5) 체류자격 마목[93]에 해당하는 사람인 8촌 이내의 혈족 또는 4촌 이내의 인척으로부터 초청을 받은 사람

③ 「국가유공자 등 예우 및 지원에 관한 법률」 제4조에 따른 국가유공자[94]와 그 유족 등 에 해당하거나 「독립유공자예우에 관한 법률」 제4조에 따른 독립유공자[95]와 그 유족 또는 그 가족에 해당하는 사람

④ 대한민국에 특별한 공로가 있거나 대한민국의 국익 증진에 기여한 사람

⑤ 유학(D-2) 체류자격으로 1학기 이상 재학 중인 사람의 부모 및 배우자

⑥ 국내 외국인의 체류질서 유지를 위하여 법무부장관이 정하는 기준 및 절차에 따라 자진하여 출국한 사람

⑦ ①부터 ⑥까지의 규정에 해당하지 않는 사람으로서 법무부장관이 정하여 고시하는 한국말 시험, 추첨 등의 절차에 따라 선정된 사람

위 요건을 갖춘 자가 활동범위 내에서 활동할 경우에만 H-2 체류자격이 부여된다. 활동범위는 두 가지로 구분되는데 방문, 친척과의 일시 동거, 관광, 요양, 견학, 친선경기, 비영리 문화예술활동, 회의 참석, 학술자료 수집, 시장조사 등 업무, 상업적 용무, 그 밖에 이와 유사한 목적의 활동이 있다. 또한 한국표준산업분류표에 따른 산업 분야에서의 활동

---

93 「재외동포의 출입국과 법적 지위에 관한 법률」 제2조 제2호의 외국국적동포로서 「국적법」에 따른 국적 취득 요건을 갖춘 사람.

94 순국선열, 애국지사, 전몰군경, 전상군경, 순직군경, 공상군경, 무공수훈자, 보국수훈자, 6·25참전 재일학도의용군인, 참전유공자, 4·19혁명사망자, 4·19혁명부상자, 4·19혁명공로자, 순직공무원, 공상공무원, 국가사회발전 특별공로순 직자, 국가사회발전 특별공로상이자, 국가사회발전 특별공로자.

95 1. 순국선열 : 일제의 국권침탈(국권침탈) 전후로부터 1945년 8월 14일까지 국내외에서 일제의 국권침탈을 반대하거나 독립운동을 위하여 일제에 항거하다가 그 반대나 항거로 인하여 순국한 자로서, 그 공로로 건국훈장·건국포장 또는 대통령 표창을 받은 자.
　　2. 애국지사 : 일제의 국권침탈 전후로부터 1945년 8월 14일까지 국내외에서 일제의 국권침탈을 반대하거나 독립운동을 위하여 일제에 항거한 사실이 있는 자로서, 그 공로로 건국훈장·건국포장 또는 대통령 표창을 받은 자.

도 포함된다. 구체적으로 작물 재배업(011), 축산업(012), 작물재배 및 축산 관련 서비스업(014), 연근해 어업(03112), 양식 어업(0321), 소금채취업(07220),) 제조업(10~33),[96] 하수, 폐수 및 분뇨 처리업(37),폐기물 수집운반, 처리 및 원료재생업(38), 건설업(41~42),[97] 산동물 도매업(46205), 기타 산업용 농산물 및 산동물 도매업(46209), 가정용품 도매업(464), 기계장비 및 관련 물품 도매업(465), 재생용 재료 수집 및 판매업(46791), 기타 가정용품 소매업(475), 기타 상품 전문 소매업(478), 무점포 소매업(479), 육상 여객 운송업(492), 냉장 및 냉동 창고업(52102),[98] 호텔업(55111),[99] 여관업(55112), 일반 음식 점업(5611), 기타 음식점업(5619), 서적, 잡지 및 기타 인쇄물 출판업(581), 음악 및 기타 오디오물 출판업(59201), 사업시설 유지관리 서비스업(741), 건축물 일반 청소업(74211), 사업시설 및 산업용품 청소업(74212), 여행사 및 기타 여행보조 서비스업(752), 사회복지 서비스업(87), 자동차 종합 수리업(95211), 자동차 전문 수리업(95212), 모터사이클 수리 업(9522), 욕탕업(96121), 산업용 세탁업(96911), 개인 간병인 및 유사 서비스업(96993), 가구 내 고용활동(97)이 포함된다.

H-2 자격자가 취업을 하기 위해서는 취업 전에 한국산업인력공단을 통해 취업교육을 이수해야 하고, 이후 구직신청을 통해 '특례고용가능확인서'를 발급받은 업체에 취업할 수 있다. H-2 자격자에 대해 1회에 부여할 수 있는 체류기간의 상한은 3년이다.

3) 체류자격 외 활동

출입국관리법 제18조 제1항에서는 취업활동을 할 수 있는 체류자격을 제한하고 있다. 또한 동법 제2항에서는 외국인이 대한민국에서 취업하기 위해서는 취업활동을 할 수 있는 체류자격을 갖추어야 한다고 규정하고 있고, 지정된 근무처에서만 근무하도록 규정하고 있다. 따라서 취업을 할 수 없는 체류자격자인 외국인이 취업을 하기 위해서는 체류자격

---

96 상시 사용하는 근로자 수가 300명 미만이거나 자본금이 80억 원 이하인 경우에만 해당한다.
97 발전소·제철소·석유화학 건설현장의 건설업체 중 건설면허가 산업환경설비인 경우는 제외한다.
98 내륙에 위치한 업체에 한정한다.
99 「관광진흥법」에 따른 호텔업은 1등급·2등급 및 3등급의 호텔업으로 한정한다.

외 활동허가를 받아야 한다(출입국관리법 제20조). 다만 체류자격 외 활동허가 신청을 심사한 결과 새로이 종사하고자 하는 활동이 주된 활동인 것으로 인정되는 때에는 체류자격 변경허가를 받아야 한다(출입국관리법 시행규칙 제29조).

청장·사무소장 또는 출장소장은 법무부장관이 체류자격 외 활동에 대해 허가한 때에는 여권에 체류자격 외 활동허가인을 찍거나 체류자격 외 활동허가 스티커를 붙여야 한다(출입국관리법 시행령 제25조 제3항 본문). 다만, 여권이 없거나 그 밖에 필요하다고 인정할 때에는 체류자격 외 활동허가인을 찍는 것과 체류자격 외 활동허가 스티커를 붙이는 것에 갈음하여 체류자격 외 활동허가서를 발급할 수 있다(출입국관리법 시행령 제25조 제3항 단서). 체류자격 외 활동허가는 출입국관리법 시행규칙에서 정하는 바에 따라 출입국관리 청장·사무소장·출장소장 또는 보호소장에게 위임되어 있다(출입국관리법 제92조 제1항, 동법 시행령 제96조 제1항, 동법 시행규칙 별표 제6호).

외국인이 체류자격 외 활동허가를 받지 않고 다른 체류자격의 활동에 해당하는 업무를 한 경우 그 외국인은 강제퇴거의 대상이 되고(출입국관리법 제46조 제1항 제8호), 형사처벌도 받을 수 있다(출입국관리법 제94조 제12호). 이때 정도가 가벼운 경우 출국권고를 받을 수도 있다(출입국관리법 제67조 제1항 제1호).

4) 체류자격의 변경

대한민국에 체류하는 외국인이 그 체류자격과 다른 체류자격에 해당하는 활동을 하려면 미리 법무부장관의 체류자격 변경허가를 받아야 한다(출입국관리법 제24조 제1항). 출입국관리법 제31조 제1항 각호에 따라 등록의무가 면제된 외국인이 그 신분이 변경되어 체류자격을 변경하려는 경우 신분이 변경된 날로부터 30일 이내에 법무부장관의 체류자격 변경허가를 받아야 한다(출입국관리법 제24조 제2항). 청장·사무소장 또는 출장소장은 법무부장관이 제1항에 따른 신청에 대하여 허가한 때에는 여권에 체류자격 변경허가인을 찍고 체류자격, 체류기간 및 근무처 등을 적거나 체류자격 변경허가 스티커를 붙여야 한다(출입국관리법 시행령 제30조 제3항 본문). 다만, 외국인등록증을 발급 또는 재발급할 때에는 외국인등록증의 발급 또는 재발급으로 이를 갈음한다(출입국관리법 시행령 제

30조 제3항 단서).

　법무부장관은 체류자격 변경을 허가하지 않을 때에는 신청인에게 불허결정 통지서를 발급하여야 하고, 이미 허가된 체류자격으로 체류하게 할 수 있다(출입국관리법 시행령 제33조 제1항). 법무부장관이 체류자격 변경허가를 하는 경우, 변경된 체류자격의 기간 만료 이후 체류기간 연장을 허가하지 아니하기로 결정한 때에는 청장·사무소장 또는 출장 소장은 허가된 체류기간 내에 출국하여야 한다는 뜻을 여권에 적어야 한다(출입국관리법 시행령 제34조).

　체류자격 변경허가의 법적 성격에 관한 판례가 있으므로 이를 소개한다. 대구고등법원 2016. 8. 5. 선고 2016누4547 판결에서는 "대한민국에 체류하는 외국인이 그 체류자격과 다른 체류자격에 해당하는 활동을 하려면 미리 법무부장관의 체류자격 변경허가를 받아 야 하고, 외국인이 체류기간을 초과하여 계속 체류하려면 대통령령으로 정하는 바에 따라 체류기간이 끝나기 전에 법무부장관의 체류기간 연장허가를 받아야 한다고 규정하고 있 으므로, 입국한 외국인이 체류자격에 따른 체류기간이 만료되었음에도 대한민국에 계속 체류할 수 있다면 출국 후 재입국하는 절차를 거쳐야 함이 원칙이고, 다만 예외적인 경우 에 한하여 엄격한 심사를 거쳐 체류자격 변경허가나 체류기간 연장허가를 받아 국내에 체 류할 수 있다고 보아야 한다."라고 판시하여 체류자격 변경허가는 어디까지나 예외적인 경우에 한정됨을 분명히 하였다. 또한 대법원 2016. 7. 14. 선고 2015두48846 판결에서는 "체류자격 변경허가는 신청인에게 당초의 체류자격과 다른 체류자격에 해당하는 활동을 할 수 있는 권한을 부여하는 일종의 설권적 처분의 성격을 가지므로, 허가권자는 신청인의 적격성, 체류 목적, 공익상의 영향 등을 참작하여 허가 여부를 결정할 수 있는 재량을 가진 다."라고 하여 그 성격이 재량행위임을 밝힌 바 있다.

5) 체류기간의 연장

　외국인이 체류기간을 초과하여 계속 체류하려면 체류기간 연장허가를 받아야 한다(출 입국관리법 제25조). 청장·사무소장 또는 출장소장은 법무부장관이 체류기간 연장에 대 해 허가한 때에는 여권에 체류기간 연장허가인을 찍고 체류기간을 적거나 체류기간 연장허가 스티커를 붙여야 한다(출입국관리법 시행령 제31조 제3항 본문). 다만 외국인등록을 마친 사람에 대하여 체류기간 연장을 허가한 때에는 외국인등록증에 허가기간을 적음으로써 이를 갈음한다(출입국관리법 시행령 제31조 제3항 단서).

만약 법무부장관이 허가 등을 하지 아니할 때에는 신청인에게 체류기간 연장 등 불허결정 통지서를 발급하여야 한다(출입국관리법 시행령 제33조 제1항 본문). 이 경우 이미 허가된 체류자격으로 체류하게 할 수 있다(출입국관리법 시행령 제33조 제1항 단서). 체류기간 연장 등 불허결정 통지서에는 그 발급일부터 14일을 초과하지 아니하는 범위에서 출국기한을 분명하게 밝혀야 한다(출입국관리법 시행령 제33조 제2항 본문). 다만 법무부장관이 필요하다고 인정할 때에는 이미 허가된 체류기간의 만료일을 출국기한으로 할 수 있으며, 제1항 후단에 따라 이미 허가된 체류자격으로 체류하게 할 때에는 그 출국기한을 적지 아니할 수 있다(출입국관리법 시행령 제33조 제2항 단서). 법무부장관이 체류기간 연장허가를 하는 경우 그 이후의 체류기간 연장을 허가하지 아니하기로 결정한 때에는 청장·사무소장 또는 출장소장은 허가된 체류기간 내에 출국하여야 한다는 뜻을 여권에 적어야 한다(출입국관리법 시행령 제34조).

법무부장관은 대한민국 국민의 배우자인 외국인이 「가정폭력범죄의 처벌 등에 관한 특례법」 제2조 제1호의 가정폭력 또는 「성폭력범죄의 처벌 등에 관한 특례법」 제2조 제1항의 성폭력범죄를 이유로 법원의 재판, 수사기관의 수사 또는 그 밖의 법률에 따른 권리구제 절차를 진행 중인 경우 그 권리구제 절차가 종료할 때까지 신청에 따라 체류기간 연장을 허가할 수 있고(출입국관리법 제25조의2 제1항), 체류기간 만료 이후에도 피해 회복 등을 위하여 필요한 경우 체류기간 연장허가를 할 수 있다(출입국관리법 제25조의2 제2항). 그 외에도 청장·사무소장 또는 출장소장은, 허가된 체류기간이 만료되는 등록외국인이 그 체류자격의 활동을 마치고 국내여행 등을 목적으로 일시 체류하고자 하는 경우, 출국할 선박 등이 없거나 그 밖에 부득이한 사유로 출국할 수 없는 경우 그 체류기간을 연장할 수 있다(출입국관리법 시행규칙 제32조 본문). 다만, 연장된 기간이 30일을 초과하는 때에는 법무부장관의 승인을 얻어야 한다(출입국관리법 시행규칙 제32조 단서).

전술한 대구고등법원 2016. 8. 5. 선고 2016누4547 판결에서는 체류기간 연장허가 역시 체류자격 변경허가와 동일하게 재입국에 대한 예외적 조치임을 밝히고 있다.

최근, 산재사고를 당한 외국인의 체류기간 연장허가에 관련된 판결이 선고되어 이를 소개한다. 법원은 "외국인 근로자가 대한민국에서 근무하던 중 업무상 재해로 인한 부상을 당한 경우, 출국하기 위하여 요양을 중단하는 날부터 업무상의 재해에 따른 부상 또는 질병이 치유될 것으로 예상되는 날까지의 요양급여를 일시금으로 지급받을 수 있다고 규정하고 있는데 반하여 그 치유일 이후의 합병증 등 예방관리조치까지 반드시 대한민국 내의 의료기관에서 받아야 한다고 볼 수는 없고, 따라서 원고에게 합병증 등 예방관리결정이 내려졌다거나 그 결정에서 치료기관을 대한민국 내 의료기관으로 지정하였다는 사정만으로 원고에게 대한민국 체류의 정당한 사유가 있다고 단정할 수는 없다(서울고등법원 2017. 10. 19. 선고 2017누57341 판결)."라고 판단하였다.

법원이 위와 같이 판단한 주된 근거를 "산업재해보상보험법 제76조는 대한민국 국민이 아닌 근로자가 업무상의 재해에 따른 부상 또는 질병으로 요양 중 치유되기 전에 출국하는 경우 출국하기 위하여 요양을 중단하는 날부터 업무상의 재해에 따른 부상 또는 질병이 치유될 것으로 예상되는 날까지의 요양급여를 일시금으로 지급받을 수 있다고 규정하고 있는데 반하여, 치유일 이후의 합병증 등 예방관리와 관련하여서는 이와 유사한 근로자의 권리 규정을 별도로 두고 있지 않다. 또한 합병증 등 예방관리 조치는 산업재해로 인한 상병이 치유되었으나 이후 재요양에 해당하지 않는 상병의 재발 또는 합병증을 '사전예방·조기발견'하기 위하여 이루어지는 진찰, 검사, 물리치료 등일 뿐이어서 그 성격상 전문적·고난도의 의료기술이 요구되는 영역에 해당하지 않는다(서울고등법원 2017. 10. 19. 선고 2017누57341 판결)."라는 점을 제시하였다.

6) 출국기한의 유예

청장·사무소장, 출장소장, 외국인보호소의 장은 체류기간연장 등 불허결정통지를 받은 자나 출국권고 또는 출국명령을 받은 자가 출국할 선박 등이 없거나 질병 기타 부득이한 사유로 그 기한 내에 출국할 수 없음이 명백한 때에는 그 출국기한을 유예할 수 있다(출입국관리법 시행규칙 제33조 제1항). 이때 출국기한을 유예받으려는 자는 출국기한유예신청서에 그 사유를 소명하는 자료를 첨부하여 청장·사무소장·출장소장 또는 보호소장에게 제출하여야 한다(출입국관리법 시행규칙 제33조 제2항). 청장·사무소장·출장소장 또는 보호소장은 제2항의 규정에 의한 신청서류를 심사하여 출국기한의 유예가 필요한 경우, 출국할 선박 등이 없는 때에는 출국예상인원 및 선박 등의 사정 등을 참작하여 법무부장관이 따로 정하는 기간까지, 그 밖의 경우에는 그 사유가 소멸할 때까지 그 출국기한을 유예할 수 있다(출입국관리법 시행규칙 제33조 제3항).

출국기한 유예는 출국 시점이 연장된다는 점에서는 출입국관리법 시행규칙 제32조의 '출국을 위한 체류기간 연장허가'와 유사하다. 하지만 출국을 위한 체류기간 연장허가는 체류기간이 만료되는 모든 외국인을 그 대상으로 하는 반면, 출국기한 유예는 체류기간연장 등 불허처분이나 출국명령 등 일정한 처분을 받은 사람이 그 대상자라는 점에서 구별된다. 또한 출국기한 유예는 체류기간 자체가 연장되는 것은 아니라는 점에서 효과도 다르다.

법원은 대학원 석사과정에 재학 중인 외국인의 석사학위논문 심사와 대여금 청구의 민사소송 수행은 출입국관리법 시행규칙 제33조 제1항에서 정하는 '출국기한 내에 출국할 수 없음이 명백한 부득이한 사유'에 해당하지 않는다고 판단하였다(대구고등법원 2018. 5. 4. 선고 2017누5240 판결).

7) 외국인의 고용

가) 개관

국내 체류 외국인의 활동 중 특히 고용관계에 대해서는 출입국관리법 외의 법률에서도 함께 규정하고 있다. 그중 대표적인 것으로 「외국인근로자의 고용 등에 관한 법률(이하 '외국인고용법'이라 한다)」이 있다. 출입국관리법상 근무처 추가 및 변경 등 조문을 소개할 때 관련 부분을 언급하지 않을 수 없으므로 출입국관리법과 관련된 선에서 법률 및 판례를 간략하게 소개하도록 하겠다.

나) 외국인 고용의 보충성 원칙

국가의 고용정책에 관한 기본법인 「고용정책 기본법」 제31조에서는 "국가는 노동시장에서의 원활한 인력수급을 위하여 외국인근로자를 도입할 수 있다. 이 경우 국가는 국민의 고용이 침해되지 아니하도록 노력하여야 한다."라고 규정하여 외국인 고용의 보충성 원칙을 명시하고 있다. 외국인근로자의 고용관계에 관한 법률인 「외국인근로자의 고용 등에 관한 법률」에서는 외국인근로자를 고용하려는 업주가 우선적으로 내국인 구인 신청을 하되 직업소개를 받고도 인력을 채용하지 못한 경우 외국인근로자 고용허가를 신청하도록 규정하고 있다(외국인고용법 제6조 제1항, 외국인고용법 제8조 제1항).

다) 고용주의 자격

외국인을 고용하기 위해서는 일정한 요건을 충족하여야 한다. 직업안정기관의 장은 외국인고용법 제8조 제4항에 따른 고용허가 또는 외국인고용법 제12조 제3항에 따른 특례고용가능확인을 받지 아니하고 외국인근로자를 고용한 자, 동법 제19조 제1항에 따라 외국인근로자의 고용허가나 특례고용가능확인이 취소된 자, 외국인고용법 또는 「출입국관리법」을 위반하여 처벌을 받은 자, 그 밖에 대통령령으로 정하는 사유[100]에 해당하는 자에 대하여는 그 사실이 발생한 날부터 3년간 외국인근로자의 고용을 제한할 수 있다(외국인고용법 제20조 제1항).

라) 고용주의 신고의무

외국인과 일정한 관계에 있는 대한민국 국민은 사증발급인정서를 신청할 수 있는데(출입국관리법 제9조), 사용자가 외국인근로자와 근로계약을 체결한 때에는 출입국관리법 제9조 제2항에 따라 그 외국인근로자를 대리하여 법무부장관에게 사증발급인정서를 신청할 수 있다(외국인고용법 제10조).

외국인의 해고·퇴직·사망 시 외국인의 소재를 알 수 없게 된 경우, 또는 고용계약의

---

[100] 외국인근로자의 고용 등에 관한 법률 시행령 제25조
  1. 법 제8조에 따라 고용허가서를 발급받은 날 또는 법 제12조에 따라 외국인근로자의 근로가 시작된 날부터 6개월 이내에 내국인근로자를 고용조정으로 이직시킨 자.
  2. 외국인근로자로 하여금 근로계약에 명시된 사업 또는 사업장 외에서 근로를 제공하게 한 자.
  3. 법 제9조 제1항에 따른 근로계약이 체결된 이후부터 법 제11조에 따른 외국인 취업교육을 마칠 때까지의 기간 동안 경기의 변동, 산업구조의 변화 등에 따른 사업 규모의 축소, 사업의 폐업 또는 전환과 같은 불가피한 사유가 없음에도 불구하고 근로계약을 해지한 자.

중요한 내용을 변경한 경우 그 외국인을 고용한 자는 그 사실을 안 날부터 15일 이내에 지방출입국·외국인관서의 장에게 신고하여야 한다(출입국관리법 제19조 제1항). 한편 외국인고용법에서는 사용자가 외국인근로자와 근로계약을 해지하거나 대통령령으로 정하는 일정한 사유가 발생한 경우[101] 직업안정기관의 장에게 신고의무를 부과하고 있다(외국인고용법 제17조 제1항). 이 신고를 한 경우 출입국관리법 제19조 제1항에 따른 신고를 한 것으로 본다(외국인고용법 제17조 제2항).

마) 외국인근로자의 재고용

외국인근로자는 입국한 날부터 3년의 범위에서 취업활동을 할 수 있다(외국인고용법 제18조). 다만 일정한 요건을 갖춘 외국인근로자는 1회에 한하여 2년 미만의 범위에서 취업활동 기간을 연장받을 수 있다(외국인고용법 제18조의2 제1항). 구체적으로 ① 고용허가를 받은 사용자에게 고용된 외국인근로자로서 취업활동 기간 3년이 만료되어 출국하기 전에 사용자가 고용노동부장관에게 재고용 허가를 요청한 근로자, ② 특례고용가능확인을 받은 사용자에게 고용된 외국인근로자로서 취업활동 기간 3년이 만료되어 출국하기 전에 사용자가 고용노동부장관에게 재고용 허가를 요청한 근로자가 이에 해당한다(외국인고용법 제18조의2 제1항).

국내에서 취업한 후 출국한 외국인근로자[102]는 출국한 날부터 6개월이 지나지 아니하면 이 법에 따라 다시 취업할 수 없다(외국인고용법 제18조의3). 다만 취업활동 기간 중에 사업 또는 사업장 변경을 하지 아니하였고,[103] 도입 업종이나 규모 등을 고려하여 정책위원

---

[101] 외국인근로자의 고용 등에 관한 법률 시행령 제23조 제1항
  1. 외국인근로자가 사망한 경우.
  2. 외국인근로자가 부상 등으로 해당 사업에서 계속 근무하는 것이 부적합한 경우.
  3. 외국인근로자가 사용자의 승인을 받는 등 정당한 절차 없이 5일 이상 결근하거나 그 소재를 알 수 없는 경우.
  4. 삭제 〈2014.7.28.〉
  5. 외국인근로자와의 근로계약을 해지하는 경우.
  6. 삭제 〈2014.7.28.〉
  7. 삭제 〈2014.7.28.〉
  8. 사용자 또는 근무처의 명칭이 변경된 경우.
  9. 사용자의 변경 없이 근무 장소를 변경한 경우.
[102] 외국인고용법 제12조 제1항에 따른 외국인근로자는 제외한다.
[103] 단, 외국인고용법 제25조 제1항 제2호에 따라 외국인근로자의 책임이 아닌 사유로 사업 또는 사업장을 변경한 경우에는

회가 내국인을 고용하기 어렵다고 정하는 사업 또는 사업장에서 근로하고 있으며, 재입국하여 근로를 시작하는 날부터 효력이 발생하는 근로계약(1년 이상)을 해당 사용자와 체결하고 있는 외국인은 간소화된 절차를 거쳐 재취업이 가능하다(외국인고용법 제18조의4 제1항). 이때 취업활동 기간 만료 후 출국하기 전에 사용자가 재입국 후의 고용허가를 신청하면, 고용노동부장관은 그 외국인근로자에 대하여 출국한 날부터 3개월이 경과한 후 이 법에 따라 다시 취업하도록 할 수 있다(외국인고용법 제18조의4 제1항). 외국인고용법 제18조의4 제1항에 따른 재입국 취업은 1회에 한하여 허용된다(외국인고용법 제18조의4 제3항).

바) 외국인근로자의 근무처 추가·변경

외국인근로자[104]는 일정한 경우 고용노동부령으로 정하는 바에 따라 직업안정기관의 장에게 다른 사업 또는 사업장으로의 변경을 신청할 수 있다(외국인고용법 제25조 제1항). 외국인고용법 제25조 제1항은 구체적으로 ① 사용자가 정당한 사유로 근로계약기간 중 근로계약을 해지하려고 하거나 근로계약이 만료된 후 갱신을 거절하려는 경우, ② 외국인근로자의 책임이 아닌 사유[105]로 인하여 사회통념상 그 사업 또는 사업장에서 근로를 계속할 수 없게 되었다고 인정하여 고용노동부장관이 고시한 경우, ③ 상해 등으로 외국인근로자가 해당 사업 또는 사업장에서 계속 근무하기는 부적합하나 다른 사업 또는 사업장에서 근무하는 것은 가능하다고 인정되는 경우를 제시하고 있다.

대한민국에 체류하는 외국인이 그 체류자격의 범위에서 그의 근무처를 변경하거나 추가하려면 미리 법무부장관의 허가를 받아야 한다(출입국관리법 제21조 제1항 본문). 다만, 전문적인 지식·기술 또는 기능을 가진 사람으로서 대통령령으로 정하는 사람은 근무처를 변경하거나 추가한 날부터 15일 이내에 법무부장관에게 신고하여야 한다(출입국관리법 제21조 제1항 단서). 외국인고용법 제25조 제1항에 따라 사업장 변경을 신청한 외국

재입국 후의 고용허가를 신청하는 사용자와 취업활동 기간 만료일까지의 근로계약 기간이 1년 이상이어야 한다.

104 외국인고용법 제12조 제1항에 따른 외국인근로자는 제외한다.

105 휴업·폐업·제19조 제1항에 따른 고용허가의 취소·제20조 제1항에 따른 고용의 제한·사용자의 근로조건 위반 또는 부당한 처우 등.

인이 그날부터 3개월 이내에 「출입국관리법」 제21조에 따른 근무처 변경허가를 받지 못하거나 사용자와 근로계약이 종료된 날부터 1개월 이내에 다른 사업 또는 사업장으로의 변경을 신청하지 아니한 경우 출국하여야 한다(외국인고용법 제25조 제3항 본문). 다만 업무상 재해, 질병, 임신, 출산 등의 사유로 근무처 변경허가를 받을 수 없거나 근무처 변경 신청을 할 수 없는 경우에는 그 사유가 없어진 날부터 각각 그 기간을 계산한다(외국인고용법 제25조 제3항 단서).

출입국관리법 제21조 제1항 본문을 위반하여 허가 없이 근무처를 변경하거나 추가한 외국인은 적발 시 1년 이하의 징역 또는 1천만 원 이하의 벌금형에 처해진다(출입국관리법 제95조 제6호). 동법 제21조 제2항을 위반하여 허가를 받지 아니한 외국인을 고용한 사람 역시 동일하다(출입국관리법 제95조 제6호). 이때 허가를 받지 아니한 외국인의 고용을 업으로 알선한 사람은 책임이 가중되어 3년 이하의 징역 또는 2천만 원 이하의 벌금에 처해진다(출입국관리법 제94조 제13호).

사) 판례

(1) 기술연수(D-3) 자격 외국인의 근로자성

기술연수(D-3) 사증을 발급받아 체류 중인 외국인이 근로기준법상 근로자에 해당하는지 여부가 쟁점이 된 적이 있다. 대법원은 근로자성의 판단 기준에 대해 "근로기준법상의 근로자에 해당하는지 여부를 판단할 때는 그 계약의 형식이 민법상의 고용계약인지 또는 도급계약인지에 관계없이 그 실질 면에서 근로자가 사업 또는 사업장에 임금을 목적으로 종속적인 관계에서 사용자에게 근로를 제공하였는지 여부에 따라 판단하여야 하고, 그러한 종속적인 관계가 있는지 여부를 판단함에는 업무의 내용이 사용자에 의하여 정하여지고 취업규칙 또는 복무(인사)규정 등의 적용을 받으며 업무수행과정에서도 사용자로부터 구체적 개별적인 지휘·감독을 받는지 여부, 사용자에 의하여 근무시간과 근무장소가 지정되고 이에 구속을 받는지 여부, 근로자 스스로가 제3자를 고용하여 업무를 대행케 하는 등 업무의 대체성 유무, 비품·원자재·작업도구 등의 소유관계, 보수의 성격이 근로 자체에 대한 대상적 성격이 있는지 여부와 기본급이나 고정급이 정하여져 있는지 여부 및 근로소득세의 원천징수 여부 등 보수에 관한 사항, 근로제공관계의 계속성과 사용자에의 전속성의 유무와 정도, 사회보장제도에 관한 법령 등 다른 법령에 의하여 근로자의 지위를 인정받는지 여부, 양 당사자의 사회·경제적 조건 등을 종합적으로 고려(대법원 2005. 11. 10. 선고 2005다50034 판결, 대법원 2001. 4. 13. 선고 2000도4901 판결 참조)"하여야 한다고 설시하였다.

이러한 점을 전제로, "산업기술연수사증을 발급받은 외국인이 정부가 실시하는 외국인 산업기술연수제도의 국내 대상 업체에 산업기술연수생으로 배정되어 대상 업체와 사이에 연수계약을 체결하였다 하더라도 그 계약의 내용이 단순히 산업기술의 연수만으로 그치는 것이 아니고 대상 업체가 지시하는 바에 따라 소정시간 근로를 제공하고, 그 대가로 일정액의 금품을 지급받으며 더욱이 소정시간 외의 근무에 대하여는 근로기준법에 따른 시간외 근로수당을 지급받기로 하는 것이고, 이에 따라 당해 외국인이 대상 업체의 사업장에서 실질적으로 대상 업체의 지시·감독을 받으면서 근로를 제공하고 수당 명목의 금품을 수령하여 왔다면 당해 외국인도 근로기준법 제14조 소정의 근로자에 해당한다 할 것이다(대법원 2005. 11. 10. 선고 2005다50034 판결, 대법원 1995. 12. 22. 선고 95누2050 판결, 1997. 10. 10. 선고 97누10352 판결 등 참조)."라고 하여 산업기술연수자격으로 체류 중인 외국인에게 근로기준법이 적용됨을 확인하였다.

(2) 취업자격 없는 외국인의 고용관계

취업자격이 없는 외국인이 체결한 고용계약의 효력이 쟁점이 되기도 하였다. 대법원은 취업자격을 갖춘 외국인에 한해 취업을 허용하는 구 출입국관리법 조문을 "그 입법취지가 단순히 외국인의 불법체류만을 단속할 목적으로 한 것이라고는 할 수 없고, 위 규정들은 취업자격 없는 외국인의 유입으로 인한 국내 고용시장의 불안정을 해소하고 노동인력의 효율적 관리, 국내 근로자의 근로조건의 유지 등의 목적을 효율적으로 달성하기 위하여 외국인의 취업자격에 관하여 규율하면서 취업자격 없는 외국인의 고용을 금지시키기 위한 입법목적도 아울러 갖고 있다 할 것이다(대법원 1995. 9. 15. 선고 94누12067)."라고 해석하였다.

나아가, "외국인고용제한규정이 이와 같은 입법목적을 지닌 것이라고 하더라도 이는 취업자격 없는 외국인의 고용이라는 사실적 행위 자체를 금지하고자 하는 것뿐이지 나아가 취업자격 없는 외국인이 사실상 제공한 근로에 따른 권리나 이미 형성된 근로관계에 있어서의 근로자로서의 신분에 따른 노동관계법상의 제반 권리 등의 법률효과까지 금지하려는 규정으로는 보기 어렵다 할 것이다. 따라서 취업자격 없는 외국인이 위 출입국관리법상의 고용제한 규정을 위반하여 근로계약을 체결하였다 하더라도 그것만으로 그 근로계약이 당연히 무효라고는 할 수 없다 할 것이다(대법원 1995. 9. 15. 선고 94누12067)."라고 판시하였다. 즉, 취업자격 없는 취업이 불법이라는 점과 일단 체결한 근로계약의 효력은 별개의 문제라는 것이다.

다만 "취업자격은 외국인이 대한민국 내에서 법률적으로 취업활동을 가능케 하는 것이므로 이미 형성된 근로관계가 아닌 한 취업자격 없는 외국인과의 근로관계는 정지된다고 하여야 할 것이고, 당사자는 언제든지 그와 같은 취업자격이 없음을 이유로 근로계약을 해지할 수 있다 할 것이다(대법원 1995. 9. 15. 선고 94누12067)."라고 하여 고용주에게도 일정한 권리를 보장하고 있다.

(3) 불법체류 외국인의 노동조합 결성

불법체류 외국인근로자가 노동조합을 설립할 수 있는 근로자에 해당하는지가 문제되어 대법원에서 결론을 내린 바 있다. 1심인 서울행정법원 2006. 2. 7. 선고 2005구합18266 판결에서는 "관계 법률의 규정 내용 및 취지에 비추어볼 때, 대한민국에 체류자격이 없는 이른바 불법체류 외국인은 출입국관리법상 취업이 엄격히 금지되어 있고, 때문에 이들은 장차 적법한 근로관계가 계속될 것임을 전제로 근로조건의 유지·개선과 지위향상을 도모할 법률상 지위에 있는 것으로는 보이지 아니하므로 불법체류 근로자들이 노노법[106] 제2조 제4호 (라)목의 노동조합가입이 허용되는 근로자에 해당한다고 보기 어렵다(이러한 판단이 불법체류 외국인이 기왕에 사실상 근로를 제공한 부분에 관하여 사용자를 상대로 임금

---

[106] 노동조합 및 노동관계조정법.

을 청구하거나 그 근로제공과정에서 입은 업무상 재해에 관하여 산업재해보상보험법상 요양급여를 받는 범위에서 근로자로 인정되는 것과 서로 배치되는 것은 아니다)."라고 하여 불법체류 외국인의 노동조합 가입에 대해 부정적으로 판단하였다. 그 근거로 출입국관리법에서 취업을 위한 체류자격을 별도로 명시하고 있고 위반에 대한 금지 및 제재규정을 마련해두고 있다는 점과, 노동조합 및 노동관계조정법(이하 '노노법'이라 한다)에서 보장되는 근로자의 단결권은 사용자에 대한 제재도 포함된 강력한 권리라는 점을 제시하였다.

반면 항소심인 서울고등법원 2007. 2. 1. 선고 2006누6774 판결에서는 결론을 달리하였다. 먼저, 노동조합의 조합원은 근로자여야 한다는 점을 전제로 "주체가 되는 근로자라는 의미는 헌법 제33조 제1항의 근로자와 동일한 개념으로서 노노법 제2조 제1항에 규정된 '직업의 종류를 불문하고 임금·급료 기타 이에 준하는 수입에 의하여 생활하는 자'를 말한다."라고 설시하는 한편, "헌법 제33조 제1항에 규정된 근로자의 단결권·단체교섭권·단체행동권의 근로3권은 경제적 약자인 근로자가 단결된 힘에 의하여 근로자단체를 결성함으로써 노사관계에 있어서 실질적 평등을 이루어 사용자에 대항하여 근로조건의 형성에 영향을 미칠 수 있는 기회를 부여하기 위한 것으로서, 헌법 제37조 제2항 소정의 국가안전보장·질서유지 또는 공공복리를 위하여 필요한 경우에 법률로써 제한되지 않는 한 근로조건과 경제조건의 유지와 개선을 위하여 누구에게나 보장되어야 할 것이다."라고 하여 노노법의 적용범위를 특정하였다.

항소심은 이러한 근로3권의 입법 취지에다 외국인의 지위를 보장한 헌법 제6조, 국적에 따른 근로조건의 차별대우를 금지한 근로기준법 제5조, 조합원에 대하여 인종 등에 의한 차별대우를 금지한 노노법 제9조의 입법 취지 및 헌법에 의한 근로자의 단결권·단체교섭권 및 단체행동권을 보장하여 근로조건의 유지·개선과 근로자의 경제적·사회적 지위의 향상을 도모한다는 노노법의 목적을 종합하여, "불법체류 외국인이라 하더라도 우리나라에서 현실적으로 근로를 제공하면서 임금·급료 기타 이에 준하는 수입에 의하여 생활하는 이상 노동조합을 설립할 수 있는 근로자에 해당한다고 보아야 할 것이다."라고 판단하였다. 또한, 취업자격 없는 외국인의 취업 및 고용을 금지하는 출입국관리법의 제 규정에 대해 "이는 취업자격 없는 외국인의 고용이라는 사실적 행위 자체를 금지하고자 하는 것에 불과할 뿐이지 취업자격 없는 외국인이 사실상 근로를 제공하고 있는 경우에 취업자격이 없다는 이유로 고용계약이 당연 무효라고 할 수도 없으며 취업자격 없는 외국인근로자가 사용자와 대등한 관계를 이루어 근로조건을 향상시키기 위한 근로자단체를 결성하는 것까지 금지하려는 규정으로 보기는 어렵다 할 것이다(다만, 사용자는 불법체류취업이 근로기준법 제30조 제1항 소정의 해고할 수 있는 정당한 이유에 해당함을 근거로 해고할 수는 있을 것이다)."라는 점을 확인하여 "불법체류 외국인도 노동조합 결성, 가입이 허용되는 근로자에 해당된다 할 것"이라는 결론을 내렸다.

이에 대한 상고심인 대법원 2015. 6. 25. 선고 2007두4995 판결 역시 항소심과 동일한 결론에 이르고 있다. 노동조합법상 근로자의 개념에 대하여 "타인과의 사용종속관계하에서 근로를 제공하고 그 대가로 임금 등을 받아 생활하는 사람을 의미하며, 특정한 사용자에게 고용되어 현실적으로 취업하고 있는 사람뿐만 아니라 일시적으로 실업 상태에 있는 사람이나 구직 중인 사람을 포함하여 노동3권을 보장할 필요성이 있는 사람도 여기에 포함되는 것으로 보아야 한다(대법원 2015. 6. 25. 선고 2007두4995 판결, 대법원 2004. 2. 27. 선고 2001두8568 판결, 대법원 2014. 2. 13. 선고 2011다78804 판결, 대법원 2015. 1. 29. 선고 2012두28247 판결 등 참조)."라고 설시하면서 "출입국관리 법령에서 외국인고용제한규정을 두고 있는 것은 취업자격 없는 외국인의 고용이라는 사실적 행위 자체를 금지하고자 하는 것뿐이지, 나아가 취업자격 없는 외국인이 사실상 제공한 근로에 따른 권리나 이미 형성된 근로관계에 있어서 근로자로서의 신분에 따른 노동관계법상의 제반 권리 등의 법률효과까지 금지하려는 것으로 보기는 어렵다(대법원 2015. 6. 25. 선고 2007두4995 판결, 대법원 1995. 9. 15. 선고 94누12067 판결 등 참조)."라고 판단하였다. 이러한 논리를 기반으로 대법원은 불법체류 외국인근로자의 노동조합 설립과 관련하여 "타인과의 사용종속관계하에서 근로를 제공하고 그 대가로 임금 등을 받아 생활하는 사람은 노동조합법상 근로자에 해당하고, 노동조합법상의 근로자성이 인정되는 한, 그러한 근로자가 외국인인지 여부나 취업자격의 유무에 따라 노동조합법상 근로자의 범위에 포함되지 아니한다고 볼 수는 없다."라는 결론을 내렸다.

다만 대법원 역시 노노법과 출입국관리법의 효력은 엄격히 구분하고 있다. 즉, "취업자격 없는 외국인이 노동조합법상 근로자의 개념에 포함된다고 하여 노동조합의 조합원 지위에 있는 외국인이 출입국관리 법령상 취업자격을 취득하게 된다든가 또는 그 체류가 합법화되는 효과가 발생하는 것은 아니다."라고 명확히 하고 있고, 나아가 "취업자격 없는 외국인근로자들이 조직하려는 단체가 '주로 정치운동을 목적으로 하는 경우'와 같이 노동조합법 제2조 제4호 각 목의 해당 여부가 문제 된다고 볼 만한 객관적인 사정이 있는 경우에는 행정관청은 실질적인 심사를 거쳐 노동조합법 제12조 제3항 제1호 규정에 의하여 설립신고서를 반려할 수 있을 뿐만 아니라(대법원 2014. 4. 10. 선고 2011두6998 판결 참조), 설령 노동조합의 설립신고를 마치고 신고증을 교부받았다고 하더라도, 그러한 단체는 적법한 노동조합으로 인정받지 못할 수 있음은 물론이다."라고 하여 노동조합법의 목적에 위배된 단체의 설립 역시 엄격히 제한하고 있다.

8) 허가신청 등의 의무자

다음 각 호의 어느 하나에 해당하는 사람이 17세 미만인 경우 본인이 그 허가 등의 신청을 하지 아니하면 그의 부모 등이 그 신청을 하여야 한다(출입국관리법 제79조). 구체적으로 법 제20조에 따라 체류자격 외 활동허가를 받아야 할 사람(제1호), 법 제23조에 따라 체류자격을 받아야 할 사람(제2호), 법 제24조에 따라 체류자격 변경허가를 받아야 할 사람(제3호), 법 제25조에 따라 체류기간 연장허가를 받아야 할 사람(제4호)이 이에 해당한다.

이때 대신하여 신청을 할 사람은 우선적으로 그 외국인의 부모가 된다(출입국관리법 제79조, 동법 시행령 제89조 제2항). 부모가 신청을 할 수 없는 경우 사실상의 부양자, 형제자매, 신원보증인, 그 밖의 동거인 순으로 신청의무자가 된다(출입국관리법 시행령 제89조 제1항 및 제2항).

9) 체류 관련 허가의 취소 또는 변경

법무부장관은 외국인이 일정한 경우에 해당하면 법 제20조, 법 제21조, 법 제23조부터 법 제25조까지의 규정에 따른 체류허가 등을 취소하거나 변경할 수 있다(출입국관리법 제89조 제1항). 구체적으로 신원보증인이 보증을 철회하거나 신원보증인이 없게 된 경우(제1호), 거짓이나 그 밖의 부정한 방법으로 허가 등을 받은 것이 밝혀진 경우(제2호), 허가조건을 위반한 경우(제3호), 사정 변경으로 허가상태를 더 이상 유지시킬 수 없는 중대한 사유가 발생한 경우(제4호), 그 외에 이 법 또는 다른 법을 위반한 정도가 중대하거나 출입국관리공무원의 정당한 직무명령을 위반한 경우(제5호)가 이에 해당한다.

다만 개정 출입국관리법에서는 제89조의2 제1항에서 영주자격의 취소 특례를 규정하고 있다. 법무부장관은 거짓이나 그 밖의 부정한 방법으로 영주자격을 취득한 경우(제1호), 영주(F-5) 자격을 가진 외국인에 대하여는 「형법」, 「성폭력범죄의 처벌 등에 관한 특례법」 등 법무부령으로 정하는 법률에 규정된 죄를 범하여 2년 이상의 징역 또는 금고의 형이 확정된 경우(제2호), 최근 5년 이내에 이 법 또는 다른 법률을 위반하여 징역 또는 금고의 형을 선고받고 확정된 형기의 합산기간이 3년 이상인 경우(제3호), 대한민국에 일정금액 이상 투자 상태를 유지할 것 등을 조건으로 영주자격을 취득한 사람 등 대통령령으로 정하는 사람이 해당 조건을 위반한 경우(제4호), 국가안보, 외교관계 및 국민경제 등에 있어서 대한민국의 국익에 반하는 행위를 한 경우(제5호)에 해당하는 경우에 한정하여 영주자격을 취소할 수 있고, 이 중 제1호에 해당하는 경우 영주자격을 취소하여야 한다(출입국관리법 제89조의2 제1항). 다만 법무부장관은 영주자격을 취소한 경우라도 해당 외국인이 대한민국에 계속 체류할 필요성이 인정되고 일반체류자격의 요건을 갖춘 경우 해당 외국인의 신청이 있는 때에는 일반체류자격을 부여할 수 있다(출입국관리법 제89조의2 제2항).

법무부장관은 제1항에 따른 각종 허가 등의 취소나 변경에 필요하다고 인정하면 해당 외국인이나 제79조에 따른 신청인을 출석하게 하여 의견을 들을 수 있다(출입국관리법 제89조 제2항). 이때 법무부장관은 취소하거나 변경하려는 사유, 출석일시와 장소를 출석일 7일 전까지 해당 외국인이나 신청인에게 통지하여야 한다(출입국관리법 제89조 제3항).

다. 출국

1) 출국심사

외국인의 출국은 개념상 자의에 의한 자발적 출국과 강제퇴거·출국명령 등 비자발적 강제출국(강제추방)으로 구분된다. 이 중 비자발적 강제출국은 출입국관리법 등 대한민국의 법질서를 위반하였거나 대한민국의 국익을 해할 위험이 있음이 인정되는 등 일정한 요건을 갖춘 외국인에 대해 적용되는 것으로, 출입국관리법 제46조 이하에서 별도로 규정하고 있다. 따라서 이 부분은 후술하는 6. 외국인의 추방 목차에서 상세히 서술하고, 본장에서는 자발적 출국에 관련된 사항을 기술하도록 하겠다.

외국인이 출국할 때에는 유효한 여권을 가지고 출국하는 출입국항에서 출입국관리공무원의 출국심사를 받아야 한다(출입국관리법 제28조 제1항). 출국심사를 받을 때에는 여권과 출국신고서를 출입국관리공무원에게 제출하고 질문에 답하여야 한다(출입국관리법 시행령 제35조. 출입국관리법 시행령 제1조 제1항). 출입국관리공무원은 출국심사를 할 때 해당 외국인의 출국 적격 여부와 그 밖에 필요한 사항을 확인하여야 하고(출입국관리법 시행령 제35조, 출입국관리법 시행령 제1조 제2항), 출국심사를 마친 때에는 여권과 출국신고서에 출국심사인을 찍어야 한다(출입국관리법 시행령 제35조, 출입국관리법 시행령 제1조 제3항). 다만 여권자동판독기 등 정보화기기를 이용하여 개인별 출입국기록을 확보할 수 있는 경우 또는 법무부장관이 정하는 경우에는 출국신고서의 제출을 생략하게 하거나 출국심사인의 날인을 생략할 수 있다(출입국관리법 시행령 제35조, 출입국관리법 시행령 제1조 제10항). 출국하려는 외국인이 출국심사를 받지 않고 출국한 경우 3년 이하의 징역 또는 2천만 원 이하의 벌금에 해당하는 형사처벌을 받게 된다(출입국관리법 제94조 제18호, 출입국관리법 제28조 제1항 및 제2항).

2) 외국인의 출국정지

가) 요건

법무부장관은 형사재판에 계속 중인 외국인, 징역형이나 금고형의 집행이 끝나지 아니한 외국인, 1천만 원 이상의 벌금이나 2천만 원 이상의 추징금을 내지 아니한 외국인, 5천만 원 이상의 국세·관세 또는 지방세를 정당한 사유 없이 그 납부기한까지 내지 아니한 외국인, 그 밖에 대한민국의 이익이나 공공의 안전 또는 경제질서를 해칠 우려가 있어 그 출국이 적당하지 아니하다고 법무부령으로 정하는 외국인[107]에 대해 3개월 이내의 기간을

---

[107] 출입국관리법 시행규칙 제39조의3 제1항
　1. 2억 원 이상의 국세를 포탈한 혐의로 세무조사를 받고 있는 사람.

정하여 출국을 정지할 수 있다(출입국관리법 제29조 제1항, 출입국관리법 제4조 제1항, 출입국관리법 시행령 제36조 제1항 제1호).

조세 미납을 이유로 한 외국인의 출국정지에 대해서는 비교적 엄격하게 그 필요성을 판단해야 한다는 판결이 있어 이를 소개한다. 서울고등법원 2017. 9. 15. 선고 2017누41162 판결(확정)에서는, 국민의 출국금지에 대해 내려진 대법원의 판결의 설시 중 미납자가 출국을 이용하여 재산을 해외에 도피시키는 등 강제집행을 곤란하게 하는 것을 방지함에 주된 목적이 있을 뿐 조세 미납자의 신병을 확보하거나 출국의 자유를 제한하여 심리적 압박을 가함으로써 미납 세금을 자진납부하도록 하기 위함이 아니라는 점, 미납에 정당한 사유가 없다는 사유만으로 바로 출국금지 처분을 하는 것은 헌법상의 기본권 보장 원리 및 과잉금지의 원칙에 비추어 허용되지 않는다는 점, 재산의 해외 도피 가능성 여부에 대한 판단에 있어서도 재량권을 일탈 또는 남용해서는 안 된다는 점, 출국금지로써 달성하려는 공익목적과 그로 인한 기본권 제한에 따라 당사자가 입게 될 불이익을 비교형량하여 합리적인 재량권의 범위 내에서 출국금지 여부를 결정하여야 한다는 점을 원용하며, "이러한 법리는 본국으로 돌아가고자 하는 외국인에 대하여 출입국관리법 제29조에 의하여 출국정지를 하는 경우에는 더욱 엄격히 적용된다고 봄이 옳다."라고 판단하였다.

한편 법무부장관은 사형, 무기, 장기 3년 이상의 징역 또는 금고에 해당하는 범죄 혐의로 수사를 받고 있거나 그 소재를 알 수 없어서 기소중지결정이 된 외국인에 대하여는 10일 이내의 기간을 정하여 출국을 정지할 수 있다(출입국관리법 제29조 제1항, 출입국관리법 제4조 제2항, 출입국관리법 시행규칙 제39조의3 제2항, 출입국관리법 시행규칙 제36조 제1항 제2호 본문). 다만 도주 등 특별한 사유가 있어 수사진행이 어려운 외국인에 대해서는 1개월 이내, 소재를 알 수 없어 기소중지결정이 된 외국인에 대해서는 3개월 이내, 기소중지결정이 된 경우로서 체포영장 또는 구속영장이 발부된 외국인은 영장 유효기간 이내의 기간으로 출국을 정지할 수 있다(출입국관리법 시행령 제36조 제1항 제2호 단서). 2018. 3. 20. 법 개정으로 외국인에 대한 긴급출국정지가 도입되었는데, 수사기관은 범죄

---

2. 20억 원 이상의 허위 세금계산서 또는 계산서를 발행한 혐의로 세무조사를 받고 있는 사람.
3. 그 밖에 출국 시 국가안보 또는 외교관계를 현저하게 해칠 우려가 있다고 법무부장관이 인정하는 사람.

피의자인 외국인이 증거를 인멸할 염려가 있는 경우, 도망하거나 도망할 우려가 있는 경우 출국심사를 하는 출입국관리공무원에게 긴급출국정지를 요청할 수 있게 되었다(출입국관리법 제29조의2 제1항).

나) 절차

법무부장관은 외국인의 출국을 정지하려는 경우에는 관계 기관의 장에게 의견을 묻거나 관련 자료를 제출하도록 요청할 수 있다(출입국관리법 시행령 제36조의2, 출입국관리법 시행령 제2조 제1항). 중앙행정기관의 장 및 법무부장관이 정하는 관계 기관의 장은 출국정지를 요청하는 경우에는 출국정지 요청 사유와 출국정지 예정기간 등을 적은 출국정지 요청서에 법무부령으로 정하는 서류를 첨부하여 법무부장관에게 보내야 한다(출입국관리법 시행령 제36조의2, 출입국관리법 시행령 제2조 제2항). 이때 출국정지 예정기간은 법 제4조 제1항 또는 제2항에 따른 출국정지기간을 초과할 수 없다(출입국관리법 시행령 제36조의2, 출입국관리법 시행령 제2조 제3항).

출국정지기간을 연장하려면 법무부장관은 출국정지기간 내에서 그 기간을 정하여 연장하여야 하고(출입국관리법 시행령 제36조의2, 출입국관리법 시행령 제2조의2 제1항), 이 경우 법무부장관은 관계 기관의 장에게 의견을 묻거나 관련 자료를 제출하도록 요청할 수 있다(출입국관리법 시행령 제36조의2, 출입국관리법 시행령 제2조의2 제1항). 출국정지를 요청한 중앙행정기관의 장 및 법무부장관이 정하는 관계 기관의 장(이하 "출국정지 요청기관의 장"이라 한다)이 출국정지기간 연장을 요청하는 경우에는 출국정지기간 연장요청 사유와 출국정지기간 연장예정기간 등을 적은 출국정지기간 연장요청서에 법무부령으로 정하는 서류를 첨부하여 법무부장관에게 보내야 한다(출입국관리법 시행령 제36조의2, 출입국관리법 시행령 제2조의2 제2항).

법무부장관은 출국정지 요청서를 받으면 그날부터, 긴급한 조치가 필요한 경우 1일 이내, 중앙행정기관의 장 및 법무부장관이 정하는 관계 기관의 장과의 협의가 필요하다고 인정되는 경우 10일 이내, 그 밖의 경우 3일 이내에 출국정지 여부 및 출국정지기간을 심사하여 결정하여야 한다(출입국관리법 시행령 제36조의2, 출입국관리법 시행령 제2조의3 제1

항). 법무부장관은 출국정지기간 연장요청서를 받으면 그날부터 3일 이내에 심사하여 결정하여야 한다(출입국관리법 시행령 제36조의2, 출입국관리법 시행령 제2조의3 제2항).

다) 출국정지에 대한 불복절차

출국이 정지되거나 출국정지기간이 연장된 외국인은 출국정지결정이나 출국정지기간 연장 통지를 받은 날 또는 그 사실을 안 날부터 10일 이내에 법무부장관에서 해당 결정에 대한 이의를 신청할 수 있다(출입국관리법 제29조 제2항, 출입국관리법 제4조의5 제1항). 법무부장관은 이의신청을 받으면 그날부터 15일 이내에 이의신청의 타당성 여부를 결정하여야 하나, 부득이한 사유가 있으면 15일의 범위에서 한 차례만 그 기간을 연장할 수 있다(출입국관리법 제29조 제2항, 출입국관리법 제4조의5 제2항). 법무부장관은 이의신청이 이유 있다고 판단하면 즉시 출국정지를 해제하거나 출국정지기간의 연장을 철회하여야 하고, 그 이의신청이 이유 없다고 판단하면 이를 기각하고 당사자에게 그 사유를 서면에 적어 통보하여야 한다(출입국관리법 제29조 제2항, 출입국관리법 제4조의5 제3항).

라) 출국정지의 해제

법무부장관은 출국정지 사유가 없어졌거나 출국을 정지할 필요가 없다고 인정할 때에는 즉시 출국정지를 해제하여야 한다(출입국관리법 제29조 제2항, 출입국관리법 제4조의3 제1항). 이 경우 출국정지를 요청한 기관의 장은 출국정지 사유가 없어졌을 때에는 즉시 법무부장관에게 출국정지의 해제를 요청하여야 한다(출입국관리법 제29조 제2항, 출입국관리법 제4조의3 제2항).

법무부장관은 출국정지 해제요청서를 받으면 지체 없이 해제 여부를 심사하여 결정하여야 하고(출입국관리법 시행령 제36조의2, 출입국관리법 시행령 제3조 제4항), 심사 결과 출국정지를 해제하지 아니하기로 결정하면 지체 없이 그 이유를 분명히 밝혀 출국정지 요청기관의 장에게 통보하여야 한다(출입국관리법 시행령 제36조의2, 출입국관리법 시행령 제3조 제5항).

위와 같은 경우에 해당하지 않더라도 외국인의 출국정지로 인하여 외국과의 우호관계를 현저히 해칠 우려가 있는 경우, 출국정지로 인하여 외국인이 회복하기 어려운 중대한 손해를 입을 우려가 있다고 인정되는 경우, 그 밖에 인도적 사유 등으로 외국인의 출국정지를 해제할 필요가 있다고 인정되는 경우 법무부장관은 직권으로 출국정지를 해제할 수 있다(출입국관리법 시행규칙 제39조의4).

마) 통지

법무부장관은 출국을 정지하거나 출국정지기간을 연장하였을 때에는 즉시 당사자에게 그 사유와 기간 등을 밝혀 서면으로 통지하여야 한다(출입국관리법 제29조 제2항, 출입국관리법 제4조의4 제1항). 또한 법무부장관이 심사 결과 출국정지나 출국정지기간 연장을 하지 아니하기로 결정하면 그 이유를 분명히 밝혀 출국정지 요청기관의 장에게 통보하여야 한다(출입국관리법 시행령 제36조의2, 출입국관리법 시행령 제2조의3 제4항).

출국정지결정 등의 통지는 서면으로 하여야 하는데 구체적으로는 다음과 같다. 출국정지한 경우 출국정지 통지서, 출국정지기간을 연장한 경우 출국정지기간 연장통지서, 출국정지를 해제한 경우 출국정지 해제통지서를 통해 통지해야 하고(출입국관리법 시행규칙 제39조의5, 출입국관리법 시행규칙 제6조의7 제1항), 통지서는 본인에게 직접 교부하거나 우편 등의 방법으로 보내야 한다(출입국관리법 시행규칙 제39조의5, 출입국관리법 시행규칙 제6조의7 제2항).

바) 출국정지 해제자의 출국

출국정지로 인하여 허가받은 체류기간까지 출국하지 못한 외국인은 출국정지 해제일로부터 10일 이내에는 체류기간 연장 등 별도의 절차를 밟지 아니하고 출국할 수 있다(출입국관리법 시행령 제37조).

3) 재입국허가

법무부장관은 외국인등록을 하거나 그 등록이 면제된 외국인이 체류기간 내에 출국하였다가 재입국하려는 경우 그의 신청을 받아 재입국을 허가할 수 있다(출입국관리법 제30

조 제1항). 다만, 외국인의 체류자격 중 대한민국에 영주할 수 있는 체류자격(F-5)을 가진 사람과 재입국허가를 면제하여야 할 상당한 이유가 있는 사람으로서 법무부령으로 정하는 사람[108]에 대하여는 재입국허가를 면제할 수 있다(출입국관리법 제30조 제1항).

이때 재입국허가는 한 차례만 재입국할 수 있는 단수재입국허가와 2회 이상 재입국할 수 있는 복수재입국허가로 구분된다(출입국관리법 제30조 제2항). 재입국허가의 최장기간은 단수재입국허가는 1년, 복수재입국허가는 2년이나(출입국관리법 시행규칙 제41조 제1항), 기업투자(D-8) 체류자격자 중 법무부장관이 정하는 일정 금액 이상을 투자한 자 또는 거주(F-2) 자격자 중 법무부장관이 정하는 일정 금액 이상의 금원을 일정 기간 이상 국내산업체에 투자하고 계속하여 기업활동에 종사한 자에 대하여는 3년이 인정된다(출입국관리법 시행규칙 제41조 제2항).

만약 외국인이 질병이나 그 밖의 부득이한 사유로 허가받은 기간 내에 재입국할 수 없는 경우에는 그 기간이 끝나기 전에 법무부장관의 재입국허가기간 연장허가를 받아야 하는데(출입국관리법 제30조 제3항), 이때 연장허가는 재외공관의 장에게 받아야 한다(출입국관리법 제30조 제4항, 출입국관리법 시행령 제38조).

---

108 출입국관리법 시행규칙 제44조의2 제1항
    1. 영 별표 1 중 체류자격 28의3. 영주(F-5)의 자격을 가진 사람으로서 출국한 날부터 2년 이내에 재입국하려는 사람.
    2. 영 별표 1 중 체류자격 1. 외교(A-1)부터 3. 협정(A-3)까지, 10. 문화예술(D-1)부터 28. 동반(F-3)까지, 28의4. 결혼이민(F-6)부터 31. 방문취업(H-2)까지의 자격을 가진 사람으로서 출국한 날부터 1년(남아 있는 체류기간이 1년보다 짧을 경우에는 남아 있는 체류기간으로 한다) 이내에 재입국하려는 사람.

05

외국인의 등록 및 사회통합 프로그램

IMMIGRATION

CONTROL LAW

05
외국인의 등록 및 사회통합 프로그램

가. 외국인의 등록

1) 개관

대한민국에 거주하고 있는 사람은 법률에 따라 자신에 관한 정보를 지방자치단체 등에 등록해야 한다. 주민등록에 관한 사항을 규정하고 있는 주민등록법은 "주민의 거주관계 등 인구의 동태를 항상 명확하게 파악하여 주민생활의 편익을 증진시키고 행정사무를 적정하게 처리하도록 하는 것"이 등록의 목적임을 명시하고 있다(주민등록법 제1조). 그런데 주민등록의 대상에서 외국인은 명문으로 배제되어 있어(주민등록법 제6조 제1항 단서), 외국인에 관한 행정사무 및 체류질서 유지를 위해 별도의 등록이 필요하다.[109]

2) 등록 대상자 및 관리

외국인이 입국한 날부터 90일을 초과하여 대한민국에 체류하려면 입국한 날부터 90일 이내에 체류지를 관할하는 지방출입국·외국인관서의 장에게 외국인등록을 하여야 한다(출입국관리법 제31조 제1항).

주한외국공관(대사관과 영사관을 포함한다)과 국제기구의 직원 및 그의 가족, 대한민국정부와의 협정에 따라 외교관 또는 영사와 유사한 특권 및 면제를 누리는 사람과 그의

---

109 한편, 재외국민에 대하여는 "국내에 30일 이상 거주할 목적으로 입국하는 때에는 해당 거주지를 관할하는 시장·군수·구청장에게 주민등록법 제10조 제1항 각호의 사항, 영주 또는 거주하는 국가나 지역의 명칭과 체류자격의 종류를 신고하여야 한다(주민등록법 제10조의2 제1항)."라고 하여 주민등록을 명문 규정으로 가능하게 하고 있다.

가족, 대한민국정부가 초청한 사람 등으로서 외교·산업·국방상 중요한 업무에 종사하는 자 및 그의 가족 등 법무부장관이 특별히 외국인등록을 면제할 필요가 있다고 인정하는 자에 대하여는 등록이 면제된다(출입국관리법 제31조 제1항 단서, 출입국관리법 시행규칙 제45조 제1항). 이때 외국인등록의무가 면제된 외국인이 전자상거래, 인터넷 회원가입 등을 위해 외국인등록번호가 필요하게 된 경우 체류지 관할 청장·사무소장 또는 출장소장에게 신청하여 외국인등록번호를 부여받을 수 있다(출입국관리법 시행령 제40조의2 제1항). 다만 등록이 면제된 외국인 본인이 원하는 경우 체류기간 내에 외국인등록을 할 수도 있다(출입국관리법 제31조 제2항).

대한민국에서 출생하여 출입국관리법 제23조에 따라 체류자격을 부여받는 사람으로서 그날부터 90일을 초과하여 체류하게 되는 사람은 그 체류자격을 받는 때 외국인등록을 하여야 하고(출입국관리법 제31조 제2항), 체류자격 변경허가를 받는 사람 중 입국한 날부터 90일을 초과하여 체류하게 되는 사람 역시 체류자격 변경허가를 받는 때에 외국인등록을 하여야 한다(출입국관리법 제31조 제3항).

외국인등록을 받은 지방출입국·외국인관서의 장은 등록외국인기록표를 작성 후 비치하고, 외국인등록표를 작성하여 그 외국인이 체류하는 시(특별시와 광역시는 제외한다)·군·구(자치구를 말한다)의 장에게 보내야 하고(출입국관리법 제34조 제1항), 시·군·구의 장은 외국인등록표를 받은 때 그 등록사항을 외국인등록대장에 적어 관리하여야 한다(출입국관리법 제34조 제1항). 또한 지방출입국·외국인관서의 장은 외국인등록을 한 사람에게는 대통령령으로 정하는 방법에 따라 개인별로 고유한 등록번호(외국인등록번호)를 부여하여야 한다(출입국관리법 제31조 제4항).

3) 외국인등록의 효과

출입국관리법에 따른 외국인등록은 주민등록에 갈음한다(출입국관리법 제88조의2 제2항). 또한 등록의무가 있는 외국인이 동법 제31호에 따른 등록을 하지 않은 경우 강제퇴거의 대상이 되고(출입국관리법 제46조 제1항 제12호), 1년 이하의 징역 또는 1천만 원이하의 벌금에 처해질 수도 있다(출입국관리법 제95조 제7호). 이와 관련하여 최근 유의미한 대법원 판결이 잇따라 내려진바 이를 상세히 소개한다.

가) 대법원 2016. 10. 13. 선고 2015다14136 판결 등

외국인의 등록이 주민등록에 갈음한다는 법 조문의 해석에 대해 대법원 2016. 10. 13. 선고 2015다14136 판결에서는 "외국인의 외국인등록이나 체류지 변경신고는 주택임대차보호법상 대항요건으로 규정된 주민등록과 동등한 법적 효과가 인정된다고 보아야 한다." 라고 결론내린 바 있다. 그 근거 중 하나로, "출입국관리법이 외국인이 외국인등록과 체류지 변경신고를 하면 주민등록법에 의한 주민등록 및 전입신고를 한 것으로 간주하는 것은, 외국인은 주민등록법에 의한 주민등록을 할 수 없는 대신 외국인등록과 체류지 변경신고를 하면 주민등록을 한 것과 동등한 법적 보호를 해주고자 하는 데 취지가 있다 할 것이고, 이는 특히 주택임대차보호법에 의하여 주택의 인도와 주민등록을 마친 임차인에게 인정되는 대항력 등의 효과를 부여하는 데에서 직접적인 실효성을 발휘하게 한다."라는 점을 들고 있다.

또한 주민등록 역시 열람 및 등·초본의 교부가 제한적인 경우만 허용된다는 점을 들어 그 공시기능이 외국인등록을 통한 공시와 상대적인 차이밖에 없다는 점을 지적하며 "2013. 8. 13. 법률 제12043호로 개정되어 2014. 1. 1.부터 시행된 주택임대차보호법은 주택임대차계약에 대한 확정일자 부여기관에 확정일자 부여일, 차임 및 보증금, 임대차기간 등을 기재한 확정일자부를 작성할 의무를 지우고, 주택의 임대차에 이해관계가 있는 자는 확정일자 부여기관에 위와 같은 임대차 정보의 제공을 요청할 수 있도록 하는 확정일자 부여 및 임대차 정보제공 제도를 신설하면서, 외국인(외국국적동포를 포함한다)도 확정일자 부여를 받을 수 있는 대상자에 포함하였다(제3조의6). 이는 주민등록과 외국인등록부 등의 제한된 공시기능을 보강하고자 한 것이고, 이로써 확정일자부에 의한 임대차계약 공시의 효과는 내국인과 외국인 사이에 차이가 없게 되었다. 이러한 제도는 원고의 이 사건 임대차계약 체결 이후에 새로 도입된 것이기는 하지만, 그것에 의하여 비로소 외국인이 체결한 임대차계약에 대한 공시방법이 마련되었다고 볼 것은 아니고, 기왕에 출입국관리법 제88조의2 제2항에 의하여 외국인등록 및 체류지 변경신고를 주민등록 및 전입신고로 갈음하는 효력이 있는 것을 보완하여 공시기능을 강화한 것으로 볼 수 있다(대법원 2016. 10. 13. 선고 2015다14136 판결)."라고 하여 외국인등록 그 자체만으로도 공시기능을 수행하고 있음을 밝혔다.

이 판결에서는 나아가 "헌법 제2조 제2항은 국가는 법률이 정하는 바에 의하여 재외국민을 보호할 의무를 진다고 규정하고 있는데, 이러한 헌법정신은 재외국민의 가족이 외국인 또는 외국국적동포인 경우에도 관철되어야 실질적으로 실현될 수 있다. 아울러 헌법 제6조 제2항은 외국인은 국제법과 조약이 정하는 바에 의하여 그 지위가 보장된다고 규정함으로써 외국인에 대한 차별대우를 금지하고 있고, 특히 주거의 안정과 보호의 필요성은 대등하다고 할 것이다. 따라서 외국인 및 외국국적동포의 주거생활에 관련된 법률관계에 대한 규정 및 법리를 해석·적용할 때에는 위와 같은 헌법적 이념이 가능한 한 구현될 수 있도록 하여야 한다(대법원 2016. 10. 13. 선고 2015다14136 판결)."라고 하여 대항력의 문제를 국가의 헌법적 의무와도 결부시키고 있다.

2016. 10. 13. 선고된 대법원 2014다218030(본소), 2014다218047(반소) 판결에서도 외국인의 등록과 대항력의 관계가 문제되었는데, 위 2015다14136 판결과 같은 취지로 판시하였다.

나) 재외국민과의 비교

대한민국 외의 지역에 거주하고 있는 재외국민의 거소신고에 대하여는 대항력이 인정되지 않는다는 취지의 하급심 판결이 존재한다. 서울고등법원 2014. 7. 8. 선고 2013나 2027716, 2027723 판결에서는 "재외동포법 제9조는 '법령에 규정된 각종 절차와 거래관계 등에서 주민등록증, 주민등록표 등본·초본, 외국인등록증 또는 외국인등록 사실증명이 필요한 경우에는 국내거소신고증이나 국내거소신고 사실증명으로 그에 갈음할 수 있다.'라고 규정하고 있다. 그러나 위 규정은 문언상 국내거소신고증이나 국내거소신고 사실증명으로 주민등록증 등에 의한 사실증명에 갈음할 수 있다는 의미일 뿐, 국내거소신고에 대하여 주민등록과 동일한 법률효과를 인정한다는 취지로까지는 해석되지 아니하므로 재외국민의 국내거소신고에 대하여는 명시적 규정이 없는 한 주민등록에 의한 법률효과가 인정되지 않는다고 보는 것이 타당"하다고 설시하였다.

그 근거로는 "주택임대차보호법 제3조 제1항에서 주택의 인도와 더불어 대항력의 요건으로 규정하고 있는 주민등록은 거래의 안전을 위하여 임차권의 존재를 제3자가 명백히 인식할 수 있게 하는 공시방법으로 마련된 것인데(대법원 2001. 1. 30. 선고 2000다58026, 58033 판결 등 참조), 주민등록과 재외국민의 국내거소신고를 동일·유사한 공시방법으로 인정하기도 어렵고, 주민등록법 제29조가 이해관계인 등의 열람 등을 허용하고 있는 것과는 달리 재외동포법은 재외국민의 국내거소신고에 대하여 위와 같은 열람 등에 관한 규정을 두고 있지 아니하여 그 공시 기능도 유사하다고 보기는 어려운 점 등"을 들고 있다.

위 고등법원 판결은 공시의 효력 등을 이유로 재외국민의 거소신고에 대항력을 부정하였던 것인데, 2016. 10. 13. 선고된 2015다14136 판결 등에 따르면 이러한 판례의 견해는 현재는 유지되기 어려울 것으로 보인다. 무엇보다도 2014. 1. 21. 개정 주민등록법에서 제10조의2를 신설함으로써 재외국민의 주민등록을 가능하게 하였으므로 재외국민 거소신고의 대항력 문제는 더 이상 문제될 여지가 없다 하겠다.

4) 등록외국인의 의무

가) 외국인등록사항의 변경신고

출입국관리법 제31조에 따라 등록을 한 외국인은 성명·성별·생년월일 및 국적, 여권의 번호·발급일자·유효기간, 그 외에 법무부령으로 정하는 사항[110]이 변경되었을 때에는 14

---

[110] 출입국관리법 시행규칙 제49조의2(외국인등록사항 변경의 신고)
법 제35조 제3호에서 "법무부령으로 정하는 사항"이라 함은 다음 각 호의 어느 하나에 해당하는 사항을 말한다. 〈개정 2007.3.5., 2008.7.3., 2009.4.3., 2010.11.16.〉
1. 영 별표 1 중 10. 문화예술(D-1)·11. 유학(D-2) 및 13. 일반연수(D-4)부터 18. 무역경영(D-9)까지 중 어느 하나에 해당하는 자격을 가지고 있는 사람의 경우에는 소속기관 또는 단체의 변경(명칭변경을 포함한다)이나 추가.
2. 삭제. 〈2009.4.3.〉
3. 영 별표 1 중 체류자격 18의2. 구직(D-10)의 자격에 해당하는 자의 경우에는 연수개시 사실 또는 연수기관의 변경(명칭변경을 포함한다).
4. 영 별표 1 중 31. 방문취업(H-2)의 자격에 해당하는 자로서 개인·기관·단체 또는 업체에 최초로 고용된 경우에는 그 취업개시 사실.
5. 영 별표 1 중 31. 방문취업(H-2)의 자격에 해당하는 자로서 개인·기관·단체 또는 업체에 이미 고용되어 있는 경우에는 그 개인·기관·단체 또는 업체의 변경(명칭변경을 포함한다).

일 이내에 체류지 관할 지방출입국·외국인관서의 장에게 외국인등록사항 변경신고를 하여야 한다(출입국관리법 제35조). 외국인등록사항의 변경신고를 하려는 사람은 변경신고서에 외국인등록증과 여권을 첨부하여 체류지 관할 청장·사무소장 또는 출장소장에게 제출하여야 한다(출입국관리법 시행령 제44조 제1항).

체류지 관할 청장·사무소장 또는 출장소장은 변경신고를 받은 때에는 등록외국인기록표를 정리하여야 하며, 변경사항에 대해 외국인등록증을 재발급하고 외국인등록사항 변경신고서 사본을 그 외국인이 체류하는 지역의 시장·군수 또는 구청장에게 보내야 한다(출입국관리법 시행령 제44조 제1항). 시장·군수 또는 구청장은 외국인등록사항 사본을 받으면 지체 없이 외국인등록표를 정리해야 한다(출입국관리법 시행령 제44조 제3항).

출입국관리법에 따른 외국인등록사항 변경신고를 하지 않은 외국인에 대하여는 100만 원 이하의 과태료가 부과될 수 있다(출입국관리법 제100조 제2항 제1호).

나) 체류지 변경신고

출입국관리법 제31조에 따라 등록을 한 외국인이 체류지를 변경하였을 때에는 전입한 날부터 14일 이내에 새로운 체류지의 시·군·구 또는 읍·면·동의 장(이하 '지자체의 장'이라 한다)이나 그 체류지를 관할하는 지방출입국·외국인관서의 장에게 전입신고를 하여야 한다(출입국관리법 제36조 제1항). 외국인이 체류지 변경신고를 할 때에는 외국인등록증을 제출하여야 하고(출입국관리법 제36조 제2항), 이 경우 지자체의 장이나 지방출입국·외국인관서의 장은 그 외국인등록증에 체류지 변경사항을 적은 후 돌려주어야 한다(출입국관리법 제36조 제2항). 이와 같이 전입신고를 받은 지방출입국·외국인관서의 장은 지체 없이 새로운 체류지 지자체의 장에게 체류지 변경 사실을 통보하여야 한다(출입국관리법 제36조 제3항). 지자체의 장은 직접 외국인으로부터 전입신고를 받거나 지방출입국·외국인관서의 장으로부터 체류지 변경통보를 받은 경우 지체 없이 종전 체류지 지자체의 장에게 체류지 변경신고서 사본을 첨부하여 외국인등록표의 이송을 요청해야 한다(출입국관리법 제36조 제4항).

출입국관리법에 따른 체류지 변경신고는 전입신고를 갈음한다(출입국관리법 제88조의

2 제2항). 또한 체류지 변경신고를 하지 않은 외국인은 100만 원 이하의 벌금에 처해진다(출입국관리법 제98조 제2호).

다) 허가신청 등의 의무자

다음 각 호의 어느 하나에 해당하는 사람이 17세 미만인 경우 본인이 그 허가 등의 신청을 하지 아니하면 그의 부모 등이 그 신청을 하여야 한다(출입국관리법 제79조). 구체적으로 제31조에 따라 외국인등록을 하여야 할 사람(제5호), 제35조에 따라 외국인등록사항 변경신고를 하여야 할 사람(제6호), 제36조에 따라 체류지 변경신고를 하여야 할 사람(제7호)이 이에 해당한다.

이때 대신하여 신청을 할 사람은 우선적으로 그 외국인의 부모가 된다(출입국관리법 제79조, 동법 시행령 제89조 제2항). 부모가 신청을 할 수 없는 경우 사실상의 부양자, 형제자매, 신원보증인, 그 밖의 동거인 순으로 신청의무자가 된다(출입국관리법 시행령 제89조 제1항 및 제2항).

5) 외국인등록증

가) 발급

출입국관리법 제31조에 따라 외국인등록을 마친 지방출입국·외국인관서의 장은 그 외국인에게 외국인등록증을 발급하여야 한다(출입국관리법 제33조 제1항). 이때 등록외국인의 체류지 관할 청장·사무소장 또는 출장소장은 외국인등록증을 발급하는 때 그 사실을 외국인등록증 발급대장에 적어야 한다(출입국관리법 시행령 제41조 제1항). 다만 그 외국인이 17세 미만인 경우에는 외국인등록증을 발급하지 아니할 수 있고(출입국관리법 제33조 제1항 단서), 외국인등록증을 발급하지 아니한 17세 미만의 외국인에 대해서는 여권에 외국인등록번호 스티커를 붙여야 한다(출입국관리법 시행령 제41조 제2항).

2018. 3. 20. 개정 출입국관리법은 대통령령에서 정하던 영주자격을 법률에 명시하였는데, 이와 관련하여 외국인등록증의 발급에 관련된 사항도 법률로써 정하고 있다. 영주자격을 가진 외국인에게 발급하는 외국인등록증(영주증)의 유효기간은 10년이고(출입국

관리법 제33조 제3항), 영주증을 발급받은 사람은 유효기간이 끝나기 전까지 영주증을 재발급받아야 한다(출입국관리법 제33조 제4항). 다만 개정 출입국관리법 시행 당시(* 2018. 9. 21.) 종전의 규정에 따라 영주자격을 가진 사람의 영주증은 영주증을 재발급받기 전까지 유효한 것으로 본다(출입국관리법 제33조의2 제3항).

나) 영주증 재발급에 관한 특례

영주자격을 가진 외국인은 위 제33조에도 불구하고 개정 출입국관리법 시행 당시(* 2018. 9. 21.) 종전의 규정에 따라 영주자격을 가진 사람은 아래의 구분에 따른 기간 내에 체류지 관할 지방출입국·외국인관서의 장에게 영주증을 재발급받아야 한다(출입국관리법 제33조의2).

① 이 법 시행 당시 영주자격을 취득한 날부터 10년이 경과한 사람 : 이 법 시행일부터 2년 이내(제1호)
② 이 법 시행 당시 영주자격을 취득한 날부터 10년이 경과하지 아니한 사람 : 10년이 경과한 날부터 2년 이내(제2호)

한편 체류지 관할 지방출입국·외국인관서의 장은 위 각 호에 해당하는 사람에게 영주증 재발급 신청기한 등이 적힌 영주증 재발급 통지서를 지체 없이 송부하여야 하나, 소재 불명 등으로 영주증 재발급 통지서를 송부하기 어려운 경우에는 관보에 공고하여야 한다(출입국관리법 제33조의2 제2항).

다) 반납

등록한 외국인은 이렇게 발급받은 외국인등록증을 출국할 때 출입국관리공무원에게 반납하여야 한다(출입국관리법 제37조 제1항). 다만, 재입국허가를 받고 일시 출국하였다가 그 허가기간 내에 다시 입국하려는 경우, 복수사증 소지자나 재입국허가 면제대상 국가의 국민으로서 일시 출국하였다가 허가된 체류기간 내에 다시 입국하려는 경우, 난민여행증명서를 발급받고 일시 출국하였다가 그 유효기간 내에 다시 입국하려는 경우에는 반납하지 않아도 된다(출입국관리법 제37조 제1항 단서).

다만 지방출입국·외국인관서의 장이 대한민국의 이익을 위하여 필요하다고 인정하면 법 제37조 제1항 단서에 해당하는 경우라도 외국인등록증을 일시 보관할 수 있다(출입국관리법 제37조 제4항). 이때 그 외국인이 허가된 기간 내에 다시 입국하였을 때에는 14일 이내에 지방출입국·외국인관서의 장으로부터 외국인등록증을 돌려받아야 하고, 그 허가받은 기간 내에 다시 입국하지 아니하였을 때에는 외국인등록증을 반납한 것으로 본다(출입국관리법 제37조 제5항).

등록한 외국인이 귀화하여 대한민국 국민이 되거나 사망한 경우 또는 동법 제31조 제1항의 등록 면제자에 해당하게 된 경우 외국인등록증을 반납하여야 한다(출입국관리법 제37조 제2항).

라) 외국인등록증과 주민등록증의 관계

법령에 규정된 각종 절차와 거래관계 등에서 주민등록증이나 주민등록등본 또는 초본이 필요하면 외국인등록 사실증명으로 이를 갈음한다(출입국관리법 제88조의2 제1항).

마) 외국인등록증에 관한 금지행위

출입국관리법 제33조의3에서는 외국인등록증 등을 부정한 목적으로 사용하는 행위를 금지하고 있다. 외국인의 여권이나 외국인등록증을 취업에 따른 계약 또는 채무이행의 확보수단으로 제공받거나 그 제공을 강요하는 행위(제1호), 외국인등록번호를 거짓으로 생성하여 자기 또는 다른 사람의 재물이나 재산상의 이익을 위해 사용하는 행위(제2호), 외국인등록번호를 거짓으로 생성하는 프로그램을 다른 사람에게 전달하거나 유포하는 행위(제3호), 다른 사람의 외국인등록증을 부정하게 사용하거나 자기의 외국인등록증을 부정하게 사용한다는 사정을 알면서 다른 사람에게 제공하는 행위 또는 이를 각각 알선하는 행위(제4호), 다른 사람의 외국인등록번호를 자기 또는 다른 사람의 재물이나 재산상의 이익을 위해 부정하게 사용하는 행위(제5호)가 금지된다(출입국관리법 제33조의2). 이러한 금지행위를 한 사람은 3년 이하의 징역 또는 2천만 원 이하의 벌금에 해당하는 형사처벌을 받게 된다(출입국관리법 제94조 제19호).

이와 유사한 조항은 여권법에도 있다. 여권법 제16조에서는 여권의 발급이나 재발급을 위해 제출한 서류에 거짓된 사실을 적거나 그 밖의 부정한 방법으로 여권의 발급·재발급을 받는 행위나 이를 알선하는 행위(제1호), 다른 사람 명의의 여권을 사용하는 행위(제2호), 사용하게 할 목적으로 여권을 다른 사람에게 양도·대여하거나 이를 알선하는 행위(제3호), 사용할 목적으로 다른 사람 명의의 여권을 양도받거나 대여받는 행위(제4호), 채무이행의 담보로 여권을 제공하거나 제공받는 행위(제5호)를 금지하고 있다. 외국인등록증과 비교했을 때 대체로 유사하나, 여권은 실제로 사용하지 않더라도 사용할 목적으로 양도받거나 대여받는 행위 자체를 금지하고 있다는 점에서 차이가 있다. 위 사항을 위반한 사람은 모두 형사처벌의 대상이 된다. 구체적으로 제1호 위반자는 3년 이하의 징역 또는 3천만 원 이하의 벌금형(여권법 제24조), 제2호 및 제3호 위반자는 2년 이하의 징역 또는 2천만 원 이하의 벌금형(여권법 제25조 제1호 및 제2호), 제4호 및 제5호 위반자는 1년 이하의 징역 또는 1천만 원 이하의 벌금형(여권법 제26조 제1호 및 제2호)에 처해진다.

나. 사회통합

1) 출입국관리법상의 사회통합 프로그램

출입국관리법에서는 대한민국 국적, 대한민국에 영주할 수 있는 체류자격 등을 취득하려는 외국인을 위한 사회통합 프로그램을 예정하고 있다(출입국관리법 제39조 제1항). 사회통합 프로그램은 한국어 교육, 한국사회 이해 교육, 그 밖에 외국인의 사회적응 지원에 필요하다고 법무부장관이 인정하는 교육·정보 제공·상담 등으로 구성되어 있다(출입국관리법 시행령 제48조 제1항).

법무부장관은 사회통합 프로그램을 효과적으로 시행하기 위하여 필요한 전문인력 및 시설 등을 갖춘 기관, 법인 또는 단체를 사회통합 프로그램 운영기관으로 지정할 수 있는데(출입국관리법 제39조 제2항), 지정된 기관은 사회통합 프로그램의 운영·출입국 및 외국인정책 관련 정보 제공 및 홍보·외국인사회통합과 다문화 이해 증진·그 밖에 외국인의 사회적응 지원을 위하여 필요한 업무를 수행한다(출입국관리법 시행령 제49조 제5항).

이때 운영기관의 지정기간은 최대 2년이다(출입국관리법 시행령 제49조 제4항). 이 사회통합 프로그램을 이수한 외국인은 사증 발급, 체류 관련 각종 허가 등을 할 때 출입국관리법 또는 관계 법령에서 정하는 바에 따라 우대받을 수 있다(출입국관리법 제40조).

법무부장관은 사회통합 프로그램의 시행에 필요한 전문인력을 양성할 수 있고(출입국관리법 제39조 제3항), 국가와 지방자치단체는 운영기관의 업무 수행에 필요한 경비, 전문인력 양성에 필요한 경비의 전부 또는 일부를 예산의 범위에서 지원할 수 있다(출입국관리법 제39조 제4항). 사회통합 프로그램을 충실히 운영하기 위해 프로그램의 개발·운영, 운영기관의 지정, 운영기관의 관리 및 지정 취소, 전문인력 양성 등에 관하여 법무부장관의 자문에 응하기 위해 법무부장관 소속으로 사회통합프로그램 자문위원회를 둔다(출입국관리법 시행규칙 제53조의4 제1항).

법무부장관은 운영기관의 사회통합 프로그램 운영 실태를 파악하기 위해 필요한 경우, 관련 자료의 제출 또는 보고를 요구할 수 있다(출입국관리법 시행령 제50조 제1항). 또한 운영기관이 법을 위반하거나 자료제출 또는 보고요구에 응하지 아니하는 경우 경고하거나 시정을 요구할 수 있다(출입국관리법 시행령 제50조 제2항). 이때 운영기관이 거짓이나 부정한 방법으로 운영기관으로 지정받은 경우, 출입국관리법 시행령상의 요건을 갖추지 못하게 된 경우, 지원받은 경비를 부당하게 집행한 경우, 시정 요구에 정당한 이유 없이 불응한 경우, 경고나 시정 요구를 받은 사항을 반복하여 위반하는 경우 법무부장관은 운영기관 지정을 취소할 수 있다(출입국관리법 제50조 제3항).

2) 재한외국인 처우 기본법상의 프로그램

재한외국인 처우 기본법은 재한외국인에 대한 처우 등에 관한 기본적인 사항을 정함으로써 재한외국인이 대한민국 사회에 적응하여 개인의 능력을 충분히 발휘할 수 있도록 하고, 대한민국 국민과 재한외국인이 서로를 이해하고 존중하는 사회 환경을 만들어 대한민국의 발전과 사회통합에 이바지하는 것을 목적으로 제정된 법률이다(재한외국인 처우 기본법 제1조). 국가가 재한외국인에 대한 처우 등과 관련되는 다른 법률을 제정 또는 개정하는 경우에는 재한외국인 처우 기본법의 목적에 맞도록 하여야 한다(재한외국인 처우 기본법 제4조)는 점에서 이 법률은 의미가 있다. 외국인정책에 관한 주요 사항을 심의·조정하기 위해 국무총리 소속으로 외국인정책위원회를 두고(재한외국인 처우 기본법 제8조 제1항), 외국인정책의 기본계획 수립·평가 등에 관한 사항을 심의 및 조정한다(재한외국인 처우 기본법 제8조 제2항).

국가 및 지방자치단체는 재한외국인 또는 그 자녀에 대한 불합리한 차별 방지 및 인권옹호를 위한 교육·홍보 또는 그 밖에 필요한 조치를 하기 위해 노력해야 하고(재한외국인 처우 기본법 제10조), 재한외국인이 대한민국에서 생활하는 데 필요한 기본적 소양과 지식에 관한 교육·정보제공 및 상담 등의 지원을 할 수 있으며(재한외국인 처우 기본법 제11조), 결혼이민자와 그 자녀에 대한 교육·보육·의료 지원 등을 통해 결혼이민자 및 그 자녀가 대한민국 사회에 빨리 적응하도록 지원할 수 있다(재한외국인 처우 기본법 제12조 제1항).

난민법에 따른 난민인정자가 대한민국에서 거주하기를 원하는 경우 위 제12조 제1항을 준용하여 지원할 수 있고(재한외국인 처우 기본법 제14조 제1항), 난민의 인정을 받은 재한외국인이 외국에서 거주할 목적으로 출국하려는 경우에는 출국에 필요한 정보제공 및 상담과 그 밖에 필요한 지원을 할 수 있다(재한외국인 처우 기본법 제14조 제2항). 재한외국인이 대한민국의 국적을 취득한 경우에는 국적을 취득한 날부터 3년이 경과하는 날까지 역시 위 제12조 제1항에 따른 시책의 혜택을 받을 수 있다(재한외국인 처우 기본법 제15조). 한편, 국가 및 지방자치단체는 과거 대한민국의 국적을 보유하였던 자 또는 그의 직계비속(대한민국의 국적을 보유한 자를 제외한다)으로서 대통령령으로 정하는 자[111]에 대하여 대한민국의 안전보장·질서유지·공공복리, 그 밖에 대한민국의 이익을 해치지 아니하는 범위 안에서 대한민국으로의 입국·체류 또는 대한민국 안에서의 경제활동 등을 보장할 수 있다(재한외국인 처우 기본법 제17조).

---

[111] 재한외국인 처우 기본법 시행령 제15조 제1항
법 제17조에서 "대통령령으로 정하는 자" 자신 또는 부모의 일방이나 조부모의 일방이 과거 대한민국의 국적을 보유하였던 사실을 증명하는 자로서 다음 각 호에 해당하지 아니하는 자를 말한다.
1. 「출입국관리법」 제11조 제1항 각 호의 어느 하나에 해당하여 입국이 금지되는 자.
2. 「재외동포의 출입국과 법적지위에 관한 법률」 제5조 제2항에 따라 체류자격 부여가 제한되는 자.

06

외국인의 추방

06
외국인의 추방

가. 개관

출입국관리법에서는 외국인을 추방하는 절차로 강제퇴거, 출국명령 절차를 규정하고 있고 인신구속에 해당하는 보호명령 역시 예정하고 있다. 구체적으로, 제6장 '강제퇴거 등'이라는 표제하에 강제퇴거, 조사, 심사결정을 위한 보호, 심사 및 이의신청, 강제퇴거명령서의 집행, 보호의 일시해제, 출국권고, 출국명령 순으로 국내법 질서를 위반한 외국인에 대한 제재방법을 규정하고 있다. 또한 제9장 보칙에서는 사실조사, 동향조사, 허가 등의 취소 또는 변경 등 사전적 조치를 규정하고 있다. 순서상 출입국관리공무원이 동향조사 또는 위반조사를 통해 법 위반에 관한 자료를 수집하고 나면, 해당 외국인이 강제퇴거 대상자인지 여부를 심사하게 된다. 심사 결과 강제퇴거사유에 해당된다고 판단되는 경우 심사결정을 하고 이후 강제퇴거명령을 내리게 된다. 강제퇴거사유에 해당되지만 외국인이 자비로 자발적으로 출국할 의사를 밝힌 경우 출국명령처분을 내릴 수도 있고, 경미한 법위반의 경우 출국권고를 하기도 한다.

본 서에서는 실무상의 순서를 고려하여 편의상 크게 조사, 심사결정을 위한 보호, 심사, 강제퇴거, 집행을 위한 보호, 출국명령 순으로 서술하였다. 이어서는 출입국사범에 대한 행정형벌 등 제재에 관한 내용을 다루었다. 조사, 심사, 보호 모두 강제퇴거와 관련된 법 제46조 제1항을 전제로 하고 있으나, 서술의 효율을 위해 법 제46조 제1항의 사유는 '강제퇴거' 항목에서 구체적으로 언급하도록 하겠다.

나. 조사

1) 출입국관리법에서 예정한 조사의 유형

출입국관리법은 '조사'라는 용어를 세 곳에서 사용하고 있다. 따라서 조문의 내용을 비교함으로써 의미상의 차이를 구별할 필요가 있다. 먼저 출입국관리법 제47조는 "출입국관리공무원은 제46조 제1항 각 호의 어느 하나에 해당된다고 의심되는 외국인(이하 "용의자"라 한다)에 대하여는 그 사실을 조사할 수 있다."라고 규정하고 있는데, 이는 조문체계상 피조사자에게 입국금지사유 또는 출입국관리법 위반 혐의가 있는지에 대한 조사를 의미한다. 이때의 조사는 위법에 대한 구체적인 의심이 있는 경우 착수하는 절차라고 보아야 한다.

한편 출입국관리법 제80조 제1항에서는 "출입국관리공무원이나 권한 있는 공무원은 이 법에 따른 신고 또는 등록의 정확성을 유지하기 위하여 제19조·제31조·제35조 및 제36조에 따른 신고 또는 등록의 내용이 사실과 다르다고 의심할 만한 상당한 이유가 있으면 그 사실을 조사할 수 있다."라고 규정하고 있다. 이는 출입국관리공무원이 다양한 유형의 법위반 사실을 상시로 조사할 수 있는 근거가 된다. 다만 법 제47조의 조사도 사증·체류자격 등에 관한 조사를 포함하고 있고, 제46조 제1항 제3호를 통해 출입국관리법 제11조 제1항 제3호[112] 및 제4호[113]의 포괄규정 역시 법 제47조의 조사 대상에 포함되므로 법 제80조 제1항이 독자적으로 의미를 가지는 경우는 많지 않을 것으로 보인다.

출입국관리법 제81조는 외국인이 적법하게 체류하고 있는지 여부를 조사하기 위해, 또는 외국인의 불법입국을 방지하기 위해 출입국관리공무원이 관련자에게 질문하거나 자료 제출을 요구할 수 있도록 규정하고 있다. 동향조사는 법위반에 대한 구체적 의심을 전제하지 않은 조사라는 점에서 법 제47조의 조사와 구별된다.

출입국관리법상 세 가지 유형의 조사 가운데 법 제80조 제1항의 사실조사는 비중이 낮으므로 조문을 언급하는 것으로 갈음하고, 법 제47조의 조사와 법 제81조 제1항의 동향조

---

112 대한민국의 이익이나 공공의 안전을 해치는 행동을 할 염려가 있다고 인정할 만한 상당한 이유가 있는 사람.

113 경제질서 또는 사회질서를 해치거나 선량한 풍속을 해치는 행동을 할 염려가 있다고 인정할 만한 상당한 이유가 있는 사람.

사에 대해 서술하겠다. 조사의 유형 중 법 제81조 제1항의 조사는 문언의 표현에 따라 '동향조사'로 지칭하겠다. 법 제47조의 조사는 1967. 5. 3. 법률 제1900호로 시행된 개정법부터 1983. 12. 31. 법률 제3694호로 제정되기 전까지 '위반조사'라는 용어로 규정되어 있었다. 법 제47조가 강제퇴거명령을 염두에 둔 조사라는 점을 고려한다면 구체적인 법위반을 전제로 하지 않는 동향조사와는 의미상 구별된다. 따라서 본 서에서는 법 제47조의 조사를 '위반조사'로 기술하겠다.

2) 동향조사

가) 절차

　출입국관리공무원, 고용노동부·중소기업청·경찰공무원 중 소속 기관장(고용노동부장관, 중소기업청장, 경찰청장)이 인정하는 사람 및 그 밖에 법무부장관이 필요하다고 인정하는 중앙행정기관 공무원은 외국인이 적법하게 체류하고 있는지를 조사하기 위해 외국인, 외국인을 고용한 자, 외국인의 소속 단체 또는 외국인이 근무하는 업소의 대표자, 외국인을 숙박시킨 자를 방문하여 질문하거나 자료 제출을 요구할 수 있다(출입국관리법 제81조 제1항). 또한 출입국관리공무원은 허위초청 등에 의한 외국인의 불법입국을 방지하기 위해 외국인의 초청이나 국제결혼 등을 알선·중개하는 자 또는 그 업소를 방문하여 질문하거나 자료를 제출할 것을 요구할 수 있다(출입국관리법 제81조 제1항). 법 제81조 제1항 또는 제2항에 따라 질문을 받거나 자료 제출을 요구받은 자는 정당한 이유 없이 이를 거부해서는 안 되고(출입국관리법 제81조 제4항), 장부 또는 자료 제출을 요구받고도 응하지 않은 경우 100만 원 이하의 과태료가 부과된다(출입국관리법 제100조 제2항 제3호).

　그 외에도 출입국관리공무원은 거동이나 주위의 사정을 합리적으로 판단하여 출입국관리법을 위반하였다고 의심할 만한 상당한 이유가 있는 외국인에게 정지를 요청하고 질문할 수 있다(출입국관리법 제81조 제3항). 이 조항의 위반행위에 대하여는 별도의 제재규정이 존재하지 않는다.

나) 동향조사와 위반조사의 구별

(1) 구별실익

동향조사는 체류질서 유지 및 자료 수집을 위한 사전조사로서의 성격이 짙다. 반면 위반조사는 추방 또는 형사처벌의 사후적 제재조치를 내리기 위해 대상자가 강제퇴거사유에 해당하는지를 확정하는 준비행위에 가깝다. 따라서 후자는 전자에 비해 대상자의 권리관계를 더 많이 제한할 소지가 크고 속성상 사법경찰행정으로서의 성격도 일부 띠고 있으므로 구별의 실익이 있다. 출입국관리법 역시 이러한 속성을 반영하여 위반조사는 형사소송절차의 강제수사 절차와 유사한 구조로 조문을 구성하고 있다.

(2) 구별 기준

출입국관리법의 동향조사와 위반조사의 구별은 그 조사를 통해 추구하고자 하는 '목적'이 무엇인가에 따라 구별된다. 동향조사는 일반적인 체류관리 및 정보 수집 목적으로, 위반조사는 강제퇴거명령을 위한 조사 목적으로 이루어지는 것으로 구별된다. 그런데 동향조사 중 정지요청 및 질문에 관한 부분은 문언상 위법에 대한 '의심'을 요건으로 하고 있으므로(출입국관리법 제81조 제3항) 이 점에서 위반조사와 차이점이 명확하지 않을 수 있다. 더구나 동향조사와 위반조사가 시간적으로 밀접하게 연결된 경우 판단은 더 어려워진다.

그러나 동향조사와 위반조사를 적어도 관념적으로는 구별할 필요가 있고, 법률 역시 별개의 상황을 예정한 것으로 보인다. 먼저, 법 제81조 제3항은 위반조사와 다른 상황에서 적용되는 조항이므로 적용범위가 중첩되지 않는다. 법 제81조 제3항은 출입국관리공무원이 해당 외국인이 출입국관리법을 위반하였다고 의심할 만한 상당한 이유가 있는 외국인에게 "정지를 요청"하고 질문할 수 있다고 규정하고 있는데, 의심의 근거로 "거동이나 주위의 사정"을 제시하고 있다. 문언에 비추어볼 때 법 제81조 제3항은 법 제47조의 위반조사처럼 강제퇴거 사유를 전제로 하지 않는다는 점이 분명하다. 즉, 법 제81조 제3항은 출입국관리공무원이 직무를 수행하던 중 위법이 의심되는 정황을 포착하였으나 공무원 개인의 주관적 인식 외의 구체적 자료가 없는 경우 그 공무원에게 기초적인 정보 수집을 위해 권한을 준 것이라 새기는 것이 타당하다. 따라서 법 제81조 제3항에서 말하는 "의심"은 법 제47조 위반조사의 요건으로서의 "의심"보다 광의의 개념으로 보아야 할 것이다.

후속절차의 면에서도 양자는 구별된다. 법 제81조에 따른 동향조사는 대상자에 대한 조사의 폭이 넓지 않고 제재수단 역시 미약하다. 출입국관리공무원의 장부 또는 자료 제출 요구에 불응했을 때 100만 원 이하의 과태료가 부과되는(출입국관리법 제100조 제2항 제3호) 것이 사실상 전부다. 그 이외에 질문·정지명령 등에 응하지 아니하였다 해도 출입국 관리법의 범위에서는 동향조사를 위해 취할 수 있는 조치가 제한된다. 반면 법 제47조에 따른 위반조사는 용의자뿐 아니라 참고인에 대하여도 출석을 요청하거나 동의하에 주거 등을 검사할 수 있는 등 조사를 할 수 있는 폭이 넓고, 일정한 사유가 있는 경우 대상자를 보호시설에 구금할 수도 있으며, 강제퇴거 여부를 결정하기 위한 심사절차를 사후에 예정하고 있다. 요컨대 위반조사는 논리필연적 후속절차로서 '심사'를 예정하고 있고, 대상자는 그 후속절차에서 구금까지 될 수 있다. 반면 동향조사는 그 결과에 따라 혐의가 있을 경우 위반조사 또는 강제퇴거명령을 위한 심사로 연결될 수 있으나 혐의가 없으면 그러하지 않아, 후속절차가 필연적이지는 않다.

위반조사와 동향조사는 조사 목적 및 필연적 후속절차 존부를 기준으로 구별할 수 있고, 법 제81조 제3항의 동향조사 역시 관념적으로는 위반조사와 구별된다. 이해를 돕기 위해 항을 달리하여 구체적인 예를 들도록 하겠다.

(3) 적용양태

① 출입국관리공무원이 외국인의 체류 및 근무상황 등을 조사하기 위해 외국인을 고용한 사업주를 방문하였는데, 그 과정에서 여권 등을 통해 불법체류 혐의를 확인한 경우가 있을 수 있다. 이 경우 조사 개시가 해당 외국인의 불법체류에 대한 의심에서 비롯된 것이 아니라 일반적인 체류관리 목적에 있었으므로, 법 제81조 제1항의 동향조사를 통해 법 위반 혐의를 확인한 것일 뿐 법 제47조의 조사는 별도로 하지 않았다고 볼 수 있다. 즉, 이 경우 외국인이 여권 제시 요구에 응하지 않았다는 사실 하나만으로 보호명령을 내리는 것은 체계에 맞지 않는 조치에 해당한다. 다만 외국인의 여권 제시 거부 행위에 대하여는 벌금형으로 제재할 수 있고(출입국관리법 제98조 제1

호), 다른 사정과 종합하여 판단할 때 법 제46조 제1항에 해당한다는 합리적 의심이 들 경우 위반조사를 실시할 수 있다. 위반조사 결과 불법체류 사실이 확인된 경우 심사를 통해 강제퇴거 여부를 결정할 수 있음은 물론이다.

② 체류기간 연장허가를 신청한 외국인이 제출한 서류를 검토하던 중 위명여권이 의심되어 조사에 착수하였고, 출입국기록과 기존에 제출된 자료 등을 확인한 결과 법 위반이 발견되어 강제퇴거명령을 내린 경우가 있을 수 있다. 이때는 강제퇴거 사유에 해당하는지를 밝히기 위해 조사가 개시되었고 의심 역시 구체적·유형적인 자료에 근거한 것이었으므로 이때의 조사는 동향조사가 아닌 법 제47조의 위반조사에 해당한다고 볼 수 있다.

③ 출입국관리공무원이 평소 업무상 자주 가던 외국인 거주 지역에서 낯선 외국인을 발견한 경우를 상정할 수 있다. 이때 공무원은 법 제81조 제3항에 따라 그 외국인에게 정지를 요청한 후 여권·사증 등의 제시를 요구할 수 있다. 이 부분은 법 제81조 제3항의 동향조사에 해당한다. 제시받은 여권·사증을 통해 체류기간 등을 확인한 결과 불법체류 외에도 위명여권, 허위신고 등 위법이 의심된다면 추가로 조사를 하게 되는데, 이 부분은 개별 법조항 위반 여부에 대한 구체적 근거 있는 의심에서 비롯된 조사이므로 법 제47조의 위반조사에 해당한다.

다) 법적 성격

(1) 행정조사에 관한 정의

행정조사기본법 제2조 제1호에서는 행정조사를 "행정기관이 정책을 결정하거나 직무를 수행하는 데 필요한 정보나 자료를 수집하기 위하여 현장조사·문서열람·시료채취 등을 하거나 조사대상자에게 보고요구·자료제출요구 및 출석·진술요구를 행하는 활동"이라고 정의하고 있다. 행정조사는 조사목적을 달성하는 데 필요한 최소한의 범위 안에서 실시하여야 하며 다른 목적 등을 위해 조사권을 남용해서는 안 되고(행정조사기본법 제4조 제1항), 위반에 대한 처벌보다는 법령 준수를 유도하는 것이 주된 목표(행정조사기본법 제4조 제4항)라는 점에서 법률에 따른 한계가 있다.

또한 행정조사 역시 행정행위의 일종인 만큼 비례의 원칙 등 행정법의 일반원칙에 따른 제한을 받는다. 행정조사 중 조사 대상자에게 명문의 규정 없이도 실력 행사가 가능한지 여부에 대하여 긍정성과 부정설이 대립한다.[114]

(2) 소결

출입국관리법 제81조의 동향조사는 출입국관리를 위해 외국인의 체류현황을 파악하는 절차로서 강제력 동원을 예정하고 있지 않다. 따라서 동향조사는 법체계상 행정조사에 해당한다. 다만, 출입국관리에 필요한 한도에서 조사 대상자에게 규정 없이 실력 행사가 가능한지 여부에 대해 이견이 있을 수 있으나, 출입국관리법에서는 조문상 동향조사와 위반조사를 구분하고 있고 위반조사의 목적 및 법적 성격 역시 동향조사와 상이하므로 동향조사에서까지 이를 인정할 필요는 없어 보인다.

라) 판례

공장장의 동의나 승낙 없이 공장에 들어가 외국인을 상대로 불법체류자 단속업무를 수행하던 출입국관리공무원을 흉기로 찌른 외국인의 행위가 특수공무집행방해죄를 구성하는지가 문제된 형사 사건이 있다. 대법원 2009. 3. 12. 선고 2008도7156 판결에서는 "영장주의 원칙의 예외로서 출입국관리공무원 등에게 외국인 등을 방문하여 외국인동향조사 권한을 부여하고 있는 위 법 규정의 입법 취지 및 그 규정 내용 등에 비추어볼 때, 출입국관리공무원 등이 출입국관리법 제81조 제1항에 근거하여 제3자의 주거 또는 일반인의 자유로운 출입이 허용되지 아니한 사업장 등에 들어가 외국인을 상대로 조사하기 위해서는 그 주거권자 또는 관리자의 사전 동의가 있어야 한다고 할 것이다."라고 판시하여 위 공무원의 행위가 적법한 공무집행에 해당하지 않고, 피고인의 행위가 특수공무집행방해죄를 구성하지 않는다고 결론 내렸다.

전술한 바와 같이 동향조사의 법적 성격은 행정조사에 해당하므로 조사목적에 필요한

---

114 박균성, 행정학강의, 박영사, 2013, 353–354쪽.

최소한의 범위에서 시행되어야 하고, 명문의 규정이 없는 한 강제력의 행사는 허용되지 않는다. 따라서 이러한 점을 고려한다면 공장, 주거 등 타인의 지배영역에 있는 장소에 진입할 때에는 권한 있는 자의 동의를 얻어야 할 것이다. 따라서 대법원의 판시는 타당하다.

3) 위반조사

가) 법적 성격

위반조사의 법적 성격에 대해 상대방의 임의적 협조를 받아 행하는 것이라는 점을 근거로 하는 임의조사설과, 행정조사와 목적이 다르고 출입국관리법에서 강제퇴거를 전제로 위반조사를 운영하고 있다는 점 등을 근거로 하는 준수사설이 대립한다.[115] 전술한 바와 같이 위반조사는 일정한 경우 구금에 해당하는 보호명령까지 수단으로 동원할 수 있으므로 임의의 협력을 전제로 하는 임의조사와는 성격상 명확히 구별된다. 따라서 준수사설이 타당하다.

나) 위반조사의 개시

(1) 동향조사

출입국관리법 제81조에 따라 동향조사를 하던 출입국관리공무원이 대상 외국인에 대해 출입국관리법 위반의 의심을 가지게 된 경우, 위반조사에 착수하여 기존 출입국기록 및 제출서류를 검토할 수 있다.

(2) 공무원의 통보

국가나 지방자치단체의 공무원이 그 직무를 수행할 때 출입국관리법 제46조 제1항 각 호의 어느 하나에 해당하는 사람이나 출입국관리법에 위반된다고 인정되는 사람을 발견하면 그 사실을 지체 없이 지방출입국·외국인관서의 장에게 알려야 한다(출입국관리법 제84조 제1항 본문). 다만, ①「초·중등교육법」 제2조에 따른 학교에서 외국인 학생의 학

---

[115] 차용호, 전게서, 440쪽.

교생활과 관련하여 신상정보를 알게 된 경우, ②「공공보건의료에 관한 법률」제2조 제3호에 따른 공공보건의료기관에서 담당 공무원이 보건의료 활동과 관련하여 환자의 신상정보를 알게 된 경우, ③ 그 밖에 공무원이 범죄피해자 구조·인권침해 구제 등 법무부장관이 정하는 업무를 수행하는 과정에서 해당 외국인의 피해구제가 우선적으로 필요하다고 법무부장관이 인정하는 경우와 같이 공무원이 통보로 인하여 그 직무수행 본연의 목적을 달성할 수 없다고 인정되는 경우 통보의무가 면제된다(출입국관리법 제84조 제1항 단서).

교도소·소년교도소·구치소 및 그 지소·보호감호소·치료감호시설 또는 소년원의 장은 법 제46조 제1항 각 호의 어느 하나에 해당하는 통보대상 외국인이 ① 형의 집행을 받고 형기의 만료·형의 집행정지 또는 그 밖의 사유로 석방이 결정된 경우, ② 보호감호 또는 치료감호 처분을 받고 수용된 후 출소가 결정된 경우, ③「소년법」에 따라 소년원에 수용된 후 퇴원이 결정된 경우 중 어느 하나에 해당하면 그 사실을 지체 없이 지방출입국·외국인관서의 장에게 알려야 한다(출입국관리법 제84조 제2항).

공무원 및 교정기관이 통보의무에 따라 출입국관리공무원에게 출입국관리법 위반 혐의가 있는 외국인에 대한 정보를 통지한 경우, 그에 따라 위반조사를 개시하게 된다.

(3) 위반조사의 개시시점에 관한 판례

위반조사의 개시 시점에 대해 법원은 "출국명령 혹은 강제퇴거명령을 위한 조사는 수사기관으로부터 당해 외국인에 대한 형사판결이 출입국행정기관에 통보되는 순간부터 이미 시작된다고 할 것(서울행정법원 2016. 4. 28. 선고 2015구단14648 판결)"이라고 판시한 바 있고, 같은 판결에서 "이러한 경우 행정청은 당해 외국인에 대한 형사처분결과는 물론 과거 범법사실, 불법체류 전력, 가족관계 등에 관한 제반사정을 조사·검토하는 절차를 거치게 되는 점, 강제퇴거명령, 출국명령 등 외국인의 출국에 관한 처분에는 긴급성, 밀행성, 적시성이 요구되는 관계로 처분 당사자를 출석시켜 조사를 하는 절차는 처분 바로 전 단계에서 이루어지는 것으로 보이는 점"이라고 하여 위반조사에서 이루어지는 행위 일부를 언급하고 있다.

다) 인지보고

출입국관리공무원은 법 제47조에 따른 위반조사에 착수할 때에는 용의사실인지보고서를 작성하여 청장·사무소장·출장소장 또는 외국인보호소의 장에게 제출하여야 한다(출입국관리법 시행령 제57조). 출입국관리공무원은 이 용의사실인지보고서를 작성할 때에는 사건부에 소정의 사항을 기재하고 용의사실인지보고서에 사건번호를 기재하여야 한다(출입국관리법 시행규칙 제54조의3 제1항).

라) 용의자에 대한 출석요구 및 신문

출입국관리공무원은 제46조 제1항 각호의 강제퇴거사유에 해당된다고 의심되는 외국인(이하 "용의자"라 한다)에 대하여 그 사실을 조사할 수 있고(출입국관리법 제47조), 필요하면 용의자의 출석을 요구하여 신문할 수 있다(출입국관리법 제48조 제1항). 출입국관리공무원은 용의자의 출석을 요구할 때에는 출석요구의 취지, 출석일시 및 장소 등을 적은 출석요구서를 발급하고 그 발급사실을 출석요구서 발급대장에 적어야 하나(출입국관리법 제58조 제1항), 긴급한 경우 출석요구를 구두로도 할 수 있다(출입국관리법 시행령 제58조 제2항). 이 경우 출석요구에 대해 미리 청장·사무소장·출장소장 또는 보호소장의 승인을 얻어야 하는데, 긴급한 경우 사후에 지체 없이 보고하여 승인을 얻어야 한다(출입국관리법 시행규칙 제55조). 법원은 위 출입국관리법 제47조에 따른 조사와 제48조에 따른 용의자의 진술기재 및 통역 제공은 문언상 필수적인 것이 아니어서 강제퇴거 대상자를 반드시 조사하거나, 강제퇴거 대상자인 외국인에게 통역을 제공하거나 외국인의 진술을 조서에 적어야 하는 것은 아니라고 판단한 바 있다(대구지방법원 2018. 2. 21. 선고 2017구단12082 판결).

출석한 용의자를 신문할 때에는 다른 출입국관리공무원을 참여하게 하여야 한다(출입국관리법 제48조 제2항). 또한 출입국관리공무원은 신문을 하는 때 용의자에게 변호인을 참여하게 할 수 있음을 미리 알려주어야 하고(출입국사범 단속과정의 적법절차 및 인권보호 준칙 제17조 제1항), 용의자 또는 변호인이 신청할 경우 용의자신문에 변호인의 참여를 허용하여야 한다(출입국사범 단속과정의 적법절차 및 인권보호 준칙 제17조 제2항). 조사

과정에 참석한 변호인에 대해서는, 변호인이 신문을 방해하거나 조사기밀을 누설하는 경우 또는 그 염려가 있는 등 정당한 사유가 있는 때를 제외하고는 참여를 불허하거나 퇴거를 요구할 수 없다(출입국사범 단속과정의 적법절차 및 인권보호 준칙 제17조 제3항). 용의자가 사물 변별능력이나 의사결정 능력이 미약한 때나, 용의자의 심리적 안정과 원활한 의사소통을 위해 필요한 때에는 본인의 의사에 반하지 않는 한 가족 또는 기타 신뢰관계 있는 자를 신문에 동석하게 할 수 있다(출입국사범 단속과정의 적법절차 및 인권보호 준칙 제18조).

용의자신문을 시작하기 전에 출입국관리공무원은 용의자에게 구두 또는 서면으로 진술을 거부할 수 있음을 알리고 그 사실을 용의자신문조서에 기재하여야 한다(출입국사범 단속과정의 적법절차 및 인권보호 준칙 제16조). 용의자신문 시 용의자의 진술은 조서에 적어야 하고(출입국관리법 제48조 제3항, 출입국사범 단속과정의 적법절차 및 인권보호 준칙 제15조 제2항), 조서를 용의자에게 읽어주거나 열람하게 한 후 오기 유무를 물어야 하며, 용의자가 내용에 대한 추가·삭제 또는 변경을 청구하면 그 진술을 조서에 적어야 한다(출입국관리법 제48조 제4항). 해당 조서에는 용의자의 간인 및 서명 또는 기명날인이 있어야 하고, 용의자가 서명 또는 기명날인을 할 수 없거나 이를 거부할 때에는 그 사실을 조서에 적어야 한다(출입국관리법 제48조 제5항). 용의자가 국어를 할 수 없는 경우 그 진술을 통역인에게 통역하게 하여야 하고, 청각장애인 또는 언어장애인인 경우 문자로 묻거나 문자로 진술하게 할 수 있다(출입국관리법 제48조 제6항, 출입국사범 단속과정의 적법절차 및 인권보호 준칙 제21조 제1항). 용의자의 진술 중 국어가 아닌 문자나 부호가 있는 경우 이를 번역하게 하여야 한다(출입국관리법 제48조 제7항, 출입국사범 단속과정의 적법절차 및 인권보호 준칙 제21조 제2항).

출입국사범 단속과정의 적법절차 및 인권보호 준칙 제19조에서는 영상녹화에 관해서도 규정을 두고 있다. 출입국관리공무원은 불법입국 알선자, 위·변조여권 행사자, 밀입국자, 기타 중요사범에 대해서는 신문과정을 영상녹화 할 수 있다(출입국사범 단속과정의 적법절차 및 인권보호 준칙 제19조 제1항). 제1항의 규정에 의한 영상녹화를 하는 때에는 용의자 또는 변호인에게 미리 그 사실을 알려주어야 하며 신문을 시작하는 때부터 종료 시까지 전 과정을 영상녹화 하여야 한다(출입국사범 단속과정의 적법절차 및 인권보호 준칙 제19조 제2항 본문). 다만, 참고인에 대해 영상녹화를 하고자 하는 때에는 미리 참고인의 동의를 받아야 한다(출입국사범 단속과정의 적법절차 및 인권보호 준칙 제19조 제2항 단서). 제1항, 제2항의 규정에 의한 영상녹화가 완료된 때에는 용의자 또는 변호인 앞에서 지체 없이 그 원본을 봉인하고 용의자로 하여금 기명날인 또는 서명하게 하여야 한다(출입국사범 단속과정의 적법절차 및 인권보호 준칙 제19조 제3항). 이 조문은 용의자에게 적극적인 신청권을 부여한 것이 아니라 행정청의 편의에 따라 녹화 여부를 임의로 결정할 수 있게 한 것이어서 형사소송법상의 영상녹화와는 법적 성격에서 차이가 있다.

마) 참고인에 대한 출석요구 및 진술

출입국관리공무원은 위반조사에 필요하면 참고인에게 출석을 요구하여 그의 진술을 들을 수 있다(출입국관리법 제49조 제1항). 출석한 참고인으로부터 진술조서를 받는 과정은 법 제48조 제2항 내지 제7항과 동일하다(출입국관리법 제49조 제2항).

바) 검사 및 제출요구

출입국관리공무원은 위반조사에 필요한 경우 용의자의 동의를 받아 그의 주거 또는 물건을 검사하거나 서류 또는 물건을 제출하도록 요구할 수 있다(출입국관리법 제50조). 또한 용의자가 용의사실을 부인하거나 용의자가 제출한 서류만으로는 용의사실을 증명하기에 충분하지 아니한 경우, 그 용의자와 관련 있는 제3자의 동의를 얻은 후 주거 또는 물건을 검사하거나 서류 또는 물건을 제출하게 할 수 있다(출입국관리법 시행령 제61조). 출입국관리공무원이 이러한 절차에 따라 서류 또는 물건을 제출받은 때에는 제출경위 등을 적은 제출물조서와 제출한 물건 등의 특징과 수량을 적은 제출물목록을 작성하여야 하고(출입국관리법 제62조 제1항), 제출물보관대장에 기재하여야 한다(출입국관리법 시행규칙 제57조 제1항).

이 부분에 관하여 용의자와 관련 있는 제3자의 검사,[116] 제출 요구[117]가 비록 임의조사에

---

116 주거 또는 물건에 대하여.
117 서류 또는 물건에 대하여.

해당한다 할지라도 출입국관리법에서 동의의 주체를 용의자로 한정한 범위를 넘어서기 때문에 법체계상 적절하지 않다는 비판이 있다.[118] 용의자와 관련된 제3자의 권리를 제한하는 내용의 조문이 상위법에서의 수권도 없이 하위 법규에서 등장하는 것은 법률유보원칙에 위반하여 위헌의 소지가 있다는 점에서 이 지적은 타당하다.

또한 출입국관리공무원은 위반조사에 필요하면 관계 기관이나 단체에 자료의 제출이나 사실의 조사 등에 대한 협조를 요청할 수 있다(출입국관리법 제78조 제1항 제1호). 또한 법무부장관은 위반조사를 비롯한 출입국사범 조사[119]를 위해 필요한 경우 관계 기관에 범죄경력정보·수사경력정보, 외국인의 범죄처분결과정보, 관세사범정보, 여권발급정보·주민등록정보, 외국인의 자동차등록정보, 납세증명서, 가족관계등록 전산정보 또는 국제결혼 중개업체의 현황 및 행정처분 정보의 제공을 요청할 수 있다(출입국관리법 제78조 제2항 제4호). 법 제78조에 따른 협조 요청 또는 정보제공 요청을 받은 관계 기관이나 단체는 정당한 이유 없이 요청을 거부해서는 안 된다(출입국관리법 제78조 제3항).

사) 여권 등의 회수

한편, 출입국관리공무원은 출입국관리법 위반으로 조사를 받고 있는 사람으로서 법 제46조에 따른 강제퇴거 대상자에 해당하는 출입국사범의 여권·선원신분증명서를 발견하면 회수하여 보관할 수 있다(출입국관리법 제12조의4 제2항). 다만 '조사'는 강제퇴거사유에 해당하는지 여부를 판단하기 위한 사전 자료수집 단계이고, 이후 강제퇴거 여부를 결정하는 '심사' 단계가 이후 별도로 예정되어 있으므로 '조사' 단계에서 강제퇴거 대상자에 대항하는지를 확정할 수는 없다. 조문에서는 '조사를 받고 있는 사람'으로서 '강제퇴거 대상자에 해당하는 출입국사범'이라는 표현을 사용하고 있어 조사 단계에서 강제퇴거사유 해당 여부가 확정된 것으로 오인할 여지가 있지만, 조사 단계와 심사 단계를 분리하고 있

---

118 차용호, 전게서, 457쪽.

119 출입국관리법 제78조 제1항에서는 법 제47조에 따른 조사(제1호)와 출입국사범에 대한 조사(제3호)를 구별하고 있다. 이 조항은 출입국관리법이 1997. 12. 31. 법률 제3044호로 개정되면서 당시 법 제79조 제1항으로 신설된 것인데, 이후 '위반조사'라는 표현이 '제47조에 따른 조사'로 바뀐 것 외에는 동일하게 유지되어 오고 있다. 생각건대 강제퇴거는 출입국관리법 위반 중에서도 무거운 경우에 대해 내려지는 처분이므로, 법 제78조 제1항 제3호는 출입국사범 중 강제퇴거사유에 해당하지 않는 외국인에 대해 적용되는 조문으로 새기는 것이 타당하다.

는 출입국관리법의 체계에 비추어볼 때 법 제12조의4 제2항 '강제퇴거 대상자에 해당하는' 부분은 강제퇴거 대상자에 해당한다고 '의심되는'으로 새기는 것이 타당하다 할 것이다. 이 부분은 조문의 정비가 필요해 보인다.

아) 보호명령의 가부

위반조사에서 법 제51조의 보호를 할 수 있는지 조문상으로는 명확하지 않다. 출입국관리법 제5장 제3절에서는 '심사결정을 위한 보호'라는 제목하에 법 제51조부터 법 제57조를 묶어두고 있으므로, 제51조는 위반조사 이후 심사 단계에서 적용되는 조문으로 보일여지도 있다. 하지만 법 제56조의 '일시보호' 역시 강제퇴거여부를 결정하기 위한 심사와는 무관한 절차임에도 법 제5장 제3절에 포함되어 있으므로, 이러한 점을 고려할 때 조문의 편제만으로 적용범위를 제한하는 것은 타당하지 않다.

법 제51조의 보호는 ① 외국인이 강제퇴거사유 중 하나에 해당한다는 의심이 들고, ② 그 의심에 상당한 이유가 있으며, ③ 외국인이 도주하였거나 외국인에게 도주 우려가 있을 것을 요건으로 한다. 즉, 법 제51조의 보호는 강제퇴거여부를 결정하는 심사 단계에 한정되는 개념이 아니므로 위반조사 과정에서 보호명령을 내리는 것이 문언상으로도 가능하다. 또한 용의자의 자발적인 출석에만 의존해서는 위반조사를 진행하기가 어렵다는 현실적인 한계가 있으므로 위반조사를 위해 법 제51조의 보호명령을 내리는 것이 필요하다. 다만 보호의 본질이 인신구속인 만큼 남용의 소지가 크므로 위반조사 단계에서의 보호명령은 필요성이 충분히 소명된 경우로 한정하여 운용하는 것이 바람직하고, 근본적으로는 위반조사 단계에서의 보호절차에 대해 법령을 정비하는 것이 필요하다.

보호명령에 관하여는 항목을 달리하였다. 보호 부분에서 별도로 서술하도록 하겠다.

자) 위반조사의 단서

동향조사 항목에서 구체적인 사례로 언급한 바와 같이 동향조사의 결과가 위반조사의 단서가 되는 경우도 있다. 출입국관리법에서는 그 외에도 위반조사의 단서가 될 수 있는 경우를 별도의 조문으로 규정하고 있다. 출입국관리법 위반의 의심이 있는 사람을 발견하면 누구든 출입국관리공무원에게 신고할 수 있고(출입국관리법 제83조), 국가나 지방자치단체의 공무원은 강제퇴거의 대상자 또는 출입국관리법 위반자를 발견하면 지체 없이 지방출입국·외국인관서의 장에게 알려야 한다(출입국관리법 제84조 제1항).

또한, 교도소·소년교도소·구치소 및 그 지소·보호감호소·치료감호소 또는 소년원의 장은 강제퇴거 대상자 또는 출입국관리법 위반자가 ① 형의 집행을 받고 형기의 만료·형의 집행정지 또는 그 밖의 사유로 석방이 결정된 경우, ② 보호감호 또는 치료감호 처분을 받고 수용된 후 출소가 결정된 경우, ③ 「소년법」에 따라 소년원에 수용된 후 퇴원의 결정된 경우 중 하나에 해당하면 그 사실을 지체 없이 지방출입국·외국인관서의 장에게 알려야 한다(출입국관리법 제84조 제2항).[120] 따라서 출입국관리법에 따른 신고 또는 통지도 위반조사의 단서가 될 수 있다. 그 외에도 실무상 외국인이 출입국관리법에 따른 허가 신청을 한 경우 그 허가에 대해 심사하던 중 혐의가 발견되어 위반조사에 이르게 되는 경우도 있다.

차) 위반조사와 심사의 구별

위반조사와 연계된 절차로 '심사'라는 용어가 등장한다. "지방출입국·외국인관서의 장은 출입국관리공무원이 용의자에 대한 조사를 마치면 지체 없이 용의자가 법 제46조 제1항 각호의 강제퇴거사유에 해당하는지를 심사하여 결정하여야 한다(출입국관리법 제58조)."라는 내용에서 '심사'라는 단어가 등장한다. 법 제58조의 문언에 비추어본다면 '심사'는 위반조사가 종료된 이후 예정된 별도 절차이고, 용의자가 법 제46조 제1항의 강제퇴거사유에 해당하는지 여부를 이 절차에서 결정하는 것으로 보인다. 법 제51조부터 법 제57조를 포괄하는 표제인 '심사결정을 위한 보호' 역시, 위반조사 이후 강제퇴거에 이르기 전

---

[120] 다만 공무원이 통보로 인하여 그 직무수행 본연의 목적을 달성할 수 없다고 인정되는 경우로서 대통령령으로 정하는 사유에 해당하는 때에는 그러하지 아니하다(출입국관리법 제84조 제1항 단서).
  * 출입국관리법 시행령 제92조의2
  법 제84조 제1항 단서에서 "대통령령으로 정하는 사유"란 다음 각 호의 어느 하나에 해당하는 사유를 말한다. 〈개정 2013. 1. 28.〉
  1. 「초·중등교육법」 제2조에 따른 학교에서 외국인 학생의 학교생활과 관련하여 신상정보를 알게 된 경우.
  2. 「공공보건의료에 관한 법률」 제2조 제3호에 따른 공공보건의료기관에서 담당 공무원이 보건의료 활동과 관련하여 환자의 신상정보를 알게 된 경우.
  3. 그 밖에 공무원이 범죄피해자 구조, 인권침해 구제 등 법무부장관이 정하는 업무를 수행하는 과정에서 해당 외국인의 피해구제가 우선적으로 필요하다고 법무부장관이 인정하는 경우.

까지 '심사'라는 별도의 절차가 예정되어 있다는 점을 전제로 하고 있다. 생각건대 위반조사는 용의자가 강제퇴거사유에 해당하는지 여부를 확정하기 위해 자료를 수집하는 데 그 목적이 있으므로, 위반조사 결과를 법 제46조 제1항에 포섭하고 검토하는 별도의 '심사' 단계가 존재한다고 볼 수 있을 것이다. 다만 실무에서는 조사와 심사가 시간적으로 인접해 있어서 명확히 구별되지 않는 경우가 많다.

다. 보호

1) 개관

"보호"란 출입국관리공무원이 강제퇴거 대상에 해당된다고 의심할 만한 상당한 이유가 있는 사람을 출국시키기 위하여 외국인보호실, 외국인보호소 또는 그 밖에 법무부장관이 지정하는 장소에 인치하고 수용하는 집행활동을 말한다(출입국관리법 제2조 제11호). "외국인보호실"이란 이 법에 따라 외국인을 보호할 목적으로 지방출입국·외국인관서에 설치한 장소를 말하고(출입국관리법 제2조 제12호), "외국인보호소"란 지방출입국·외국인관서 중 이 법에 따라 외국인을 보호할 목적으로 설치한 시설로서 대통령령으로 정하는 곳을 말한다(출입국관리법 제2조 제13호).[121]

출입국관리법에서는 '보호'라는 용어를 세 가지 의미로 사용하고 있다. 강제퇴거 여부를 심사하는 단계에서의 보호를 의미하는 출입국관리법 제51조의 보호와, 일정한 사유가 있는 외국인에 대해 48시간을 초과하지 않는 범위에서 행해지는 출입국관리법 제56조의 보호, 그리고 심사 종료 후 강제퇴거명령의 집행 단계에서의 보호를 의미하는 동법 제63조의 보호가 그것이다. 이들은 비록 같은 표현을 사용하고 있으나 기능 및 법적 성격의 면에서 상이하므로 구별할 필요가 있다. 따라서 본장에서는 출입국관리법 제51조의 보호를 '심사결정을 위한 보호'로, 제56조의 보호를 '일시보호'로, 제63조의 보호를 '집행을 위

---

[121] 외국인보호규칙에서는 "누구든지 보호시설을 「형의 집행 및 수용자의 처우에 관한 법률」상의 수용자를 수용하는 시설로 이용하여서는 아니 된다(외국인보호규칙 제3조)."라고 규정하고 있다. 그러나 형집행법 제2조 제4호에서 "수용자"를 "수형자·미결수용자·사형확정자, 그 밖에 법률과 적법한 절차에 따라 교도소·구치소 및 그 지소에 수용된 사람"으로 정의하고 있어서 개념상 수용자는 보호시설에 수용될 수 없으므로 현실적으로는 의미가 없는 조문이다 .

한 보호'로 지칭하는 한편 이들 모두를 포괄하여 '보호'라 하겠다. 구체적인 사항은 각 항목을 통해 상술하도록 한다.

2) 심사결정을 위한 보호

가) 일반보호와 긴급보호

외국인을 보호할 수 있는 장소는 외국인보호실, 외국인보호소, 구치소, 교도소 그 밖에 법무부장관이 지정하는 장소(이하 '보호시설'이라 한다)이다(출입국관리법 제52조 제2항, 출입국관리법 시행규칙 제59조). 위반조사가 종료되면 해당 외국인이 법 제46조 제1항의 강제퇴거사유에 해당하는지를 위한 심사가 진행된다. 법 제51조 제1항에서는 심사결정을 위한 보호절차를 규정하여 법을 위반한 외국인이 체류질서에 미칠 영향을 최소화하고 있고, 그중에도 긴급한 경우를 위해 법 제51조 제3항에 별도의 조문을 두고 있다. 법 제51조 제1항의 보호와 제3항의 보호는 요건에 차이가 있으므로 구분하는 것이 타당하다. 본장에서는 전자를 '일반보호', 후자를 '긴급보호'라 하겠다. 전술한 바와 같이, 위반조사가 종료된 후 심사결정을 위한 보호도 가능하지만 위반조사를 위한 보호도 가능하다고 보아야 할 것이다.

일반보호는 사전에 보호명령서를 발급받아 진행하는 절차다. 출입국관리공무원은 외국인이 강제퇴거사유에 해당한다고 의심할 만한 상당한 이유가 있고, 도주하거나 도주의 염려가 있으면 지방출입국·외국인관서의 장으로부터 보호명령서를 발급받아 그 외국인을 보호할 수 있다(출입국관리법 제51조 제1항). 사전에 보호명령서를 발급받을 수 없는 긴급한 경우에 해당하여 보호명령서를 발급받을 여유가 없을 때에는 지방출입국·외국인관서의 장에게 그 사유를 알리고 긴급히 보호할 수 있다(출입국관리법 제51조 제3항).

나) 절차

(1) 일반보호

법 제51조 제1항에 따라 심사 대상 외국인을 보호할 때에는 보호사유를 적은 보호명령서 발급신청서에 조사자료 등을 첨부하여 청장·사무소장·출장소장 또는 보호소장에게 제출하여야 하고(출입국관리법 제51조 제2항, 동법 시행령 제63조 제1항), 보호명령결정을 내린 청장·사무소장·출장소장 또는 보호소장은 보호의뢰의 사유 및 근거를 적은 보호의뢰서를 발급하여 이를 보호의뢰를 받는 보호시설의 장에게 각각 보내야 한다(출입국관리법 시행령 제64조 제2항). 보호시설의 장은 청장·사무소장·출장소장 또는 보호소장으로부터 외국인의 보호를 의뢰받은 때 지체 없이 그 외국인을 보호해야 한다(출입국관리법 시행령 제67조).

한편, 보호명령결정을 한 때 출입국관리공무원은 청장·사무소장·출장소장 또는 보호소장으로부터 보호의 사유, 보호장소 및 보호기간 등을 적은 보호명령서를 발급받아 용의자에게 보여 주어야 하고(출입국관리법 시행령 제63조 제2항), 보호명령서를 집행할 때 역시 보호명령서를 내보여야 한다(출입국관리법 제53조).[122] 출입국관리공무원은 용의자를 보호한 때에는 국내에 있는 그의 법정대리인·배우자·직계친족·형제자매·가족·변호인 또는 용의자가 지정하는 사람(이하 "법정대리인 등"이라 한다)에게 3일 이내에 보호의 일시·장소 및 이유를 서면으로 통지하여야 한다(출입국관리법 제54조 제1항 본문). 다만, 법정대리인 등이 없는 때에는 그 사유를 서면에 적고 통지하지 아니할 수 있다(출입국관리법 제54조 제1항 단서). 출입국관리공무원은 법 제54조 제1항의 통지 외에 보호된 사람이 원하는 경우, 긴급한 사정이나 그 밖의 부득이한 사유가 없으면 국내에 주재하는 그의 국적이나 시민권이 속하는 국가의 영사에게 보호의 일시·장소 및 이유를 통지하여야 한다(출입국관리법 제54조 제2항).

보호된 외국인이 강제퇴거 대상자에 해당하는지 여부를 심사 및 결정하기 위한 보호기간은 10일 이내로 한다(출입국관리법 제52조 제1항 본문). 다만, 부득이한 사유가 있으면 지방출입국·외국인관서의 장의 허가를 받아 10일을 초과하지 아니하는 범위에서 한 차례만 연장할 수 있다(출입국관리법 제52조 제1항 단서). 이때 보호기간을 연장하려면 청장·사무소장·출장소장 또는 보호소장으로부터 연장기간, 연장 사유 및 적용 법조문 등을 적은

---

[122] 문언상으로는 출입국관리법 시행령 제63조 제2항에 따라 보호명령결정이 내려졌을 때 보호명령서의 제시가 필요하고, 그와 별도로 보호명령서를 집행할 때 출입국관리법 제53조에 따라 제시가 추가로 필요한 것으로 해석할 여지가 있다. 하지만 보호명령서의 집행 단계에서의 제시와 구별되는 별도의 제시절차를 실무상 상정하기 어렵고, 법 시행령 제63조 제2항이 특정한 상황을 전제하고 있지는 않으므로 집행 단계에서의 제시만으로 충분하다고 새기는 것이 타당하다.

보호기간 연장허가서를 발급받아야 한다(출입국관리법 시행령 제65조 제1항). 출입국관리공무원은 법 시행령 제65조 제1항의 보호기간 연장허가서가 발급된 용의자가 보호시설에 보호되어 있는 때에는 청장·사무소장·출장소장 또는 보호소장으로부터 연장기간 및 연장 사유 등을 적은 보호기간 연장허가서 부본을 발급받아 그 외국인을 보호하고 있는 보호시설의 장에게 보내야 한다(출입국관리법 시행령 제65조 제2항). 만약 보호기간 연장이 불허된 때에는 지체 없이 보호를 해제하여야 하고, 이 경우 용의자가 보호시설에 보호되어 있을 때에는 청장·사무소장·출장소장 또는 보호소장으로부터 보호해제 사유 등을 적은 보호해제 의뢰서를 발급받아 그 외국인을 보호하고 있는 보호시설의 장에게 보내야 한다(출입국관리법 시행령 제65조 제3항). 청장·사무소장·출장소장 또는 보호소장으로부터 보호해제 의뢰를 받은 보호시설의 장은 지체 없이 보호를 해제하여야 한다(출입국관리법 시행령 제67조). 이와 같이 보호장소를 변경한 때에는 법 제54조에 규정된 법정대리인 등 통지 대상자에게 보호사항 변경통지서를 송부하여야 한다(출입국관리법 시행규칙 제60조).

출입국관리공무원은 보호의뢰한 외국인이 조사 또는 출국집행을 받거나, 보호시설 내 안전 및 질서유지를 위해 필요하거나, 의료제공 등 일정한 처우를 받아야 할 경우 다른 보호시설로 보호장소를 변경할 수 있다(출입국관리법 시행령 제64조 제2항). 이때 보호장소를 변경하려면 소속 청장·사무소장·출장소장 또는 보호소장으로부터 보호장소의 변경 사유 등을 적은 보호장소 변경 의뢰서를 발급받아 그 외국인을 보호하고 있는 보호시설의 장과 변경되는 보호시설의 장에게 각각 보내야 한다(출입국관리법 시행령 제64조 제3항). 또한 보호기간을 연장한 때에는 법 제54조에 규정된 법정대리인 등 통지 대상자에게 보호사항 변경통지서를 송부하여야 한다(출입국관리법 시행규칙 제60조).

(2) 긴급보호

법 제51조 제3항의 보호는 용의자가 도주할 염려가 있는 긴급한 상황이 존재하고, 보호명령서를 발급받을 시간적 여유가 없는 상황에서 이루어진다. 예를 들어 외국인이 근무하는 공장에서 동향조사를 하던 출입국관리공무원이 외국인으로부터 혐의점을 발견한 경우가 있을 수 있다. 출입국관리공무원이 외국인을 긴급보호하면 즉시 긴급보호서를 작성하여 그 외국인에게 내보여야 한다(출입국관리법 제51조 제4항). 또한 48시간 이내에 지방 출입국·외국인관서의 장으로부터 보호명령서를 발급받아 외국인에게 내보여야 하며, 보호명령서를 발급받지 못한 경우에는 즉시 보호를 해제하여야 한다(출입국관리법 제51조 제5항). 이때 법 제51조 제4항에 따른 긴급보호서에는 긴급보호의 사유, 보호장소 및 보호 시간이 기재되어야 한다(출입국관리법 시행령 제64조 제4항).

3) 일시보호

가) 대상자

출입국관리공무원은 입국이 허가되지 아니한 사람, 조건부 입국허가를 받은 사람으로서 도주하거나 도주할 염려가 있다고 인정할 만한 상당한 이유가 있는 사람, 출국명령을 받은 사람으로서 도주하거나 도주할 염려가 있다고 인정할 만한 상당한 이유가 있는 사람에 대해 일시보호를 명할 수 있다(출입국관리법 제56조 제1항).

먼저, 입국이 허가되지 않은 사람은 법 제12조 제3항의 사유가 존재함을 이유로 법 제12조 제4항에 따라 입국이 불허된 경우를 말한다. 법 제12조 제3항을 살피자면 ① 여권 또는 사증이 유효하지 않은 경우, ② 입국목적이 체류자격에 맞지 않은 경우, ③ 체류기간이 출입국관리법 시행규칙으로 정하는 바에 따라 정하여지지 않은 경우, ④ 법 제11조의 입국 금지[123] 또는 입국거부[124]의 대상인 경우 입국이 허가되지 않으므로 이들 외국인에 대해 일

---

[123] 출입국관리법 제11조 제1항
법무부장관은 다음 각 호의 어느 하나에 해당하는 외국인에 대하여는 입국을 금지할 수 있다. 〈개정 2015.1.6.〉
1. 감염병환자, 마약류중독자, 그 밖에 공중위생상 위해를 끼칠 염려가 있다고 인정되는 사람.
2. 「총포·도검·화약류 등의 안전관리에 관한 법률」에서 정하는 총포·도검·화약류 등을 위법하게 가지고 입국하려는 사람.
3. 대한민국의 이익이나 공공의 안전을 해치는 행동을 할 염려가 있다고 인정할 만한 상당한 이유가 있는 사람.
4. 경제질서 또는 사회질서를 해치거나 선량한 풍속을 해치는 행동을 할 염려가 있다고 인정할 만한 상당한 이유가 있는 사람.
5. 사리 분별력이 없고 국내에서 체류활동을 보조할 사람이 없는 정신장애인, 국내체류비용을 부담할 능력이 없는 사람, 그 밖에 구호(救護)가 필요한 사람.
6. 강제퇴거명령을 받고 출국한 후 5년이 지나지 아니한 사람.
7. 1910년 8월 29일부터 1945년 8월 15일까지 사이에 다음 각 목의 어느 하나에 해당하는 정부의 지시를 받거나 그 정부와 연계하여 인종, 민족, 종교, 국적, 정치적 견해 등을 이유로 사람을 학살·학대하는 일에 관여한 사람.
   가. 일본 정부.
   나. 일본 정부와 동맹 관계에 있던 정부.
   다. 일본 정부의 우월한 힘이 미치던 정부.
8. 제1호부터 제7호까지의 규정에 준하는 사람으로서 법무부장관이 그 입국이 적당하지 아니하다고 인정하는 사람.
[124] 출입국관리법 제11조 제2항

시보호할 수 있다(출입국관리법 제56조 제1항 제1호).

조건부 입국허가를 받은 외국인에 관하여는 법 제13조 제1항에 따른다. 부득이한 사유로 유효한 여권 또는 사증을 갖추지 못하였으나 일정 기간 내에 그 요건을 갖출 수 있다고 인정되는 사람, 입국금지사유에 해당된다고 의심되거나 입국목적이 체류자격에 맞지 않다는 의심이 있어 특별히 심사할 필요가 있다고 인정되는 사람, 위 두 가지 유형의 사람 외에 지방출입국·외국인관서의 장이 조건부 입국을 허가할 필요가 있다고 인정되는 사람에 대해 조건부 입국허가조치가 내려진다. 이들이 도주하거나 또는 이들에게 도주할 염려가 있다고 인정할 만한 상당한 이유가 있는 경우 일시보호의 대상이 된다(출입국관리법 제56조 제1항 제2호).

출국명령과 관련하여서는 법 제68조 제1항의 조문에 따른다. 법 제46조 제1항의 강제퇴거사유에 해당하나 자기비용으로 자진하여 출국하려는 사람, 법 제67조의 출국권고[125]를 받고도 이행하지 아니한 사람, 신원보증인의 부존재·부정한 방법을 통한 허가·허가조건 위반·중대한 사정변경 등 사정으로 각종 허가 등이 취소된 사람, 과태료 또는 통고처분 후 출국조치하는 것이 타당하다고 인정되는 사람에게 출국명령을 할 수 있다. 이러한 사유로 출국명령을 받은 사람 중 도주하거나 도주할 염려가 있다고 인정할 만한 상당한 이유가 있는 경우 일시보호할 수 있다(출입국관리법 제56조 제1항 제3호).

나) 절차

출입국관리공무원은 일시보호의 대상이 되는 외국인을 48시간을 초과하지 않는 범위에서 외국인보호실에 일시보호할 수 있다. 법 제56조 제1항에 따라 외국인을 일시보호할 때에는 청장·사무소장 또는 출장소장으로부터 일시보호명령서를 발급받아 그 외국인에게

법무부장관은 입국하려는 외국인의 본국(本國)이 제1항 각 호 외의 사유로 국민의 입국을 거부할 때에는 그와 동일한 사유로 그 외국인의 입국을 거부할 수 있다.

125 출입국관리법 제67조 제1항
지방출입국·외국인관서의 장은 대한민국에 체류하는 외국인이 다음 각 호의 어느 하나에 해당하면 그 외국인에게 자진하여 출국할 것을 권고할 수 있다. 〈개정 2014.3.18.〉
1. 제17조와 제20조를 위반한 사람으로서 그 위반 정도가 가벼운 경우.
2. 제1호에서 규정한 경우 외에 이 법 또는 이 법에 따른 명령을 위반한 사람으로서 법무부장관이 그 출국을 권고할 필요가 있다고 인정하는 경우.

보여 주어야 한다(출입국관리법 시행령 제71조 제1항). 이때 일시보호명령서에는 일시보호의 사유, 보호장소 및 보호시간 등을 적어야 한다(출입국관리법 시행령 제71조 제2항). 청장·사무소장 또는 출장소장은 법 시행령 제71조 제1항의 규정에 따라 일시보호명령서를 발부할 때에는 이를 일시보호명령서 발부대장에 기재하여야 한다(출입국관리법 시행규칙 제61조).

출입국관리공무원은 일시보호한 외국인을 출국교통편의 미확보, 질병, 그 밖의 부득이한 사유로 48시간 내에 송환할 수 없는 경우에는 지방출입국·외국인관서의 장의 허가를 받아 48시간을 초과하지 아니하는 범위에서 한 차례만 보호기간을 연장할 수 있다(출입국관리법 제56조 제2항). 출입국관리공무원은 일시보호기간을 연장할 때에는 청장·사무소장 또는 출장소장으로부터 연장기간, 연장 사유 및 적용 법조문 등을 적은 일시보호기간 연장허가서를 발급받아 그 외국인에게 보여 주어야 한다(출입국관리법 시행령 제71조 제3항). 청장·사무소장 또는 출장소장은 법 시행령 제71조 제3항의 규정에 따라 일시보호기간 연장허가서를 발부하는 때에는 이를 일시보호명령서발부대장에 기재하여야 한다(출입국관리법 시행규칙 제61조).

4) 집행을 위한 보호

가) 개념

출입국관리법 제63조 제1항은 강제퇴거명령 이후에 이루어지는 보호절차에 대해 정하고 있다. 강제퇴거명령을 받은 사람을 여권 미소지·교통편 미확보 등의 사유로 즉시 대한민국 밖으로 송환할 수 없으면 지방출입국·외국인관서의 장은 그를 송환할 수 있을 때까지 보호시설에 보호할 수 있다(출입국관리법 제63조 제1항).

법 제63조 제1항 '여권 미소지·교통편 미확보 등의 사유'에 관하여, 난민불인정결정에 대한 행정소송이 진행 중인 외국인이 법 제63조 제1항의 사유에 해당하는지 여부가 다투어진 사건이 있다. 서울고등법원 2015. 3. 19. 선고 2014누59773 판결에서는 "구 출입국관리법 제63조 제1항에 따른 보호명령은 여권 미소지 또는 교통편 미확보 '등의' 사유로 즉시 대한민국 밖으로 송환할 수 없는 경우에 내릴 수 있다. 위 문언에 비추어봤을 때 '여권 미소지 또는 교통편 미확보'는 즉시 대한민국 밖으로 송환하지 못하는 경우를 예시적으로 규정한 것에 불과하고, 대한민국 밖으로 송환하지 못하는 경우를 강제퇴거명령에 대한 사실상의 집행 장애 사유로 제한할 근거는 없다. 따라서 난민인정절차가 진행 중이어서 강제퇴거명령을 집행할 수 없는 경우 또한 구 출입국관리법 제63조 제1항의 '즉시 대한민국 밖으로 송환할 수 없는 경우'에 포함되는 것으로 해석함이 상당하다."라고 판시하여 그 성격이 예시적이라는 점을 명확히 하고 있다.

나) 절차

집행을 위해 외국인을 보호하는 경우에는 법 제53조부터 제55조까지, 법 제56조의2부터 법 제56조의9까지 및 법 제57조를 준용한다(출입국관리법 제63조 제6항). 출입국관리공무원이 강제퇴거명령을 받은 외국인에 대해 보호명령서를 집행할 때에는 보호명령서를 내보여야 하고(출입국관리법 제53조), 보호한 때에는 국내에 있는 그의 법정대리인에게 3일 이내에 보호의 일시·장소 및 이유를 서면으로 통지하여야 한다(출입국관리법 제54조 제1항 본문). 다만, 법정대리인 등이 없는 때에는 그 사유를 서면에 적고 통지하지 아니할 수 있다(출입국관리법 제54조 제1항 단서).

다) 판례

한편 집행을 위한 보호와 관련하여 국가의 위법한 구금이 문제된 민사 판결이 존재한다. 사실관계는 이러하다. 외국인에 대해 강제퇴거명령을 내리면서 기간을 10일로 하는 보호명령서를 발부하였고, 이후 강제퇴거명령의 집행을 위해 보호기간을 연장하였다. 이때 수사기관에서 수사를 위한 신병 확보가 필요하다는 이유로 강제퇴거명령의 집행을 보류해줄 것을 요청하여 출입국관리사무소에서 이를 받아들였는데, 연장된 기간 중 외국인이 사망한 사안이다. 대법원은 이에 대해 "00출입국관리사무소장은 강제퇴거 대상자로서 보호 중이던 소외인에 대하여 별도의 고소사건 수사를 위하여 강제퇴거명령의 집행에 통상 소요되는 기간을 넘어서까지 실질적인 인신구속 상태를 유지한 사실을 알 수 있고, 이러한 조치는 출입국관리법 제63조 제1항의 보호에 해당하지 않는 위법한 구금이라고 하지 않을 수 없으므로, 피고는 이러한 구금으로 인하여 소외인 및 그 가족인 원고들이 입게 된 정신적 손해를 배상할 책임이 있다(대법원 2001. 10. 26. 선고 99다68829 판결).”라고 하여 행정목적에 따른 보호명령과 수사를 위한 구금을 명확하게 구별하고 있다.

5) 법적 성격

보호는 행정상 즉시강제에 해당한다. 행정상 즉시강제란 “행정강제의 일종으로서 목전의 급박한 행정상 장해를 제거할 필요가 있는 경우에, 미리 의무를 명할 시간적 여유가 없을 때 또는 그 성질상 의무를 명하여 가지고는 목적달성이 곤란할 때에, 직접 국민의 신체 또는 재산에 실력을 가하여 행정상 필요한 상태를 실현하는 작용이며, 법령 또는 행정처분에 의한 선행의 구체적 의무의 존재와 그 불이행을 전제로 하는 행정상 강제집행과 구별된다(헌법재판소 2002. 10. 31.자 2000헌가12 결정).”

집행을 위한 보호명령과 관련하여 대법원은 “출입국관리법 제63조 제1항의 보호명령은 강제퇴거명령의 집행확보 이외의 다른 목적을 위하여 이를 발할 수 없다는 목적상의 한계 및 일단 적법하게 보호명령이 발하여진 경우에도 송환에 필요한 준비와 절차를 신속히 마쳐 송환이 가능할 때까지 필요한 최소한의 기간 동안 잠정적으로만 보호할 수 있고 다른 목적을 위하여 보호기간을 연장할 수 없다는 시간적 한계를 가지는 일시적 강제조치라고 해석된다(대법원 2001. 10. 26. 선고 99다68829 판결).”라고 판시한 바 있다.

생각건대 세 가지 유형의 보호 모두 행정상 즉시강제에 해당한다고 보는 것이 타당하다. 강제퇴거 심사를 받는 외국인이 이에 불응하여 도주할 경우 행정상 장애가 발생할 것은 명백해 보이고, 위반조사와 심사가 시간적으로 밀접하게 연결되어 있다는 점을 고려한다면 예상되는 행정상 장애가 급박하게 예상된다고 볼 수 있다. 따라서 심사를 위한 보호는 행정상 즉시강제에 해당한다. 조건부 입국허가를 받은 외국인 또는 출국명령을 받은 외국인 역시 온전한 체류자격을 갖춘 상황이 아니고 소재불명이 될 경우 신병을 확보하기가 사실상 불가능해질 위험이 있으므로 성격상 동일하다. 또한 집행을 위한 보호도, 강제퇴거명령이 내려진 상태에서 대상자의 신병을 확보하지 않은 경우 향후 집행이 어려워지게 되므로 미리 의무를 명할 시간적 여유가 없다는 점에서 다르지 않다.

6) 영장주의의 적용 여부

가) 학설

　행정상 즉시강제는 실체법·절차법상 한계를 준수하여야 한다. 실체법상 한계는 비례의 원칙을 의미한다. 절차법과 관련하여 영장주의 적용 여부가 문제되는데, 학설은 행정상 즉시강제와 형사절차 간에 근본적인 차이가 있다는 점을 근거로 하는 영장불요설과, 신체 또는 재산에 대한 실력 행사라는 점에서는 형사사법작용과 다르지 않다는 점을 근거로 하는 영장필요설, 원칙적으로 영장주의가 적용되어야 하나 합리적 이유가 있는 경우 영장주의가 적용되지 않는다는 절충설이 대립한다.[126]

나) 법원의 입장

　대법원 1995. 6. 30. 선고 93추83 판결에서는 지방자치의회 의장이 발부한 동행명령장이 영장주의에 위반하는지 여부에 대해 판단한 바 있다. "우리 헌법 제12조 제3항은 현행법 등 일정한 예외를 제외하고는 인신의 체포, 구금에는 반드시 법관이 발부한 사전영장이 제시되어야 하도록 규정하고 있는데, 이러한 사전영장주의원칙은 인신보호를 위한 헌법상의 기속원리이기 때문에 인신의 자유를 제한하는 국가의 모든 영역(예컨대, 행정상의 즉시강제)에서도 존중되어야 하고 다만 사전영장주의를 고수하다가는 도저히 그 목적을 달성할 수 없는 지극히 예외적인 경우에만 형사절차에서와 같은 예외가 인정된다고 할 것이다."라고 하여 영장주의의 적용범위를 밝힌 바 있다. 이러한 점을 전제로 "지방의회에서의 사무감사·조사를 위한 증인의 동행명령장제도도 증인의 신체의 자유를 억압하여 일정장소로 인치하는 것으로서 헌법 제12조 제3항의 "체포 또는 구속"에 준하는 사태로 보아야 할 것이고, 거기에 현행범 체포와 같이 사후에 영장을 발부받지 아니하면 목적을 달성할 수 없는 긴박성이 있다고 인정할 수는 없을 것이다. 그러므로 이 경우에도 헌법 제12조 제3항에 의하여 법관이 발부한 영장의 제시가 있어야 할 것이다. 그럼에도 불구하고 동행명령장을 법관이 아닌 의장이 발부하고 이에 기하여 증인의 신체의 자유를 침해하여 증인

---

126 박균성, 전게서, 379쪽.

을 일정 장소에 인치하도록 규정된 조례안 제6조는 영장주의원칙을 규정한 헌법 제12조 제3항에 위반한 것이라고 할 것이다."라는 결론에 이르고 있다.

한편 구 사회안전법(1989. 6. 16. 법률 제4132호에 의해 '보안관찰법'이란 명칭으로 전문 개정되기 전의 것) 제11조의 '동행보호' 규정과 관련하여서는 상반된 결론을 내리기도 하였다. 대법원 1997. 6. 13. 선고 96다56115 사건에서는 "사전영장주의는 인신보호를 위한 헌법상의 기속원리이기 때문에 인신의 자유를 제한하는 모든 국가작용의 영역에서 존중되어야 할 것이지만, 헌법 제12조 제3항 단서도 사전영장주의의 예외를 인정하고 있는 것처럼 사전영장주의를 고수하다가는 도저히 행정목적을 달성할 수 없는 지극히 예외적인 경우에는 형사절차에서와 같은 예외가 인정된다고 할 것"이라는 판시를 통해 기존 대법원의 입장을 확인하였다. 다만 개별적 사안에서는 "구법 제11조 소정의 동행보호규정은 재범의 위험성이 현저한 자를 상대로 긴급히 보호할 필요가 있는 경우에 한하여 단기간의 동행보호를 허용한 것으로서 그 요건을 엄격히 해석하는 한, 동 규정 자체가 사전영장주의를 규정한 헌법규정에 반한다고 볼 수는 없다."라고 판단하였다.

하급심이기는 하나 보호명령과 영장주의의 관계에 대한 설시한 판결이 있어 이를 소개한다. 서울행정법원 2009. 6. 5. 선고 2009구합10253 판결에서는 "강제퇴거대상자인 외국인에 대하여는 출입국관리법 제51조 제1항에 따라 보호명령서만으로 신병을 확보하기 위한 보호조치를 취할 수 있을 뿐 아니라 긴급을 요하는 경우에는 보호명령서 없이도 긴급보호조치를 취할 수 있는 것이므로, 외국인의 출입국에 관한 보호명령에 대하여는 체포·구속·압수 또는 수색 등과 같은 강제처분을 함에 있어 법관이 발부한 영장의 제시를 요하도록 규정한 헌법 제12조가 적용되지 않는다."라고 하여 출입국관리법의 보호명령에 영장주의 원칙이 적용되지 않는다고 판단하였다.

다) 헌법재판소 결정

(1) 영장주의의 적용범위에 관한 결정

헌법 제12조 제3항에서는 영장주의를 규정하고 있는데, 그 적용범위와 관련하여 헌법재판소가 몇 차례 의견을 밝힌 바 있다. 헌법재판소 2008. 1. 10.자 2007헌마1468 결정에서는 "영장주의란 형사절차와 관련하여 체포·구속·압수·수색의 강제처분을 함에 있어서는 사법권 독립에 의하여 그 신분이 보장되는 법관이 발부한 영장에 의하지 않으면 아니 된다는 원칙이고, 따라서 영장주의의 본질은 신체의 자유를 침해하는 강제처분을 함에 있어서는 중립적인 법관이 구체적 판단을 거쳐 발부한 영장에 의하여야만 한다는 데에 있다(헌법재판소 1997. 3. 27.자 96헌바28 등, 판례집 9-1, 313, 319-320)."라고 하여 영장주의는 형사절차에 적용되는 원칙이라는 점을 설시한 바 있다.

이러한 설시는 헌법재판소 2012. 12. 27.자 2011헌가5 결정에서도 재확인된 바 있으므로 이를 소개한다. "우리 헌법제정권자가 제헌 헌법(제9조) 이래 현행 헌법(제12조 제3항)에 이르기까지 채택하여 온 영장주의는 형사절차와 관련하여 체포·구속·압수 등의 강제처분을 함에 있어서는 사법권 독립에 의하여 그 신분이 보장되는 법관이 발부한 영장에 의하지 않으면 아니 된다는 원칙이고, 따라서 영장주의의 본질은 신체의 자유를 침해하는 강제처분을 함에 있어서는 인적·물적 독립을 보장받는 제3자인 법관이 구체적 판단을 거쳐 발부한 영장에 의하여야만 한다는 데에 있다. 특히 수사기관에 의한 강제처분의 경우에는 범인을 색출하고 증거를 확보한다는 수사의 목적상 적나라하게 공권력이 행사됨으로써 국민의 기본권을 침해할 가능성이 큰 만큼, 수사기관의 인권 침해에 대한 법관의 사전적·사법적 억제를 통하여 수사기관의 강제처분 남용을 방지하고 인권보장을 도모한다는 면에서 영장주의의 의미가 크다고 할 것이다(헌법재판소 1997. 3. 27.자 96헌바28 등, 판례집 9-1, 313, 320, 헌법재판소 2012. 6. 27.자 2011헌가36, 판례집 24-1하, 703, 709 등 참조)."

(2) 행정상 즉시강제에서의 영장주의 적용 가능성

헌법재판소 2002. 10. 31.자 2000헌가12 결정에서는 "행정강제는 행정상 강제집행을 원칙으로 하며, 법치국가적 요청인 예측가능성과 법적 안정성에 반하고, 기본권 침해의 소지가 큰 권력작용인 행정상 즉시강제는 어디까지나 예외적인 강제수단이라고 할 것이다. 이러한 행정상 즉시강제는 엄격한 실정법상의 근거를 필요로 할 뿐만 아니라, 그 발동에 있어서는 법규의 범위 안에서도 다시 행정상의 장해가 목전에 급박하고, 다른 수단으로는 행정목적을 달성할 수 없는 경우이어야 하며, 이러한 경우에도 그 행사는 필요 최소한도에 그쳐야 함을 내용으로 하는 조리상의 한계에 기속된다."라고 하여 행정상 즉시강제의 한계를 정하고 있다.

나아가 "영장주의가 행정상 즉시강제에도 적용되는지에 관하여는 논란이 있으나, 행정상 즉시강제는 상대방의 임의이행을 기다릴 시간적 여유가 없을 때 하명 없이 바로 실력을 행사하는 것으로서, 그 본질상 급박성을 요건으로 하고 있어 법관의 영장을 기다려서는 그 목적을 달성할 수 없다고 할 것이므로, 원칙적으로 영장주의가 적용되지 않는다고 보아야 할 것이다. 만일 어떤 법률조항이 영장주의를 배제할 만한 합리적인 이유가 없을 정도로 급박성이 인정되지 아니함에도 행정상 즉시강제를 인정하고 있다면, 이러한 법률조항은 이미 그 자체로 과잉금지의 원칙에 위반되는 것으로서 위헌이라고 할 것이다."라고 하여 행정상 즉시강제에는 원칙적으로 영장주의가 적용되지 않는다고 판단하였다.

라) 사견

신체의 자유 보장을 위한 수단으로서의 기능을 하는 헌법 제12조 제3항은 검사의 신청에 따라 발부된 영장, 즉 형사절차에서의 인신구속을 전제로 하고 있으므로 행정벌의 영역에까지 확대 적용하기는 어려워 보이고 헌법재판소 역시 같은 내용으로 판단한 바 있다. 따라서 헌법을 최상위 규범으로 하는 현행법 질서하에서는 출입국관리법상 보호명령에 영장주의 원칙이 적용된다고 보기는 어렵다. 다만 보호의 실질은 구금(detention)이고 집행을 위한 보호의 경우 법무부장관의 승인만으로 사실상 무기한에 가까운 인신구속이 가능하다는 점을 고려한다면, 보호명령 절차를 행정법의 영역에 존치시킬지 여부에 대해 깊이 있는 고민이 필요할 것으로 보인다.

7) 보호시설에서의 처우

가) 보호의 원칙

보호 절차에서 피보호자의 인권은 최대한 존중되어야 하며, 국적, 성별, 종교, 사회적 신분 등을 이유로 피보호자를 차별해서는 안 된다(출입국관리법 제56조의3 제1항). 보호시설에서 남성과 여성은 분리되어야 하는 것이 원칙이나, 어린이의 부양 등 특별한 사정이 있는 경우는 그러하지 아니하다(출입국관리법 제56조의3 제2항). 지방출입국·외국인관서의 장은 피보호자가 환자, 임산부, 노약자, 19세 미만인 사람, 또는 이에 준하는 사람으로서 지방출입국·외국인관서의 장이 특별히 보호할 필요가 있다고 인정하는 경우 특별히 보호해야 한다(출입국관리법 제56조의3 제3항).

나) 질서유지에 관한 사항

(1) 강제력의 행사

출입국관리공무원은 피보호자가 자살 또는 자해행위를 하려는 경우(제1호), 다른 사람에게 위해를 끼치거나 끼치려는 경우(제2호), 도주하거나 도주하려는 경우(제3호), 출입국관리공무원의 직무집행을 정당한 사유 없이 거부 또는 기피하거나 방해하는 경우(제4호), 또는 제1호부터 제4호까지에서 규정한 경우 외에 보호시설 및 피보호자의 안전과 질서를 현저히 해치는 행위를 하거나 하려는 경우(제5호)에 해당하면 그 피보호자에게 강제력을 행사할 수 있고, 다른 피보호자와 격리하여 보호할 수 있다(출입국관리법 제56조의4 제1항). 이 경우 피보호자의 생명과 신체의 안전, 도주의 방지, 시설의 보안 및 질서유지를 위하여 필요한 최소한도에 그쳐야 한다(출입국관리법 제56조의4 제1항). 강제력 행사시에는 청장·사무소장·출장소장 또는 외국인보호소장(이하 '청장 등'이라 한다)의 명령이 있어야 하나, 긴급할 때에는 행사한 후 지체 없이 청장 등에게 보고해야 한다(외국인보호규칙 제42조).

법 제56조의4 제1항에 따라 강제력을 행사할 때에는 신체적인 유형력을 행사하거나 경찰봉, 가스분사용총, 전자충격기 등 법무부장관이 지정하는 보안장비만을 사용할 수 있고(출입국관리법 제56조의4 제2항), 사전에 해당 피보호자에게 경고하여야 한다(출입국관리법 제56조의4 제3항 본문). 다만, 긴급한 상황으로 사전에 경고할 만한 시간적 여유가 없을 때에는 그러하지 아니하다(출입국관리법 제56조의4 제3항 단서). 출입국관리공무원이 강제력을 행사할 때 사용할 수 있는 보호장비는 수갑, 포승, 머리보호장비 등이 있다(출입국관리법 제56조의4 제4항).

보호장비는 청장 등의 명령 없이는 사용하지 못하나, 긴급할 때에는 사용한 후 지체 없이 소장에게 보고해야 한다(외국인보호규칙 제43조 제1항). 또한 보호장비는 징계목적으로 사용할 수 없고, 포승과 수갑은 자살·자해·도주 또는 폭행의 우려가 있는 보호외국인에게 사용하며, 머리보호장비는 제지에 불응하여 고성을 지르거나 자해의 우려가 있는 보호외국인에게 사용한다(외국인보호규칙 제43조 제2항). 보호장비를 채워둔 보호외국인에 대하여는 2시간마다 한 번씩 움직임을 살피고, 머리보호장비를 채운 보호외국인은 줄곧 살펴보아야 한다(외국인보호규칙 제43조 제3항). 소장은 보호장비를 사용한 후 그 요건이 종료되었을 때에는 담당공무원으로 하여금 보호장비를 즉시 해제하도록 지시하여야 한다(외국인보호규칙 제43조 제4항).

무기를 사용할 때에는 최소한의 범위에 그쳐야 하고(외국인보호규칙 제44조 제1항), 그 사유도 보호외국인·담당공무원 또는 그 밖에 다른 사람의 생명이나 신체에 중대한 위해를 가하거나 가하려고 할 때(제1호), 사람의 생명이나 신체에 중대한 위해를 가할 수 있는 흉기나 위험물을 소지하여 담당공무원이 버릴 것을 지시하였음에도 이에 따르지 아니할 때(제2호), 집단난동을 일으키거나 일으키려고 할 때(제3호), 도주하는 보호외국인이 담당공무원의 제지에 따르지 않고 계속하여 도주할 때(제4호), 인화·발화 물질·폭발성 물건 등 위험물질을 이용하여 건물·시설이나 인명에 중대한 위험을 가하거나 가하려고 할 때(제5호)로 제한된다(외국인보호규칙 제44조 제1항).

(2) 신체검사

출입국관리공무원은 보호시설의 안전과 유지를 위해 필요한 경우 피보호자의 신체·의류 및 휴대품을 검사할 수 있다(출입국관리법 제56조의5 제1항). 이때 피보호자가 여성이면 여성 출입국관리공무원이 하여야 하나, 여성 출입국관리공무원이 없는 경우에는 지방출입국·외국인관서의 장이 지명하는 여성이 할 수 있다(출입국관리법 제56조의5 제2항).

(3) 영상기기를 통한 조치

지방출입국·외국인관서의 장은 영상정보 처리기기 등을 통해 안전을 도모할 수도 있다. 피보호자의 자살·자해·도주·폭행·손괴나 그 밖에 다른 피보호자의 생명·신체를 해치거나 보호시설의 안전 또는 질서를 해치는 행위를 방지하기 위하여 필요한 범위에서 영상정보 처리기기 등 필요한 시설을 설치할 수 있다(출입국관리법 제56조의7 제1항, 외국인보호규칙 제37조 제2항).

청장 등은 담당공무원으로 하여금 보호시설의 안전과 질서유지에 반하는 보호외국인의 말·행동·증거물 등을 비디오테이프에 녹화하거나 사진으로 찍어서 보존하게 할 수 있고(외국인보호규칙 제37조 제3항), 영상정보 처리기기로 녹화한 영상물의 내용이 보호외국인의 처우와 관리를 위하여 중요하다고 인정되는 경우 해당 녹화 부분이 멸실·훼손되지 않도록 적절한 조치를 취해야 한다(외국인보호규칙 제37조 제4항). 이러한 영상기기 등은 보호외국인의 사생활, 초상권 등의 침해가 없는 필요 최소한의 범위에서 설치되거나 운영·시행되어야 한다(외국인보호규칙 제37조 제5항).

(4) 안전을 위한 조치

의사가 응급의료에 관한 법률에 따라 보호외국인이 의사결정능력이 없거나 보호외국인의 생명이 위험하거나 심신에 중대한 장애를 줄 수 있다고 진단한 때에는 의사나 간호사로 하여금 보호외국인의 동의 없이 의약품을 투약하도록 할 수 있다(외국인보호규칙 제41조 제1항). 청장 등은 자살, 자해, 장기간 단식 등으로 보호외국인의 생명이 위험하거나 심신에 중대한 장애를 줄 우려가 있어 치료가 불가피하다는 의사의 진단에도 불구하고 보호외국인이 치료를 거부할 때에는 치료에 협조하도록 설득하여야 하나(외국인보호규칙 제41조 제2항), 그럼에도 거부할 때에는 출입국관리법 제56조의4 제1항에 따라 담당공무원으로 하여금 강제력을 행사하여 투약을 지원하게 하고 부득이한 경우 보호장비를 사용할 수 있다(외국인보호규칙 제41조 제3항).

천재지변이나 화재, 그 밖의 사변으로 인하여 보호시설에서는 피난할 방법이 없다고 인정될 경우 지방출입국·외국인관서의 장은 보호시설에 보호되어 되어 있는 사람을 다른 장소로 이송할 수 있다(출입국관리법 제56조의2 제1항). 이때 이송이 불가능하다고 판단되면 외국인의 보호조치를 해제할 수 있다(출입국관리법 제56조의2 제2항).

다) 아동의 권익을 위한 사항

청장 등은 보호외국인이 14세 미만의 어린이를 부양하고 있고 보호외국인 외에는 그 어린이를 부양하려는 사람이 없는 경우에 한정하여 그 어린이가 보호대상이 아니더라도 보호외국인과 함께 생활하도록 허가할 수 있다(외국인보호규칙 제4조 제2항 본문). 다만, 3세 미만의 어린이는 보호외국인 외에 그 어린이를 부양하려는 사람이 있는 경우에도 그 친부모인 보호외국인과 함께 생활하도록 허가할 수 있다(외국인보호규칙 제4조 제2항 단서). 위 제2항에 따른 허가를 받은 어린이에게는 일용품의 지급 및 대여를 할 수 있으며, 보호시설 안에서 생활하는 동안 보호시설의 안전과 질서유지를 위하여 일정한 행동을 제한할 수 있다(외국인보호규칙 제4조 제3항). 청장 등은 1개월 이상 보호하는 18세 미만의 아동에 대하여 그 아동의 나이와 능력에 적합한 교육을 실시하거나 외부의 전문복지시설에 위탁하여 교육을 실시할 수 있다(외국인보호규칙 제4조 제4항).

청장 등은 환자·임산부·노약자·19세 미만인 사람·그 밖에 특별히 보호할 필요가 있다고 인정되는 사람에 해당하는 보호외국인에 대해서는 특별보호를 위하여 전담공무원을 지명하여야 한다(외국인보호규칙 제4조 제5항). 또한 위 제5항에 따라 지명된 전담공무원은 해당 보호외국인을 2주일에 1회 이상 면담하여야 하며, 면담 결과 방 배정, 교육, 운동, 급식, 진료 등에 있어서 특별한 조치가 필요하다고 판단되는 경우 이를 문서로 소장에게 보고하여야 한다(외국인보호규칙 제4조 제6항).

라) 의료에 관한 사항

정신질환, 마약중독 등이 의심되거나 응급조치가 필요한 보호외국인은 외부의 의료기관에 격리하여 보호할 수 있다(외국인보호규칙 제7조 제1항). 또한 청장 등은 입소 시 또는 검사할 필요가 인정되는 경우 등 시행되는 신체검사에서 보호외국인에게 급히 치료받아야 할 질병·상처 또는 신체적 이상이 있음을 발견하였을 때에는 지체 없이 보호시설 안에 있는 의사에게 진료를 받게 하여야 하고, 담당의사가 없는 경우에는 외부 의료기관에서 진료를 받게 하여야 한다(외국인보호규칙 제7조 제2항). 진료를 받는 경우 그 진료비는 보호외국인이 부담하되, 보호외국인이 그 진료비를 납부할 능력이 없는 경우 국비로 부담할 수 있다(외국인보호규칙 제7조 제3항).

　담당의사는 보호외국인이 질병 등으로 의료조치가 필요하거나 감염병 등으로 격리 보호가 필요하다고 진단된 경우에는 보호외국인에 대하여 적절한 조치를 하고, 소견서를 작성하여 청장 등에게 보고하여야 한다(외국인보호규칙 제7조 제4항). 청장 등은 격리 보호된 사람이 담당의사 또는 외부의사의 진단서 및 환자의 상태 등을 고려하여 부득이하다고 인정될 때에는 필요한 기간 동안 외부 의료기관에 격리하여 보호할 수 있는데(외국인보호규칙 제7조 제5항), 외부 의료기관에 1개월 이상 격리 보호하게 될 때에는 미리 법무부장관의 승인을 받아야 한다(외국인보호규칙 제7조 제6항).

　청장 등은 1개월 이상 보호하는 보호외국인에게는 2개월마다 1회 이상 담당의사 또는 외부의사의 건강진단을 받게 하여야 하고(외국인보호규칙 제20조 제1항), 임산부나 노약자가 진료신청을 하였을 때에는 우선적으로 담당의사의 건강진단을 받게 하여야 한다(외국인보호규칙 제20조 제2항). 보호외국인에게 질병이 있거나 상처를 입었을 때에는 담당의사의 진료를 받게 하여야 하는데(외국인보호규칙 제21조 제1항), 보호시설 내 의료설비·의약품 및 인력으로 치료할 수 없는 병을 가진 외국인이 자기 부담으로 외부 의료기관에서 진료받기를 요청하는 경우에는 병이나 상처의 정도, 도주 우려 등을 판단한 후 이를 허가할 수 있다(외국인보호규칙 제21조 제2항 본문). 다만 환자의 생명이 위급하다고 판단되는 경우 담당공무원은 그 보호외국인을 지체 없이 외부의 의료기관으로 옮겨 치료받게 한 후에 그 사실을 소장에게 보고하여야 한다(외국인보호규칙 제21조 제2항 단서). 진료시설이나 담당의사가 없는 보호시설에서 환자가 발생하였을 때에는 외부의사를 불러 환자를 치료하거 하거나 환자를 외부의 의료기관으로 옮겨 치료받게 하여야 한다(외국인보호규칙 제21조 제3항).

　청장 등은 보호외국인이 전염병에 걸렸거나 걸렸다고 의심될 때에는 지체 없이 다른 보호외국인과 격리시킨 후 관할 보건소장에게 이를 알려야 한다(외국인보호규칙 제22조 제1항). 이때 보호외국인이 감염병·정신질환·마약중독 등이 있거나 있다고 의심되는 경우나 장기적인 외부 의료기관의 진료가 필요하다고 판단되는 경우에는 담당의사 또는 외부의사의 진료를 받게 하거나 법무부장관의 승인을 받아 격리 조치하여야 한다(외국인보호규칙 제22조 제3항).

보호외국인이 위독하거나 사망한 경우를 위한 경우 역시 별도의 조문으로 규정하고 있다. 소장은 보호외국인이 질병이나 상처 등으로 위독할 때에는 그 외국인의 국적 또는 시민권이 속하는 나라의 영사나 가족에게 그 사실을 알려야 하고, 영사에게 알릴 경우에는 지체 없이 하여야 한다(외국인보호규칙 제23조 제1항). 보호외국인이 사망한 때 소장은 그 사유를 관할 지방검찰청·지청 검사에게 알려 검시를 받은 후, 그 외국인의 국적 또는 시민권이 속하는 나라의 영사나 그 가족에게 사망 일시, 사망 원인, 병명 및 14일 이내에 시체를 인수할 것을 알려야 하고, 영사에게 알릴 경우 지체 없이 해야 한다(외국인보호규칙 제23조 제2항).

이때 영사나 그 가족이 통보를 받은 날부터 14일 이내에 시체 인수 의사를 밝히지 아니한 경우 시체 인수를 거부한 것으로 본다(외국인보호규칙 제23조 제3항). 사체를 인수할 사람이 없을 때, 또는 영사 및 그 가족이 사체 인수를 거부하였을 때에는 「사체해부 및 보존에 관한 법률」 및 「장사 등에 관한 법률」에 따라 보호시설이 있는 지역을 관할하는 시장·군수 또는 자치구의 구청장에게 그 사체의 교부·매장 또는 화장을 의뢰하여야 한다(외국인보호규칙 제23조 제5항).

마) 면회와 통신에 관한 사항

피보호자는 다른 사람과 면회, 서신수수 및 전화통화를 할 수 있다(출입국관리법 제56조의6 제1항). 그러나 보호시설의 안전이나 질서, 피보호자의 안전·건강·위생을 위해 부득이하다고 인정되는 경우 면회 등을 제한할 수 있다(출입국관리법 제56조의6 제2항).

면회인이 보호외국인에 대해 면회를 신청한 경우 준수사항을 알리고 면회하게 하여야 한다(외국인보호규칙 제33조 제1항). 다만 보호소의 안전과 질서를 해칠 현저한 우려가 있는 등 일정한 사유가 있는 경우 면회를 제한할 수 있다(외국인보호규칙 제33조 제10항). 면회시간은 30분 이내이나, 다른 면회인의 면회에 방해가 되지 않고 연장이 부득이한 경우 연장할 수 있다(외국인보호규칙 제33조 제6항). 다만 보호외국인이 속하는 국가의 영사, 보호외국인의 변호인인 변호사(변호인이 되려는 자를 포함한다), 보호외국인의 진정 사건을 맡은 국가인권위원회의 위원 및 직원이 면회를 신청한 경우 근무시간 내에서는 면회시간을 제한하지 않는다(외국인보호규칙 제34조).

외출은 ① 여권 등을 발급받기 위해 자국 공관에 부득이 직접 출석하여야 하는 경우, ② 보호시설 내 의료 환경에서 치료할 수 없는 보호외국인이 자비로 외부 의료기관에서 진료받기를 희망하여 심사 후 허가한 경우, ③ 조사·수사·재판 등을 받기 위해 관계 기관으로부터 출석요구나 신병인도 요청을 받은 경우, ④ 그 밖에 부득이 외출을 허가하여야 할 필요가 있다고 인정되는 경우 청장 등은 그 외출을 허가할 수 있다(외국인보호규칙 제28조 제1항). 이때 담당공무원이나 신병을 인수하는 사법경찰관리로 하여금 그 보호외국인을 계호하게 하여야 한다(외국인보호규칙 제28조 제2항).

보호외국인은 서신을 자유로이 주고받을 수 있다. 보호외국인이 발송하는 문서나 편지는 긴급한 경우를 제외하고는 자유시간에 쓰게 하여야 한다(외국인보호규칙 제35조 제1항 본문). 다만, 보호외국인이 편지를 직접 쓸 수 없는 경우에는 그의 요청에 따라 다른 사람이 대신하여 쓰게 할 수 있다(외국인보호규칙 제35조 제1항 단서). 보호외국인이 발송하는 편지의 용지 및 우편요금은 자신이 부담하나, 부담할 수 없는 보호외국인에게는 편지의 용지와 우표를 국가가 지급할 수 있다(외국인보호규칙 제35조 제2항). 청장 등은 보호외국인이 받은 봉인된 우편물에 대하여 보호외국인이 보는 앞에서 개봉할 수 있고, 그 우편물에 흉기, 도주용 물품, 점화성 물질, 마약 등 보호시설의 안전과 질서유지 또는 위생에 반하는 물품이 있을 때에는 이를 따로 보관하여야 한다(외국인보호규칙 제35조 제3항 본문). 다만, 보호외국인이 속하는 국가의 영사, 보호외국인의 변호인인 변호사, 국가인권위원회의 위원 및 직원이 보낸 문서와 편지는 열람할 수 없다(외국인보호규칙 제35조 제3항 단서).

보호외국인은 다른 사람과 전화통화를 하거나 전보를 보낼 수도 있다(외국인보호규칙 제36조 제1항). 단 보호소의 안전 등과 관련하여 문제가 발생할 위험이 있는 일정한 경우 제한할 수 있다(외국인보호규칙 제36조 제2항, 동 규칙 제33조 제10항 및 11항).

바) 의식주에 관한 사항

청장 등은 보호외국인에게 의류(외국인보호규칙 제13조), 침구(외국인보호규칙 제14

조)를 지급해야 하고, 예산의 범위에서 생활용품을 지급하거나 사용하게 할 수 있다(외국인보호규칙 제15조). 또한, 하루 세 차례의 주식·부식 및 음료 등의 음식물을 제공하여야 하고(외국인보호규칙 제16조 제1항), 이때 음식은 보호외국인 국적국의 관습을 고려하여야 한다(외국인보호규칙 제16조 제2항).

보호시설의 방 배정은 남자전용방, 여자전용방, 독방, 특별보호방으로 나뉘는데, 특별보호방은 환자·임산부·성적 소수자 등을 위한 방이다(외국인보호규칙 제9조 제1항). 원칙적으로 보호외국인 중 남자는 남자전용방을, 여자는 여자전용방을 사용하게 해야 하나, 14세 미만의 어린이나 성적 소수자 등 특별한 사정이 있는 경우 그러하지 아니하다(외국인보호규칙 제9조 제2항). 청장 등은 보호외국인의 국적, 성별, 종교, 질병 유무 등을 종합적으로 고려하여 방을 배정해야 하며, 종교·생활관습·민족감정 등으로 인하여 다툴 우려가 있는 보호외국인에 대해서는 보호시설이 허용하는 범위에서 분리하여 방을 사용하게 할 수 있다(외국인보호규칙 제9조 제3항). 형기 만료, 형 집행정지 또는 그 밖의 사유로 교도소·구치소·보호감호소·치료감호소 또는 소년원에서 출소한 보호외국인에 대해서는 독방을 사용하게 할 수 있다(외국인보호규칙 제9조 제4항). 환자·임산부·노약자 및 그 외에 특별히 보호할 필요가 있는 보호외국인에 대해서는 필요한 경우 특별보호방을 사용하게 할 수 있는데, 환자나 산모 등의 간호·육아 등 특별한 사유가 있다고 인정될 때에는 그 가족과 함께 사용하게 할 수 있다(외국인보호규칙 제9조 제5항).

사) 청원

피보호자는 보호시설에서의 처우에 대하여 불복하는 경우에는 법무부장관이나 지방출입국·외국인관서의 장에게 청원할 수 있다(출입국관리법 제56조의8 제1항). 이때 청원은 서면으로 작성하여 봉한 후 제출하여야 하나, 지방출입국·외국인관서의 장에게 청원하는 경우에는 말로 할 수 있다(출입국관리법 제56조의8 제2항).

청장 등은 위 청원 사유가 아닌 보호외국인의 고충사항에 대해서는 법무부장관이 정하는 외국인 고충상담에 관한 구체적 사항과 절차에 따라 처리할 수 있다(외국인보호규칙 제30조 제1항). 청장 등은 고충상담 업무를 수행하기 위하여 소속 공무원 중에서 고충상담관을 지정하여야 한다(외국인보호규칙 제30조 제2항).

8) 불복절차

가) 이의신청

(1) 의의

출입국관리법에서는 보호명령을 받은 외국인이 법무부장관으로부터 그 보호의 위법·부당함에 대한 결정을 받을 수 있도록 규정하고 있다. 이러한 이의신청은 처분청 내부에서 보장된 행정의 자기통제라는 점에서 의의가 있다.

(2) 법적 성격

행정심판법 제3조 제1항에서는 행정청의 처분 또는 부작위에 대해 다른 법률에 규정이 없는 한 행정심판을 청구할 수 있다고 규정하고 있다. 즉, 다른 법률에 특별행정심판에 관한 규정이 있는 경우 행정심판법에 따른 행정심판은 청구할 수 없게 된다. 따라서 보호명령에 대한 이의신청이 특별행정심판절차에 해당하는지에 대해 논의할 필요가 있다. 보호의 유형 중 이의신청이 현실적으로 문제되는 경우는 강제퇴거명령 후 집행되기까지의 기간 동안 이루어지는 집행을 위한 보호이다. 비록 별개의 처분이나 강제퇴거명령에도 역시 이의신청절차가 규정되어 있고 강제퇴거명령과 보호명령은 밀접한 관계에 있으므로, 이 부분은 '마. 강제퇴거, 5) 불복방법' 목차에서 함께 정리하도록 하겠다.

(3) 절차

보호명령서에 따라 보호된 사람이나 그의 법정대리인 등은 지방출입국·외국인관서의 장을 거쳐 법무부장관에게 보호에 대한 이의신청을 할 수 있다(출입국관리법 제55조 제1항). 위 '법정대리인 등'은 법 제54조 제1항의 개념을 의미하므로 법정대리인·배우자·직계친족·형제자매·가족·변호인 또는 용의자가 지정하는 사람을 지칭한다. 따라서 이들에게는 보호에 대한 이의신청권이 있다.

이의신청을 하려는 사람은 이의신청서에 이의의 사유를 소명하는 자료를 첨부하여 청장·사무소장·출장소장 또는 보호소장에게 제출하여야 하고(출입국관리법 시행령 제69조 제1항), 청장·사무소장·출장소장 또는 보호소장은 제1항에 따라 이의신청서를 제출받은 때에는 의견을 붙여 지체 없이 법무부장관에게 보내야 한다(출입국관리법 시행령 제69조 제2항).

(4) 결정

법무부장관은 이의신청을 받은 경우 지체 없이 관계 서류를 심사하여 그 신청이 이유 없다고 인정되면 결정으로 기각하고, 이유 있다고 인정되면 결정으로 보호된 사람의 보호해제를 명하여야 한다(출입국관리법 제55조 제2항). 이때 결정에 앞서 필요하면 관계인의 진술을 들을 수 있다(출입국관리법 제55조 제3항).

법무부장관이 이의신청에 대한 결정을 한 때에는 주문·이유 및 적용 법조문 등을 적은 이의신청에 대한 결정서를 작성하여 청장·사무소장·출장소장 또는 보호소장을 거쳐 신청인에게 보내야 한다(출입국관리법 시행령 제70조 제1항). 청장·사무소장·출장소장 또는 보호소장은 법무부장관의 보호해제 결정이 있는 경우 지체 없이 보호를 해제하여야 하고(출입국관리법 시행령 제70조 제2항 본문), 이 경우 용의자가 보호시설에 보호되어 있을 때에는 보호해제 의뢰서를 보호시설의 장에게 보내야 한다(출입국관리법 시행령 제70조 제2항 단서).

나) 행정쟁송

보호명령의 법적 성격이 행정상 즉시강제이므로 행정심판, 행정소송 절차를 통해 그 위법·부당함을 다툴 수 있다. 보호명령과 강제퇴거명령은 요건과 효과를 달리하는 별개의 처분이나, 실무상으로는 강제퇴거명령과 함께 문제되는 경우가 많고 사실관계 역시 같은 맥락에서 다투어지곤 한다. 따라서 보호명령에 관한 행정심판 및 행정소송을 논할 때는 강제퇴거명령의 내용을 함께 고려하는 것이 효율적이므로, 행정쟁송에 관한 구체적인 내용은 '마. 강제퇴거 5) 불복방법' 목차에서 상술하도록 하겠다.

9) 보호의 일시해제

가) 절차

　보호명령서를 발급받고 보호되어 있는 사람, 그의 보증인 또는 법정대리인 등은 대통령령으로 정하는 바에 따라 지방출입국·외국인관서의 장에게 보호의 일시해제를 청구할 수 있다(출입국관리법 제65조 제1항). 보호일시해제업무 처리규정 제3조에서는 일시해제를 청구할 수 있는 자를 피보호자(제1호), 피보호자의 신원보증인·법정대리인·배우자·직계친족·형제자매·가족·변호인(제2호)으로 규정하고 있다. 보호의 일시해제를 청구하려는 사람은 보호 일시해제 청구서에 청구의 사유 및 보증금 납부능력을 소명하는 자료를 첨부하여 청장·사무소장·출장소장 또는 보호소장에게 제출하여야 한다(출입국관리법 시행령 제79조 제1항). 2018. 3. 20.자로 개정된 출입국관리법에서는 피보호자 등의 청구가 없더라도 지방출입국·외국인관서의 장이 직권으로 보호를 일시해제할 수 있도록 하였고(출입국관리법 제65조 제1항), 보호의 일시해제 및 그 취소에 관한 절차를 보호시설 안의 잘 보이는 곳에 게시할 의무를 지방출입국·외국인관서의 장에게 부과하였다(출입국관리법 제66조의2).

나) 유형

　보호일시해제업무 처리규정(2015. 9. 1. 시행, 법무부훈령 제1005호, 이하)에서 보호일시해제에 관한 상세를 정하고 있다. 보호일시해제업무 처리규정 제2조에 따르면 보호의 일시해제(이하 "일시해제"라 한다)는 일반해제와 특별해제로 구분된다. 일반해제는 보호명령을 한 청장·사무소장·출장소장 또는 외국인보호소장이 그의 권한으로 일시해제를 결정하는 처분을 말하고(보호일시해제업무 처리규정 제2조 제1호), 특별해제는 일반해제의 요건을 충족하지는 못하나 부득이하게 일시해제를 하여야 할 상당한 사유가 있다고 인정되어 보호명령을 한 소장이 법무부장관에게 미리 보고한 후 결정하는 처분을 말한다(보호일시해제업무 처리규정 제2조 제2호).

다) 대상자

(1) 일반해제

(가) 일반해제 배제 대상자

보호일시해제업무 처리규정 제6조 제1항에 따르면 청장·사무소장·출장소장 또는 외국인보호소장은 일시해제 청구된 자가 일정한 해당하는 사유로 보호된 자가 아닌 경우에 일반해제를 할 수 있다. 일반해제를 할 수 없는 자는 구체적으로 출입국심사를 받지 아니하고 불법으로 입국 또는 출국하였거나 하려고 한 자(제1호), 위·변조된 여권이나 사증 또는 위명여권을 사용하여 입·출국하였거나 하려고 한 자(제2호), 불법 입·출국을 알선한 자(제3호), 불법 입·출국에 이용되는 운송수단을 제공한 자(제4호), 일시해제 후 도주 등의 사유로 일시해제가 취소된 사실이 있는 자(제5호), 보호명령서 발부일부터 과거 5년 이내에 형사처벌 또는 강제퇴거명령을 받은 사실이 있는 자(제6호), 「감염병의 예방 및 관리에 관한 법률」이 지정한 후천성면역결핍증(AIDS) 등 감염병환자(제7호), 「마약류관리에 관한 법률」에 따른 마약·향정신성의약품 및 대마 등 마약류에 중독된 자(제8호), 그 밖에 국가안전보장·사회질서·공중보건 등에 중대한 위해를 끼칠 우려가 있는 자(제9호)를 의미한다.

(나) 신병치료를 위한 일시해제

일시해제 청구사유가 신병치료를 위한 것일 때 청장·사무소장·출장소장 또는 보호소장은 의사의 진단서 또는 병원진료 사실확인서를 제출받아 확인하여야 한다(보호일시해제업무 처리규정 제7조 제1항).

(다) 소송을 위한 일시해제

청장·사무소장·출장소장 또는 보호소장은 일시해제 청구사유가 소송과 직접 관련이 있는 경우에는 소장사본·소제기증명원 등을 제출하게 한 후 다음 각 호의 요건을 모두 충족하는지 여부를 확인하여야 한다(보호일시해제업무 처리규정 제7조 제2항).

① 피보호자가 소송의 원고이고, 소송가액이 1천만 원 이상일 것(제1호)

② 피보호자가 소송수행을 위하여 6일 이상 외출할 필요성이 있을 것(제2호)

③ 보호명령 또는 강제퇴거명령에 대한 소송이나 행정심판을 제기한 경우가 아닐 것(제3호)

한편 피보호자가 소송가액 1천만 원 이상의 소송 당사자로서 법률구조공단으로부터 구조결정을 받은 때에는 청구자로부터 법률구조결정서 사본을 제출받아 확인하여야 한다(보호일시해제업무 처리규정 제7조 제4항).

(라) 임대차계약과 관련된 일시해제
청장·사무소장·출장소장 또는 보호소장은 일시해제 청구사유가 임대차 보증금과 관련된 사항인 때에는 다음 각 호의 요건을 모두 충족하는지 여부를 확인하여야 한다(보호일시해제업무 처리규정 제7조 제5항).
① 임대차계약서의 진정성(제1호)
② 임대차 보증금이 1천만 원 이상일 것(제2호)
③ 임대인이 보증금의 반환을 회피하는 등의 사유로 피보호상태에서는 보증금의 반환을 기대하기 어려운 경우일 것(제3호)

(마) 체불임금과 관련된 일시해제
청장·사무소장·출장소장 또는 외국인보호소장은 일시해제 청구사유가 체불임금과 관련된 때에는 다음 각 호의 요건을 모두 충족하는지 여부를 확인하여야 한다(보호일시해제업무 처리규정 제7조 제6항).
① 체불임금이 1천만 원 이상일 것(제1호)
② 고용주의 임금 체불확인서 또는 지불각서, 노동부 발급 체불금품확인원 중 하나가 있을 것(제2호)
③ 피보호상태에서는 체불임금의 청구 및 수령을 기대하기 곤란한 경우일 것(제3호)

(바) 인도적 차원의 보호일시해제
청장·사무소장·출장소장 또는 보호소장은 피보호자의 배우자 또는 직계 존·비속 등이 국내에서 사망한 경우 등 인도적 차원에서 일시해제함이 상당하다고 인정되는 경우에는 사망진단서, 입원치료 사실확인서 등 관련 입증자료를 제출받아 심사하여야 한다(보호일시해제업무 처리규정 제7조 제7호).

(2) 특별해제

청장·사무소장·출장소장 또는 보호소장은 일시해제 청구된 피보호자가 다음 각 호의 하나에 해당하는 경우에는 그 사실을 법무부장관에게 미리 보고한 후 일시해제할 수 있다(보호일시해제업무 처리규정 제17조 제1항).

① 일반해제 대상 및 요건에는 해당되지 아니하나 일시해제가 부득이하다고 인정되는 경우(제1호)

② 최소 보증금 예치 능력이 부족하나 일시해제가 부득이하다고 인정되는 경우(제2호)

③ 신원보증인이 없으나 일시해제가 부득이하다고 인정되는 경우(제3호)

이때 제1항의 규정에 의한 보고를 할 때에는 일시해제가 부득이한 사유, 최소 보증금 감액 또는 신원보증 면제 등에 대한 사유를 명기하고 관련 입증서류를 첨부하여야 한다(보호일시해제업무 처리규정 제17조 제2항).

보호일시해제업무 처리규정 제6조에 따라 전염병환자 등에 대하여는 일반해제를 할 수 없으나, 예외적으로 특별해제를 청구하는 때에는 다음 각 호에서 정하는 바에 따라 심사하여야 한다(보호일시해제업무 처리규정 제17조 제3항).

① 「감염병의 예방 및 관리에 관한 법률」이 지정한 후천성면역결핍증(AIDS) 등 감염병 환자에 대하여는 보건당국과 협의하여 결정할 것(제1호)

② 밀입국, 위·변조여권 행사, 무단하선 등으로 체류자격 없이 산업재해의 보상심사 또는 재심청구 중인 자에 대하여는 근로복지공단에서 발행하는 보험급여지급확인원·산업재해보상(또는 재심)청구서를 제출받아 확인할 것(제2호)

라) 보증금

청장·사무소장·출장소장 또는 외국인보호소장은 피보호자를 일시해제하려는 경우에는 다음 각 호의 요건을 고려하여 일시해제 청구인에게 3백만 원 이상 2천만 원 이하의 보증금을 예치하게 하여야 한다(보호일시해제업무 처리규정 제8조 제1항).

① 보증금을 예치하려는 자의 자산상태(제1호)
② 일시해제 청구된 피보호자의 출석 담보 가능성(제2호)

이때 신원보증인이 과거에 다른 피보호자의 일시해제를 위한 신원보증 책임을 이행하지 않은 사실이 있다면 최소 보증금을 5백만 원 이상으로 하여야 한다(보호일시해제업무 처리규정 제8조 제2항).

마) 결정

보호일시해제 청구를 받은 청장·사무소장·출장소장 또는 보호소장은, 보호명령서 또는 강제퇴거명령서의 집행으로 보호시설에 보호되어 있는 사람의 생명·신체에 중대한 위협이나 회복할 수 없는 재산상 손해가 발생할 우려가 있는지 여부, 국가안전보장·사회질서·공중보건 등의 국익을 해칠 우려가 있는지 여부, 피보호자의 범법사실·연령·품성, 조사과정 및 보호시설에서의 생활태도, 도주할 우려가 있는지 여부, 그 밖에 중대한 인도적 사유가 있는지 여부를 심사하여야 한다(출입국관리법 시행령 제79조의2 제1항). 이때 피보호자의 정상, 해제요청사유, 자산, 그 밖의 사항을 고려하여 2천만 원 이하의 보증금을 예치시키고 주거의 제한이나 그 밖에 필요한 조건을 붙여 보호를 일시해제할 수 있다(출입국관리법 제65조 제2항).

청장·사무소장·출장소장 또는 보호소장은 청구를 받은 경우 특별한 사정이 없으면 지체 없이 관계 서류를 심사하여 주문·이유 및 적용 법조문 등을 적은 보호 일시해제 청구에 대한 결정서를 청구인에게 발급하여야 한다(출입국관리법 시행령 제79조 제2항). 만약 보호를 일시해제하기로 결정한 때에는 그 결정서에 보호해제기간, 보증금의 액수·납부일시 및 장소, 주거의 제한, 그 밖에 필요한 조건 외에 보증금을 내면 보호를 일시해제하며, 조건을 위반하면 보호의 일시해제를 취소하고 보증금을 국고에 귀속시킬 수 있다는 뜻을 적어야 한다(출입국관리법 제79조 제3항). 또한 보호의 일시해제를 결정한 경우, 용의자가 보호시설에 보호되어 있을 때에는 보호해제기간을 분명히 밝힌 보호해제 의뢰서를 보호시설의 장에게 보내야 한다(출입국관리법 시행령 제79조 제4항).

청장·사무소장·출장소장 또는 보호소장은 보호일시해제청구에 대한 결정서의 '(4) 기타'란에 다음 각 호에 규정된 사항을 기재하여야 한다(보호일시해제업무 처리규정 제13조 제3항).

① 월 1회 이상 출석하여 일시해제 청구사유 진행상황을 신고할 것(제1호)

② 일시해제 사유가 소멸된 때에는 사유가 소멸된 날부터 14일 이내에 그 사실을 신고할 것(제2호)

③ 거주지와 전화번호 등 연락처를 변경한 때에는 변경일부터 14일 이내에 그 사실을 신고할 것(제3호)

④ 일시해제기간 중 취업 등 영리활동을 하지 않을 것(제4호)

또한 청장·사무소장·출장소장 또는 보호소장은 일시해제된 자를 월 1회 이상 출석하게 하여 일시해제 청구사유의 해소 상황을 확인하고, 그 결과를 별지 제1호 서식의 보호일시해제 후속상황 점검표에 기재하여 기록을 유지하여야 한다(보호일시해제업무 처리규정 제10조 제1항). 만약 일시해제된 자가 제1항의 규정에 의한 출석의무를 이행하지 아니한 때에는 소재 등을 파악하기 위한 실태조사를 하여야 한다(보호일시해제업무 처리규정 제10조 제2항).

바) 보호일시해제 기간의 연장

보호일시해제업무 처리규정 제3조에 따라 일시해제를 청구할 수 있는 자가 일시해제 청구사유가 해소되지 않았다는 이유로 일시해제기간 연장을 청구하려는 때에는 일시해제 기간 만료일까지 다음 각 호의 서류를 갖추어 소장에게 청구하여야 한다(보호일시해제업무 처리규정 제19조 제1항).

① 별지 제2호 서식의 보호일시해제기간 연장청구서(제1호)

② 기간연장이 부득이하다는 것을 소명할 수 있는 자료(제2호)

청장·사무소장·출장소장 또는 보호소장은 제1항 규정에 의하여 일시해제기간 만료일 이전에 기간연장 청구를 받았으나 그 사유의 확인에 상당한 기간이 소요될 것으로 예상되어 만료일 이전에 기간연장 여부를 결정하기 곤란하다고 판단되는 때에는 별지 제3호 서식의 보호일시해제기간 연장청구 접수증을 발급하여야 한다(보호일시해제업무 처리규정 제19조 제2항).

또한 위 규정 제19조 제1항에 의한 일시해제기간연장 청구를 접수한 때에는 이를 심사하여 연장 여부를 결정하여야 하고(보호일시해제업무 처리규정 제20조 제1항), 이 경우 다음 각 호의 사항을 고려하여 일시해제기간의 연장을 허가할 수 있다(보호일시해제업무 처리규정 제20조 제2항 본문). 다만, 1회에 연장하는 일시해제기간은 6개월 이내로 한다(보호일시해제업무 처리규정 제20조 제2항 단서).

① 일시해제 요청사유의 해소 노력 및 그 결과(제1호)
② 일시해제기간 연장 청구 사유(제2호)
③ 기타 일시해제기간 연장의 불가피성(제3호)

보호일시해제업무 처리규정 제19조 제1항에 의한 기간연장허가로 인하여 일시해제기간이 최초 결정일부터 1년을 초과하게 되는 경우 청장·사무소장·출장소장 또는 보호소장은 1년이 초과되는 때마다 제1항 각 호에 규정된 사항에 대한 의견을 첨부하여 법무부장관에게 미리 보고하여야 한다(보호일시해제업무 처리규정 제20조 제2항). 또한 일시해제 기간을 연장하기로 결정한 때에는 별지 제4호 서식에 의한 보호일시해제기간 연장결정서에 주문 및 이유를 명기하여 일시해제기간 연장을 청구하는 자, 신원보증인 또는 법정대리인 등에게 발급하여야 하고(보호일시해제업무 처리규정 제20조 제3항), 제3항의 규정에 따라 보호일시해제기간 연장결정서를 발급하는 때에는 기간이 만료되는 보호일시해제청구에 대한 결정서를 회수하여야 한다(보호일시해제업무 처리규정 제20조 제4항).

한편, 보호일시해제업무 처리규정 제20조 제1항에 따라 기간연장 심사를 할 때, 부득이한 사유로 일시해제기간 만료일 이후에 기간연장 여부를 결정할 경우에는 다음 각 호의 규정에 따라 처리하여야 한다(보호일시해제업무 처리규정 제21조).

① 기간연장을 하기로 결정한 때에는 일시해제기간 만료일 익일부터 일시해제기간을

연장한다(제1호).

② 기간연장을 하지 않기로 결정한 때에는 그 결정일에 일시해제를 취소한 후 보호조치한다. 이 경우 취소절차는 제24조의 규정에 의한다(제2호).

③ 제2호의 경우 일시해제기간 만료일부터 기간연장 불허결정일까지의 기간은 기간연장으로 보며, 이를 출입국관리정보시스템에 기록한다(제3호).

사) 보호일시해제의 취소

지방출입국·외국인관서의 장은 보호로부터 일시해제된 사람이 도주하거나 도주할 염려가 있다고 인정되는 경우, 정당한 사유 없이 출석명령에 따르지 아니한 경우, 그 외에 일시해제에 붙인 조건을 위반한 경우에 해당하면 보호의 일시해제를 취소하고 다시 보호조치를 할 수 있다(출입국관리법 제66조 제1항). 또한 제1항에 따라 보호의 일시해제를 취소할 때는 보호 일시해제 취소서를 발급하고 보증금의 전부 또는 일부를 국고에 귀속시킬 수 있다. 물론 보호의 일시해제를 취소하고 다시 보호의 조치를 할 수도 있다(출입국관리법 제66조 제2항). 보호일시해제업무 처리규정 제22조에서는 위 사유를 구체화하여 일시해제 사유가 소멸된 때(제1호), 정당한 이유 없이 해제사유 점검을 위한 출석의무(보호일시해제업무 처리규정 제10조 제1항)를 이행하지 아니할 때(제2호), 도주하거나 도주할 염려가 있다고 인정되는 때(제3호), 보호일시해제청구서상의 청구사유가 허위로 밝혀진 때(제4호), 기타 일시해제에 붙인 조건을 위반할 때(제5호)를 들고 있다.

청장·사무소장·출장소장 또는 보호소장은 법 제66조 제2항에 따라 보호 일시해제 취소서를 발급할 때에는 그 취소서에 취소 사유, 보호할 장소 등을 적어 보호 일시해제 청구인에게 교부하고, 지체 없이 그 용의자를 다시 보호하여야 한다(출입국관리법 시행령 제80조 제1항).

라. 심사결정

1) 의의

외국인에 대한 위반조사가 종료된 후에는 해당 외국인이 법 제46조 제1항 각호의 강제퇴거대상자에 해당하는지 여부를 심사하고, 심사 결과 그에 해당하는 경우 강제퇴거명령 또는 출국명령을 내리게 된다. 다시 말해 심사란, 용의자가 법 제46조 제1항 각호 요건에 해당하는지 여부를 확정하는 절차인 것이다. 반면 강제퇴거명령 또는 출국명령은 심사절차가 종료된 후, 출입국관리사무소가 용의자에게 내릴 처분을 선택한 결과라는 점에서 관념상 구별된다. 강제퇴거 사유에 해당하는 법 제46조 제1항은 이후 강제퇴거명령에 관한 목차에서 상술하도록 하겠다.

2) 절차

지방출입국·외국인관서의 장은 출입국관리공무원이 용의자에 대한 조사를 마치면 지체 없이 용의자가 강제퇴거 대상자에 해당하는지를 심사하여 결정하여야 한다(출입국관리법 제58조). 출입국관리공무원이 심사결정을 한 경우 청장·사무소장은 심사결정서를 작성하여야 한다(출입국사범 단속과정의 적법절차 및 인권보호 준칙 제22조 제1항). 심사결과 법 위반사실이 여권 또는 서류 등에 의하여 명백히 인정되고 처분에 다툼이 없는 출입국사범에 대하여는 용의자신문조서나 심사결정서를 작성하지 않고 출입국사범심사결정통고서의 작성으로 이에 갈음할 수 있다(출입국사범 단속과정의 적법절차 및 인권보호 준칙 제22조 제2항).

제1항 및 제2항의 규정에 의한 심사결정서 및 출입국사범심사결정통고서는 용의자가 이해할 수 있는 언어로 읽어주거나 열람하게 한 후 오기가 있고 없음을 물어 용의자가 그 내용에 대한 증감 또는 변경 청구를 한 때에는 그 진술을 심사결정서 및 출입국사범심사결정통고서에 기재하여야 한다(출입국사범 단속과정의 적법절차 및 인권보호 준칙 제22조 제3항). 청장·사무소장은 심사결과 법 위반사실에 대한 증거가 불충분하다고 판단되는 경우에는 출입국관리공무원에게 법 제52조 제1항에서 정한 보호기간 내에 증거를 보완하도록 지시하고, 이를 보완하지 못한 때에는 즉시 보호를 해제하여야 한다(출입국사범 단속과정의 적법절차 및 인권보호 준칙 제22조 제4항).

심사 결과 용의자가 법 제46조 제1항의 강제퇴거 대상자에 해당하지 아니할 경우 지체 없이 용의자에게 그 뜻을 알려야 하고, 용의자가 보호되어 있으면 즉시 보호를 해제하여야 한다(출입국관리법 제59조 제1항). 용의자가 강제퇴거 대상자에 해당할 경우 강제퇴거명령을 할 수 있다(출입국관리법 제59조 제2항).

3) 심사결정서와 강제퇴거명령서

가) 조문

심사가 종료되면 심사의 결과로서 강제퇴거명령이 내려지는데, 출입국관리법에서는 심사에 따르는 심사결정서와 강제퇴거명령에 따르는 강제퇴거명령서를 별도의 조문으로 규정하고 있다. 청장·사무소장·출장소장 또는 보호소장은 심사결정을 한 때에는 주문·이유 및 적용 법조문 등을 분명히 밝힌 심사결정서를 작성하여야 한다(출입국관리법 시행령 제72조). 다만 용의자에게 교부를 요구하고 있지는 않다.

한편, 지방출입국·외국인관서의 장은 심사 결과 강제퇴거명령을 하는 때에는 강제퇴거명령서를 발급하여 그 부본을 용의자에게 교부하여야 하고(출입국관리법 제59조 제3항, 동법 시행령 제74조), 그 내용으로 명령의 취지 및 이유와 이의신청을 할 수 있다는 점이 포함되어야 한다(출입국관리법 시행령 제74조).

나) 법적 성격

출입국관리법 시행령 제72조에서는 "청장·사무소장·출장소장 또는 보호소장은 법 제58조에 따라 심사결정을 한 때에는 주문·이유 및 적용 법조문 등을 분명히 밝힌 심사결정서를 작성하여야 한다."라고 하여 심사결정서를 규정하고 있다. 한편, 출입국관리법 시행령 제104조 제3항은 "청장·사무소장 출장소장 또는 보호소장은 조사 결과 위반사실이 여권 또는 서류 등에 의하여 명백히 인정되고 처분에 다툼이 없는 출입국사범에 대해서는 제57조에 따른 용의사실 인지보고서, 제59조 제1항에 따른 용의자신문조서, 제1항에 따른 심사결정서 및 통고서를 따로 작성하지 아니하고 출입국사범 심사결정 통고서를 작성하는 것으로 갈음할 수 있다."라고 하여 출입국사범심사결정통고서에 관해 정하고 있다.

양자의 명칭이 유사하여 혼동의 여지가 있으나 이 둘은 구별된다. 법 시행령 제104조 제3항의 출입국사범심사결정통고서는 법 제102조 제1항에 따라 통고처분을 하는 때 작성하는 문서를 의미하는 것이므로, 강제퇴거·출국명령 등 통고처분이 아닌 행정처분을 할 때 작성하는 심사결정서와는 성격상 차이가 있다. 다만 심사결과 법 위반사실이 여권 또는 서류 등에 의해 명백히 인정되고 처분에 다툼이 없는 경우 출입국사범심사결정통고서의 작성으로 이에 갈음하여 작성하는 것이므로(출입국사범 단속과정의 적법절차 및 인권보호 준칙 제22조 제2항), 실무에서 쓰이는 '출입국사범심사결정통고서'는 법적 성격상 출입국관리법 시행령 제72조의 심사결정서로 보아야 할 것이다. 따라서 심사의 결과로서 출입국사범심사결정통고서를 작성하는 경우, 심사결정서와 내용 및 형식의 면에서 다름이 없어야 할 것이다. 덧붙이자면 실무상 출입국사범심사결정통고서는 용의자인 외국인에게 교부하지 않고 처분의 근거자료로 활용한다. 용의자에게는 '강제퇴거명령서'라는 제목의 문서가 교부되며 그 문서가 처분의 근거가 된다.

마. 강제퇴거

1) 의의 및 법적 성격

출입국관리법에서 규정하는 강제퇴거는, 출입국관리법을 위반하였거나 대한민국 공동체의 이익을 해할 우려가 있는 일정한 범위의 외국인을 그 의사에 반하여 대한민국 외의 지역으로 출국시키는 절차를 의미한다.

강제퇴거는 목전의 급박한 행정상 장해가 예상되는 상황에서 미리 그 점을 고지하여서는 목적을 달성할 수 없는 경우에 한해 행해진다. 따라서 그 법적 성격은 보호명령과 마찬가지로 행정상 즉시강제에 해당한다.

2) 강제퇴거 사유

가) 대상자

출입국관리법 제46조 제1항에서는 강제퇴거 사유를 상세히 규정하고 있다. 지방출입국·외국인관서의 장은 심사절차를 통해 법 제46조 제1항에 해당함이 확정된 용의자에 대해 강제퇴거명령을 내릴 수 있다.

　① 법 제7조를 위반한 사람(제1호). 출입국관리법 제7조 제1항은 외국인이 입국할 때에는 유효한 여권과 법무부장관이 발급한 사증을 가지고 있어야 한다고 규정하고 있고

동조 제2항에서 무사증 입국자의 범위를 정하고 있다. 따라서 여권 또는 사증이 유효하지 않은 외국인은 강제퇴거 대상이 될 수 있다.

법원은 이때 '유효한 여권'을 "출입국관리법 제7조 제1항에서 정하고 있는 '유효한 여권'이란 '여권 소지자의 실제 인적사항과 여권 기재 내용이 동일하여 본인임을 확인할 수 있는 것'을 의미한다고 봄이 상당하다."라고 판시하면서, "설령 제1여권이 A국 정부의 실수에 의해 인적사항이 잘못 기재된 여권이라고 하더라도, 원고의 인적사항과 제1여권 기재 인적사항이 서로 상이한 이상 출입국관리법 제7조 제1항이 정하고 있는 '유효한 여권'이라고 할 수는 없다(서울행정법원 2017. 11. 8. 선고 2017구단70635 판결)."라고 판단하기도 하였다.

위 판결은 나아가 "제2여권은 원고의 실제 인적사항과 여권 기재 내용이 동일하여 원고 본인임을 확인할 수 있는 유효한 여권인 사실을 인정할 수 있으므로, 비록 원고가 과거 4차례에 걸쳐 유효하지 않은 여권으로 입국한 전력이 있다고 하더라도, 원고의 현재의 체류를 기준으로 한 입국 당시에는 유효한 여권을 소지하고 있었다 할 것이므로, 원고는 출입국관리법 제7조 제1항을 위반하였다고 할 수 없고, 결국 피고는 출입국관리법 제7조 제1항 제46조 제1항 제1호, 제68조 제1항 제1호에 따라서는 원고에 대하여 출국명령을 할 수 없다(서울행정법원 2017. 11. 8. 선고 2017구단70635 판결)."라고 하여 출입국관리법 제7조 제1항의 적용 기준으로 '현재의 체류를 기준으로 한' 입국 당시의 여권이 유효한지 여부를 검토해야 한다고 판단하였다.

② 법 제7조의2를 위반한 외국인 또는 같은 조에 규정된 허위초청 등의 행위로 입국한 외국인(제2호). 법 제7조의2에서는 허위사실기재 또는 허위의 신원보증 등 부정한 방법으로 외국인을 초청하거나 또는 초청을 알선하는 행위, 허위 사증 또는 사증발급인정서를 신청하거나 그러한 신청을 알선하는 행위를 금지하고 있다. 따라서 허위초청 및 허위사증으로 입국한 외국인에게 강제퇴거명령을 내릴 수 있다.

③ 법 제11조 제1항 각 호의 어느 하나에 해당하는 입국금지사유가 입국 후에 발견되거나 발생한 사람(제3호). 법 제11조 제1항에서는 일정한 외국인에 대해 입국을 금지할 수 있다고 규정하고 있다. 구체적으로 감염병환자, 마약류중독자, 그 밖에 공중위생상 위해를 끼칠 염려가 있다고 인정되는 사람(제1호),「총포·도검·화약류 등의 안전

관리에 관한 법률」에서 정하는 총포·도검·화약류 등을 위법하게 가지고 입국하려는 사람(제2호), 대한민국의 이익이나 공공의 안전을 해치는 행동을 할 염려가 있다고 인정할 만한 상당한 이유가 있는 사람(제3호), 경제질서 또는 사회질서를 해치거나 선량한 풍속을 해치는 행동을 할 염려가 있다고 인정할 만한 상당한 이유가 있는 사람(제4호), 사리 분별력이 없고 국내에서 체류활동을 보조할 사람이 없는 정신장애인·국내체류비용을 부담할 능력이 없는 사람·그 밖에 구호(救護)가 필요한 사람(제5호), 강제퇴거명령을 받고 출국한 후 5년이 지나지 아니한 사람(제6호), 1910년 8월 29일부터 1945년 8월 15일까지 사이에 일본 정부·일본 정부와 동맹 관계에 있던 정부·일본 정부의 우월한 힘이 미치던 정부의 지시를 받거나 그 정부와 연계하여 인종, 민족, 종교, 국적, 정치적 견해 등을 이유로 사람을 학살·학대하는 일에 관여한 사람(제7호), 제1호부터 제7호까지의 규정에 준하는 사람으로서 법무부장관이 그 입국이 적당하지 아니하다고 인정하는 사람(제8호)이 있다. 따라서 대한민국에 입국한 외국인 중 이들 입국금지사유가 있는 자에 대해서는 강제퇴거명령을 내릴 수 있다.

④ 법 제12조 제1항 및 제2항 또는 법 제12조의3을 위반한 사람(제4호). 출입국항에서 입국심사를 받지 않고 입국하려는 외국인(출입국관리법 제12조 제1항·제2항), 불법으로 외국인을 입국 또는 출국하게 하거나 대한민국을 거쳐 다른 국가에 불법으로 입국하게 할 목적으로 선박·여권·사증 등 서류 또는 물품을 제공하는 외국인(출입국관리법 제12조의3 제1항), 외국인을 대한민국에서 은닉 또는 도피하게 하거나 그러한 목적으로 교통수단을 제공하는 사람(출입국관리법 제12조의3 제2항)에 대해 강제퇴거명령을 내릴 수 있다. 이때 위 제1항 및 제2항의 행위를 알선하는 외국인에 대해서도 동일하게 처분을 내릴 수 있다.

⑤ 법 제13조 제2항에 따라 지방출입국·외국인관서의 장이 붙인 허가조건을 위반한 사람(제5호). 지방출입국·외국인관서의 장이 외국인에게 조건부 입국을 허가할 때 조건부입국허가서에 붙인 조건을 위반한 외국인을 의미한다.

⑥ 법 제14조 제1항, 법 제14조의2 제1항, 법 제15조 제1항, 법 제16조 제1항 또는 법 제16조의2 제1항에 따른 허가를 받지 아니하고 상륙한 사람(제6호). 승무원상륙허가(출입국관리법 제14조 제1항), 관광상륙허가(출입국관리법 제14조의2 제1항), 긴

급상륙허가(출입국관리법 제15조 제1항), 재난상륙허가(출입국관리법 제16조 제1항) 없이 상륙한 외국인을 의미한다.

⑦ 법 제14조 제3항(법 제14조의2 제3항에 따라 준용되는 경우를 포함한다), 법 제15조 제2항, 법 제16조 제2항 또는 법 제16조의2 제2항에 따라 지방출입국·외국인관서의 장 또는 출입국관리공무원이 붙인 허가조건을 위반한 사람(제7호). 승무원상륙허가, 관광상륙허가, 재난상륙허가, 난민의 임시상륙허가(출입국관리법 제16조의2)에 따르는 의무를 위반한 외국인을 뜻한다.

⑧ 법 제17조 제1항 및 제2항, 법 제18조, 법 제20조, 법 제23조, 법 제24조 또는 법 제25조를 위반한 사람(제8호). 체류기간 또는 체류자격의 범위를 벗어난 활동을 하였거나 정치활동을 한 외국인, 취업활동을 위한 체류자격 없이 취업한 외국인, 허가 없이 체류자격 외 활동을 한 자, 기타 체류 관련 허가를 받지 않은 자가 이에 속한다.

⑨ 법 제21조 제1항 본문을 위반하여 허가를 받지 아니하고 근무처를 변경·추가하거나 같은 조 제2항을 위반하여 외국인을 고용·알선한 사람(제9호).

⑩ 법 제22조에 따라 법무부장관이 정한 거소 또는 활동범위의 제한이나 그 밖의 준수사항을 위반한 사람(제10호). 공공의 안녕질서나 대한민국의 중요한 이익을 위해 필요하다고 인정되면 대한민국에 체류하는 외국인에 대해 거소 또는 활동범위를 제한하거나 그 밖에 필요한 준수사항을 정할 수 있는데(출입국관리법 제22조), 이와 관련된 의무를 위반한 자이다.

⑪ 법 제26조를 위반한 외국인(제10호의2). 위조·변조된 문서 등을 입증자료로 제출하거나 허위사실이 기재된 신청서 등을 제출하는 등 부정한 방법으로 출입국관리법에 규정된 허가를 신청한 경우, 또는 그러한 행위를 알선·경유한 경우를 의미한다.

⑫ 법 제28조 제1항 및 제2항을 위반하여 출국하려고 한 사람(제11호). 유효한 여권 없이 출국하려는 외국인을 의미한다.

⑬ 법 제31조에 따른 외국인등록 의무를 위반한 사람(제12호). 입국한 날부터 90일을 초과하여 대한민국에 체류하려는 자가 등록을 하지 않은 경우를 뜻한다.

⑭ 법 제33조의3을 위반한 외국인(제12호의2). 외국인의 여권이나 외국인등록증을 취업에 따른 계약 또는 채무이행의 확보수단으로 제공받거나 그 제공을 강요 또는 알선

한 외국인(제1호). 외국인등록번호를 거짓으로 생성하여 자기 또는 다른 사람의 재물이나 재산상의 이익을 위하여 사용하거나 이를 알선하는 외국인(제2호), 외국인등록번호를 거짓으로 생성하는 프로그램을 다른 사람에게 전달하거나 유포 또는 이를 알선한 외국인(제3호), 다른 사람의 외국인등록증을 부정하게 사용하거나 자기의 외국인등록증을 부정하게 사용한다는 사정을 알면서 다른 사람에게 제공한 외국인 또는 이를 각각 알선한 외국인(제4호), 다른 사람의 외국인등록번호를 자기 또는 다른 사람의 재물이나 재산상의 이익을 위하여 부정하게 사용하거나 이를 알선한 외국인(제5호)이 그 대상에 해당한다.

⑮ 금고 이상의 형을 선고받고 석방된 사람(제13호). 이 점에 관하여 해석상 논란의 여지가 있으므로 목차를 달리하여 후술하겠다.

⑯ 그 밖에 위 제1호부터 제10호까지, 제10호의2, 제11호, 제12호, 제12호의2 또는 제13호에 준하는 사람으로서 법무부령으로 정하는 사람(제14호). 출입국관리법 시행규칙 제54조의2에서 이를 구체화하고 있다. 법 제46조 제1항 제14호의 "법무부령으로 정하는 사람"이란 살인·강간·절도·강도·마약·국가보안법 위반 등 출입국관리법 시행규칙 제54조 각 호[127]의 어느 하나에 해당하는 죄를 범한 사람(출입국관리법 시행규칙 제54조의2 제1호), 「배타적 경제수역에서의 외국인어업 등에 대한 주권적 권리의 행사에 관한 법률」을 위반한 사람(출입국관리법 시행규칙 제54조의2 제2호), 「영해 및 접속수역법」을 위반한 사람(출입국관리법 시행규칙 제54조의2 제3호)을 의미한다.

그 외에도, 지방출입국·외국인관서의 장은 법 제68조 제1항에 따른 출국명령을 받고도

---

[127] 출입국관리법 시행규칙 제54조
   1. 「형법」 제2편 제24장 살인의 죄, 제32장 강간과 추행의 죄 또는 제38장 절도와 강도의 죄중 강도의 죄를 범한 자.
   2. 「성폭력범죄의 처벌 등에 관한 특례법」 위반의 죄를 범한 자.
   3. 「마약류관리에 관한 법률」 위반의 죄를 범한 자.
   4. 「특정범죄 가중처벌 등에 관한 법률」 제5조의2·제5조의4·제5조의5·제5조의9 또는 제11조 위반의 죄를 범한 자.
   5. 「국가보안법」 위반의 죄를 범한 자.
   6. 「폭력행위 등 처벌에 관한 법률」 제4조 위반의 죄를 범한 자.
   7. 「보건범죄단속에 관한 특별조치법」 위반의 죄를 범한 자.

지정한 기한까지 출국하지 않거나 조건을 위반한 사람에 대하여는 지체 없이 강제퇴거명령서를 발급하여야 한다(출입국관리법 제68조 제4항).

나) 영주권자에 대한 예외

해당 외국인이 대한민국에 영주할 수 있는 체류자격을 가진 경우 원칙적으로 대한민국 밖으로 강제퇴거되지 않는다(출입국관리법 제46조 제2항 본문). 다만 「형법」 제2편 제1장 내란의 죄 또는 제2장 외환의 죄를 범한 사람, 5년 이상의 징역 또는 금고의 형을 선고받고 석방된 사람 중 법무부령으로 정하는 사람,[128] 외국인을 불법으로 출입국시킬 목적 등으로 선박 등 편의를 제공하거나 도피를 돕는 등으로 법 제12조의3[129]에서 정한 사항을 위반한 사람 및 이를 교사 또는 방조한 사람에 대해서는 그러하지 아니하다.

다) 제13호 사유에 관한 해석론

(1) 조문의 연혁

법 제46조 제1항 제13호에서 규정하는 '금고 이상의 형'에 집행유예도 포함되는지 여부가 문제된다. 또한, '선고받고 석방된 사람'이 수사절차나 재판과정에서 구속된 적이 없는 사람도 포함하는지 명확하지 않아 이 역시 논란의 대상이 되고 있다. 현행 출입국관리법 제46조 제1항 제13호 '금고 이상의 형을 선고받고 석방된 사람'은 1963. 3. 5. 제정된 출입

---

128 출입국관리법 시행규칙 제54조
    1. 「형법」 제2편 제24장 살인의 죄, 제32장 강간과 추행의 죄 또는 제38장 절도와 강도의 죄중 강도의 죄를 범한 자.
    2. 「성폭력범죄의 처벌 등에 관한 특례법」 위반의 죄를 범한 자.
    3. 「마약류관리에 관한 법률」 위반의 죄를 범한 자.
    4. 「특정범죄 가중처벌 등에 관한 법률」 제5조의2·제5조의4·제5조의5·제5조의9 또는 제11조 위반의 죄를 범한 자.
    5. 「국가보안법」 위반의 죄를 범한 자.
    6. 「폭력행위 등 처벌에 관한 법률」 제4조 위반의 죄를 범한 자.
    7. 「보건범죄단속에 관한 특별조치법」 위반의 죄를 범한 자.

129 출입국관리법 제12조의3
    ① 누구든지 외국인을 불법으로 입국 또는 출국하게 하거나 대한민국을 거쳐 다른 국가에 불법으로 입국하게 할 목적으로 다음 각 호의 행위를 하여서는 아니 된다.
    1. 선박 등이나 여권 또는 사증, 탑승권이나 그 밖에 출입국에 사용될 수 있는 서류 및 물품을 제공하는 행위.
    2. 제1호의 행위를 알선하는 행위.
    ② 누구든지 불법으로 입국한 외국인에 대하여 다음 각 호의 행위를 하여서는 아니 된다.
    1. 해당 외국인을 대한민국에서 은닉 또는 도피하게 하거나 그러한 목적으로 교통수단을 제공하는 행위.
    2. 제1호의 행위를 알선하는 행위.

국관리법 제26조 제1항 제6호 '대한민국의 법률에 의하여 금고 이상의 형을 받고 석방된 자'라는 규정에서 '대한민국의 법률' 부분이 삭제되고 '자(者)' 부분이 '사람'으로 바뀌는 표현상의 수정 외에 내용이 바뀌지는 않았다. 국회 속기록을 검토하더라도 위 제13호 부분에 대해서는 별다른 문제의식이 공유되지 않았던 것으로 보인다.[130]

한편, 영주권자의 강제퇴거에 대한 예외를 정하는 현행 출입국관리법 제46조 제2항 제2호에서도 '5년 이상의 징역 또는 금고의 형을 선고받고 석방된 사람 중 법무부령으로 정하는 사람'이라고 정하고 있어 '선고받고 석방된'의 의미가 역시 문제될 수 있다. 법 제46조 제2항은 출입국관리법이 2002. 12. 5. 법률 제6745호로 개정될 때 신설된 항으로, 최초 원안은 '5년 이상의 징역 또는 금고의 형에 해당하는 죄를 범한 자 중 강제퇴거의 필요가 있다고 법무부장관이 인정하는 자'였다. 이에 대해 '5년 이상의 징역 또는 금고의 형에 해당하는 죄를 범한 자'의 의미가 법정형을 의미하는 것인지 선고형을 의미하는 것인지 불분명하므로 법정형이 아닌 선고형으로 분명히 할 필요가 있으며, '법무부장관이 인정하는 자'를 강제퇴거 대상자로 정하고 있는 것은 처벌기준의 명확성 또는 예측가능성에 반하기 때문에 '법무부령'으로 할 필요가 있다는 내용의 검토보고가 이루어졌다. 그런데 별다른 이유 설시 없이 해당 조항은 '5년 이상의 징역 또는 금고의 형을 선고받고 석방된 자 중 법무부령이 정하는 자'로 수정되었고 그대로 확정되었다.[131]

이러한 점을 종합적으로 고려한다면 법 제46조 제1항 제13호 문언 중 '형을 선고받고 석방된 자' 부분에 입법자가 특별한 의미를 부여한 것은 아니라고 볼 수 있다. 따라서 위 제13호의 해석은 "가능한 한 법률에 사용된 문언의 통상적인 의미에 충실하게 해석하는 것을 원칙으로 하고, 나아가 법률의 입법 취지와 목적, 그 제·개정 연혁, 법질서 전체와의 조화, 다른 법령과의 관계 등을 고려하는 체계적·논리적 해석방법을 추가적으로 동원함으로써, 법해석의 요청에 부응하는 타당한 해석이 되도록 하여야 한다(대법원 2010. 12. 23. 선고 2010다81254 판결)."

---

130 http://likms.assembly.go.kr/record/mhs-60-010.do#none
최종방문일 : 2016. 11. 12.
131 법제사법위원회 수석전문위원 임종훈, 출입국관리법 중 개정법률안(정부제출) 검토보고, 2002, 5쪽 및 13쪽.

(2) 집행유예가 포함되는지 여부

조문에서는 '금고 이상의 형을 선고'받았을 것을 요구하고 있을 뿐 특별히 다른 표지를 제시하고 있지는 않다. 따라서 집행유예를 선고받은 자도 제13호의 '금고 이상의 형을 선고받은 자'에 포함된다고 해석하는 것이 타당하다.

판례는 역시 일관되게 '금고 이상의 형'에 집행유예가 포함된다는 입장을 밝혀 왔다. 서울고등법원 2014. 7. 10. 선고 2013누51482 판결에서는 "법 제46조 제1항 제13호는 '금고 이상의 형을 선고받고 석방된 사람'을 강제퇴거 대상자의 하나로 규정하고 있다. 그런데 위 조항에서 말하는 '금고 이상의 형'을 실형의 경우로 한정하여 해석할 아무런 근거가 없을 뿐만 아니라 실형을 선고받은 경우에 비하여 집행유예를 선고받은 경우가 반사회성이 적다고 단정할 수도 없으므로, 위 '금고 이상의 형'에는 집행유예도 포함된다고 보는 것이 타당하다."라고 판시하였다.

서울행정법원 2014. 11. 21. 선고 2014구단57174 판결 역시 "출입국관리법 제46조 제1항 제13호는 강제퇴거 대상자의 하나로서 '금고 이상의 형을 선고받고 석방된 사람'이라고 규정하고 있다. 여기에서 '금고 이상의 형'(무죄추정의 원칙상 당연히 그 형이 확정된 경우를 의미한다)을 실형으로 한정할 법문언상, 조문체계상 근거가 없고 집행유예가 선고된 경우에는 반사회성이 없다고 단정할 수도 없으므로, 집행유예가 선고된 경우도 '금고 이상의 형'에 포함된다고 보아야 할 것이다."라고 하여 집행유예를 포함하는 개념으로 판단하였다.

(3) 구속된 적이 없는 용의자에게도 적용되는지 여부

수사절차나 재판 과정에서 구속된 사실이 없는 자도 법 제46조 제1항 제13호에 해당하는지에 대해 입장이 갈리고 있다.

(가) 적용을 긍정하는 판례

서울고등법원 2014. 7. 10. 선고 2013누51482 판결에서는 "'석방된 사람'에는 실형을 선고받고 그 형의 집행을 종료한 사람뿐만 아니라 그 형의 집행을 유예받거나 면제받는 등으로 현재 구금상태에 있지 아니한 사람도 포함된다고 보는 것이 타당하다."라고 판단하였다. 그 근거는 아래와 같다.

① 형사소송법상 구속은 일정한 구속사유가 있을 때 신병을 확보하는 수단일 뿐 범죄에 대한 형벌이 아니므로 구속 여부가 반사회성의 정도를 나타낸다고 볼 수 없다.

② '석방'의 의미를 실형을 선고받고 그 형의 집행을 종료받고 석방된 경우나 또는 수사과정에서 구속되었다가 석방된 경우로 한정하여 해석하게 되면, 구속사유가 있어 구속 상태로 재판받다가 집행유예를 선고받은 경우 전자만을 강제퇴거 대상자로 보게 됨으로써 형벌이 아닌 구속을 사실상 형벌과 같이 취급하게 되어 부당하다.

③ 형사소송법에서 체포된 피의자에 대하여 구속영장을 청구하지 않거나 구속영장을 발부받지 못한 경우 즉시 "석방"하도록 규정(형사소송법 제200조의2, 제200조의4 등 참조)하고 있는 등 석방이 반드시 구속을 전제로 하는 개념은 아닌 점 등에 비추어 보면, 위 조항에서의 "석방"을 반드시 "구속"되었다가 석방된 경우로 한정하여 해석할 수 없다.

④ 출입국관리법 제85조는 형의 집행을 받고 있는 사람에 대하여는 원칙적으로 그 집행이 끝난 후에 강제퇴거 집행을 하도록 규정하고 있는바, 그 취지는 강제퇴거의 집행을 대상자가 구금 상태에 있지 않은 상태에서 이루어질 것을 예정한 것으로 보인다.

위 판결은 외국인인 원고가 대법원에 상고하여 2014두40050 사건으로 진행되었으나, 2014. 11. 13. 심리불속행으로 기각되어 원심이 확정되었다(대법원 2014. 11. 13.자 2014두40050 판결).

서울고등법원 2018. 1. 26. 선고 2017누78560 판결 역시 같은 취지로 판시하였는데, 그 근거는 아래와 같다.

① 법령 자체에 그 법령에서 사용하는 용어의 정의나 포섭의 구체적인 범위가 명확히 규정되어 있지 아니한 경우 그 법령상 용어는 해당 규정의 문언에 관한 통상적·합리적인 해석의 범위를 벗어나지 않는 범위 내에서 그 법령의 전반적인 체계와 취지·목적, 당해 조항의 규정형식과 내용 및 관련 법령을 종합적으로 고려하여 해석하여야 한다(대법원 2014. 5. 29. 선고 2013두7070 판결 참조).

② 출입국관리법 제85조는 형의 집행을 받고 있는 사람에 대한 강제퇴거의 절차를 규정하고 있고, 형의 집행을 받고 있는 사람에 대하여는 원칙적으로 그 집행이 끝난 후에 강제퇴거 집행을 하도록 규정하고 있는바, 이 사건 규정이 '석방된 사람'이라고 규정한 취지는 실형의 집행 종료 및 기타 사유로 인해 현재 구금되어 있지 않은 상태인 사람을 의미하는 것일 뿐이고, 반드시 구속을 전제로 하여 일단 구속되었다가 석방된 사람에 한정된다고 보기 어렵다.

③ 이 사건 규정이 금고 이상의 형을 선고받고 석방된 사람을 강제퇴거 혹은 출국명령 대상자로 규정하는 취지는 대한민국에 체류하는 외국인이 범죄를 저지르지 않고 성실하고 올바르게 생활하도록 함과 동시에 금고 이상의 형을 선고받은 자의 경우 대한민국에서의 체류를 금지하여 국가의 이익과 안전을 도모하고 경제질서와 사회질서를 유지하고자 하는 것으로, 금고 이상의 형을 선고받은 경우 형의 실제 집행 여부 혹은 집행유예 여부와 무관하게 그 범죄사실의 위법성과 비난가능성이 인정된다고 보아야 한다.

④ 출입국관리행정은 내·외국인의 출입국과 외국인의 체류를 적절하게 통제·조정함으로써 국가의 이익과 안전을 도모하고자 하는 국가행정작용으로서, 특히 외국인의 국내 체류에 관한 사항은 주권국가로서의 기능을 수행하는데 필수적인 것이므로 엄격히 관리되어야 한다.

위 판결 역시 원고가 대법원에 상고하여 2018. 4. 12.자 2018두37502 사건으로 진행되었으나, 2018. 4. 12. 심리불속행으로 기각되어 원심이 확정되었다(대법원 2018. 4. 12. 자 2018두37502 결정). 그 외 서울행정법원 2015. 4. 24. 선고 2014구단56355 판결에서도 동일한 이유를 설시하며 같은 결론을 내린 바 있다.

(나) 적용을 부정하는 판례

서울행정법원 2014. 11. 21. 선고 2014구단57174 판결 역시 "출입국관리법 제46조 제1항 제13호는 강제퇴거 대상자의 하나로서 '금고 이상의 형을 선고받고 석방된 사람'이라고 규정하고 있다. 여기에서 '금고 이상의 형'(무죄추정의 원칙상 당연히 그 형이 확정된 경우를 의미한다)을 실형으로 한정할 법문언상, 조문체계상 근거가 없고 집행유예가 선고된 경우에는 반사회성이 없다고 단정할 수도 없으므로, 집행유예가 선고된 경우도 '금고 이상의 형'에 포함된다고 보아야 할 것이다."라고 하여 집행유예를 포함하는 개념으로 판단하였다.

다만 "출입국관리법 제46조 제1항 제13호는 단순히 금고 이상의 형을 '선고받은' 사람이라 규정한 것이 아니라 금고 이상의 형을 '선고받고 석방된' 사람이라고 규정하고 있으므로, 여기에서 '금고 이상의 형을 선고받고 석방된 사람'이란 실형을 선고받아 집행을 마치고 석방된 사람이거나 적어도 수사 또는 재판 과정에서 구속되었다가 징역·금고형의 집행유예를 선고받음으로써 석방된 사람을 의미한다고 보아야 할 것이다(서울행정법원 2014. 11. 21. 선고 2014구단57174)."라고 하여 그 적용범위를 제한하고 있다. 그 근거로 "불구속 상태에서 재판을 받고 집행유예가 선고된 경우에도 반사회성이 없다고 단정할 수도 없고, 이러한 사람에 대하여도 강제퇴거명령을 하여야 할 필요성이 있는 경우가 있을 수 있지만, 그러한 경우에는 굳이 제13호에 근거하여 처분할 것이 아니라 다른 호에 근거하여 처분할 수도 있으므로, 굳이 법문언의 한계를 뛰어넘어 제13호를 확대 해석할 필요도 없다."라는 점을 들고 있다.[132]

위 판결은 외국인인 원고가 항소하여 서울고등법원 2014누70558 사건으로 진행되었는데, 재판부에서 원심 판결 이유를 그대로 인용하며 원고의 항소를 기각하였고 원고가 상고하지 않아 판결이 확정되었다(서울고등법원 2015. 6. 18. 선고 2014누70558 판결).

(다) 사견

이 쟁점은 형사절차가 행정처분으로 연계되는 접점에 위치한 것이므로 형사소송법을 고려하지 않을 수 없다. 형사소송법상 피고인이 일정한 주거가 없는 때, 피고인이 증거를 인멸할 염려가 있는 때, 피고인이 도망하거나 도망할 염려가 있을 때 법원은 피고인을 구속할 수 있다(형사소송법 제70조 제1항). 즉, 불구속 상태에서 재판을 받은 피고인이라면

---

132 다만, 이 사건의 항소심에서 피고 출입국관리사무소 측에서 처분사유 중 법 제46조 제1항 제13호를 철회하여서 서울고등법원 2015. 6. 18. 선고 2014누70558 판결에서는 이 점이 문제되지 않았다.

이들 사유가 존재하지 않는다는 판단을 이미 받았다고 볼 수 있을 것이다.

집행유예의 형이 확정된 경우는 불구속 상태에서 재판을 받은 경우, 구속 상태에서 재판을 받은 경우의 두 가지가 있을 수 있다. 불구속 상태에서 형사재판을 받은 경우라면 피고인에게 일정한 주거가 있고 도주 우려가 없다는 점이 법원을 통해 일응 확인된 셈이므로 집행유예 판결이 확정되더라도 즉시 신병을 확보할 필요가 크지 않을 것이다. 하지만 구속 상태에서 재판을 받은 경우라면 주거가 불분명하거나 도주 우려가 있어 신병 확보가 어렵다는 판단을 법원이 이미 내린 것이므로 경우가 다르다. 현실에서 상정하기는 어렵겠지만, 주거도 확실하고 도주 우려도 전혀 없으나 단지 증거 인멸의 우려만 있어서 구속되었던 경우라 할지라도 이는 대한민국의 법질서를 대하는 피고인의 인식이 건전하지 않다는 방증이므로 마찬가지로 불구속 재판을 받은 경우와는 구별된다. 반면 집행유예 선고는 외국인인 피고인이 형사절차 이후 진행되는 행정처분에 성실히 응할 것이라는 기대와는 무관하다. 따라서 집행유예 판결을 선고받은 외국인에 대해 강제퇴거명령 등 처분을 내리기 위해서는 일단 신병을 확보할 필요가 있다. 법 제46조 제1항 제13호는 형사절차에서 행정절차로 넘어오면서 외국인 신병 확보에 공백이 생기는 것을 방지하기 위한 조문으로, '선고받고 석방'되었다는 부분은 이러한 점을 특별히 강조한 것으로 볼 수 있다. 따라서 법 제46조 제1항 제13호는 서울행정법원 2014. 11. 21. 선고 2014구단57174 판결의 설시와 같이 구속 상태가 있었던 경우에 한해 적용하는 것이 타당하다.

3) 행정절차법의 적용 여부

가) 판례의 입장

행정절차법 제3조 제2항 제9호에서는 외국인의 출입국에 관한 사항에 행정절차법이 적용되지 않는다고 규정하고 있다(행정절차법 제3조 제2항 제9호. 행정절차법 시행령 제2조 제2호). 이와 관련하여 강제퇴거명령 절차에 행정절차법이 적용되는지가 문제될 수 있는데, 공무원 인사관계 절차와 행정절차법의 관계를 다룬 대법원 2007. 9. 21. 선고 2006두20631 판결에서는 "성질상 행정절차를 거치기 곤란하거나 불필요한 처분이나 행정절차에 준하는 절차를 거치도록 하고 있는 처분"에 대하여 행정절차법의 적용이 배제된다고 하여 그 범위를 한정한 바 있다.

서울고등법원 2016. 10. 7. 선고 2015누69968 판결에서는 "행정절차법 3조 2항 9호는 외국인의 출입국에 관한 처분에 대해서는 행정절차법을 적용하지 아니한다고 규정하고 있고, 이 사건 각 처분은 강제퇴거 대상자에 대하여 긴급하게 내려지는 처분으로서 긴급성, 밀행성, 적시성이 요구되므로 행정절차법 22조 1항이 적용되지 아니하며(행정절차법 23조 1항 3호의 예외사유에 해당하기도 한다), 행정절차법 23조 1항은 행정청의 자의적 결정을 배제하고 당사자로 하여금 행정구제절차에서 적절히 대처할 수 있도록 하는 데 그 취지가 있으므로, 처분서에 기재된 내용과 관계 법령 및 당해 처분에 이르기까지 전체적인 과정 등을 종합적으로 고려하여, 처분 당시 당사자가 어떠한 근거와 이유로 처분이 이루어 진 것인지를 충분히 알 수 있어서 그에 불복하여 행정구제절차로 나아가는 데에 별다른 지장이 없었던 것으로 인정되는 경우에는 처분서에 처분의 근거와 이유가 구체적으로 명시되어 있지 않았다고 하더라도 그 처분이 위법하다고 할 수 없다"고 하여 강제퇴거명령절차에 대해 행정절차법이 적용되지 않는다는 점을 밝히고 있다.

이러한 설시는 출국명령과 행정절차법의 관계를 다룬 판결에도 동일하게 등장한다. 서울고등법원 2014. 12. 24. 선고 2014누57753 판결에서는 "출국명령은 강제퇴거 대상에 해당하나 자기비용으로 자진하여 출국하려는 자에게 내려지는 처분으로서, 그 전제가 되는 강제퇴거 처분과 함께 외국인의 출국에 관한 처분이고, 그 성질상 긴급성, 밀행성, 적시성이 모두 필요한 것이므로 그와 같은 성격에 비추어볼 때 행정절차를 모두 거치기 곤란한 것으로 판단된다."라는 점과 "출입국관리법은 그 제47조 이하에서 강제퇴거 대상자에 관한 조사절차를 상세히 규정하고 있고, 제58조 이하에서 심사 및 이의신청에 관한 절차에 관한 규정을 별도로 두고 있어 행정절차에 준하는 절차를 따로 두어 거치도록 하고 있"다는 점을 제시하였다.

조사·심사를 거쳐 용의자가 법 제46조 제1항 각호에 해당한다는 점을 확정하는 단계까지는 강제퇴거명령과 출국명령 사이에 차이가 존재하지 않고, 판결문에서 설시한 긴급성·밀행성·적시성은 출국명령에도 동일하게 인정되는 속성이다. 즉, 위 판결의 근거는 출국명령뿐 아니라 강제퇴거의 절차에도 동일하게 적용할 수 있으므로 법원의 입장에 따르면 강제퇴거명령 절차에도 행정절차법의 적용이 배제될 것으로 보인다.

나) 사견

다만 행정절차법의 적용이 배제된다는 표현이 곧 외국인에 대한 강제처분이 법적 근거 없이 이루어질 수 있다는 의미는 아니다. 강제퇴거 처분을 내릴 때에는 출입국관리법에서 정하는 절차를 준수해야 하고, 외국인은 그 과정에서 일정한 권리를 행사할 수 있다.

위반조사를 위해 보호명령을 내릴 때 지방출입국·외국인관서의 장으로부터 보호명령서를 발급받아야 하고(출입국관리법 제51조 제1항 및 제5항), 보호명령서를 집행할 때에는 이를 외국인에게 제시하여야 한다(출입국관리법 제53조). 보호명령서를 집행한 때에는 용의자의 법정대리인, 변호인 또는 용의자가 지정하는 사람 등 일정한 관계에 있는 사람에게 보호의 일시·장소 및 이유를 서면으로 통지하여야 한다(출입국관리법 제54조 제1항). 또한 보호명령에 대하여는 법무부장관에게 이의신청을 할 수 있다(출입국관리법 제55조).

출입국관리법은 조문을 통해 강제퇴거명령의 절차를 상세히 정하고 있다. 강제퇴거명령을 결정한 때에는 명령의 취지, 이유, 이의신청을 할 수 있다는 점을 적은 강제퇴거명령서를 발급하여 그 부본을 용의자에게 교부해야 한다(출입국관리법 시행령 제74조). 또한 강제퇴거명령서를 집행할 때는 그 명령을 받은 사람에게 강제퇴거명령서를 내보여야 한다(출입국관리법 제62조 제3항). 강제퇴거명령에 대해 용의자는 강제퇴거명령서를 받은 날부터 7일 이내에 지방출입국·외국인관서의 장을 거쳐 법무부장관에게 이의신청서를 제출할 수 있다(출입국관리법 제60조 제1항).

다만 행정절차법의 조문 중 처분의 사전 통지(행정절차법 제21조), 의견청취(행정절차법 제22조)가 강제퇴거 절차에서 문제될 수 있으나, 서울고등법원 2014누57753 판결에서 설시한 바와 같이 긴급성과 밀행성이 요구되는 출입국관리행정의 특성상 행정절차법의 관계 조문을 출입국관리행정에 그대로 적용하는 것은 적절하지 않다고 생각한다. 강제퇴거명령을 내리기 이전에 사전 통지를 하게 되면, 도주 등으로 인해 용의자의 신병을 확보하기가 어려워질 위험이 있다. 특히 용의자의 처분사유가 불법체류나 밀입국일 경우 그러한 위험 예측이 불합리하다고 보기는 어려울 것이다. 의견청취 절차는 출입국관리법에 따르더라도 강제퇴거명령을 받게 되는 외국인에게 처분의 근거 및 이유를 고지하는 절차가 보장되어 있다는 점에서 행정절차법이 문제될 여지가 크지 않다. 따라서 출입국관리행정의 특수성 및 출입국관리법을 통한 절차적 보장이 이루어지고 있다는 점을 고려한다면 강제퇴거 절차에 행정절차법이 적용되지 않는다고 보아야 할 것이다.

4) 강제퇴거명령의 집행

가) 수사기관으로부터의 신병 인도

강제퇴거명령을 받은 외국인의 신병이 형사절차에서 이미 확보된 경우 용의자를 인계받게 된다. 검사는 강제퇴거명령서가 발급된 구속피의자에게 불기소처분을 한 경우 석방과 동시에 출입국관리공무원에게 그를 인도하여야 한다(출입국관리법 제86조 제1항). 또한 교도소·소년교도소·구치소 및 그 지소·보호감호소·치료감호시설 또는 소년원의 장은 법 제84조 제2항에 따라 지방출입국·외국인관서의 장에게 통보한 외국인에 대해 강제퇴거명령서가 발급되면 석방·출소 또는 퇴원과 동시에 출입국관리공무원에게 그를 인도하여야 한다(출입국관리법 제86조 제2항).

나) 집행

강제퇴거명령서는 출입국관리공무원이 집행하는데(출입국관리법 제62조 제1항), 지방출입국·외국인관서의 장은 사법경찰관리에게 강제퇴거명령서의 집행을 의뢰할 수 있다(출입국관리법 제62조 제2항). 강제퇴거명령서를 집행할 때에는 그 명령을 받은 사람에게 강제퇴거명령서를 내보이고 지체 없이 그를 송환국으로 송환하여야 한다(출입국관리법 제62조 제3항 본문). 다만 법 제76조 제1항에 따라 외국인이 탔던 선박 등의 장이나 운수업자가 그의 비용과 책임으로 그 외국인을 지체 없이 대한민국 밖으로 송환하여야 할 경우 출입국관리공무원은 그 선박 등의 장이나 운수업자에게 외국인을 인도할 수 있다(출입국관리법 제62조 제3항 단서).

법 제76조 제1항의 적용 대상인 외국인은 '2. 항만 등에서의 출입국관리, 아. 송환의무' 목차에서 언급한 바와 같이 ① 법 제7조의 유효한 여권과 사증 등 요건 또는 법 제10조 제1항에 따른 체류자격을 갖추지 아니한 사람(제1호), ② 법 제11조에 해당하여 입국이 금지되거나 거부된 사람(제2호), ③ 유효한 여권과 사증·체류자격 등을 갖추지 못하여 법

제12조 제4항에 따라 입국이 허가되지 아니하였는데 이에 선박 등의 장이나 운수업자의 귀책사유가 있는 사람(제3호), ④ 법 제14조에 따른 승무원상륙허가를 받고 상륙한 승무원 또는 법 제14조의2에 따라 관광상륙한 승객으로서 그가 타고 있던 선박 등이 출항할 때까지 선박 등으로 돌아오지 아니한 사람(제4호), ⑤ 허가받지 않고 상륙하였거나(출입국관리법 제46조 제1항 제6호)[133]상륙 후 허가조건을 위반한(출입국관리법 제46조 제1항 제7호)[134] 사람으로서 강제퇴거명령을 받은 사람(제5호)이다.

다만 지방출입국·외국인관서의 장은 외국인의 효과적인 송환을 위하여 필요한 경우 그 외국인을 송환할 때까지 선박 등의 장이나 운수업자에게 출입국항에 있는 일정한 장소를 제공할 수 있고, 이 경우 선박 등의 장이나 운수업자는 제공되는 장소 또는 그 장소에 머무르는 외국인의 관리에 관하여 지방출입국·외국인관서의 장의 협조요청이 있는 경우 특별한 사유가 없으면 이에 따라야 한다(출입국관리법 제76조 제2항).

다) 송환

강제퇴거명령서를 받은 사람은 국적이나 시민권을 가진 국가로 송환된다(출입국관리법 제64조 제1항). 이때 위 제1항의 국가로 송환할 수 없는 경우에는 대한민국에 입국하기 전에 거주한 국가, 출생지가 있는 국가, 대한민국에 입국하기 위하여 선박 등에 탔던 항이 속하는 국가, 그 외에 본인이 송환되기를 희망하는 국가로 송환할 수 있다(출입국관리법 제64조 제2항).

다만 강제퇴거명령을 받은 외국인이라도 난민법에 따른 절차를 거치는 중에 있다면 이를 집행 절차에서 고려하고 있다. 강제퇴거명령을 받은 외국인이 난민법에 따라 난민인정

---

133 제46조(강제퇴거의 대상자)
① 지방출입국·외국인관서의 장은 이 장에 규정된 절차에 따라 다음 각 호의 어느 하나에 해당하는 외국인을 대한민국 밖으로 강제퇴거시킬 수 있다. 〈개정 2012. 1. 26., 2014. 3. 18., 2016. 3. 29.〉
6. 제14조 제1항, 제14조의2 제1항, 제15조 제1항, 제16조 제1항 또는 제16조의2 제1항에 따른 허가를 받지 아니하고 상륙한 사람.

134 제46조(강제퇴거의 대상자)
① 지방출입국·외국인관서의 장은 이 장에 규정된 절차에 따라 다음 각 호의 어느 하나에 해당하는 외국인을 대한민국 밖으로 강제퇴거시킬 수 있다. 〈개정 2012. 1. 26., 2014. 3. 18., 2016. 3. 29.〉
7. 제14조 제3항(제14조의2 제3항에 따라 준용되는 경우를 포함한다), 제15조 제2항, 제16조 제2항 또는 제16조의2 제2항에 따라 지방출입국·외국인관서의 장 또는 출입국관리공무원이 붙인 허가조건을 위반한 사람.

신청을 하였으나 난민인정 여부가 결정되지 아니한 경우(제1호), 난민신청자가 난민법 제21조에 따라 이의신청을 하였으나 이에 대한 심사가 끝나지 아니한 경우(제2호) 송환해서는 안 된다(출입국관리법 제62조 제4항). 다만 난민신청자가 대한민국의 공공의 안전을 해쳤거나 해칠 우려가 있는 경우 그러하지 아니하다(출입국관리법 제62조 제4항 단서). 강제퇴거명령서를 발급한 외국인에 대해 처분을 집행할 수 없게 되는 경우, 출입국관리법에서는 집행을 위한 보호절차를 예정하고 있다(출입국관리법 제63조 제1항).

강제송환금지 원칙을 강제퇴거명령의 집행 단계에서 고려하는 현행법의 태도에 대해서는 비판이 있어 왔다. 이와 관련하여 상반된 판결들이 존재하는데, 구체적인 쟁점에 대해 상세하게 이유를 밝히고 있으므로 목차를 달리하여 서술한다.

라) 난민신청자에 대한 강제퇴거명령의 적법성에 관한 판례

강제송환금지 원칙을 집행 단계에서 고려하는 것이 타당한지의 문제는 결국 난민신청자에 대한 강제퇴거명령이 적법한지에 대한 논의로 귀결된다. 판례는 ① 난민인정절차와 무관하게 강제퇴거명령의 적법성을 판단할 수 있는지, ② 즉시 집행을 전제로 하지 않은 강제퇴거명령이 실익이 있는지에 관한 쟁점에서 결론을 달리 했다.

(1) 긍정한 판례

서울고등법원 2015. 3. 19. 선고 2014누59773 판결에서는 "원고는 난민지위에 관한 소송이 종료될 때까지 법률상 이 사건 강제퇴거명령을 집행할 수 없으므로 이 사건 강제퇴거명령에 실익이 없다고 주장하나, 이 사건 강제퇴거명령을 전제로 보호명령을 발령함으로써 난민신청자가 소송에서 최종적으로 난민으로 인정되지 않는 것으로 확정될 경우 강제퇴거명령의 집행을 원활하게 할 수 있다는 점에서 실익이 없다고 단정할 수 없다"고 하여, 즉시 집행을 전제로 하지 않더라도 강제퇴거명령이 필요하다고 판단하였다.

서울고등법원 2015. 10. 20. 선고 2015누51448 판결에서는 "출입국관리법 제46조 내지 제50조는 강제퇴거명령의 절차를, 제62조 내지 제64조는 강제퇴거명령 집행의 절차를 각 규정하여 강제퇴거명령과 집행을 이원적으로 규정하고 있는 점, 출입국관리법 제62조

제4항은 '강제퇴거명령을 받은 사람이 난민법에 따라 난민인정 신청을 하였으나 난민인정 여부가 결정되지 아니한 경우나 난민법 제21조에 따라 이의신청을 하였으나 이에 대한 심사가 끝나지 아니한 경우 송환하여서는 아니된다.'라고 규정하여 난민인정 절차와 강제퇴거명령의 집행을 연계하여 규정한 점 등에 비추어보면, 난민인정 절차와는 관계없이 강제퇴거명령의 적법 여부를 판단할 수 있고, 따라서 난민신청자에 대하여 강제퇴거명령을 하더라도 난민협약 제31조 제1항, 제33조 제1항에 어긋나는 것이라고 보기 어렵다."라고 판시함으로써 난민인정 절차와 무관하게 강제퇴거명령의 적법성을 판단할 수 있음을 명확히 하였다. 동 판결에서는 나아가 "강제퇴거명령을 전제로 보호명령을 함으로써 난민신청자가 최종적으로 난민으로 인정되지 않는 것으로 확정될 경우 강제퇴거명령의 집행을 원활하게 하기 위하여 그 전제로 강제퇴거명령을 할 실익이 있다."라는 점도 밝혔다.

서울행정법원 2015. 11. 24. 선고 2015구단52114 판결 역시 같은 논리로 "① 출입국관리법 제46조 내지 제50조는 강제퇴거명령의 절차를, 제62조 내지 제64조는 강제퇴거명령 집행의 절차를 각 규정하여 강제퇴거명령과 그 집행을 이원적으로 규정하고 있고, 체류를 허용해야 한다는 사정은 강제퇴거명령의 집행을 할 수 없다는 것뿐이지 그와 별개인 강제퇴거명령 자체를 할 수 없다는 취지는 아닌 것으로 보이는 점, ② 난민신청자가 최종적으로 난민으로 인정되지 않는 것으로 확정될 경우 강제퇴거명령의 집행을 원활하게 하기 위하여 그 전제로 강제퇴거명령을 할 실익이 있는 점 등에 비추어보면, 이 사건 강제퇴거명령처분이 위 난민법 및 난민협약 조항을 위반한 것이라고 볼 수 없다."라고 하여 이러한 입장을 확인한 바 있다.

(2) 부정한 판례

서울행정법원 2013. 10. 10. 선고 2013누13617 판결에서는 "법령에 따른 집행 보류만으로 강제퇴거명령 자체의 위법성이 치유되는 것은 아니다."라고 설시하였고, 그 근거로 "이의신청절차에서 난민으로 인정되지 않을 경우에는 법원에 별도의 결정이 없는 한 강제퇴거명령을 집행할 수도 있다는 취지로 이해할 수 있다. 그러나 난민신청자가 강제퇴거명령에 대하여 즉시 취소소송을 제기하지 않은 채 난민불인정 처분에 대한 이의신청의 결과를 기다리다가 강제퇴거명령의 제소기간이 도과하여 더는 불복할 수 없게 되어버리면 난민 불인정 처분에 대한 행정소송 단계에서는 강제퇴거명령의 효력을 다투거나 집행정지를 신청할 수 없으므로, 구 출입국관리법 제62조 제4항 제2호에 의한 강제퇴거명령서의 집행 보류만으로 난민신청자의 재판받을 기회를 제대로 보장하였다고 볼 수도 없다."라는 점을 들고 있다. 즉, 강제퇴거명령의 적법성 판단에 난민인정절차의 경과를 고려하지 않을 수 없다는 의미이다.

같은 판결에서는 또한 법 제62조 제4항의 해석론에 대해 설시하며 "법문언 및 조문의 체계상 강제퇴거명령을 받은 난민신청자가 대한민국의 공공의 안전을 해쳤거나 해칠 우려가 있는지가 강제퇴거명령의 집행 단계에서 판단할 문제인 것처럼 규정되어 있으나, 난민협약 제32조, 제33조가 난민에 대한 추방, 송환을 원칙적으로 금지하면서 극히 예외적인 사유가 있는 경우에만 허용하고 있으므로, '대한민국의 공공의 안전을 해쳤거나 해칠 우려'가 있는지는 강제퇴거명령서의 집행 요건이 아니라 강제퇴거명령 자체의 요건으로 편입하는 것이 적어도 입법론으로는 타당하다. 피고가 강제퇴거명령의 집행 단계에서 난민신청자가 대한민국의 공공의 안전을 해쳤거나 해칠 우려가 있는지를 잘못 판단하여 강제퇴거명령을 집행해버린 이후에는 난민신청자의 재판받을 기회가 사실상 봉쇄되어 버리기 때문이다."라고 하여 현행법에 대해 비판적인 견해를 취하였다. 나아가 "이렇게 볼 경우 추방, 송환 금지 원칙의 예외적 허용사유는 어디까지나 엄격하게 해석하여야 할 것"이라고 판단하였다.

이 판결의 항소심인 서울고등법원 2014. 9. 19. 선고 2013누49861 판결에서는 "① 이 사건 강제퇴거명령이 유지될 경우 난민인정 신청에 대한 사법적 심사가 완료되기 전에 원고가 강제 출국될 가능성을 배제하기 어렵고, 그 후에 난민지위를 인정받더라도 실익이 없게 되는 등 원고가 입는 불이익이 지나치게 클 우려가 있다. ② 피고의 주장대로 원고의 난민지위에 관한 소송이 종료될 때까지 강제퇴거명령의 집행을 실제로 하지 아니한다면 이 사건 처분을 통하여 소송 종료 이전에 강제퇴거를 명해야 할 실익을 찾기 어렵다. 설령 보호명령을 발령함으로써 난민신청자가 소송에서 난민으로 인정되지 않을 경우 강제퇴거명령의 집행을 원활하게 할 실익이 있더라도, 이는 소송 종료 직후 강제퇴거명령을 발령하여 신속하게 집행하는 방식으로 해결할 수 있으므로, 이 사건 강제퇴거명령으로 달성할 수 있는 공익은 크지 않을 것으로 보인다."라고 설시하여 강제퇴거명령 자체만으로도 위험성이 있고 즉시 집행을 전제로 하지 않은 강제퇴거명령의 실익에 의문을 표하고 있다.

같은 판결에서는 또한 "2013. 7. 1.부터 시행된 난민법(법률 제11298호)은 난민불인정 결정에 대한 행정심판 또는 행정소송이 진행 중인 자에 대하여 강제송환을 금지하는 규정을 두고 있으나(난민법 제3조, 제2조 제4호 다목), 위 규정은 2013. 7. 1. 이후 최초로 난민인정을 신청한 경우에 적용되므로 2011. 6. 28. 난민신청을 한 원고에 대하여 적용되지 않는다(같은 법 부칙 제2조). 구 출입국관리법 제62조 제4항 제2호는 난민불인정결정에 대한 이의신청에 관한 심사가 끝나지 아니한 경우에는 강제퇴거명령을 집행하지 않도록 규정하고 있으나, 이와 달리 난민불인정결정에 대한 행정소송이 진행되고 있는 경우에는 강제송환을 금지하고 있는 명시적인 규정이 없다. 이와 같은 문제점으로 인하여 강제퇴거명령이 실제 집행될 경우 원고로서는 불복하기 어렵게 된다(서울고등법원 2014. 9. 19. 선고 2013누49861 판결)."라는 점을 근거로 들고 있다. 이 판결은 대법원 2015. 1. 29.자 2014두42872 심리불속행결정으로 확정되었다.

위 사건과 사실관계가 동일한 서울행정법원 2013. 11. 14. 선고 2013구합13624 판결에서도 "출입국관리법 제62조 제4항은 난민불인정결정에 대한 이의신청에 관한 심사가 끝나지 아니한 경우에는 강제퇴거명령을 집행하지 아니하는 것으로 규정하고 있기는 하나, 난민불인정결정에 대한 행정소송이 진행되고 있는 경우에는 강제송환을 금지하고 있는 명문의 규정이 없는 점, 갑 제29, 30호증의 각 기재와 변론 전체의 취지에 의할 때, 난민신청자의 난민 지위에 관한 소송이 종료되지 아니한 상황에서 강제퇴거명령이 집행된 사례가 있는 것으로 보이는 점, 강제퇴거의 사실행위로서의 특성에 비추어 강제퇴거명령이 실제로 집행될 경우 사실상 이에 관하여 불복하기 어렵고, 강제퇴거명령의 집행이 보류된다고 하여 강제퇴거명령 자체의 위법성이 치유된다고 볼 수 없는 점, 피고의 주장대로 난민지위에 관한 소송이 종료될 때까지 강제퇴거명령의 집행을 실제로 하지 아니한다면 소송종료 이전에 강제퇴거를 명하는 실익을 찾기 어렵다"고 하여 같은 취지로 설시하였다.

이 판결의 항소심인 서울고등법원 2014. 10. 7. 선고 2013누52638 판결 역시 같은 입장을 확인하였다. 난민인정절차가 진행 중이라는 사실관계는 "본국을 떠난 후에 난민인정요건이 발생하는 이른바 '체재 중 난민'의 경우를 제외하고는 난민신청자의 경우 난민인정결정이 없다고 하더라도 일응 난민협약상 난민이라고 보아야 하므로, 설령 체재국에서 난민 인정결정을 받지 못하였다고 하더라도 난민인정절차 또는 난민불인정결정에 대한 소송이 여전히 진행되고 있고 그 신청이 명백히 남용적인 것이 아닐 경우에는, 그 절차가 진행되는 기간 동안 그 국가에서의 체류가 허용되어야 하고[난민협약에 의하여 설립된 유엔난민 고등판무관(United Nations High Commissioner for Refugees, UNHCR) 발간 편람 제 192항 (vii) 참조], 난민인정결정을 받은 경우와 동일하지는 아니하더라도 난민신청자의 궁박한 처지 등을 고려하여 일정한 보호를 인정할 필요가 있다."라고 하여 강제퇴거명령 의 적법성 판단에 한 요소로 고려하였다.

또한 "피고 주장과 같이 난민 지위에 관한 행정소송 등이 종료될 때까지는 강제퇴거 명령을 집행하는 경우는 거의 없다고 하더라도 강제퇴거명령을 즉시 집행하지 않는다는 이유로 강 제퇴거명령의 요건에 대한 심사가 완화되어도 무방하다고 할 수는 없고, 강제퇴거명령의 발 령이 정당화되거나 위법성이 치유된다고 볼 수도 없으며, 피고의 주장과 같이 난민지위에 관한 소송이 종료될 때까지 강제퇴거명령의 집행을 실제로 하지 아니한다면 소송 종료 전에 강제퇴거를 명할 당장의 실익을 찾기 어렵고, 다만 이를 전제로 보호명령을 발령하여 난민신 청자가 소송에서 최종적으로 난민으로 인정되지 않은 것으로 확정된 경우 강제퇴거의 집행 을 원활하게 하기 위한 장래의 이익이 있다고 할 것인데, 원고가 난민인정신청을 남용한 것으로 볼 수 있는 특별한 사정이 없는 이상 강제퇴거명령으로 달성할 수 있는 공익보다 침해되는 난민신청자의 불이익이 더 큰 것으로 보인다."라고 판시함으로써 원심의 입장을 확인하였다. 이 판결은 대법원 2015. 1. 29.자 2014두44090 심리불속행 판결로 확정되었다.

(3) 사견

출입국관리법의 문언에 따르면 강제퇴거명령과 그 집행은 구별되어 있고, 법 제62조 제4항에서는 강제퇴거명령을 받았더라도 집행 단계에서 그 타당성을 재차 검토하도록 하 고 있다. 또한 난민법 제3조에서는 난민신청자는 본인의 의사에 반하여 강제로 송환되지 않는다고 규정하고 있는데(난민법 제3조), 이 조항은 출입국관리법의 강제퇴거 관련 조문 에 우선하여 적용되므로(난민법 제4조) 난민신청자인 외국인에 대해 강제퇴거명령이 집행될 위험은 낮다. 실무에서도 난민불인정결정에 대한 취소소송이 진행 중인 외국인에 대해 강제퇴거명령의 집행을 보류하는 추세이다. 따라서 강제퇴거명령 그 자체만으로 난민신청자에게 강제송환 위험이 현실화된다고 보기는 어려울 것이다. 그러므로 강제퇴거명령의 적법성은 난민인정절차의 진행 경과와는 무관하게 별도로 판단할 수 있을 것이다. 즉시 집행을 전제로 하지 않은 강제퇴거명령의 실익에 관하여는 신병 확보의 어려움, 체류질서 확립의 필요성을 고려할 때 긍정하는 입장을 취한 판례가 타당하다고 생각한다.

5) 불복방법

가) 이의신청

강제퇴거명령을 받은 외국인은 강제퇴거명령서를 받은 날부터 7일 이내에 지방출입국·외국인관서의 장을 거쳐 법무부장관에게 이의신청서를 제출하여야 한다(출입국관리법 제60조 제1항). 지방출입국·외국인관서의 장은 제1항에 따른 이의신청서를 접수하면 심사결정서와 조사기록을 첨부하여 법무부장관에게 제출하여야 하고(출입국관리법 제60조 제2항), 법무부장관은 제1항과 제2항에 따른 이의신청서 등을 접수하면 이의신청이 이유 있는지를 심사결정하여 그 결과를 지방출입국·외국인관서의 장에게 알려야 한다(출입국관리법 제60조 제3항).

지방출입국·외국인관서의 장은 법무부장관으로부터 이의신청이 이유 있다는 결정을 통지받으면 지체 없이 용의자에게 그 사실을 알리고, 용의자가 보호되어 있으면 즉시 그 보호를 해제하여야 한다(출입국관리법 제60조 제4항). 지방출입국·외국인관서의 장은 법무부장관으로부터 이의신청이 이유 없다는 결정을 통지받으면 지체 없이 용의자에게 그 사실을 알려야 하고(출입국관리법 제60조 제5항), 보호해제 사유 등을 적은 보호해제 의뢰서를 보호시설의 장에게 보내야 한다(출입국관리법 시행령 제75조 제3항).

다만 법무부장관은 법 제60조 제3항에 따른 결정을 할 때 이의신청이 이유 없다고 인정되는 경우라도 용의자가 대한민국 국적을 가졌던 사실이 있거나 그 밖에 대한민국에 체류하여야 할 특별한 사정이 있다고 인정되면 그의 체류를 허가할 수 있고(출입국관리법 제61조 제1항), 허가를 할 때 체류기간 등 필요한 조건을 붙일 수 있다(출입국관리법 제61조 제2항).

법 제61조 제1항의 "그 밖에 대한민국에 체류하여야 할 특별한 사정"은 용의자가 영주 (F-5) 체류자격을 가지고 있는 경우(제1호), 대한민국정부로부터 훈장 또는 표창을 받은 사실이 있거나 대한민국에 특별한 공헌을 한 사실이 있는 경우(제2호), 그 밖에 국가이익이나 인도주의에 비추어 체류하여야 할 특별한 사정이 있다고 인정되는 경우(제3호)에 해당하는 때 인정된다(출입국관리법 시행령 제76조 제1항).

나) 행정심판 청구의 가부

행정심판법 제3조 제1항에서는 행정청의 처분 또는 부작위에 대해 다른 법률에 규정이 없는 한 행정심판을 청구할 수 있다고 규정하고 있다. 따라서 만약 강제퇴거명령에 대해 이의신청을 한 후 행정심판을 다시 청구할 수 있을지 여부, 즉 이의신청과 행정심판의 관계가 문제된다. 이에 대해 강제퇴거명령 및 이의신청에 대한 판단기관이 출입국관리법에 따르면 동일하므로, 심사결정 절차에서 법무부장관의 독립성과 객관성을 담보하기 어려워 양자를 동일하게 볼 수 없다는 견해가 있다.[135]

이와 관련한 쟁점이 서울행정법원에서 다루어진 바 있다. 외국인인 원고가 강제퇴거명령에 대해 이의신청을 하였으나, 취소소송을 제기한 시점이 처분 시로부터 90일을 도과한 사안인 서울행정법원 2015. 11. 24. 선고 2015구단52114 판결(확정)에서는 "① 행정심판 청구는 엄격한 형식을 요하지 않으므로, 원고의 이 사건 이의신청은 그 형식 여하에 불구하고 행정심판으로 볼 여지가 있는 점, ② 이의신청의 상대방이 처분기관인 지방 출입국관리사무소장이 아닌 그 상위기관인 법무부장관인 점, ③ 갑 제1호증, 을 제4호증의 각 기재에 의하면 이 사건 각 처분에 대한 처분서에는 이의신청절차만이 안내되어 있고, 따로 행정심판 또는 행정소송절차에 대한 기재는 없는 점, ④ 그럼에도 불구하고 원고가 위 안내문구에 따라 이의신청 절차를 거치느라 이 사건 소송을 늦게 제기하였다고 하여 이를 제소기간이 도과하였다고 보는 것은 법률에 대해 잘 알지 못하는 일반 국민들에게 가혹한 측면이 있는 점 등을 종합하면, 이 사건 이의신청은 행정심판의 일종"이라고 판단한 바 있다.

---

[135] 차용호, 전게서, 581-582쪽.

판결의 논리에 따르면 출입국관리법상 이의신청은 특별행정심판에 해당하므로 행정심판법 제3조 제1항에 따른 행정심판은 청구할 수 없게 된다.

대법원은 국가유공자 비해당 처분에 대한 이의신청 절차가 문제된 사건에서 "국가유공자법(* '국가유공자 등 예우 및 지원에 관한 법률' 이하 '국가유공자법'이라 한다, 저자 주) 제74조의18 제1항이 정한 이의신청은, 국가유공자 요건에 해당하지 아니하는 등의 사유로 국가유공자 등록신청을 거부한 처분청인 국가보훈처장이 신청 대상자의 신청 사항을 다시 심사하여 잘못이 있는 경우 스스로 시정하도록 한 절차인 점, 이의신청을 받아들이는 것을 내용으로 하는 결정은 당초 국가유공자 등록신청을 받아들이는 새로운 처분으로 볼 수 있으나, 이와 달리 이의신청을 받아들이지 아니하는 내용의 결정은 종전의 결정 내용을 그대로 유지하는 것에 불과한 점, 보훈심사위원회의 심의·의결을 거치는 것도 최초의 국가유공자 등록신청에 대한 결정에서나 이의신청에 대한 결정에서 마찬가지로 거치도록 규정된 절차인 점, 이의신청은 원결정에 대한 행정심판이나 행정소송의 제기에도 영향을 주지 아니하는 점 등을 종합하면, 국가유공자법 제74조의18 제1항이 정한 이의신청을 받아들이지 아니하는 결정은 이의신청인의 권리·의무에 새로운 변동을 가져오는 공권력의 행사나 이에 준하는 행정작용이라고 할 수 없으므로 원결정과 별개로 항고소송의 대상이 되지는 않는다(대법원 2016. 7. 27. 선고 2015두45953 판결)."라고 설시한 바 있다. 국가유공자법은 명문으로 이의신청과 관계없이 행정심판을 청구할 수 있다는 규정을 두고 있어(국가유공자법 제74조의18 제4항) 출입국관리법의 이의신청과는 다소 차이가 있다. 하지만 이의신청의 법적 성격이 처분청에서 스스로 시정할 기회를 준 것이고 이의신청 기각 결정을 별도의 처분으로 볼 수 없다는 설시는 유의미하게 받아들일 수 있을 것이다.

학교법인의 교육감에 대한 이의신청 절차가 문제된 대법원 2014. 4. 24. 선고 2013두10809 판결 역시 비슷한 논지로 판시하였다. 먼저 "행정소송법 제20조 제1항에 따르면, 취소소송은 처분 등이 있음을 안 날부터 90일 이내에 제기하여야 하는데, 행정심판청구를 할 수 있는 경우에 행정심판청구가 있은 때의 기간은 재결서의 정본을 송달받은 날부터 기산한다. 이처럼 취소소송의 제소기간을 제한함으로써 처분 등을 둘러싼 법률관계의 안정과 신속한 확정을 도모하려는 입법 취지에 비추어볼 때, 여기서 말하는 '행정심판'은 행정심판법에 따른 일반행정심판과 이에 대한 특례로서 다른 법률에서 사안의 전문성과 특수성을 살리기 위하여 특히 필요하여 일반행정심판을 갈음하는 특별한 행정불복절차를 정한 경우의 특별행정심판(행정심판법 제4조)을 뜻한다고 보아야 할 것이다."라고 하여 행정심판절차의 유형에 대해 구체화하였고, "공공감사법상의 재심의신청 및 이 사건 감사 규정상의 이의신청은 자체감사를 실시한 중앙행정기관 등의 장으로 하여금 감사결과나 그에 따른 요구사항의 적법·타당 여부를 스스로 다시 심사하도록 한 절차로서 행정심판을 거친 경우의 제소기간의 특례가 적용된다고 할 수 없다."라고 하여 처분을 내린 기관에 제기한 이의신청은 이에 해당하지 않는다고 보았다.

생각건대 강제퇴거명령에 대한 이의신청은 행정심판법 제3조 제1항에서 정하는 특별행정심판절차에 해당하지 않는다고 보아야 한다. 특별행정심판절차로 인한 행정심판 배제는 헌법 제107조 제3항에 따른 준사법절차가 보장되는 것을 당연한 전제로 하고 있다. '준사법절차'의 의미에 대해 헌법재판소는 "사법절차를 가장 엄격한 적법절차의 하나라고 볼 때 그에 유사한 정도로 엄격하게 적법절차의 준수가 요구되는 절차를 '준사법절차', 그러한 절차를 주재하는 기관을 '준사법기관'이라고 표현할 수 있을 것이다(헌법재판소 2003. 7. 24.자 2001헌가25)"라고 설시한 바 있다. 출입국관리법상의 이의신청은 대법원 2016. 7. 27. 선고 2015두45953 판결에서 설시한 바와 같이 처분을 한 바로 그 기관에 재차 의견을 개진하는 것에 지나지 않으므로 사법절차에 준하는 정도의 절차 보장을 기대하기는 현실적으로 어렵다. 또한 이러한 경우까지 특별행정심판으로 보아 행정심판을 청구할 수 없다고 한다면 독자적으로 행정심판을 청구할 수 있는 영역이 거의 없게 되어버린다. 따라서 이의신청절차를 거친 경우라도 제척기간이 도과하기 전이라면 별도로 행정심판을 청구할 수 있다고 보아야 할 것이다. 덧붙이자면 서울행정법원 2015. 11. 24. 선고 2015구단52114 판결의 결론은 제척기간 도과에 따라 원고가 감수해야 할 불이익 등 구체적 타당성이 반영된 결과로 보이므로 이러한 점을 고려해서 받아들일 필요가 있을 것이다.

나아가 이러한 논리는 보호명령에도 동일하게 적용될 수 있다. 출입국관리법 제55조 제1항에서 "보호명령서에 따라 보호된 사람이나 그의 법정대리인 등은 지방출입국·외국인관서의 장을 거쳐 법무부장관에게 보호에 대한 이의신청을 할 수 있다."라고 규정하고 있지만, 마찬가지 이유에서 이의신청을 준사법절차로 보기는 어려우므로 이를 행정심판의 일종으로 보기는 어렵다. 따라서 보호명령에 대해서도 마찬가지로 이의신청절차를 거친 후 별도로 행정심판을 청구할 수 있다고 보는 것이 타당하다.

다) 행정소송과 집행정지신청

(1) 취소소송

강제퇴거명령은 처분이므로 행정소송을 통해서도 다툴 수 있다. 취소소송의 제기는 그 집행 또는 절차의 속행에 영향을 주지 않으므로(행정소송법 제23조 제1항), 강제퇴거명령에 대한 취소소송이 진행 중이라도 출입국관리사무소에서는 해당 외국인을 본국으로 송환할 수 있다. 이러한 이유에서 강제퇴거명령 취소소송과 별도로 집행정지 절차를 진행하는 경우가 많다.

(2) 집행정지

행정소송법 제23조 제2항에서 정하고 있는 집행정지는 조문상 효력정지, 협의의 집행정지, 절차속행정지의 세 가지로 구분된다. 효력정지는 처분의 형성력, 구속력, 기속력 등을 망라하여 효력이 존속하지 않는 상태에 두는 것으로서 별도의 집행행위 없이 의사표시만으로 완성되는 행정처분에 대한 집행정지를 의미하고, 협의의 집행정지는 처분의 집행력을 박탈하여 그 내용 실현을 금지하는 것을 의미하며, 절차의 속행정지는 처분이 유효함을 전제로 하여 다른 조치로 나아가기 전에 진전을 금지하는 것을 의미한다.[136] 집행정지 주문의 유형에 따라 당사자에게 미치는 영향이 본질적으로 다르지는 않아서 실무에서도 엄밀히 구별하지 않는 것으로 보이지만,[137] 명시적으로 '효력을 정지한다'라는 결정을 내리거나 효력정지를 신청한 건에서 절차속행정지를 결정한 경우[138]도 있으므로 단정하기는 어려워 보인다.[139] 집행정지 기간은 해당 심급에 한정되지 않고 상소심 판결 선고 시 등으로 정할 수도 있고, 신청이 없더라도 법원이 직권으로 집행정지를 결정할 수 있다(서울행

---

[136] 서울행정법원 실무연구회, "행정소송의 이론과 실무" 사법발전재단, 2014, 167쪽.

[137] 서울행정법원 실무연구회, 전게서, 167쪽.

[138] 대법원 2000. 1. 8.자 2000무35 결정. 김연태, '행정소송법과 집행정지 – 집행정지결정의 내용과 효력을 중심으로 –', 공법연구 제33집 제1호, 628쪽에서 재인용.

[139] 김연태, 전게서, 628쪽.

정법원 2013. 11. 14. 선고 2013구합13624 판결).

　다만 강제퇴거명령과 보호명령은 별개의 처분이므로 집행정지 역시 별도의 절차로 진행된다. 대법원 1997. 1. 20.자 96두31 결정에서는 강제퇴거명령과 보호명령의 관계에 관하여 판시한 바 있는데, "출입국관리법 제63조 제1항, 동법 시행령 제78조 제1항에 기한 보호명령은 강제퇴거명령을 받은 자를 즉시 대한민국 밖으로 송환할 수 없는 경우에 송환할 수 있을 때까지 일시적으로 보호하는 것을 목적으로 하는 처분이므로, 강제퇴거명령을 전제로 하는 것임은 소론과 같으나 그렇다고 하여 강제퇴거명령의 집행이 정지되면 그 성질상 당연히 보호명령의 집행도 정지되어야 한다고 볼 수는 없다."라고 판단하였다.

라) 판례

　강제퇴거명령이 다투어질 때 형식적 요건으로 출입국관리법상의 절차를 준수하였는지가, 실질적 요건으로 재량권을 일탈·남용한 위법이 있는지가 문제된다. 이때 재량권 일탈·남용 여부의 판단 기준에 대한 법원의 판단 기준은 일응 참고가 될 수 있을 것이다. 판결 중 재량 일탈 여부에 대한 판단을 발췌하여 간략하게 소개하도록 하겠다.

서울행정법원 2015. 11. 24. 선고 2015구단52114 판결

1. 사실관계
① 세네갈 국적인 원고가 C-3 체류자격으로 허가 없이 취업활동을 하다가 적발되어 관할 출입국관리사무소로부터 벌금 50만 원의 통고처분을 받음.
② 원고가 재차 취업하여 활동하다가 적발되어 출입국관리사무소에서는 강제퇴거명령처분을 함.
③ 원고는 난민불인정결정을 받아 그 취소를 구하는 소송을 제기하여 강제퇴거명령에 대한 판결 선고 당시 소송계속 중이었음.

2. 판단
외국인의 국내 체류에 관한 사항은 주권국가로서의 기능을 수행하는 데 필수적인 것이므로 엄격히 관리되어야 하는 점, 원고가 불법 취업활동으로 벌금의 통고처분을 받고도 재차 불법취업활동을 한 점 등을 종합하면, 원고가 주장하는 사정들을 고려하더라도 이 사건 강제퇴거명령처분에 재량권을 일탈·남용한 위법이 있다고 볼 수 없다.

서울고등법원 2015. 10. 20. 선고 2015누51448 판결

1. 사실관계
① 나이지리아 국적인 원고는 C-3 자격으로 국내에 입국하여 체류하다가 출국명령을 받고 출국한 적이 있음.
② 원고는 재입국할 때 출입국관리법 제12조 제1항을 위반하여 입국심사를 받지 않고 밀입국하였 는데, 자발적으로 출입국관리사무소를 찾아가 밀입국 사실을 밝히고 난민신청을 하였음.
③ 출입국관리사무소 측에서는 밀입국을 근거로 원고에게 강제퇴거명령을 내림.

2. 판단
원고는 밀입국하였으므로 출입국관리법 제46조 제1항 제4호의 강제퇴거 대상자에 해당하고, 원고가 난민신청자의 지위에 있다는 점을 고려하더라도 본국에서 원고의 거주양태, 생활근거지 등을 종합적으로 살필 때 박해 가능성이 있다고 보기 어려우므로 강제퇴거명령이 위법하지 않다.
또한, 출입국관리법이 강제퇴거명령과 집행을 이원적으로 규정하고, 강제퇴거명령을 전제로 보호명령을 함으로써 난민신청자가 최종적으로 난민으로 인정되지 않을 것으로 확정될 경우 강제퇴거명령의 집행을 원활하게 하기 위하여 그 전제로 강제퇴거명령을 할 실익이 있다.

서울고등법원 2015. 6. 18. 선고 2014누70558 판결
(하급심 서울행정법원 2014. 11. 21. 선고 2014구단57174 판결)

1. 사실관계
① 중국 국적인 원고는 H-2 체류자격으로 체류하던 중 성매매알선 혐의로 징역 6개월에 집행유예 2년의 판결을 선고받음.
② 출입국관리사무소는 원고의 범죄사실을 이유로 강제퇴거명령을 내림.

2. 판단
출입국관리행정은 내·외국인의 출입국과 외국인의 체류를 적절하게 통제·조정함으로써 국가의 이익과 안전을 도모하고자 하는 국가행정작용이고, 특히 외국인의 출입국은 주권국가로서의 기능을 수행하는 데 필수적인 사항으로서 엄격히 관리할 필요가 있는 점, 원고가 성매매알선 범죄에 가담한 정도가 가볍지 않은 점 등을 종합하면 원고가 주장하는 모든 사정을 참작하더라도, 이 사건 처분을 통해 달성하고자 하는 공익이 그로 말미암아 원고가 입을 불이익보다 결코 가볍다고 할 수 없으므로, 이 사건 처분이 재량의 범위를 일탈하였거나 재량권을 남용한 것이라고는 볼 수 없다.

(1) 대법원 2015. 1. 29.자 2014두44090 심리불속행기각 판결

(하급심 서울고등법원 2014. 10. 7. 선고 2013누52638 판결(2심),

서울행정법원 2013. 11. 14. 선고 2013구합13624 판결(1심))

(2) 대법원 2015. 1. 25.자 2014두42872 심리불속행기각 판결과 사실관계가 같음.

(하급심 서울고등법원 2014. 9. 19. 선고 2013누49861 판결(2심),

서울행정법원 2013. 10. 10. 선고 2013구합13617 판결(1심))

1. 사실관계

① 미얀마인인 원고는 단기방문(C-3) 자격으로 대한민국에 체류하던 중 난민인정 신청을 하였고, 출입국관리사무소는 원고의 체류자격을 난민신청자에게 부여되는 기타(G-1) 체류자격으로 변경함.

② 원고는 체류자격 외 활동허가를 받지 않고 약 15일간 단순노무 활동에 종사하다가 적발되어 출입국관리사무소로부터 범칙금 1백만 원의 통고처분을 받음. 출입국관리사무소는 약 4개월간 원고가 취업활동을 할 수 있도록 체류자격 외 활동허가를 하였음.

③ 원고는 체류기간 및 체류자격 외 활동허가 기간 연장을 출입국관리사무소에 신청하였는데, 출입국관리사무소에서는 원고의 체류기간연장은 허가하면서 체류자격 외 활동허가 기간연장은 불허함.

④ 체류자격 외 활동허가기간이 도과한 후 같은 사업장에서 계속 일하다 적발된 원고는, 출입국관리사무소로부터 강제퇴거명령 및 보호명령을 받음.

2. 판단

가. (1) 판결

이 사건 강제퇴거명령이 유지될 경우 난민인정 신청에 대한 사법적 심사가 완료되기 전에 원고가 강제 출국될 가능성을 배제하기 어렵고, 그 후에 난민지위를 인정받더라도 실익이 없게 되는 등 원고가 입는 불이익이 지나치게 클 우려가 있다(서울고등법원 2014. 9. 19. 선고 2013누49861 판결).

피고의 주장대로 원고의 난민지위에 관한 소송이 종료될 때까지 강제퇴거명령의 집행을 실제로 하지 아니한다면 이 사건 처분을 통하여 소송 종료 이전에 강제퇴거를 명해야 할 실익을 찾기 어렵다. 설령 보호명령을 발령함으로써 난민신청자가 소송에서 난민으로 인정되지 않은 경우 강제퇴거명령의 집행을 원활하게 할 수 있는 실익이 있더라도, 이는 소송 종료 직후 강제퇴거명령을 발령하여 신속하게 집행하는 방식으로 해결할 수 있으므로, 이 사건 강제퇴거명령으로 달성할 수 있는 공익은 크지 않은 것으로 보인다(서울고등법원 2014. 9. 19. 선고 2013누49861 판결).

나. (2) 판결

특별한 사정이 없는 한 대한민국에서 난민인정절차가 진행되는 동안 생계비 지원 또는 취업활동 허가 등의 일정한 혜택이 없는 이상 체류를 지속하기 어려운 사정이 있고, 나아가 원고와 같이 난민인정절차가 상당기간 지연되는 경우에는 취업활동을 허가하지 아니하는 이상 생계를 유지하기 위하여 어쩔 수 없이 출입국관리법 제18조 제1항, 제20조를 위반하는 상황이 발생할 수 있다(서울고등법원 2014. 10. 7. 선고 2013누52638 판결).

출입국관리법 제18조 제1항, 제20조를 위반한 자에 대해 같은 법 제46조 제1항 제8호에 의하여 강제퇴거명령을 할 수도 있고, 같은 법 제67조 제1항에 따라 자진출국을 권고할 수도 있으며, 같은 법 제94조 제8, 12호, 제101조 제1항, 제102조 제1항에 따라 벌금에 해당하는 금액의 통고처분을 하거나 수사기관에 고발할 수 있는데, 난민인정을 받기 위해 노력하면서 생계를 유지해가고 있는 원고에게 가장 강력한 제재조치로서 난민인정 거부가 확정된 결과에 유사한 강제퇴거명령을 발하는 것은 원고의 위반행위의 정도에 비추어 상당히 가혹하다(서울고등법원 2014. 10. 7. 선고 2013누52638 판결).

서울고등법원 2017. 2. 8. 선고 2016누53558 판결
(하급심 서울행정법원 2016. 7. 7. 선고 2015구단52480 판결)

1. 사실관계

① 미국 국적 외국인인 원고는 B-2(관광통과) 자격으로 대한민국에 입국하여 체류하던 중, 2014. 11. 19. 서울 조계사 내 전통문화공연장에서 6·15 공동선언실천 남측위원회에서 주관한 '평양에 다녀온 그녀들의 통일이야기'라는 제목의 토크문화콘서트(이하 '토크콘서트'라 한다)에 참여하여 발언하는 등 2014. 12. 10.까지 4차례에 걸쳐 A와 함께 토크콘서트에서 대담자로 발언함.

② 이에 대해 출입국관리사무소에서는 원고가 출입국관리법 제11조 제1항, 제11조 제1항 제3호 및 제8호, 제46조 제1항 제3호 및 제14호, 출입국관리법 시행규칙 제54조 제5호, 제54조의2 제1호, 출입국관리법 제17조 제1항에 해당함을 근거로 강제퇴거명령을 함.

③ 원고는 2003년 무렵 미국으로 이주하여 영주권을 취득하였고 현재 가족과 함께 미국에 거주하며 학원을 운영하는 등 생활의 기반이 미국에 있음.

2. 판단

가. 1심

　1) 출입국관리법 제46조 제1항 제14호, 동법 시행규칙 제54조의2 제1호 및 제54조 제5호('국가보안법 위반의 죄를 범한 자')에 해당하는지 여부

원고와 A가 토크콘서트에서 한 발언에 진위가 확인되지 아니하거나 과장된 부분들이 포함되어 있고 특수하게 연출된 상황이 일반적인 것으로 오인될 여지가 있는 점, 북한 사회주의체제와 3대 세습체제의 정당성을 홍보하는 것으로 보이는 내용이 포함되어 있는 것은 사실이나, 우리 헌법이 채택하고 발전시켜 온 자유민주주의 체제의 우월성은 세계사의 흐름을 통해 이미 검증된 점, 북한이탈주민과 관련된 발언 등 문제가 된 원고의 발언들 중에는 남과 북이 서로 한민족이고 적대감을 해소해야 한다는 취지에서 나온 발언들이 있는 것으로 보이는 점, 원고와 A의 발언 중에 북한 체제, 북한이 내세우는 주체사상이나 선군정치 등을 직접적으로 찬양하거나 선전·옹호하는 내용이 포함되어 있지 아니하고 우리 헌법 하에서 용인될 수 없는 폭력적인 수단의 사용을 선동하는 내용도 포함되어 있지 아니한바, 국가의 존립·안전이나 자유민주적 기본 질서에 실질적 해악을 끼칠 명백한 위험성이 있다고 보이지 아니한다. 따라서 원고가 국가보안법 위반의 죄를 범한 자에 해당한다고 볼 수 없다.

2) 출입국관리법 제46조 제1항 제3호, 법 제11조 제3호('대한민국의 이익이나 공공의 안전을 해할 우려가 있는 자')에 해당하는지 여부

북한은 김일성 독재사상(이른바 '주체사상')에 기초한 한반도 적화통일을 기본목표로 설정하고 있으므로 대한민국 헌법과 법률에서 반국가단체로 간주하고 있다. 따라서 반국가단체를 옹호하는 취지의 발언은 대한민국 헌법이 인정하는 국가관은 아니다. 원고의 발언 중에는 북한 체제 및 정책의 정당성을 옹호하는 취지의 발언이 있는데, 대한민국 국민들이 북한 주민의 일상생활을 알 수 있는 기회가 지극히 제한되어 있는 상황에서 이런 이야기들은 그것이 일반적인 북한 주민의 생활을 이야기하는 것으로 오해하도록 할 소지가 다분하다.

원고의 토크콘서트에서의 발언에는 북한의 사회주의 체제와 정권의 정당성을 인정하고 북한을 인권·복지국가로 오인하게 할 만한 내용들이 포함되어 있고, 북한에 대한 직접 경험이 불가능한 대한민국 사회에서 위와 같은 발언이 가지는 파급력은 크다고 할 것인데, 실제 그로 인하여 우리 사회에 의견대립과 물리적 충돌 등 갈등이 심화되었던 점을 고려하면 원고의 위와 같은 발언과 행동이 대한민국의 이익이나 공공의 안전을 해칠 우려가 있었다는 사정이 인정된다.

그리고 외국인에게 내국인과 동일한 정도의 거주·이전의 자유가 보장되는 것이 아닌 점, 원고는 2014. 11. 19. 관광 비자를 통해 대한민국에 입국하였고 2003년 이래 미국에서 생활의 기반을 마련하여 생활해왔던 점, 원고로서는 대한민국에서 열리는 토크콘서트 등을 통해 자신의 생각을 발언하는 방식 외에 출판물이나 SNS, 영상매체 등 다양한 방식을 통해 자신의 의견을 표현할 수 있는 가능성이 열려 있는 점 등에 비추어 볼 때 이 사건 처분으로 인해 침해되는 원고의 사익이 공익에 비해 중대한 것으로 보이지 아니한다.

나. 항소심

원심 판단을 그대로 인용하면서 아래 내용을 덧붙임.

① 원고는 4차례에 걸쳐 A와 토크콘서트를 진행하면서 토크콘서트에서 행해질 A의 발언 내용을 충분히 예상하고 있었다고 할 것이고, 이와 같은 상태에서 A의 질문에 대답하거나 동조하는 방식으로 발언을 한 이상, 원고의 발언이 대한민국의 이익이나 공공의 안전을 해할 우려가 있는지 여부를 판단함에 있어 토크콘서트의 전체적 분위기나 토크콘서트에서 이루어진 A의 발언을 함께 고려하는 것은 타당하다.

② 원고가 토크콘서트에서 한 발언이 직접적으로 북한의 주체사상이나 선군정치 등을 선전하거나 세습체제의 정당성을 옹호하는 내용은 아니라고 하더라도, 원고는 앞서 본 바와 같이 북한 정권이 체제 홍보 수단으로 허용한 관광을 통하여 보게 된 단편적인 북한의 모습을 북한 사회의 일반적인 모습인 것으로 전달하거나 북한의 세습체제 및 사회주의경제체제의 정당성을 옹호하는 듯한 발언을 하였다. 북한에 다녀온 원고의 위와 같은 발언은 대한민국의 일반 대중들로 하여금 원고가 목격한 의도적으로 연출된 북한 사회의 모습이 북한 사회의 일반적인 모습인 것처럼 오인하도록 함으로써 북한 체제에 대하여 그릇된 인식을 갖게 할 가능성이 크다.

③ 우리 헌법이 채택하고 발전시켜 온 자유민주주의체제의 우월성이 이미 검증되었지만, 우리 사회에는 남북문제에 있어 여전히 첨예한 의견 대립이 있는 것이 현실이다. 이러한 사회적 상황에서 원고는 북한이 선전하는 북한의 모습을 북한의 의도에 맞추어 전달하였고 이로 인하여 남북문제에 관하여 사회적 논란과 분열을 야기함으로써 우리 사회의 갈등을 심화시켰다. 원고는 토크콘서트와 관련하여 이루어진 사회적 논란과 충돌은 일부 보수단체의 폭력적 행위에서 비롯된 것이고 원고는 오히려 그 피해자일 뿐이라고 주장하나, 원고는 이러한 논란이 일어나고 있음을 인식하면서도 공개된 장소에서 대중을 상대로 토크콘서트를 이어나갔고 그로 인하여 실제로 물리적 충돌이 발생하기도 하였다.

④ 이 사건 처분으로 인하여 원고가 출국한 후 5년 동안 입국을 금지 당함으로써 대한민국에 거주하는 친지를 만날 수 없는 등의 사익 침해를 입게 되었다 하더라도, 원고는 향후 입국금지를 해제 받아 다시 입국할 수 있으며 종전과 같은 토크콘서트 방식 외에도 다양한 경로를 통해 자신의 의견을 표현할 수 있으므로 이 사건 처분으로 입게 되는 원고의 사익 침해가 이 사건 처분을 통해 달성하고자 하는 대한민국의 이익이나 공공의 안전에 비하여 중대하다고 보기 어렵다.

바. 출국권고

법위반 사실은 인정되나 그 수준이 경미한 경우 출국권고를 할 수도 있다. 지방출입국·외국인관서의 장은 체류자격·체류기간에 관한 출입국관리법 제17조 및 제20조를 위반한 사람으로서 그 정도가 가벼운 경우, 또는 그 외에 출입국관리법 또는 출입국관리법에 따른 명령을 위반한 사람으로서 법무부장관이 그 출국을 권고할 필요가 있다고 인정하는 경우 그 외국인에게 자진하여 출국할 것을 권고할 수 있다(출입국관리법 제67조 제1항). 이때 위반 정도가 가벼운 경우라 함은 법 제17조 또는 법 제20조를 처음 위반한 사람으로서 그 위반기간이 10일 이내인 경우를 의미한다(출입국관리법 시행령 제81조).

지방출입국·외국인관서의 장은 출국권고를 할 때에는 출국권고서를 발급하여야 하고(출입국관리법 제67조 제2항) 출국권고서를 발급한 날부터 5일의 범위에서 출국기한을 정할 수 있다(출입국관리법 제67조 제3항).

사. 출국명령

1) 의의

출국명령의 대상이 되는 대상이 되는 외국인은 강제퇴거사유에 해당하는 외국인 중 일정한 경우(출입국관리법 제68조 제1항 제1호)와, 허가 취소 등 행정상 필요에 의한 경우(출입국관리법 제68조 제1항 제2호 및 제3호)로 구분할 수 있다. 강제퇴거명령이 강제력을 동원하여 외국인을 국외로 추방하는 절차인 데 반해, 출국명령은 행정상의 필요성 및 강제퇴거대상자인 외국인 본인의 의사를 고려한 처분이라는 점에서 차이가 있다.

출국명령에서 공익과 사익 간의 비교형량 기준에 관해 서울행정법원 2014. 9. 12. 선고 2014구합6487 판결에서는 "현 상태를 신청자에게 수익적으로 변경하는 신청에 대한 거부처분인 체류자격변경 불허가 처분과는 달리, 출국명령은 대상자가 대한민국에서 형성한 기반을 포기해야 하는 등 현 상태에 침익적 변동을 가져오고, 또한 대상자의 국내 체류가 대한민국의 질서에 어긋난다고 판단될 경우 언제라도 재차 동일한 처분이 가능하므로 공익과 사익의 비교·형량에 있어 체류자격변경 불허가 처분에 비하여 신중을 기할 필요가 있다."라고 판시한 바 있다.[140]

법 제68조 제1항 제1호의 출국명령에 대해 부연하자면 이러하다. 조사 단계에서 수집한

---

140 이 판결은 2015. 4. 23. 선고 2014누65709 판결에서 원심 설시 판결이유를 그대로 인용함으로써 확정되었다.

자료를 바탕으로 출입국사범심사를 하여 용의자가 법 제46조 제1항의 사유에 해당하는지 여부를 확정한다. 심사 결과 위 요건에 해당한다는 심사결정을 내린 경우 출입국관리사무소장은 강제퇴거명령을 내릴 수 있는데, 이때 당사자의 의사를 고려하여 출국명령을 선택할 수도 있다.

2) 요건

지방출입국·외국인관서의 장은 대한민국에 체류하는 외국인에게 일정한 사유가 있는 경우 출국명령을 할 수 있다(출입국관리법 제68조 제1항). 구체적으로, 법 제46조 제1항 각 호의 강제퇴거 대상자에 해당한다고 인정되나 자기비용으로 자진하여 출국하려는 사람(제1호), 출국권고를 받고도 이행하지 아니한 사람(제2호), 법 제89조[141]에 따라 각종 허가가 취소된 사람(제3호),[142] 법 제100조 제1항부터 제3항까지의 규정에 따른 과태료 처분 후 출국조치하는 것이 타당하다고 인정되는 사람(제4호), 법 제102조 제1항에 따른 통고처분 후 출국조치하는 것이 타당하다고 인정되는 사람(제5호)이 그 대상이 된다.

3) 절차

지방출입국·외국인관서의 장은 출국명령을 할 때에는 출국명령서를 발급하여야 하고(출입국관리법 제68조 제2항), 출국명령서를 발급할 때는 그 발부일로부터 30일의 범위 내에서 출국기한을 정해야 한다(출입국관리법 제68조 제3항, 동법 시행규칙 제65조 제1

---

[141] 출입국관리법 제89조 제1항
　　법무부장관은 외국인이 다음 각 호의 어느 하나에 해당하면 제8조에 따른 사증발급, 제9조에 따른 사증발급인정서의 발급, 제12조 제3항에 따른 입국허가, 제13조에 따른 조건부 입국허가, 제14조에 따른 승무원상륙허가, 제14조의2에 따른 관광상륙허가 또는 제20조·제21조 및 제23조부터 제25조까지의 규정에 따른 체류허가 등을 취소하거나 변경할 수 있다.
　　1. 신원보증인이 보증을 철회하거나 신원보증인이 없게 된 경우.
　　2. 거짓이나 그 밖의 부정한 방법으로 허가 등을 받은 것이 밝혀진 경우.
　　3. 허가조건을 위반한 경우.
　　4. 사정 변경으로 허가상태를 더 이상 유지시킬 수 없는 중대한 사유가 발생한 경우.
　　5. 제1호부터 제4호까지에서 규정한 경우 외에 이 법 또는 다른 법을 위반한 정도가 중대하거나 출입국관리공무원의 정당한 직무명령을 위반한 경우.
[142] 다만, 출입국관리법 제89조의2 제2항에 따라 일반체류자격을 부여받은 사람은 제외한다.
　　출입국관리법 제89조의2
　　② 법무부장관은 제1항에 따라 영주자격을 취소하는 경우 대한민국에 계속 체류할 필요성이 인정되고 일반체류자격의 요건을 갖춘 경우 해당 외국인의 신청이 있는 때에는 일반체류자격을 부여할 수 있다.

항). 또한 이때 주거의 제한이나 그 밖에 필요한 조건을 붙일 수 있다(출입국관리법 제68조 제3항). 출국명령을 받고도 지정한 기한까지 출국하지 아니하거나 제3항에 따라 붙인 조건을 위반한 사람에게는 지체 없이 강제퇴거명령서를 발급하여야 한다(출입국관리법 제68조 제4항).

실무에서는 위반조사 및 심사를 거쳐 법 제46조 제1항 사유가 확인된 경우 해당 법조에 따라 강제퇴거명령을 내릴지 또는 법 제68조 제1항을 고려하여 출국명령을 내릴지 여부를 결정한다. 그 결정을 위해 출입국관리공무원이 강제퇴거와 출국명령의 차이 등을 설명한 후 당사자의 자진출국 의사를 확인하는 절차를 거치고, 당사자는 의사를 확인하는 서류에 서명 또는 날인을 한다.

4) 불복절차

가) 개관

강제퇴거명령과는 달리 출국명령은 이의신청 등 별도의 불복절차를 출입국관리법에서 정하고 있지는 않다. 조사 및 심사를 통해 강제퇴거사유를 확정하였지만 자진출국 의사를 고려하여 내리는 처분이 출국명령인 만큼, 개념상 불복절차를 별도로 규정하는 것이 어색한 측면이 있다. 이 때문에 출입국관리법에서는 출국명령에 대해 이의신청 등의 불복절차 대신, 출국명령 대상자가 기간 내에 출국하지 않은 경우 지체 없이 강제퇴거명령서를 발급할 것을 규정함으로써 위반 시 사후조치로 강제퇴거명령을 예정하고 있다(출입국관리법 제68조 제4항).

나) 행정쟁송

하지만 출국명령 역시 처분에 해당하므로 행정심판, 행정소송 및 집행정지신청으로 다툴 수 있음은 물론이다. 출국명령에 대해서는 출입국관리법에서 별도의 이의신청 절차를 예정하고 있지 않으므로 강제퇴거명령 및 보호명령에서와 같이 행정심판법 제3조 제1항의 적용여부가 문제되지 않는다. 다만 행정소송 중 집행정지 부분에 대해 고민할 부분이 있어 이를 별도의 항목으로 기술하겠다.

다) 출국명령과 집행정지

출국명령에 대하여도 강제퇴거명령과 동일하게 취소소송 및 집행정지신청을 법원을 통해 진행할 수 있다. 그런데 출국명령은 출국기한이 정해져 있다는 점에서 강제퇴거명령과 구별되고, 자발적 의사가 반영된 처분의 성질상 '집행'이라는 절차를 예정하고 있지 않으므로 보호명령 역시 내리기 어렵다. 이 때문에 법 제68조 제4항에서는 출국기간 내 출국하지 않을 경우 강제퇴거명령서를 지체 없이 발급하게 하여 행정상 공백을 방지하고 있는 것이다. 이처럼 별도의 집행절차를 예정하지 않고 있는 출국명령의 특성상 집행정지 절차를 어떤 관점에서 바라보아야 할지 의문이 있을 수 있다.

출국명령에서 협의의 집행정지는 상정하기 어려우므로 효력정지와 절차속행정지만이 문제된다 할 것이다. 효력정지를 하게 되면 출국명령 자체의 효력이 한시적으로 정지되고, 절차속행정지 결정이 내려지면 출국명령의 효력은 유지되지만 이후 출국기간이 도과하더라도 강제퇴거명령서가 발급되지는 않는다. 양자는 '출국명령－출국기간 도과－강제퇴거명령서 발급－강제퇴거명령 집행'의 논리적 단계로는 구별되지만 현실적으로는 차이가 없다. 효력정지 역시 목적은 후속절차로의 속행을 저지하기 위한 것이기 때문이다. 따라서 출국명령에서의 집행정지의 의미는 절차 속행을 정지하는 데 있다고 볼 수 있을 것이다.

라) 출국명령과 행정절차법

앞서 강제퇴거와 행정절차법 목차에서 서울고등법원 2014. 12. 24. 선고 2014누57753 판결을 인용한 바 있다. 출국명령은 그 전제가 되는 강제퇴거 처분과 함께 외국인의 출국에 관한 처분이라는 점, 성질상 긴급성·밀행성·적시성이 모두 필요한 것이므로 행정절차를 모두 거치기 곤란하다는 점, 조사 및 심사 절차에서 행정절차에 준하는 절차를 따로 두어 거치도록 하고 있는 점을 들어 출국명령에 행정절차법이 적용되지 않는다고 판시하였다.

행정절차법의 적용이 배제된다는 의미가 곧 출국명령이 자의적으로 이루어질 수 있다는 의미는 아니고, 조사 및 심사 단계까지는 강제퇴거명령과 동일하게 일정한 절차를 거치도록 출입국관리법에서 예정하고 있다. 따라서 출국명령 절차에서도 행정절차법의 적용은 배제된다고 보는 것이 타당하다.

마) 판례

출국명령이 다투어질 때 형식적 요건으로 출입국관리법상의 절차를 준수하였는지가, 실질적 요건으로 재량권을 일탈·남용한 위법이 있는지 여부가 문제된다. 이때 재량권 일탈·남용 여부의 판단에 대한 법원의 기준은 일응 참고가 될 수 있을 것이다. 판결 일부를 발췌하여 간략하게 소개하도록 하겠다.

(1) 처분이 적법하다고 본 사례

서울고등법원 2014. 12. 24. 선고 2014누57753 판결

1. 사실관계
① 중국 국적 외국인인 원고는 H-2 체류자격으로 거주하던 중, 도박을 하였다는 범죄사실로 한 해 동안 세 차례 약식명령을 받았음.
② 출입국관리사무소에서는 원고에 대해 출국명령처분을 하면서 출입국관리법 제68조 제1항만을 기재하고 구체적인 사유를 적시하지 않았음.

2. 판단
가. 절차적 하자 유무에 관한 판단
　① 출국명령은 그 성질상 행정절차를 모두 거치기 어려운 절차에 해당하고, 출입국관리법에서는 별도의 규정을 통해 행정절차에 준하는 절차를 따로 두어 거치도록 하고 있으므로 행정절차법의 적용대상이 아니다.
　② 설령 행정절차법이 적용된다 하더라도 원고 스스로 범죄경력을 발급받아 사무소를 방문하였고, 출입국관리공무원이 처분사유를 분명히 고지하였으며, 처분사유와 근거 법령을 기재한 심사결정서를 제시하였고, 이에 대해 원고가 서명하였으므로 처분사유를 충분히 알 수 있었다.
　③ 따라서 처분에는 행정절차법 위반의 위법이 없다.
나. 재량권 일탈·남용에 관한 판단
　원고의 연이은 범죄 행위는 대한민국의 법질서를 경시하는 것이고, 또 대한민국의 선량한 풍속을 해칠 우려가 있는 행동으로 보기에 충분하므로, 원고에게 강제퇴거 또는 출국명령의 사유가 전혀 없다는 주장은 받아들이기 어렵다.
　또한, 넓은 재량이 인정되는 출입국관리행정의 특성, 원고가 출국에 이르게 된 계기, 이후 입국금지 기간 등을 종합적으로 고려할 때 처분이 너무 가혹하여 재량권의 범위를 일탈하였다거나 남용하였다고 볼 수 없다.

대법원 2016. 4. 18.자 2016두34547 심리불속행기각결정
(하급심 서울고등법원 2016. 1. 20. 선고 2015누55761 판결,
서울행정법원 2015. 8. 17. 선고 2015구단53131 판결)

1. 사실관계

① 중국 국적 외국인은 원고는 1년간 폭행죄로 세 차례 입건되어 공소권없음 처분을 받았고, 같은 기간 폭력행위 등 처벌에 관한 법률 위반(공동상해)의 점으로도 입건되어 벌금 200만 원의 약식명령을 받았음.

② 출입국관리사무소는 원고가 최근 5년 이내 3회 이상 범죄를 저지른 상습성이 있는 자에 해당한다는 이유로 출국명령처분을 하였음.

③ 원고는 대한민국 국적을 취득한 배우자가 있었음.

2. 판단(서울고등법원 2016. 1. 20. 선고 2015누55761 판결)

검사의 공소권없음 처분은 수사종결시 소송조건이 흠결된 경우에 이루어지는 것으로 범죄의 실체관계가 인정되지 않는다는 것과는 구별되는 것인데, 앞서 본 인정사실 및 변론 전체의 취지에 의하면, 원고가 공소권없음 처분을 받은 사건들에서도 원고의 폭행 사실 자체는 인정되고, 이를 포함하여 폭력행위가 1년 이내에 4차례나 이루어졌다는 점을 고려하면 원고가 대한민국의 이익이나 공공의 안전을 해치는 행동을 할 염려가 있다고 인정할만한 상당한 이유가 있거나(출입국관리법 제11조 제1항 제3호), 경제질서 또는 사회질서를 해치거나 선량한 풍속을 해치는 행동을 할 염려가 있다고 인정할만한 상당한 이유가 있는(출입국관리법 제11조 제1항 제4호) 사람에 해당한다고 봄이 타당하다. 따라서 처분사유는 인정된다.

원고가 단기간에 폭력 범행을 반복한 점, 범행 방법 및 경위에 비추어 죄질이 가볍지 않은 점, 이 사건 처분으로 인하여 원고가 국내에 체류하지 못하는 불이익을 입는다고 하더라도 이는 원고의 범법행위에 따른 경과이고, 폭행·상해 등의 범행은 공공의 안전을 해치고 대한민국의 사회질서에 위해를 가하는 것이어서 이에 대하여 단호히 대처할 필요가 있다는 점, 원고가 출국하더라도 기간 경과 및 소정의 요건을 갖추면 재입국할 수 있다고 보이는 점 등에 비추어 보면 원고가 주장하는 사정을 모두 고려하더라도 이 사건 처분으로 원고가 받을 불이익이 그로써 달성하고자 하는 공익에 비하여 지나치게 크다고 할 수 없으므로 이 사건 처분이 재량권을 일탈·남용하였다고 볼 수 없다.

서울행정법원 2015. 2. 5. 선고 2014구합13386 판결

1. 사실관계

① 중국 국적 외국인인 원고는 1995. 생년이 A로 기재된 여권을 이용하여 대한민국에 입국한 후 체류기간을 도과하여 체류하다가, 그 불법체류사실을 자진신고하고 2002. 출국하였음.

② 원고는 2005. 생년이 B로 기재된 여권을 이용하여 대한민국에 입국한 후 대한민국 국민과 혼인신고를 마치고 2006. 거주(F-2) 체류자격으로 변경하여 대한민국에 체류해왔음.

③ 원고는 2012. 법무부장관에게 귀화허가를 신청하였는데, 심사 과정에서 원고가 1995. A 여권으로 입국한 후 불법체류하다가 2002. 출국하였는데, 이를 숨기고 B 여권을 이용하여 다시 대한민국에 입국한 사실이 적발됨.

④ 출입국관리사무소에서는 2014. 원고에 대하여 신원불일치자(2개 이상의 인적사항으로 출입국심사를 받고 국내에 출입국한 자)라는 이유로 출국명령 처분을 내림.

2. 판단

다음과 같은 사정들을 고려하면, 원고가 주장하는 여러 사정을 고려하더라도 이 사건 처분으로 달성하고자 하는 공익에 비하여 원고가 받을 불이익이 지나치게 커서 이 사건 처분이 피고의 재량권을 일탈·남용한 것이라고 보기 어렵다.

① 원고는 2012, 2013 두 차례에 걸쳐 신원불일치자 자진신고를 시행하였는데 원고는 그 기간 동안 대한민국에 체류하였으면서도 자진신고를 하지 아니하였다.

② 외국인이 유효하지 않은 여권을 소지한 채 대한민국에 입국한 사실이 적발되면 일정한 기간 동안 대한민국에 재입국하는 것이 허용되지 아니하므로, 외국인이 현재 유효한 여권을 소지한 채 대한민국에 입국하였더라도 과거 유효하지 않은 여권을 소지한 채 대한민국에 입국하였던 사실이 적발되면 즉시 그 외국인을 강제로 퇴거시킬 필요가 있다.

③ 원고가 사증발급심사 과정에서 과거 허위의 인적사항이 기재된 여권을 사용하여 대한민국에 입국하였고 불법체류하였던 전력이 밝혀졌다면 원고는 대한민국에의 입국이 거부되었을 것이므로, 피고가 원고를 출국시켜 사후적으로라도 출입국질서를 회복하는 것은 합당한 조치이고, 그 결과 원고가 국내에서 형성한 인간관계와 생활기반이 상실되거나 단절되는 불이익을 받게 되더라도 이는 원고의 귀책사유에서 비롯된 것에 불과하다.

④ 원고가 중국으로 출국한 뒤 대한민국에 입국하여야 할 사유가 발생한 경우 적합한 사증을 발급받아 대한민국에 재입국하는 것이 가능할 것으로 보이고, 오히려 피고는 원고가 고령인데다 자진하여 출국할 의사가 있음을 고려하여 강제퇴거명령 대신 가벼운 이 사건 처분을 하였으므로, 원고가 주장하는 사정만으로는 이 사건 처분이 원고에게 지나치게 가혹하다고 보기는 어렵다.

⑤ 그 외 혼인관계의 진정성, 허위 사실이 기재된 여권을 사용하게 된 계기 등에 관한 원고의 주장을 믿기 어렵다.

서울행정법원 2015. 3. 20. 선고 2014구단14184 판결

1. 사실관계
① 원고는 H-2 체류자격으로 근무하던 중 음식점에서 흥을 돋우기 위해 술자리에 동석하는 대가로 5만 원을 받기로 약속하였으나, 단속에 적발되어 돈을 실제로 받지는 못하였음.
② 이에 대해 식품위생법 위반으로 입건되었으나 초범이고 사안이 경미하며 단속으로 인해 대금을 실제로 지급받지 아니한 점이 고려되어 검찰에서 기소유예 처분을 받았음.
③ 출입국관리사무소에서는 원고에 대해 출국명령처분을 내렸음.

2. 판단
출입국관리사무소장 등은 외국인에게 출국명령을 할 것인지 여부를 결정함에 있어 재량권을 가진다고 봄이 상당하바, 이 사건에서 앞서 본 인정사실 및 증거에 변론 전체의 취지를 종합하여 알 수 있는 다음과 같은 사정, 즉 ① 원고가 과거 대한민국에 밀입국하였고 자진신고 후 기간 내 출국하지 아니한 채 불법체류하다 적발되어 출국하였던 점, ② 체류자격(H-2)으로 할 수 있는 취업활동을 넘어 법으로 금지된 접객행위를 한 점에 비추어 위반의 정도가 가볍지 아니한 점, ③ 그럼에도 불구하고 피고가 원고의 자진출국의사 등을 고려하여 강제퇴거명령보다 가벼운 이 사건 처분을 한 점, ④ 출입국관리행정은 내·외국인의 출입국과 외국인의 체류를 적절하게 통제·조정함으로써 국가의 이익과 안전을 도모하고자 하는 국가행정작용으로, 특히 외국인의 출입국에 관한 사항은 주권국가로서의 기능을 수행하는 데 필수적인 것으로서 엄격히 관리되어야 하고, 따라서 외국인에 대한 출국명령 여부를 결정함에 있어서는 그로 인하여 입게 될 당사자의 불이익보다는 국가의 이익과 안전을 도모하여야 하는 공익적 측면이 더욱 강조되어야 하는 점 등에 비추어 보면, 이 사건 처분으로 달성하고자 하는 공익에 비하여 원고가 입게 될 불이익이 과도한 것으로 보이지 아니한다.

대법원 2015. 12. 23.자 2015두51279 판결

(하급심 서울고등법원 2015. 8. 19. 선고 2015누39417 판결(2심),

서울행정법원 2015. 4. 3. 선고 2014구합56161 판결(1심))

1. 사실관계

① 미국 국적 외국인인 원고는 F-4 체류자격으로 체류하다가 2006. 음주운전으로 벌금 70만 원의 약식명령을, 2008. 음주운전으로 벌금 150만 원의 약식명령을, 2009. 강제추행 및 상해로 벌금 200만 원의 약식명령을 발령받음.

② 원고는 체류기간 연장을 위해 출입국관리사무소에 신청하였는데, 출입국관리사무소 측에서 연장신청 심사 과정에서 강제추행 범죄사실을 인지하여 출국명령 처분을 내림.

2. 판단 (1심 판결)

① 원고는 2006. 음주운전을 하였고, 2008. 재차 음주운전을 하였으며, 그로부터 1년도 채 안 되어 2009.에 위와 같이 강제추행 및 상해죄를 저질렀는바, 3년 6개월 정도 되는 짧은 기간에 세 차례에 걸쳐 범죄를 저지른 점에 비추어 보면 원고에게 대한민국 법질서를 존중할 의지와 능력이 얼마만큼 갖춰져 있는지 의문이고, ② 특히 원고가 저지른 강제추행죄는 이른바 성폭력 범죄로서 그 비난가능성이 상대적으로 높아 출입국관리행정을 담당하는 피고로서는 이러한 성폭력 범죄를 저지른 외국인에 대하여 엄정한 처분을 내려 대한민국 내에서의 외국인에 의한 범죄 예방이라는 공익을 달성할 필요성이 높다.

또한, ③ 원고의 체류기간은 2014. 1.에 어차피 만료될 예정이었고, 원고의 위와 같은 범죄행위들로 인해 체류기간 연장 여부 자체가 불투명한 상황이었으므로 피고가 위 체류기간 만료일에 즈음하여 원고에게 출국명령을 내린 것이 원고의 신분에 지나치게 큰 불이익을 가한 것이라고 볼 수 없으며, ④ 원고가 원래 대한민국 국적자로서 대한민국에 생활관계가 전부 형성되어 있어 출국명령을 받을 경우 그와 같은 생활관계로부터 단절된다고는 하나, 이는 원고가 대한민국 국적을 포기할 당시 대한민국 내에서 범죄를 저지를 경우 대한민국 국민과는 달리 출국명령이나 강제퇴거명령을 받을 수 있다는 위험을 감수하고 택한 결정에 따른 결과이므로, 지금에 와서 자신의 선택 및 범죄행위에 대한 책임이 지나치게 가혹하다고 주장할 수 없는 노릇이다. 마지막으로, ⑤ 원고가 출국명령을 받는다 하여도 대한민국에 다시 입국하는 것이 영구히 금지된다고 보기도 어려우므로 이 사건 출국명령으로 인해 원고가 대한민국에서 형성한 생활관계와 영구히 단절되는 것도 아니라고 여겨지는바, 이와 같은 사정들을 종합하면 피고가 원고에 대하여 내린 출국명령이 달성하고자 하는 공익에 비하여 원고의 이익을 지나치게 침해한다고 보기 어렵다.

서울고등법원 2017. 10. 26. 선고 2017누47511 판결
(하급심 서울행정법원 2017. 4. 7. 선고 2016구단60730 판결)

1. 사실관계
① 중화인민공화국 국민인 원고는 기존에 대한민국을 출입국할 때 사용했던 여권과 출생연월일 기재가 상이한 제2여권을 가지고 대한민국에 입국하였음.
② 출입국관리사무소는 원고의 제2여권이 무효여서 출입국관리법 제7조 제1항 및 출입국관리법 제11조 제1항 제1호를 위반하였다는 점을 들어 출국명령처분을 내림.
③ 출입국관리사무소는 위 출국명령처분 이후 출입국관리법 제11조 제1항 제3호를 처분사유로 추가함. 이에 대해, 처분사유의 추가가 허용되는지 여부가 쟁점이 되었음.

2. 판단
① 행정처분의 취소를 구하는 항고소송에서는 실질적 법치주의와 행정처분의 상대방인 국민에 대한 신뢰보호라는 견지에서 당초 처분의 근거로 삼은 사유와 기본적 사실관계가 동일성이 있다고 인정되는 한도 내에서만 다른 사유를 추가하거나 변경할 수 있을 뿐, 기본적 사실관계와 동일성이 인정되지 않는 별개의 사실을 들어 처분사유로 주장함은 허용되지 아니함.
② 여기서 기본적 사실관계의 동일성 유무는 처분사유를 법률적으로 평가하기 이전의 구체적인 사실에 착안하여 그 기초가 되는 사회적 사실관계가 기본적인 점에서 동일한지 여부에 따라 결정됨(대법원 1999. 3. 9. 선고 98두18565 판결 참조).
③ 이 사건 처분의 당초 처분사유는 '원고가 위명여권으로 무효인 제1여권을 소지하고 대한민국에 불법입국한 사실 및 불법체류로 출국명령을 받아 출국한 사실을 숨기고 거짓으로 사증발급을 신청한 것'을 이유로 원고가 재입국 당시 소지한 이 사건 사증은 유효하지 않다는 것임.
④ 추가된 처분사유는 '원고가 위명여권을 사용하여 대한민국에 불법입국한 행위와 위 불법입국 사실 및 출국명령을 받아 출국한 사실을 숨기고 거짓으로 사증발급을 신청한 행위'에 비추어 보면 원고는 대한민국의 이익이나 공공의 안전을 해할 염려가 있다고 인정할 만한 상당한 이유가 있는 사람에 해당한다는 것임,
⑤ 두 처분사유는 모두 원고의 과거 대한민국 불법입국 및 출국행위와 허위 사증발급 신청행위라는 사실을 기초로 한 법률적 평가로서 그 기본적 사실관계가 동일하므로 피고가 주장하는 위 처분사유의 추가는 허용됨.

(2) 처분이 위법하다고 본 사례

> ### 서울고등법원 2015. 4. 23. 선고 2014누65709 판결
> (하급심 서울행정법원 2014. 9. 12. 선고 2014구합6487 판결)
>
> **1. 사실관계**
> ① 중국 국적 외국인인 원고는 유학(D-2) 사증으로 대한민국에 입국하여 체류하다가, 2011. 대한민국에 귀화하여 국적을 취득한 모친 B의 친자임을 이유로 영주자격(F-5)으로 체류자격 변경허가를 신청함.
> ② 체류자격 변경허가를 신청하는 과정에서, 원고가 유학 체류자격을 신청할 때 제출한 호구부에는 부 C(D생), 모 E(F생)로 기재되어 있는 반면, 영주 체류자격 신청시 제출한 호구부에는 부 C(D생), 모 B(G생)으로 기재되어 있는 사실을 발견함. 이에 따라 원고에 대해 출입국관리사무소는 강제퇴거 대상이 되나 자진출국 의사를 확인하여 출국명령처분을 내림.
> ③ 원고의 모친인 B은 딸인 원고의 유학비자를 받아 한국으로 입국하게 할 목적으로 위조된 호구부를 제시하여 행사하여 벌금 100만 원의 약식명령을 발령받았고, 원고는 그 당시 비교적 어린 나이였고 우울증을 심하게 앓고 있었음.
> ④ 원고는 2011. 4. P정신건강의학과에서 '상세불명의 양극성 정동장애(의증), 분열정동성 정신병 NOS(의증)' 진단을 받았고, 증세가 호전되지 않아 2011. 6. Q병원으로 전원하여 치료 중에 있음.
>
> **2. 판단**
> 원고는 상당한 정도의 정신과적 질병을 앓고 있고 이로 인하여 대한민국에서의 지속적 치료와 가족의 간호가 필요한 것으로 보인다. 원고의 모친 및 언니가 대한민국 국적을 취득하여 대한민국에 생활의 기반이 있는데다가 원고는 어린 시절 부모가 이혼하여 부친과 거의 교류하지 않는 것으로 보이는 점을 감안하여 볼 때 원고가 대한민국에서 출국할 경우 즉각적으로 심각한 건강상의 문제가 발생할 수 있을 것으로 보인다.
> 현 상태를 신청자에게 수익적으로 변경하는 신청에 대한 거부처분인 체류자격변경 불허가 처분과는 달리, 출국명령은 대상자가 대한민국에서 형성한 기반을 포기해야 하는 등 현 상태에 침익적 변동을 가져오고, 또한 대상자의 국내 체류가 대한민국의 질서에 어긋난다고 판단될 경우 언제라도 재차 동일한 처분이 가능하므로 공익과 사익의 비교·형량에 있어 체류자격변경 불허가 처분에 비하여 신중을 기할 필요가 있다.

서울행정법원 2008. 4. 16. 선고 2007구합24500 판결

1. 사실관계
① 원고는 H-2 체류자격으로 대한민국에 체류하던 중 '인간면역결핍바이러스(HIV)' 양성으로
   판정되었고, 관할 보건소는 원고가 HIV 양성반응자라는 사실을 출입국관리사무소에 통보함.
② 출입국관리사무소는 원고에게 출국명령을 함.
③ 원고의 생모는 한국인인 계부와 혼인하여 한국 국적을 취득하여 현재 한국에 거주 중이고, 원
   고의 생부는 이혼 후 원고와 연락이 끊어진 상태임.

2. 판단
우리나라는 당초 후천성면역결핍증을 2군 전염병으로 분류하여 오다가 전염병예방법이 2000.
1. 12. 법률 6162호로 개정되면서 3군 전염병으로 분류하고 있는바, 전염병예방법 제29조 및 시
행규칙 제16조에서는 전파가능성이 높은 제1군 전염병환자 및 제3, 4군 전염병환자 중 일부를 격
리수용 대상자로 규정하고 있으나 3군 전염병 중에서는 성홍열 및 수막구균성수막염 환자만을
격리수용 대상으로 하고 있을 뿐 후천성면역결핍증(AIDS) 환자는 격리수용 대상으로 정하고 있
지 않다. 또한 HIV 감염 외국인에 대하여 위와 같이 철저한 관리가 이루어지고 있는 것과는 달리,
다른 전염병에 대하여는 출·입국에 관련하여 특별한 관리가 이루어지지 않고 있고, 별다른 통계
도 존재하지 않는 실정이다.
다음과 같은 사정, 즉 ① 후천성면역결핍증의 원인 바이러스인 HIV 바이러스는 특정한 경로로만
전염되는 것으로서 일상적인 접촉으로 전염될 가능성이 거의 없고, ② 원고는 한국 국적자인 생
모의 초청으로 적법하게 국내로 입국하였으며, 중국 내에는 달리 원고를 돌볼 만한 가족이 없는
상황인 점, ③ 한국 국적자인 원고의 가족들이 여전히 원고와 함께 생활하기를 희망하고 있고,
④ HIV 확산 방지라는 관점에서 볼 때 사회적으로 더욱 위험한 것은 HIV 감염이 확인된 경우보
다 오히려 감염 여부 자체가 확인되지 아니한 경우이고, HIV 감염이 확인되었다는 이유만으로
바로 불리한 처분을 받는다는 인식이 확산될 경우 잠재적 감염인들이 검사를 기피함으로써 사회
전체적으로 오히려 역효과를 나타낼 가능성이 높은바, 감염인의 인권을 보호함으로써 자발적인
검사 및 치료를 받을 수 있도록 하고, 스스로 감염 사실을 밝히고 전염 방지를 위한 생활수칙을
지키도록 유도하는 것이 HIV 확산 방지에는 오히려 효과적일 수도 있다.
따라서 이 사건 처분으로 보호하고자 하는 전염병 예방이라는 공익의 달성 여부는 확실치 아니한
반면, 이 사건 처분으로 인하여 원고의 거주·이전의 자유, 가족 결합권을 포함한 행복추구권, 치
료를 받을 가능성 등은 심각하게 침해될 것임이 분명하므로, 결국 이 사건 처분은 사회통념상 현
저하게 타당성을 잃은 것이라 할 것이다.

대법원 2018. 4. 12.자 2018두37502 판결

(하급심 서울고등법원 2018. 1. 26. 선고 2017누78560 판결
서울행정법원 2017. 9. 26. 선고 2017구단67080 판결)

1. 사실관계

① 중화인민공화국 국민인 원고는 공사현장에서 작업 중 업무상 주의의무를 게을리 하여 원고가 올려둔 비계파이프가 떨어져 피해자에게 약 6주간의 치료가 필요한 상해를 입게 하였음.

② 원고는 위와 같은 업무상과실치상의 범죄사실로 금고 4월에 집행유예 2년을 선고받았고, 2017. 6. 30. 위 판결이 확정됨.

③ 출입국관리사무소는 위 범죄사실을 이유로 원고에게 출국명령 처분을 내림.

2. 판단(2심 판결)

① 출입국관리행정의 목적과 취지, 규정의 문언 내용과 규정 형식에 비추어 알 수 있는 사정들을 종합하면, 출입국관리법 제46조 제1항 제13호 '금고 이상의 형을 선고받고 석방된 외국인'에는 금고 이상의 실형을 선고받고 그 형의 집행을 종료한 사람뿐 아니라 그 형의 집행을 유예받거나 면제받는 등으로 구금상태에 있지 않았던 사람 역시 포함되는 것으로 해석된다.

② 이 사건 처분은 피고에게 출입국관리행정에 있어 상대적으로 넓은 재량권이 인정되는 점을 고려하더라도 그로 인해 원고에게 가해지는 불이익이 외국인의 체류를 적절하게 통제·조정함으로서 달성하려는 공익에 비하여 지나치게 커 원고에게 가혹하다고 인정되므로 재량권을 일탈·남용한 위법이 있다.

  – 이 사건 처분사유가 된 원고의 범죄사실은 과실에 의한 것으로, 원고의 반사회성이 발현되었다거나 당해 사건의 피해자 개인에 대한 범죄를 초월하여 대한민국의 이익 혹은 공공의 안전을 해치는 행동이라고 보기 어려우며, 재범의 위험성이 있는 것으로도 보기 어렵다.

  – 신축공사현장에서의 안전유지는 직접 노무를 제공하는 일용직 노동자들에게 그 주의의무가 요구될 뿐 아니라 현장소장 등 그 관리책임자들에게 더욱 크고 최종적인 주의의무가 주어진다고 할 것인데, 이 사건 사고 공사의 현장소장은 공사현장에 대한 행인통제나 낙하사고방지를 위한 조치를 제대로 취하지 못한 과실이 인정되어 원고와 함께 처벌되었는바(벌금 300만 원), 이 사건 사고가 전적으로 원고 개인의 과실에 기인한 것이라고 보기 어렵다.

  – 원고는 이 사건 사고로 인하여 금고 4월에 집행유예 2년을 선고받고 그 판결이 2017. 6. 30. 확정되어 현재 집행유예 기간 중에 있는데, 그 집행유예 기간의 경과로 원고는 자신의 과실에 대한 적정한 책임을 다하는 것이라고 평가할 수 있다.

  – 이 사건 사고 현장의 건설회사는 사고 피해자에 대하여 그 치료비 중 상당액을 지급하여 사고로 인한 피해가 어느 정도 회복된 것으로 보인다. 원고는 위 건설회사의 피해회복을 위한 노력으로 인하여 처음부터 불구속 상태에서 수사를 받아 결국 집행유예의 선처를 받았다.

07

벌 칙

IMMIGRATION

CONTROL LAW

07
벌 칙

가. 개관

1) 행정처분과 형사처벌의 관계

지방출입국·외국인관서의 장은 법 제46조 제1항 각 호의 어느 하나에 해당하는 사람이 형의 집행을 받고 있는 중에도 강제퇴거의 절차를 밟을 수 있다(출입국관리법 제85조 제1항). 이 경우 강제퇴거명령서가 발급되면 그 외국인에 대한 형의 집행이 끝난 후에 강제퇴거명령서를 집행하나, 다만 그 외국인의 형 집행장소를 관할하는 지방검찰청 검사장의 허가를 받은 경우에는 형의 집행이 끝나기 전이라도 강제퇴거명령서를 집행할 수 있다(출입국관리법 제85조 제2항).

출입국사범에 관한 사건은 지방출입국·외국인관서의 장의 고발이 없으면 공소를 제기할 수 없고(출입국관리법 제101조 제1항), 출입국관리공무원 외의 수사기관이 법 제101조 제1항에 해당하는 사건을 입건하였을 때에는 지체 없이 관할 지방출입국·외국인관서의 장에게 인계하여야 한다(출입국관리법 제101조 제2항). 따라서 출입국관리법 위반 그 자체만이 문제된 경우라면 출입국관리사무소의 판단에 따라 형사처벌을 병과할 수도 있고 강제퇴거 등 행정처분만 내릴 수도 있다. 다만 출입국사범에 대해 강제퇴거명령서를 발급한 경우는 고발하지 아니한다(출입국관리법 제105조 제3항).

2) 관계 기관의 협조

출입국관리공무원은 출입국사범에 대한 조사에 필요하면 관계 기관이나 단체에 자료의 제출이나 사실의 조사 등에 대한 협조를 요청할 수 있다(출입국관리법 제78조 제1항 제1호). 또한 법무부장관은 출입국사범 조사[143]를 위해 필요한 경우 관계 기관에 범죄경력정보·수사경력정보, 외국인의 범죄처분결과정보, 관세사범정보, 여권발급정보·주민등록정보, 외국인의 자동차등록정보, 납세증명서, 가족관계등록 전산정보 또는 국제결혼 중개업체의 현황 및 행정처분 정보의 제공을 요청할 수 있다(출입국관리법 제78조 제2항 제4호). 법 제78조에 따른 협조 요청 또는 정보제공 요청을 받은 관계 기관이나 단체는 정당한 이유 없이 요청을 거부해서는 안 된다(출입국관리법 제78조 제3항).

3) 서술의 체계

출입국관리법 제10장 및 11장에서는 형사처벌에 관한 규정과 범칙금에 관한 규정을 두고 있다. 개별 조문은 처벌의 강도가 높은 것부터 낮은 것 순으로 정렬되어 있으므로 편의상 조문의 순서에 따라 서술하도록 하겠다.

나. 형사처벌

1) 7년 이하의 징역을 예정하고 있는 법위반

가) 징역형으로만 처벌되는 경우

법 제93조의2 제1항은 징역형으로만 처벌되는 경우를 규정하고 있다. 출입국관리법에 따라 보호되거나 일시보호된 사람으로서 도주할 목적으로 보호시설 또는 기구를 손괴하거나 다른 사람을 폭행 또는 협박한 사람, 또는 2명 이상이 합동하여 도주한 사람(제1호)이 이에 해당한다. 또한 출입국관리법에 따른 보호나 강제퇴거를 위한 호송 중에 있는 사람으로서 다른 사람을 폭행 또는 협박하거나 2명 이상이 합동하여 도주한 사람(제2호), 출입국관리법에 따라 보호·일시보호된 사람이나 보호 또는 강제퇴거를 위한 호송 중에 있는 사

---

[143] 출입국관리법 제78조 제1항에서는 법 제47조에 따른 조사(제1호)와 출입국사범에 대한 조사(제3호)를 구별하고 있다. 이 조항은 출입국관리법이 1997. 12. 31. 법률 제3044호로 개정되면서 당시 법 제79조 제1항으로 신설된 것인데, 이후 '위반조사'라는 표현이 '제47조에 따른 조사'로 바뀐 것 외에는 동일하게 유지되어 오고 있다. 생각건대 강제퇴거는 출입국관리법 위반 중에서도 무거운 경우에 대해 내려지는 처분이므로, 법 제78조 제1항 제3호는 출입국사범 중 강제퇴거사유에 해당하지 않는 외국인에 대해 적용되는 조문으로 새기는 것이 타당하다.

람을 탈취하거나 도주하게 한 사람(제3호) 역시 징역형으로만 처벌받고 상한이 7년이다. 이 조문이 적용되는 상황은 출입국관리질서 유지에 직접적으로 필요한 강제처분을 물리적으로 저지한 경우인데, 위법행위를 한 외국인에게 대한민국의 사법질서를 준수할 의사가 없는 것으로 판단하여 특히 무거운 형을 예정한 것으로 보인다.

나) 벌금형과 선택할 수 있는 경우

한편, 7년 이하의 징역 외에도 5천만 원 이하의 벌금을 선택할 수 있는 경우를 출입국관리법 제93조의2 제2항에서 정하고 있다. 법 제12조 제1항 또는 제2항에 따라 입국심사를 받아야 하는 외국인을 집단으로 불법입국하게 하거나 이를 알선한 사람(제1호), 법 제12조의3 제1항을 위반하여 외국인을 집단으로 불법입국 또는 불법출국하게 하거나 대한민국을 거쳐 다른 국가로 불법입국하게 할 목적으로 선박 등이나 여권·사증, 탑승권, 그 밖에 출입국에 사용될 수 있는 서류 및 물품을 제공하거나 알선한 사람(제2호), 법 제12조의3 제2항을 위반하여 불법으로 입국한 외국인을 집단으로 대한민국에서 은닉 또는 도피하게 하거나 은닉 또는 도피하게 할 목적으로 교통수단을 제공하거나 이를 알선한 사람(제3호) 중 이러한 행위를 영리를 목적으로 한 사람이 처벌대상이 된다. 법 제93조의2 제2항의 행위를 범했더라도 영리를 목적으로 한 경우가 아니라면 법 제93조의3 제2호가 적용된다.

다) 미수범 및 공범

법 제93조의2의 죄를 범할 목적으로 예비하거나 또는 음모한 사람과 미수범은 각각 해당하는 본죄에 준하여 처벌한다(출입국관리법 제99조 제1항). 또한 위 행위를 교사하거나 방조한 사람은 정범에 준하여 처벌한다(출입국관리법 제99조 제2항).

2) 5년 이하의 징역 또는 3천만 원 이하의 벌금으로 처벌되는 행위

법 제12조 제1항 또는 제2항을 위반하여 입국심사를 받지 아니하고 입국한 사람(제1호), 영리 목적 없이 법 제93조의2 제2항 각 호의 어느 하나에 해당하는 죄(외국인의 불법 입국 및 알선, 불법입국 편의제공 및 알선, 불법입국 외국인의 도피 및 도피 원조)를 범한 사람

(제2호)은 5년 이하의 징역 또는 3천만 원 이하의 벌금으로 처벌한다(출입국관리법 제93조의3).

법 제93조의3의 죄를 범할 목적으로 예비하거나 또는 음모한 사람과 미수범은 각각 해당하는 본죄에 준하여 처벌한다(출입국관리법 제99조 제1항). 또한 위 행위를 교사하거나 방조한 사람은 정범에 준하여 처벌한다(출입국관리법 제99조 제2항).

한편 법 제93조의3 제1호(입국심사를 받지 않고 입국한 사람)에 해당하는 사람이 그 위반행위를 한 후 지체 없이 지방출입국·외국인관서의 장에게 「난민법」 제2조 제1호에 규정된 이유로 그 생명·신체 또는 신체의 자유를 침해받을 공포가 있는 영역으로부터 직접 입국하거나 상륙한 난민이라는 사실(출입국관리법 제99조의2 제1호), 제1호의 공포로 인하여 해당 위반행위를 한 사실(출입국관리법 제99조의2 제2호)을 직접 신고하는 경우 그 사실이 증명되면 그 형을 면제한다(출입국관리법 제99조의2).

3) 3년 이하의 징역 또는 2천만 원 이하의 벌금으로 처벌되는 행위

출입국관리법 제94조에서는 3년 이하의 징역 또는 2천만 원 이하의 벌금에 처해지는 행위 유형을 총 20가지로 열거하고 있다(출입국관리법 제94조). 상세는 아래와 같다.

① 법 제3조 제1항을 위반하여 출국심사를 받지 아니하고 출국한 사람(제1호)

② 법 제7조 제1항을 위반하여 유효한 여권 또는 법무부장관이 발급한 사증 또는 동조 제4항의 외국인입국허가서 없이 입국한 사람(제2호)

③ 법 제7조의2를 위반하여 외국인을 허위초청하거나 이를 알선한 사람, 또는 허위로 사증·사증발급인정서를 신청하거나 그러한 신청을 알선한 사람(제3호)

④ 법 제12조의3을 위반하여 외국인의 불법 출입국에 선박·여권 등을 제공하거나 그러한 행위를 알선한 사람 또는 불법 입국한 외국인의 도피를 돕거나 그러한 행위를 알선한 사람으로서, 제93조의2 제2항 또는 제93조의3에 해당하지 아니하는 사람(제4호)

⑤ 법 제14조 제1항에 따른 승무원상륙허가 또는 법 제14조의2 제1항에 따른 관광상륙허가를 받지 아니하고 상륙한 사람(제5호)

⑥ 법 제14조 제3항에 따른 승무원상륙허가 또는 법 제14조의2 제3항에 따른 관광상륙

허가의 조건을 위반한 사람(제6호)

⑦ 법 제17조 제1항을 위반하여 체류자격이나 체류기간의 범위를 벗어나서 체류한 사람(제7호)

⑧ 법 제18조 제1항을 위반하여 취업활동을 할 수 있는 체류자격을 받지 아니하고 취업활동을 한 사람(제8호)

⑨ 법 제18조 제3항을 위반하여 취업활동을 할 수 있는 체류자격을 가지지 아니한 사람을 고용한 사람(제9호)

⑩ 법 제18조 제4항을 위반하여 취업활동을 할 수 있는 체류자격을 가지지 아니한 외국인의 고용을 업으로 알선·권유한 사람(제10호)

⑪ 법 제18조 제5항을 위반하여 체류자격을 가지지 아니한 외국인을 자기 지배하에 두는 행위를 한 사람(제11호)

⑫ 법 제20조를 위반하여 체류자격 외 활동허가를 받지 아니하고 다른 체류자격에 해당하는 활동을 한 사람(제12호)

⑬ 법 제21조 제2항을 위반하여 근무처의 변경허가 또는 추가허가를 받지 아니한 외국인의 고용을 업으로 알선한 사람(제13호)

⑭ 법 제22조¹⁴⁴에 따른 제한 등을 위반한 사람(제14호)

⑮ 법 제23조¹⁴⁵를 위반하여 체류자격을 받지 아니하고 체류한 사람(제15호)

⑯ 법제24조를 위반하여 체류자격 변경허가를 받지 아니하고 다른 체류자격에 해당하는 활동을 한 사람(제16호)

⑰ 법 제25조를 위반하여 체류기간 연장허가를 받지 아니하고 체류기간을 초과하여 계속 체류한 사람(제17호)

---

144 출입국관리법 제22조
법무부장관은 공공의 안녕질서나 대한민국의 중요한 이익을 위하여 필요하다고 인정하면 대한민국에 체류하는 외국인에 대하여 거소(居所) 또는 활동의 범위를 제한하거나 그 밖에 필요한 준수사항을 정할 수 있다.

145 출입국관리법 제23조
대한민국에서 출생하여 제10조에 따른 체류자격을 가지지 못하고 체류하게 되는 외국인은 그가 출생한 날부터 90일 이내에, 대한민국에서 체류 중 대한민국의 국적을 상실하거나 이탈하는 등 그 밖의 사유로 제10조에 따른 체류자격을 가지지 못하고 체류하게 되는 외국인은 그 사유가 발생한 날부터 30일 이내에 대통령령으로 정하는 바에 따라 체류자격을 받아야 한다.

⑱ 제26조를 위반하여 체류자격 외 활동허가, 근무처 변경 또는 추가, 체류자격 부여, 체류자격 변경허가, 체류기간 연장허가 등의 신청에 허위 서류를 제출하거나 그러한 행위를 알선한 사람(제17호의2)

⑲ 법 제28조 제1항이나 제2항을 위반하여 출국심사를 받지 않고 출국한 사람(제18호)

⑳ 법 제33조의3을 위반하여 외국인의 여권이나 외국인등록증을 계약 또는 채무이행의 확보수단으로 제공받거나 그 제공을 강요 또는 알선하는 행위, 외국인등록번호를 거짓으로 생성하여 자기 또는 타인의 재물이나 재산상 이익을 위해 사용하거나 이를 알선하는 행위, 외국인등록번호를 거짓으로 생성하는 프로그램을 타인에게 전달·유포 또는 이를 알선하는 행위, 타인의 외국인등록증을 부정 사용하거나 자기의 외국인등록증을 부정하게 사용한다는 사정을 알면서 타인에게 제공 또는 이를 각 알선하는 행위, 타인의 외국인등록번호를 타인의 재물이나 재산상 이익을 위해 부정하게 사용하거나 이를 알선하는 행위를 한 사람(제19호)

㉑ 법 제69조(제70조 제1항 및 제2항에서 준용하는 경우를 포함한다)를 위반하여 선박의 검색 및 심사에 관한 사항을 준수하지 않은 사람(제20호)

위 항목 중 제94조 제1호부터 제5호까지의 죄 및 제18호의 죄를 범할 목적으로 예비하거나 또는 음모한 사람과 미수범은 각각 해당하는 본죄에 준하여 처벌한다(출입국관리법 제99조 제1항). 또한 위 행위를 교사하거나 방조한 사람은 정범에 준하여 처벌한다(출입국관리법 제99조 제2항).

한편 법 제94조 제2호, 제5호, 제6호, 제15호, 제16호, 제17호에 해당하는 사람이 그 위반행위를 한 후 지체 없이 지방출입국·외국인관서의 장에게 「난민법」 제2조 제1호에 규정된 이유로 그 생명·신체 또는 신체의 자유를 침해받을 공포가 있는 영역으로부터 직접 입국하거나 상륙한 난민이라는 사실(출입국관리법 제99조의2 제1호), 제1호의 공포로 인하여 해당 위반행위를 한 사실(출입국관리법 제99조의2 제2호)을 직접 신고하는 경우 그 사실이 증명되면 그 형을 면제한다(출입국관리법 제99조의2).

법인의 대표자나 법인 또는 개인의 대리인, 사용인, 그 밖의 종업원이 그 법인 또는 개인의 업무에 관하여 법 제94조 제3호, 제9호, 제20호에 해당하는 위반행위 및 제19호 중 제

33조의3 제1호 위반행위[146]를 하면 그 행위자를 벌하는 외에 그 법인 또는 개인에게도 해당 조문의 벌금형을 과한다. 다만, 법인 또는 개인이 그 위반행위를 방지하기 위하여 해당 업무에 관하여 상당한 주의와 감독을 게을리하지 아니한 경우에는 그러하지 아니하다(출입국관리법 제99조의3).

4) 1년 이하의 징역 또는 1천만 원 이하의 벌금으로 처벌되는 행위

출입국관리법 제95조에서는 1년 이하의 징역 또는 1천만 원 이하의 벌금에 처해지는 행위를 9개 유형으로 열거하고 있다. 상세는 아래와 같다.

① 법 제6조 제1항을 위반하여 입국심사를 받지 아니하고 입국한 사람(제1호)

② 법 제13조 제2항에 따른 조건부 입국허가의 조건을 위반한 사람(제2호)

③ 법 제15조 제1항에 따른 긴급상륙허가, 법 제16조 제1항에 따른 재난상륙허가 또는 법 제16조의2 제1항에 따른 난민 임시상륙허가를 받지 아니하고 상륙한 사람(제3호)

④ 법 제15조 제2항, 법 제16조 제2항 또는 법 제16조의2 제2항에 따른 허가조건을 위반한 사람(제4호)

⑤ 법 제18조 제2항을 위반하여 지정된 근무처가 아닌 곳에서 근무한 사람(제5호)

⑥ 법 제21조 제1항 본문을 위반하여 허가를 받지 아니하고 근무처를 변경하거나 추가한 사람 또는 법 제21조 제2항을 위반하여 근무처의 변경허가 또는 추가허가를 받지 아니한 외국인을 고용한 사람(제6호)

⑦ 법 제31조의 등록의무를 위반한 사람(제7호)

⑧ 법 제51조 제1항·제3항, 법 제56조 또는 법 제63조 제1항에 따라 보호 또는 일시보호된 상태에서 도주한 사람, 보호 또는 강제퇴거 등을 위한 호송 중에 도주한 사람(제93조의2 제1항 제1호 또는 제2호[147]에 해당하는 사람은 제외한다)

....

146 외국인의 여권이나 외국인등록증을 취업에 따른 계약 또는 채무이행의 확보수단으로 제공받거나 그 제공을 강요 또는 알선하는 행위.

147 출입국관리법 제93조의2(벌칙)
① 다음 각 호의 어느 하나에 해당하는 사람은 7년 이하의 징역에 처한다. 〈개정 2014. 1. 7.〉
1. 이 법에 따라 보호되거나 일시보호된 사람으로서 다음 각 목의 어느 하나에 해당하는 사람.
가. 도주할 목적으로 보호시설 또는 기구를 손괴하거나 다른 사람을 폭행 또는 협박한 사람.

⑨ 법 제63조 제5항에 따라 보호를 해제할 때 붙인 주거의 제한 및 그 외의 조건을 위반한 사람(제9호)

위 항목 중 제95조 제1호의 죄를 범할 목적으로 예비 또는 음모한 사람과 미수범은 각각 해당하는 본죄에 준하여 처벌한다(출입국관리법 제99조 제1항). 또한 위 행위를 교사하거나 방조한 사람은 정범에 준하여 처벌한다(출입국관리법 제99조 제2항)

한편 법 제95조 제3호, 제4호에 해당하는 사람이 그 위반행위를 한 후 지체 없이 지방출입국·외국인관서의 장에게 「난민법」 제2조 제1호에 규정된 이유로 그 생명·신체 또는 신체의 자유를 침해받을 공포가 있는 영역으로부터 직접 입국하거나 상륙한 난민이라는 사실(출입국관리법 제99조의2 제1호), 제1호의 공포로 인하여 해당 위반행위를 한 사실(출입국관리법 제99조의2 제2호)을 직접 신고하는 경우 그 사실이 증명되면 그 형을 면제한다(출입국관리법 제99조의2).

법인의 대표자나 법인 또는 개인의 대리인, 사용인, 그 밖의 종업원이 그 법인 또는 개인의 업무에 관하여 법 제95조 제6호에 해당하는 위반행위를 하면 그 행위자를 벌하는 외에 그 법인 또는 개인에게도 해당 조문의 벌금형을 과한다. 다만, 법인 또는 개인이 그 위반행위를 방지하기 위하여 해당 업무에 관하여 상당한 주의와 감독을 게을리하지 아니한 경우에는 그러하지 아니하다(출입국관리법 제99조의3).

5) 1천만 원 이하의 벌금으로 처벌되는 행위

출입국관리법 제96조에서는 징역형 없이 1천만 원 이하의 벌금으로 처벌되는 행위를 규정하고 있다. 구체적으로 법 제71조 제4항(법 제70조 제1항 및 제2항에서 준용하는 경우를 포함한다)에 따른 출항의 일시정지 또는 회항 명령이나 선박 등의 출입 제한을 위반

나. 2명 이상이 합동하여 도주한 사람.
2. 이 법에 따른 보호나 강제퇴거를 위한 호송 중에 있는 사람으로서 다른 사람을 폭행 또는 협박하거나 2명 이상이 합동하여 도주한 사람.
3. 이 법에 따라 보호·일시보호된 사람이나 보호 또는 강제퇴거를 위한 호송 중에 있는 사람을 탈취하거나 도주하게 한 사람.

한 사람(제1호), 정당한 사유 없이 법 제73조[148]에 따른 운수업자의 준수사항을 지키지 아니하였거나 법 제73조의2 제1항[149] 또는 제2항[150]을 위반하여 열람 또는 문서제출 요청에 따르지 아니한 사람(제2호), 정당한 사유 없이 제75조 제1항[151] 또는 제2항[152]에 따른 보고서를 제출하지 아니하거나 거짓으로 제출한 사람이 이에 해당한다.

법인의 대표자나 법인 또는 개인의 대리인, 사용인, 그 밖의 종업원이 그 법인 또는 개인의 업무에 관하여 법 제96조 제1호부터 제3호까지의 위반행위를 하면 그 행위자를 벌하는 외에 그 법인 또는 개인에게도 해당 조문의 벌금형을 과한다. 다만, 법인 또는 개인이 그 위반행위를 방지하기 위하여 해당 업무에 관하여 상당한 주의와 감독을 게을리하지 아니한 경우에는 그러하지 아니하다(출입국관리법 제99조의3).

6) 500만 원 이하의 벌금으로 처벌되는 행위

출입국관리법 제97조에서는 500만 원 이하의 벌금에 처하는 행위를 규정하고 있는데, 구체적으로는 다음과 같다.

① 법 제18조 제4항을 위반하여 취업활동을 할 수 있는 체류자격을 가지지 아니한 외국인의 고용을 알선·권유한 사람(제1호)[153]

② 법 제21조 제2항을 위반하여 근무처의 변경허가 또는 추가허가를 받지 아니한 외국인의 고용을 알선한 사람(제2호)[154]

③ 법 제72조[155]를 위반하여 허가를 받지 아니하고 선박 등이나 출입국심사장에 출입한 사람(제3호)

---

[148] 법 제70조 제1항 및 제2항에서 준용하는 경우를 포함한다.
[149] 법 제70조 제1항 및 제2항에서 준용하는 경우를 포함한다.
[150] 법 제70조 제1항 및 제2항에서 준용하는 경우를 포함한다.
[151] 법 제70조 제1항 및 제2항에서 준용하는 경우를 포함한다.
[152] 법 제70조 제1항 및 제2항에서 준용하는 경우를 포함한다.
[153] 업으로 한 자는 법 제94조 제10호에 따라 3년 이하의 징역 또는 2천만 원 이하의 벌금으로 처벌받는다.
[154] 업으로 한 자는 법 제94조 제13호에 따라 3년 이하의 징역 또는 2천만 원 이하의 벌금으로 처벌받는다.
[155] 법 제70조 제1항 및 제2항에서 준용하는 경우를 포함한다.

④ 법 제74조[156]에 따라 출입국항에 출·입항하기 전에 필요한 제출 또는 통보의무를 위반한 사람(제4호)

⑤ 법 제75조 제4항[157] 및 제5항[158]에 따라 선박 등의 장이나 운수업자가 승객의 동향에 대한 일정한 사항을 인지하고도 보고 또는 방지하지 않은 경우(제5호)

⑥ 제76조[159]에 따라, 입국금지·입국거부·강제퇴거명령 등 사유가 있는 외국인을 대한민국 밖으로 송환하여야 할 의무를 위반한 사람(제6호)

⑦ 법 제76조의6 제1항을 위반하여 난민인정증명서 또는 난민여행증명서를 반납하지 아니하거나 같은 조 제2항에 따른 난민여행증명서 반납명령을 위반한 사람(제7호)

법인의 대표자나 법인 또는 개인의 대리인, 사용인, 그 밖의 종업원이 그 법인 또는 개인의 업무에 관하여 법 제97조 제4호부터 제6호의 어느 하나에 해당하는 위반행위를 하면 그 행위자를 벌하는 외에 그 법인 또는 개인에게도 해당 조문의 벌금형을 과한다. 다만, 법인 또는 개인이 그 위반행위를 방지하기 위하여 해당 업무에 관하여 상당한 주의와 감독을 게을리하지 아니한 경우에는 그러하지 아니하다(출입국관리법 제99조의3).

7) 100만 원 이하의 벌금으로 처벌되는 행위

법 제27조에 따른 여권 등의 휴대 또는 제시 의무를 위반한 사람, 법 제36조 제1항에 따른 체류지 변경신고 의무를 위반한 사람은 100만 원 이하의 벌금으로 처벌한다(출입국관리법 제98조).

---

156 법 제70조 제1항 및 제2항에서 준용하는 경우를 포함한다.
157 법 제70조 제1항 및 제2항에서 준용하는 경우를 포함한다.
158 법 제70조 제1항 및 제2항에서 준용하는 경우를 포함한다.
159 법 제70조 제1항 및 제2항에서 준용하는 경우를 포함한다.

다. 과태료

1) 과태료 부과대상 행위

출입국관리법 제100조 제1항에서는 다음 각 호의 어느 하나에 해당하는 자에게는 200만 원 이하의 과태료를 부과한다. 법 제19조[160]에 따라 외국인을 고용한 자에게 부과되는 신고의무를 이행하지 아니한 자(제1호), 법 제19조의4 제1항 또는 제2항에 따른 외국인유학생의 관리의무를 다하지 않은 학교장(제2호), 과실로 인하여 법 제75조 제1항[161] 또는 제2항[162]에 따른 출·입항보고를 하지 아니하거나 출·입항보고서의 국적, 성명, 성별, 생년월일, 여권번호에 관한 항목을 최근 1년 이내에 3회 이상 사실과 다르게 보고한 자(제4호)가 이에 해당한다.

한편 다음 각 호의 어느 하나에 해당하는 자에게는 100만 원 이하의 과태료를 부과한다(출입국관리법 제100조 제2항). 법 제35조를 위반하여 외국인등록사항 변경신고를 하지 않거나 제37조를 위반하여 외국인등록증을 반납하지 않은 사람(제1호), 법 제79조를 위반한 사람(제2호), 법 제81조 제4항에 따른 동향조사에서 출입국관리공무원의 장부 또는 자료 제출 요구를 거부하거나 기피한 자(제3호)가 이에 해당한다.

또한 다음 각 호의 어느 하나에 해당하는 자에게는 50만 원 이하의 과태료를 부과한다(출입국관리법 제100조 제3항). 법 제33조 제2항을 위반하여 만 17세에 달하였음에도 외

---

160 출입국관리법 제19조(외국인을 고용한 자 등의 신고의무)
　① 제18조 제1항에 따라 취업활동을 할 수 있는 체류자격을 가지고 있는 외국인을 고용한 자는 다음 각 호의 어느 하나에 해당하는 사유가 발생하면 그 사실을 안 날부터 15일 이내에 지방출입국·외국인관서의 장에게 신고하여야 한다. 〈개정 2014. 3. 18.〉
　1. 외국인을 해고하거나 외국인이 퇴직 또는 사망한 경우.
　2. 고용된 외국인의 소재를 알 수 없게 된 경우.
　3. 고용계약의 중요한 내용을 변경한 경우.
　② 제19조의2에 따라 외국인에게 산업기술을 연수시키는 업체의 장에 대하여는 제1항을 준용한다.
　③ 「외국인근로자의 고용 등에 관한 법률」의 적용을 받는 외국인을 고용한 자가 제1항에 따른 신고를 한 경우 그 신고사실이 같은 법 제17조 제1항에 따른 신고사유에 해당하는 때에는 같은 항에 따른 신고를 한 것으로 본다. 〈신설 2014. 10. 15.〉
　④ 제1항에 따라 신고를 받은 지방출입국·외국인관서의 장은 그 신고사실이 제3항에 해당하는 경우 지체 없이 외국인을 고용한 자의 소재지를 관할하는 「직업안정법」 제2조의2 제1호에 따른 직업안정기관의 장에게 통보하여야 한다. 〈신설 2014. 10. 15.〉 [전문개정 2010. 5. 14.]
161 법 제70조 제1항 및 제2항에서 준용하는 경우를 포함한다.
162 법 제70조 제1항 및 제2항에서 준용하는 경우를 포함한다.

국인등록증 발급신청을 하지 아니한 사람(제1호), 이 법에 따른 각종 신청이나 신고에서 거짓 사실을 적거나 보고한 자(제3호, 법 제94조 제17호의2[163]에 해당하는 사람은 제외한다)가 이에 해당한다.

2) 과태료 부과기준

법 제100조 제1항부터 제3항의 규정에 따른 과태료는 지방출입국·외국인관서의 장이 부과·징수하는데(출입국관리법 제100조 제4항), 구체적인 기준은 시행령 별표 2에서 정하고 있다. 시행령 별표 2의 내용은 아래와 같다.

[출입국관리법 시행령 별표 2]

〈개정 2018.5.8.〉

과태료의 부과기준(제102조 관련)

1. 일반기준

가. 위반행위가 둘 이상일 때에는 위반행위마다 부과한다.

나. 하나의 위반행위가 둘 이상의 과태료 부과기준에 해당하면 과태료 금액이 가장 높은 위반행위를 기준으로 과태료를 부과한다.

다. 청장·사무소장 또는 출장소장은 다음의 어느 하나에 해당하는 경우에는 제2호에 따른 과태료 금액의 2분의 1의 범위에서 그 금액을 줄일 수 있다. 다만, 과태료를 체납하고 있는 위반행위자의 경우에는 그렇지 않다.

　1) 위반행위자가 「질서위반행위규제법 시행령」 제2조의2 제1항 각 호의 어느 하나에 해당하는 경우

　2) 자연재해나 화재 등으로 위반행위자의 재산에 현저한 손실이 발생하거나 사업 여건의 악화로 위반행위자의 사업이 중대한 위기에 처하는 등의 사정이 있는 경우

　3) 그 밖에 위반행위의 정도, 위반행위의 동기 및 그 결과, 위반행위자의 연령·환경 및 과태료 부담능력 등을 고려하여 과태료를 줄일 필요가 있다고 인정되는 경우

---

[163] 출입국관리법 제94조 제17호의2에서는, 체류자격신청 등 각종 신청절차에서 허위자료 또는 허위사실이 기재된 신청서 등을 제출하거나 그러한 행위를 알선하는 행위를 처벌하는 행위(법 제26조)를 3년 이하의 징역 또는 2천만 원 이하의 벌금에 처하도록 규정하고 있다.

라. 청장·사무소장 또는 출장소장은 다음의 어느 하나에 해당하는 경우에는 제2호에 따른 과태료 부과금액의 2분의 1의 범위에서 그 금액을 늘릴 수 있다. 다만, 법 제100조 제1항부터 제3항까지의 규정에 따른 과태료 금액의 상한을 넘을 수 없다.

1) 위반의 내용 및 정도가 중대하여 그 피해가 출입국관리나 외국인 체류관리 등에 미치는 영향이 크다고 인정되는 경우
2) 최근 3년 이내 법 위반 사실이 있는 경우
3) 그 밖에 위반행위의 정도, 위반행위의 동기 및 그 결과 등을 고려하여 과태료를 가중할 필요가 있다고 인정되는 경우

2. 개별기준

위반행위	근거 법조문	위반기간 또는 위반횟수	과태료 금액
가. 법 제19조에 따른 신고의무를 위반한 경우	법 제100조 제1항 제1호	3개월 미만	10만 원
		3개월 이상 6개월 미만	30만 원
		6개월 이상 12개월 미만	50만 원
		1년 이상 2년 미만	100만 원
		2년 이상	200만 원
나. 법 제19조의4 제1항에 따른 통지의무를 위반한 경우	법 제100조 제1항 제2호	1회	20만 원
		2회	50만 원
		3회	100만 원
		4회 이상	200만 원
다. 법 제19조의4 제2항에 따른 신고의무를 위반한 경우	법 제100조 제1항 제2호	3개월 미만	10만 원
		3개월 이상 6개월 미만	30만 원
		6개월 이상 12개월 미만	50만 원
		1년 이상 2년 미만	100만 원
		2년 이상	200만 원
라. 법 제21조 제1항 단서에 따른 신고의무를 위반한 경우	법 제100조 제1항 제3호	3개월 미만	10만 원
		3개월 이상 6개월 미만	30만 원
		6개월 이상 12개월 미만	50만 원
		1년 이상 2년 미만	100만 원
		2년 이상	200만 원

위반행위	근거 법조문	위반기간 또는 위반횟수	과태료 금액
마. 법 제33조 제2항을 위반하여 외국인등록증 발급신청을 하지 않은 경우	법 제100조 제3항 제1호	3개월 미만	10만 원
		3개월 이상 6개월 미만	20만 원
		6개월 이상 12개월 미만	30만 원
		1년 이상	50만 원
바. 법 제35조에 따른 외국인등록사항의 변경신고의무를 위반한 경우	법 제100조 제2항 제1호	3개월 미만	10만 원
		3개월 이상 6개월 미만	30만 원
		6개월 이상 1년 미만	50만 원
		1년 이상	100만 원
사. 법 제37조 제1항 또는 제2항에 따른 외국인등록증 반납의무를 위반한 경우	법 제100조 제2항 제1호	1회	10만 원
		2회	30만 원
		3회	50만 원
		4회 이상	100만 원
아. 과실로 인하여 법 제75조 제1항(법 제70조 제1항 및 제2항에서 준용하는 경우를 포함한다) 또는 제2항(법 제70조 제1항 및 제2항에서 준용하는 경우를 포함한다)에 따른 출·입항보고를 하지 않은 경우	법 제100조 제1항 제4호	1회	20만 원
		2회	50만 원
		3회	100만 원
		4회 이상	200만 원
자. 과실로 인하여 법 제75조 제1항(법 제70조 제1항 및 제2항에서 준용하는 경우를 포함한다) 또는 제2항(법 제70조 제1항 및 제2항에서 준용하는 경우를 포함한다)에 따른 출·입항보고서의 국적, 성명, 성별, 생년월일, 여권번호에 관한 항목을 최근 1년 이내에 3회 이상 사실과 다르게 보고한 경우	법 제100조 제1항 제4호	3회	30만 원
		4회	50만 원
		5회	70만 원
		6회	90만 원
		7회	120만 원
		8회	150만 원
		9회 이상	200만 원
차. 법 제79조에 따른 신청의무를 위반한 경우	법 제100조 제2항 제2호	1년 미만	10만 원
		1년 이상 2년 미만	30만 원
		2년 이상 3년 미만	50만 원
		3년 이상	100만 원
카. 법 제81조 제4항에 따른 출입국관리공무원의 장부 또는 자료 제출 요구를 거부하거나 기피한 경우	법 제100조 제2항 제3호	1회	20만 원
		2회	50만 원
		3회 이상	100만 원
타. 법에 따른 각종 신청이나 신고에서 거짓 사실을 적거나 보고한 경우(법 제94조 제17호의2에 해당하는 경우는 제외한다)	법 제100조 제3항 제2호	1회	30만 원
		2회	40만 원
		3회 이상	50만 원

라. 통고처분

1) 의의

통고처분은, 행정벌에 대하여 형벌을 과하기 전에 행정청(세무서장 등)이 형벌(벌금 또는 과료)을 대신하여 금전적 제재인 범칙금을 과하는 절차이다. 이때 행정범을 범한 자가 그 금액을 납부하면 형사처벌을 하지 아니하고, 지정된 기간 내에 그 금액을 납부하지 않으면 형사소송절차에 따라 형벌을 과하도록 한다. 행정법규 위반자가 통고처분에 의해 부과된 금액을 납부하면 과벌절차는 종료되고 동일 사건에 대해 다시 처벌받지 않는다. 이 경우 통고처분에 의해 부과된 금액(범칙금)은 행정제재금이며 벌금이 아니다.[164]

출입국관리법상 통고처분에 대해, 조세범의 경우와는 달리 경제적 부당이득 환수라는 성격도 없고 사건의 폭주 등 부담이 크지도 않으므로 타법과 비교했을 때 균형이 맞지 않는다는 비판이 있었다.[165] 그러나 이러한 주장은 현재는 타당하지 않아 보인다. 출입국사범은 법 제11조·법 제17조·법 제20조 등 그 유형이 어느 정도 정형화되어 있고 문제되는 사례도 많다. 이들 유형의 출입국사범 모두를 강제퇴거·출국명령 처분을 통해 추방하게 된다면 비례원칙 위반 문제가 발생한다. 한편 형사처벌로 의율한다면 수사기관 및 법원을 거쳐야 하므로 절차 및 시간의 측면에서 비효율적이라는 문제가 생기는데, 신속성을 요하는 출입국관리행정의 특성을 고려할 때 이러한 현상은 바람직하지 않다. 현행 출입국관리법상 통고처분 제도는, 벌금형이 예상되는 비교적 경미한 법위반의 경우 간이·신속하게 처리하여 체류질서 확립을 도모할 수 있으므로 그 점에서 독자적인 의미가 있다.

2) 법적 성격

가) 처분성

대법원은 1995. 6. 29. 선고 95누4674 판결을 통해 "도로교통법 제118조에서 규정하는

---

164 박균성, 전게서, 386쪽.

165 조정찬, 「통고처분에 의한 범칙금제도」, 법제처, 1991.
http://www.moleg.go.kr/knowledge/monthlyPublication;jsessionid=W93SimbT82JzR1Fl941VRf5UZAEMmk
tZQSiOb7aaYIdmZdcmsxpGcyYTAxyqTn1u.moleg_a1_servlet_engine2?mpbLegPstSeq=128706
최종방문일 : 2016. 11. 12.

경찰서장의 통고처분은 행정소송의 대상이 되는 행정처분이 아니므로 그 처분의 취소를 구하는 소송은 부적법하다고 할 것이다. 도로교통법상의 통고처분을 받은 자가 그 처분에 대하여 이의가 있는 경우에는 통고처분에 따른 범칙금의 납부를 이행하지 아니함으로써 경찰서장의 즉결심판청구에 의하여 법원의 심판을 받을 수 있게 될 뿐이다."라고 설시함으로써 통고처분의 행정처분성을 부인하고 있다.

나) 형사절차와의 관계

한편 대법원 2012. 9. 13. 선고 2012도6612 판결에서는 "경범죄처벌법상 범칙금제도는 형사절차에 앞서 경찰서장 등의 통고처분에 의하여 일정액의 범칙금을 납부하는 기회를 부여하여 그 범칙금을 납부하는 사람에 대하여는 기소를 하지 아니하고 사건을 간이하고 신속·적정하게 처리하기 위하여 처벌의 특례를 마련해둔 것이라는 점에서 법원의 재판절차와는 제도적 취지 및 법적 성질에서 차이가 있다."라고 설시하여 형사재판절차와도 구별됨을 밝히고 있다. 같은 판결에서는 나아가 "범칙금의 납부에 따라 확정판결에 준하는 효력이 인정되는 범위는 범칙금 통고의 이유에 기재된 당해 범칙행위 자체 및 그 범칙행위와 동일성이 인정되는 범칙행위에 한정된다. 따라서 범칙행위와 같은 시간과 장소에서 이루어진 행위라 하더라도 범칙행위의 동일성을 벗어난 형사범죄행위에 대하여는 범칙금의 납부에 따라 확정판결에 준하는 일사부재리의 효력이 미치지 아니한다고 할 것이다(대법원 2002. 11. 22. 선고 2001도849 판결, 대법원 2011. 4. 28. 선고 2009도12249 판결 등 참조)."라고 설시함으로써 범칙행위의 동일성이 인정되는 범위를 한도로 하여 통고처분의 효력이 형사절차에도 미친다는 입장을 밝힌 바 있다.

형사절차와의 관계에서 형사 고발을 한 후 같은 범법사실을 이유로 통고처분을 할 수 있을 것인지가 문제될 수 있다. 유사한 사례가 문제된 대법원 2016. 9. 28. 선고 2014도10748 판결에서는 조세범처벌법상 통고처분과 고발의 관계에 관해 판시하면서 "조세범처벌절차법 제15조 제1항에 따른 지방국세청장 또는 세무서장의 조세범칙사건에 대한 통고처분은 법원에 의하여 자유형 또는 재산형에 처하는 형사절차에 갈음하여 과세관청이 조세범칙자에 대하여 금전적 제재를 통고하고 이를 이행한 조세범칙자에 대하여는 고발하지 아니하고 조세범칙사건을 신속·간이하게 처리하는 절차로서, 형사절차의 사전절차로서의 성격을 가진다. 그리고 조세범 처벌절차법에 따른 조세범칙사건에 대한 지방국세청장 또는 세무서장의 고발은 수사 및 공소제기의 권한을 가진 수사기관에 대하여 조세범칙사실을 신고함으로써 형사사건으로 처리할 것을 요구하는 의사표시로서, 조세범칙사건에 대하여 고발한 경우에는 지방국세청장 또는 세무서장에 의한 조세범칙사건의 조사 및 처분 절차는 원칙적으로 모두 종료된다."라고 하여 형사 고발을 한 경우 범법사실에 대한 모든 절차가 종료된다고 밝히고 있다.

위 2014도10748 판결에서는 나아가 "위와 같은 통고처분과 고발의 법적 성질 및 효과 등을 조세범칙사건의 처리 절차에 관한 조세범 처벌절차법 관련 규정들의 내용과 취지에 비추어보면, 지방국세청장 또는 세무서장이 조세범 처벌절차법 제17조 제1항에 따라 통고처분을 거치지 아니하고 즉시 고발하였다면 이로써 조세범칙사건에 대한 조사 및 처분 절차는 종료되고 형사사건 절차로 이행되어 지방국세청장 또는 세무서장으로서는 동일한 조세범칙행위에 대하여 더 이상 통고처분을 할 권한이 없다고 보아야 한다. 따라서 지방국세청장 또는 세무서장이 조세범칙행위에 대하여 고발을 한 후에 동일한 조세범칙행위에 대하여 통고처분을 하였다 하더라도, 이는 법적 권한 소멸 후에 이루어진 건으로서 특별한 사정이 없는 한 그 효력이 없고, 설령 조세범칙행위자가 이러한 통고처분을 이행하였다 하더라도 조세범 처벌절차법 제15조 제3항에서 정한 일사부재리의 원칙이 적용될 수 없다."라는 결론을 내렸다. 이러한 판례의 논리는 성질상 출입국관리법의 통고처분에도 적용될 수 있는 것이므로, 범법 외국인에 대해 일단 형사고발이 이루어진 이후에는 같은 범칙사유를 이유로 통고처분을 내리는 것은 위법하다 하겠다.

3) 절차

가) 조사

출입국사범에 대한 조사에 관하여는 법 제47조부터 법 제50조까지의 위반조사에 관한 규정을 준용하고, 이 경우 용의자신문조서는 「형사소송법」 제244조에 따른 피의자신문조서로 본다(출입국관리법 제102조 제4항). 출입국관리공무원은 법 제46조 제1항 각호의 사유가 의심되는 외국인을 조사할 수 있고(출입국관리법 제47조), 용의자에게 출석을 요구하여 그를 신문할 수 있다(출입국관리법 제48조 제1항). 또한, 필요한 경우 참고인에게 출석을 요구하여 진술을 들을 수 있으며(출입국관리법 제49조 제1항), 용의자의 동의를 받아 그의 주거 또는 물건을 검사하거나 서류 또는 물건을 제출하도록 요구할 수 있다(출입국관리법 제50조).

나) 통고처분

지방출입국·외국인관서의 장은 출입국사범에 대한 조사 결과 범죄의 확증을 얻었을 때에는 그 이유를 명확하게 적어 서면으로 벌금에 상당하는 금액(범칙금)을 지정한 곳에 낼 것을 통고할 수 있다(출입국관리법 제102조 제1항). 이때 통고처분의 고지는 통고서 송달의 방법으로 한다(출입국관리법 제104조). 통고처분을 받은 자가 범칙금을 임시납부하려는 경우에는 임시납부하게 할 수 있다(출입국관리법 제102조 제2항). 다만 조사 결과 범죄의 정상이 금고 이상의 형에 해당할 것으로 인정되면 지방출입국·외국인관서의 장은 즉시 고발하여야 한다(출입국관리법 제102조 제3항). 다만 법무부장관은 출입국사범의 나이와 환경, 법 위반의 동기와 결과, 범칙금 부담능력, 그 밖의 정상을 고려하여 통고처분을 면제할 수 있다(출입국관리법 제103조 제2항).

다) 통고처분의 이행

출입국사범은 통고서를 송달받으면 15일 이내에 범칙금을 내야 하고(출입국관리법 제105조 제1항), 통고한 대로 범칙금을 내면 동일한 사건에 대하여 다시 처벌받지 않는다(출입국관리법 제106조).

통고처분에 정한 기간 내에 범칙금을 내지 아니하면 지방출입국·외국인관서의 장은 고발하여야 한다(출입국관리법 제105조 제2항 본문). 다만, 고발 전에 범칙금을 낸 경우 고발하지 아니하고(출입국관리법 제105조 제2항 단서), 출입국사범에 대해 강제퇴거명령서를 발급한 경우 역시 고발하지 아니한다(출입국관리법 제105조 제3항).

라) 범칙금의 양정기준

범칙금의 양정기준은 출입국관리법 시행규칙 별표 7, 별표 8에서 정한다(출입국관리법 제103조 제1항, 동법 시행규칙 제86조 제1항). 상세는 아래와 같다.

[출입국관리법 시행규칙 별표 7]

〈개정 2017.8.16.〉

범칙금의 양정기준(제86조 제1항 관련)

1. 일반기준

가. 제2호의 개별기준 중 위반인원에 따른 범칙금의 양정기준은 다음과 같다.

　1) 라목에 대해서는 법 제7조의2 제1호를 위반한 범칙금 부과대상자의 경우 허위로 초청하거나 알선한 외국인 수에 따르고, 법 제7조의2 제2호를 위반한 범칙금 부과대상자의 경우 허위로 사증 또는 사증발급인정서를 신청하거나 알선한 외국인 수에 따른다.

　2) 마목, 사목, 아목 및 주목에 대해서는 범칙금 부과대상자가 불법 입국시키거나 알선한 외국인 수에 따른다.

　3) 러목, 머목, 저목 및 처목에 대해서는 범칙금 부과대상자가 알선하거나 권유한 외국인 수에 따른다.

　4) 버목에 대해서는 범칙금 부과대상자가 불법 고용을 알선할 목적으로 자기 지배하에 둔 외국인 수에 따른다.

　5) 모목에 대해서는 범칙금 부과대상자가 여권이나 외국인등록증을 제공받거나 그 제공을 강요 또는 알선한 외국인 수에 따른다.

　6) 포목, 호목, 구목에 대해서는 무단으로 입국 상륙 또는 탑승한 사람의 수에 따른다.

나. 제2호의 개별기준 중 위반횟수에 따른 범칙금의 양정기준은 최근 3년간 같은 위반행위로 범칙금 부과처분을 받은 경우에 적용한다. 이 경우 기간의 계산은 위반행위에 대하여 범칙금 부과처분을 받은 날과 그 처분 후 다시 위반행위를 하여 적발된 날을 기준으로 한다.

다. 나목에 따라 가중된 부과처분을 하는 경우 가중처분의 적용차수는 그 위반행위 전 부과처분 차수(나목에 따른 기간 내에 범칙금 부과처분이 둘 이상 있었던 경우에는 높은 차수를 말한다)의 다음 차수로 한다.

2. 개별기준

범칙금 부과대상자	해당 법조문	위반인원, 위반횟수 또는 위반기간	범칙금액
가. 법 제3조 제1항을 위반하여 출국심사를 받지 아니하고 출국한 사람	법 제94조 제1호	1회	200만 원
		2회	1,000만 원
		3회 이상	2,000만 원
나. 법 제6조 제1항을 위반하여 입국심사를 받지 아니하고 입국한 사람	법 제95조 제1호	1회	200만 원
		2회	500만 원
		3회	700만 원
		4회 이상	1,000만 원
다. 법 제7조 제1항 또는 제4항을 위반하여 입국한 사람	법 제94조 제2호	1회	200만 원
		2회	1,000만 원
		3회 이상	2,000만 원
라. 법 제7조의2를 위반한 사람	법 제94조 제3호	1명	500만 원
		2명 이상 4명 이하	1,000만 원
		5명 이상 9명 이하	1,500만 원
		10명 이상	2,000만 원
마. 법 제12조 제1항 또는 제2항에 따라 입 국심사를 받아야 하는 외국인을 집단으 로 불법입국하게 하거나 이를 알선한 사람으로서 영리를 목적으로 한 사람	법 제93조의2 제2항 제1호	2명	1,000만 원
		3명 이상 6명 이하	3,000만 원
		7명 이상 9명 이하	4,000만 원
		10명 이상	5,000만 원
바. 법 제12조 제1항 또는 제2항을 위반하여 입국심사를 받지 아니하고 입국한 사람	법 제93조의3 제1호	1회	500만 원
		2회	1,500만 원
		3회 이상	3,000만 원
사. 법 제12조의3 제1항을 위반하여 외국인 을 집단으로 불법입국 또는 불법출국하 게 할 목적으로 선박 등을 제공하거나 이를 알선한 사람으로서 영리를 목적으 로 한 사람	법 제93조의2 제2항 제2호	2명	1,000만 원
		3명 이상 6명 이하	3,000만 원
		7명 이상 9명 이하	4,000만 원
		10명 이상	5,000만 원
아. 법 제12조의3 제2항을 위반하여 불법으 로 입국한 외국인을 집단으로 대한민국 안에서 은닉 또는 도피하게 할 목적으로 교통수단을 제공하거나 이를 알선한 사 람으로서 영리를 목적으로 한 사람	법 제93조의2 제2항 제3호	2명	1,000만 원
		3명 이상 6명 이하	3,000만 원
		7명 이상 9명 이하	4,000만 원
		10명 이상	5,000만 원

범칙금 부과대상자	해당 법조문	위반인원, 위반횟수 또는 위반기간	범칙금액
자. 법 제12조의3을 위반한 사람으로서 제93조의2 제2항 또는 제93조의3에 해당하지 아니하는 사람	법 제94조 제4호	1회	500만 원
		2회	1,000만 원
		3회	1,500만 원
		4회 이상	2,000만 원
차. 법 제13조 제2항에 따른 조건부 입국허가의 조건을 위반한 사람	법 제95조 제2호	1회	100만 원
		2회	300만 원
		3회	500만 원
		4회 이상	1,000만 원
카. 법 제14조 제1항에 따른 승무원 상륙허가 또는 제14조의2 제1항에 따른 관광 상륙허가를 받지 아니하고 상륙한 사람	법 제94조 제5호	1회	100만 원
		2회	200만 원
		3회	1,000만 원
		4회 이상	2,000만 원
타. 법 제14조 제3항에 따른 승무원 상륙허가 또는 제14조의2 제3항에 따른 관광 상륙허가의 조건을 위반한 사람	법 제94조 제6호	1회	50만 원
		2회	200만 원
		3회	1,000만 원
		4회 이상	2,000만 원
파. 법 제15조 제1항에 따른 긴급상륙허가, 제16조 제1항에 따른 재난상륙허가 또는 제16조의 2제1항에 따른 난민 임시 상륙허가를 받지 아니하고 상륙한 사람	법 제95조 제3호	1회	50만 원
		2회	300만 원
		3회	500만 원
		4회 이상	1,000만 원
하. 법 제15조 제2항, 제16조 제2항 또는 제16조의2 제2항에 따른 허가조건을 위반한 사람	법 제95조 제4호	1회	50만 원
		2회	300만 원
		3회	500만 원
		4회 이상	1,000만 원
거. 법 제17조 제1항을 위반하여 체류자격이나 체류기간의 범위를 벗어나서 체류한 사람	법 제94조 제7호	1개월 미만	100만 원
		1개월 이상 3개월 미만	150만 원
		3개월 이상 6개월 미만	200만 원
		6개월 이상 1년 미만	400만 원
		1년 이상 2년 미만	700만 원
		2년 이상 3년 미만	1,000만 원
		3년 이상	2,000만 원

범칙금 부과대상자	해당 법조문	위반인원, 위반횟수 또는 위반기간	범칙금액
너. 법 제18조 제1항을 위반하여 취업활동을 할 수 있는 체류자격을 받지 아니하고 취업활동을 한 사람	법 제94조 제8호	1개월 미만	100만 원
		1개월 이상 3개월 미만	150만 원
		3개월 이상 6개월 미만	200만 원
		6개월 이상 1년 미만	400만 원
		1년 이상 2년 미만	700만 원
		2년 이상 3년 미만	1,000만 원
		3년 이상	2,000만 원
더. 법 제18조 제2항을 위반하여 지정된 근무처가 아닌 곳에서 근무한 사람	법 제95조 제5호	3개월 미만	100만 원
		3개월 이상 6개월 미만	200만 원
		6개월 이상 1년 미만	300만 원
		1년 이상 2년 미만	500만 원
		2년 이상	1,000만 원
러. 법 제18조 제4항을 위반하여 취업활동을 할 수 있는 체류자격을 가지지 아니한 외국인의 고용을 알선·권유한 사람 (업으로 하는 사람은 제외한다)	법 제97조 제1호	1명	100만 원
		2명 이상 4명 이하	200만 원
		5명 이상 9명 이하	300만 원
		10명 이상	500만 원
머. 법 제18조 제4항을 위반하여 취업활동을 할 수 있는 체류자격을 가지지 아니한 외국인의 고용을 업으로 알선·권유한 사람	법 제94조 제10호	1명	500만 원
		2명 이상 4명 이하	1,000만 원
		5명 이상 9명 이하	1,500만 원
		10명 이상	2,000만 원
버. 법 제18조 제5항을 위반하여 체류자격을 가지지 아니한 외국인을 자기 지배하에 두는 행위를 한 사람	법 제94조 제11호	1명	500만 원
		2명 이상 4명 이하	1,000만 원
		5명 이상 9명 이하	1,500만 원
		10명 이상	2,000만 원

범칙금 부과대상자	해당 법조문	위반인원, 위반횟수 또는 위반기간	범칙금액
서. 법 제20조를 위반하여 체류자격 외 활동허가를 받지 아니하고 다른 체류자격에 해당하는 활동을 한 사람	법 제94조 제12호	1개월 미만	100만 원
		1개월 이상 3개월 미만	150만 원
		3개월 이상 6개월 미만	200만 원
		6개월 이상 1년 미만	400만 원
		1년 이상 2년 미만	700만 원
		2년 이상 3년 미만	1,000만 원
		3년 이상	2,000만 원
어. 법 제21조 제1항 본문을 위반하여 허가를 받지 아니하고 근무처를 변경하거나 추가한 사람	법 제95조 제6호	3개월 미만	100만 원
		3개월 이상 6개월 미만	200만 원
		6개월 이상 1년 미만	300만 원
		1년 이상 2년 미만	500만 원
		2년 이상	1,000만 원
저. 법 제21조 제2항을 위반하여 근무처의 변경 또는 추가허가를 받지 아니한 외국인의 고용을 알선한 사람(업으로 하는 사람은 제외한다)	법 제97조 제2호	1명	100만 원
		2명 이상 4명 이하	200만 원
		5명 이상 9명 이하	300만 원
		10명 이상	500만 원
처. 법 제21조 제2항을 위반하여 근무처의 변경허가 또는 추가허가를 받지 아니한 외국인의 고용을 업으로 알선한 사람	법 제94조 제13호	1명	500만 원
		2명 이상 4명 이하	1,000만 원
		5명 이상 9명 이하	1,500만 원
		10명 이상	2,000만 원
커. 법 제22조에 따른 제한 등을 위반한 사람	법 제94조 제14호	1회	50만 원
		2회	200만 원
		3회	500만 원
		4회	1,000만 원
		5회 이상	2,000만 원

범칙금 부과대상자	해당 법조문	위반인원, 위반횟수 또는 위반기간	범칙금액
터. 법 제23조를 위반하여 체류자격을 받지 아니하고 체류한 사람	법 제94조 제15호	1개월 미만	20만 원
		1개월 이상 3개월 미만	50만 원
		3개월 이상 6개월 미만	100만 원
		6개월 이상 1년 미만	200만 원
		1년 이상 2년 미만	500만 원
		2년 이상 3년 미만	1,000만 원
		3년 이상	2,000만 원
퍼. 법 제24조를 위반하여 체류자격 변경허 가를 받지 아니하고 다른 체류자격에 해 당하는 활동을 한 사람	법 제94조 제16호	1개월 미만	20만 원
		1개월 이상 3개월 미만	50만 원
		3개월 이상 6개월 미만	100만 원
		6개월 이상 1년 미만	200만 원
		1년 이상 2년 미만	500만 원
		2년 이상 3년 미만	1,000만 원
		3년 이상	2,000만 원
허. 법 제25조를 위반하여 체류기간 연장허 가를 받지 아니하고 체류기간을 초과하 여 계속 체류한 사람	법 제94조 제17호	1개월 미만	20만 원
		1개월 이상 3개월 미만	50만 원
		3개월 이상 6개월 미만	100만 원
		6개월 이상 1년 미만	200만 원
		1년 이상 2년 미만	500만 원
		2년 이상 3년 미만	1,000만 원
		3년 이상	2,000만 원

범칙금 부과대상자	해당 법조문	위반인원, 위반횟수 또는 위반기간	범칙금액
고. 법 제26조를 위반한 사람	법 제94조 제17호의2	1회	500만 원
		2회	1,000만 원
		3회 이상	2,000만 원
노. 법 제27조에 따른 여권 등의 휴대 또는 제시 의무를 위반한 사람	법 제98조 제1호	1회	10만 원
		2회	20만 원
		3회	50만 원
		4회 이상	100만 원
도. 법 제28조 제1항이나 제2항을 위반하여 출국심사를 받지 아니하고 출국한 사람	법 제94조 제18호	1회	200만 원
		2회	1,000만 원
		3회 이상	2,000만 원
로. 법 제31조의 등록의무를 위반한 사람	법 제95조 제7호	1개월 미만	20만 원
		1개월 이상 3개월 미만	50만 원
		3개월 이상 6개월 미만	100만 원
		6개월 이상 1년 미만	200만 원
		1년 이상 2년 미만	500만 원
		2년 이상	1,000만 원
모. 법 제33조의2 제1호를 위반한 사람	법 제94조 제19호	1명	500만 원
		2명 이상 4명 이하	1,000만 원
		5명 이상 9명 이하	1,500만 원
		10명 이상	2,000만 원
보. 법 제33조의2(제1호를 제외한다)를 위반한 사람	법 제94조 제19호	1회	500만 원
		2회	1,000만 원
		3회	1,500만 원
		4회 이상	2,000만 원
소. 법 제36조 제1항에 따른 체류지 변경신고 의무를 위반한 사람	법 제98조 제2호	3개월 미만	10만 원
		3개월 이상 6개월 미만	30만 원
		6개월 이상 1년 미만	50만 원
		1년 이상 2년 이하	70만 원
		2년 이상	100만 원

범칙금 부과대상자	해당 법조문	위반인원, 위반횟수 또는 위반기간	범칙금액
오. 법 제51조 제1항·제3항, 제56조 또는 제63조 제1항에 따라 보호 또는 일시보호된 사람으로서 도주하거나 보호 또는 강제퇴거 등을 위한 호송 중에 도주한 사람(법 제93조의2 제1항 제1호 또는 제2호에 해당하는 사람은 제외한다)	법 제95조 제8호	1회	200만 원
		2회	500만 원
		3회 이상	1,000만 원
조. 법 제63조 제5항에 따른 주거의 제한이나 그 밖의 조건에 위반한 사람	법 제95조 제9호	1회	100만 원
		2회	300만 원
		3회	500만 원
		4회 이상	1,000만 원
초. 법 제69조(법 제70조 제1항 및 제2항에서 준용하는 경우를 포함한다)를 위반한 사람	법 제94조 제20호	1회	200만 원
		2회	500만 원
		3회	1,000만 원
		4회 이상	2,000만 원
코. 법 제71조 제4항(법 제70조 제1항 및 제2항에서 준용하는 경우를 포함한다)에 따른 출항의 일시정지 또는 회항 명령이나 선박등의 출입 제한을 위반한 사람	법 제96조 제1호	1회	100만 원
		2회	300만 원
		3회	500만 원
		4회 이상	1,000만 원
토. 법 제72조(법 제70조 제1항 및 제2항에서 준용하는 경우를 포함한다)를 위반하여 허가를 받지 아니하고 선박등이나 출입국 심사장에 출입한 사람	법 제97조 제3호	1회	100만 원
		2회	200만 원
		3회	300만 원
		4회 이상	500만 원
포. 정당한 사유 없이 법 제73조(법 제70조 제1항 및 제2항에서 준용하는 경우를 포함한다) 제1호에 따른 입국이나 상륙허가를 받지 아니한 사람의 입국·상륙 방지 의무를 위반한 사람	법 제96조 제2호	1명	500만 원
		2명 이상 4명 이하	700만 원
		5명 이상	1,000만 원
호. 정당한 사유 없이 법 제73조(법 제70조 제1항 및 제2항에서 준용하는 경우를 포함한다) 제2호에 따른 유효한 여권과 필요한 사증을 지니지 아니한 사람의 탑승방지 의무를 위반한 사람	법 제96조 제2호	1명	100만 원
		2명 이상 4명 이하	200만 원
		5명 이상 9명 이하	500만 원
		10명 이상	1,000만 원
구. 정당한 사유 없이 법 제73조(법 제70조 제1항 및 제2항에서 준용하는 경우를 포함한다) 제3호에 따른 승선허가나 출국심사를 받지 아니한 사람의 탑승방지 의무를 위반한 사람	법 제96조 제2호	1명	500만 원
		2명 이상 4명 이하	700만 원
		5명 이상	1,000만 원

범칙금 부과대상자	해당 법조문	위반인원, 위반횟수 또는 위반기간	범칙금액
누. 정당한 사유 없이 법 제73조(법 제70조 제1항 및 제2항에서 준용하는 경우를 포함한다) 제4호부터 제9호까지에 따른 의무를 위반한 사람	법 제96조 제2호	1회	100만 원
		2회	200만 원
		3회	500만 원
		4회 이상	1,000만 원
두. 법 제73조의2 제1항(법 제70조 제1항 및 제2항에서 준용하는 경우를 포함한다) 또는 제3항(법 제70조 제1항 및 제2항에서 준용하는 경우를 포함한다)을 위반하여 열람 또는 문서 제출 요청에 따르지 아니한 사람	법 제96조 제2호	1회	100만 원
		2회	200만 원
		3회	500만 원
		4회 이상	1,000만 원
루. 법 제74조(법 제70조 제1항 및 제2항에서 준용하는 경우를 포함한다)에 따른 제출 또는 통보의무를 위반한 사람	법 제97조 제4호	1회	100만 원
		2회	200만 원
		3회	300만 원
		4회 이상	500만 원
무. 정당한 사유 없이 법 제75조 제1항(법 제70조 제1항 및 제2항에서 준용하는 경우를 포함한다) 또는 제2항(법 제70조 제1항 및 제2항에서 준용하는 경우를 포함한다)에 따른 보고서를 제출하지 아니하거나 거짓으로 제출한 사람	법 제96조 제3호	1회	100만 원
		2회	300만 원
		3회	500만 원
		4회 이상	1,000만 원
부. 법 제75조 제4항(법 제70조 제1항 및 제2항에서 준용하는 경우를 포함한다) 및 제5항(법 제70조 제1항 및 제2항에서 준용하는 경우를 포함한다)에 따른 보고 또는 방지 의무를 위반한 사람	법 제97조 제5호	1회	100만 원
		2회	200만 원
		3회	300만 원
		4회 이상	500만 원
수. 법 제76조(법 제70조 제1항 및 제2항에서 준용하는 경우를 포함한다)에 따른 송환의무를 위반한 사람	법 제97조 제6호	1회	100만 원
		2회	200만 원
		3회	300만 원
		4회 이상	500만 원
우. 법 제76조의6 제1항을 위반하여 난민인정증명서 또는 난민여행증명서를 반납하지 아니하거나 같은 조 제2항에 따른 난민여행증명서 반납명령을 위반한 사람	법 제97조 제7호	1개월 미만	50만 원
		1개월 이상 3개월 미만	100만 원
		3개월 이상 6개월 미만	200만 원
		6개월 이상 1년 미만	300만 원
		1년 이상 2년 미만	400만 원
		2년 이상	500만 원

범칙금 부과대상자	해당 법조문	위반인원, 위반횟수 또는 위반기간	범칙금액
주. 법 제93조의2 제2항 각 호의 어느 하나에 해당하는 죄를 범한 사람(영리를 목적으로 한 사람은 제외한다)	법 제93조의3 제2호	2명 이하	500만 원
		3명 이상 6명 이하	1,000만 원
		7명 이상 9명 이하	2,000만 원
		10명 이상	3,000만 원
추. 법 제93조의2 제2항 각 호의 죄를 범할 목적으로 예비하거나 음모한 사람과 미수범	법 제99조 제1항		본죄에서 정하는 범칙금 기준액과 같음
쿠. 법 제93조의3 각 호의 죄를 범할 목적으로 예비하거나 음모한 사람과 미수범	법 제99조 제1항		본죄에서 정하는 범칙금 기준액과 같음
투. 법 제94조 제1호부터 제5호까지 또는 제18호의 죄를 범할 목적으로 예비하거나 음모한 사람과 미수범	법 제99조 제1항		본죄에서 정하는 범칙금 기준액과 같음
푸. 법 제95조 제1호의 죄를 범할 목적으로 예비하거나 음모한 사람과 미수범	법 제99조 제1항		본죄에서 정하는 범칙금 기준액과 같음
후. 법 제93조의2 제2항 각 호의 죄를 교사하거나 방조한 사람	법 제99조 제2항		정범의 범칙금 기준액과 같음
그. 법 제93조의3의 각 호의 죄를 교사하거나 방조한 사람	법 제99조 제2항		정범의 범칙금 기준액과 같음
느. 법 제94조 제1호부터 제5호까지 또는 제18호의 죄를 교사하거나 방조한 사람	법 제99조 제2항		정범의 범칙금 기준액과 같음
드. 법 제95조 제1호의 죄를 교사하거나 방조한 사람	법 제99조 제2항		정범의 범칙금 기준액과 같음
르. 법인의 대표자나 법인 또는 개인의 대리인, 사용인, 그 밖의 종업원이 그 법인 또는 개인의 업무에 관하여 법 제94조 제3호에 따른 위반행위를 한 때에 그 법인 또는 개인(다만, 법인 또는 개인이 그 위반행위를 방지하기 위하여 해당 업무에 관하여 상당한 주의와 감독을 게을리하지 아니한 경우에는 제외한다. 이하 이 표에서 같다)	법 제99조의3 (양벌규정) 제1호		라. 법 제94조 제3호 범칙금 기준액적용
므. 법인의 대표자나 법인 또는 개인의 대리인, 사용인, 그 밖의 종업원이 그 법인 또는 개인의 업무에 관하여 법 제94조 제19호의 위반행위 중 제33조의2 제1호를 위반한 행위를 한 때에 그 법인 또는 개인	법 제99조의3 (양벌규정) 제3호		모. 법 제94조 제19호 범칙금 기준액 적용

범칙금 부과대상자	해당 법조문	위반인원, 위반횟수 또는 위반기간	범칙금액
브. 법인의 대표자나 법인 또는 개인의 대리인, 사용인, 그 밖의 종업원이 그 법인 또는 개인의 업무에 관하여 법 제94조 제20호에 따른 위반행위를 한 때에 그 법인 또는 개인	법 제99조의3 (양벌규정) 제4호		초. 법 제94조 제20호 범칙금 기준액 적용
스. 법인의 대표자나 법인 또는 개인의 대리인, 사용인, 그 밖의 종업원이 그 법인 또는 개인의 업무에 관하여 법 제96조 제1호부터 제3호까지의 규정에 따른 위반행위를 한 때에 그 법인 또는 개인	법 제99조의3 (양벌규정) 제6호		코, 포, 호, 구, 누, 두, 무. 법 제96조 제1호부터 제3호 범칙금 기준액 적용
으. 법인의 대표자나 법인 또는 개인의 대리인, 사용인, 그 밖의 종업원이 그 법인 또는 개인의 업무에 관하여 법 제97조 제4호부터 제6호까지의 규정에 따른 위반행위를 한 때에 그 법인 또는 개인	법 제99조의3 (양벌규정) 제7호		루, 부, 수. 법 제97조 제4호부터 제6호까지 범칙금 기준액 적용

[출입국관리법 시행규칙 별표 8]

〈개정 2017.8.16.〉

범칙금의 양정기준(제86조 제1항 관련)

범칙금 부과대상자	해당 법조문	고용 인원	위반기간별 범칙금액				
			3개월 미만	3개월 이상 6개월 미만	6개월 이상 1년 미만	1년 이상 2년 미만	2년 이상
1. 법 제18조 제3항을 위반하여 취업활동을 할 수 있는 체류자격을 가지지 아니한 사람을 고용한 사람	법 제94조 제9호	1명	250만 원	500만 원	700만 원	900만 원	1,100만 원
		2명	500만 원	600만 원	800만 원	1,000만 원	1,200만 원
		3명	600만 원	700만 원	900만 원	1,100만 원	1,300만 원
		4명	700만 원	800만 원	1,000만 원	1,200만 원	1,400만 원
		5명	800만 원	900만 원	1,100만 원	1,300만 원	1,500만 원
		6명	900만 원	1,000만 원	1,200만 원	1,400만 원	1,600만 원
		7명	1,000만 원	1,100만 원	1,300만 원	1,500만 원	1,700만 원
		8명	1,100만 원	1,200만 원	1,400만 원	1,600만 원	1,800만 원
		9명	1,200만 원	1,300만 원	1,500만 원	1,700만 원	1,900만 원
		10명 이상	1,300만 원	1,400만 원	1,600만 원	1,800만 원	2,000만 원

범칙금 부과대상자	해당 법조문	고용 인원	위반기간별 범칙금액				
			3개월 미만	3개월 이상 6개월 미만	6개월 이상 1년 미만	1년 이상 2년 미만	2년 이상
2. 법 제21조 제2항을 위반하여 근무처의 변경허가 또는 추가허가를 받지 아니한 외국인을 고용한 사람	법 제95조 제6호	1명	200만 원	250만 원	300만 원	400만 원	500만 원
		2명	250만 원	300만 원	350만 원	450만 원	550만 원
		3명	300만 원	350만 원	400만 원	500만 원	600만 원
		4명	350만 원	400만 원	450만 원	550만 원	650만 원
		5명	400만 원	450만 원	500만 원	600만 원	700만 원
		6명	450만 원	500만 원	550만 원	650만 원	750만 원
		7명	500만 원	550만 원	600만 원	700만 원	800만 원
		8명	550만 원	600만 원	650만 원	750만 원	850만 원
		9명	600만 원	650만 원	700만 원	800만 원	900만 원
		10명 이상	650만 원	700만 원	800만 원	850만 원	1,000만 원
3. 법인의 대표자나 법인 또는 개인의 대리인, 사용인, 그 밖의 종업원이 그 법인 또는 개인의 업무에 관하여 법 제94조 제9호에 따른 위반행위를 한 때에 그 법인 또는 개인(다만, 법인 또는 개인이 그 위반행위를 방지하기 위하여 해당 업무에 관하여 상당한 주의와 감독을 게을리하지 아니한 경우에는 제외한다. 이하 이 표에서 같다)	법 제99조의3 (양벌규정) 제2호	1명	250만 원	500만 원	700만 원	900만 원	1,100만 원
		2명	500만 원	600만 원	800만 원	1,000만 원	1,200만 원
		3명	600만 원	700만 원	900만 원	1,100만 원	1,300만 원
		4명	700만 원	800만 원	1,000만 원	1,200만 원	1,400만 원
		5명	800만 원	900만 원	1,100만 원	1,300만 원	1,500만 원
		6명	900만 원	1,000만 원	1,200만 원	1,400만 원	1,600만 원
		7명	1,000만 원	1,100만 원	1,300만 원	1,500만 원	1,700만 원
		8명	1,100만 원	1,200만 원	1,400만 원	1,600만 원	1,800만 원
		9명	1,200만 원	1,300만 원	1,500만 원	1,700만 원	1,900만 원
		10명 이상	1,300만 원	1,400만 원	1,600만 원	1,800만 원	2,000만 원
4. 법인의 대표자나 법인 또는 개인의 대리인, 사용인, 그 밖의 종업원이 그 법인 또는 개인의 업무에 관하여 법 제95조 제6호의 위반행위 중 제21조 제2항을 위반하여 고용 행위를 한 때에 그 법인 또는 개인	법 제99조의3 (양벌규정) 제5호	1명	200만 원	250만 원	300만 원	400만 원	500만 원
		2명	250만 원	300만 원	350만 원	450만 원	550만 원
		3명	300만 원	350만 원	400만 원	500만 원	600만 원
		4명	350만 원	400만 원	450만 원	550만 원	650만 원
		5명	400만 원	450만 원	500만 원	600만 원	700만 원
		6명	450만 원	500만 원	550만 원	650만 원	750만 원
		7명	500만 원	550만 원	600만 원	700만 원	800만 원
		8명	550만 원	600만 원	650만 원	750만 원	850만 원
		9명	600만 원	650만 원	700만 원	800만 원	900만 원
		10명 이상	650만 원	700만 원	800만 원	850만 원	1,000만 원

08

난 민

IMMIGRATION

CONTROL LAW

08
난 민

가. 개관

난민에 관한 규정은 1993. 12. 10. 법률 제4592호로 일부개정된 구 출입국관리법(시행 1994. 7. 1.)에서 도입되었는데, 2012. 2. 10. 법률 제11298호로 제정된 난민법이 2013. 7. 1. 시행되면서 구 출입국관리법(2012. 2. 10. 제정되어 2013. 7. 1. 시행되기 전의 것)상의 난민 관련 규정들은 삭제되었다. 구 출입국관리법을 통한 난민인정절차의 운영 방식, 우리나라의 난민인정비율이 타 선진국에 비해 상대적으로 낮다는 점, 난민신청자의 지위의 불안정함 등 난민인정절차 전반에 대해 국내외에서 지속적인 개선의 목소리가 있었다. 이러한 점을 반영하여 제정된 법률이 바로 난민법이다. 난민법은 「난민의 지위에 관한 1951년 협약」 및 「난민의 지위에 관한 1967년 의정서」 등에 따라 난민의 지위와 처우 등에 관한 사항을 정하는 것을 목적으로 한다(난민법 제1조).

난민법은 출입국관리법과 별개의 법률이고 난민에 관한 판례 역시 다수 축적되어 있다. 하지만 난민의 특성상 난민신청자들 중 다수가 밀입국·위명여권 등 출입국관리법을 위반하게 되므로 출입국관리법의 강제퇴거 등 제재적 처분을 내릴 때 난민에 관한 사항을 함께 고려할 수밖에 없다. 다만 난민법 시행 이후에는 국내 체류를 목적으로 난민신청 제도를 남용하는 사례도 늘고 있어 이러한 부작용을 방지하기 위한 제도적 정비가 필요해 보인다. 본 서에서는 출입국관리법의 이해를 돕기 위해 난민의 개념, 난민신청 절차, 난민의 처우에 관하여 난민법의 조문을 간략히 소개하도록 하겠다.

나. 정의

먼저, "난민"이란 인종, 종교, 국적, 특정 사회집단의 구성원인 신분 또는 정치적 견해를 이유로 박해를 받을 수 있다고 인정할 충분한 근거가 있는 공포로 인하여 국적국의 보호를 받을 수 없거나 보호받기를 원하지 아니하는 외국인 또는 그러한 공포로 인하여 대한민국에 입국하기 전에 거주한 국가로 돌아갈 수 없거나 돌아가기를 원하지 아니하는 무국적자인 외국인을 말한다(난민법 제2조 제1호). "난민으로 인정된 사람(이하 '난민인정자'라 한다)"이란 이 법에 따라 난민으로 인정을 받은 외국인을 말한다(난민법 제2조 제2호).

"난민인정을 신청한 사람(이하 '난민신청자'라 한다)"이란 대한민국에 난민인정을 신청한 외국인으로서 다음 난민인정 신청에 대한 심사가 진행 중인 사람, 난민불인정결정이나 난민불인정결정에 대한 이의신청의 기각결정을 받고 이의신청의 제기기간이나 행정심판 또는 행정소송의 제기기간이 지나지 아니한 사람, 난민불인정결정에 대한 행정심판 또는 행정소송이 진행 중인 사람을 말한다(난민법 제2조 제4호).

한편 "인도적 체류 허가를 받은 사람(이하 '인도적 체류자'라 한다)"이란 난민에는 해당하지 아니하지만 고문 등의 비인도적인 처우나 처벌 또는 그 밖의 상황으로 인하여 생명이나 신체의 자유 등을 현저히 침해당할 수 있다고 인정할 만한 합리적인 근거가 있는 사람으로서 대통령령으로 정하는 바에 따라 법무부장관으로부터 체류허가를 받은 외국인을 말한다(난민법 제2조 제3호).

위 난민인정자와 인도적 체류자 및 난민신청자는 난민협약 제33조 및 「고문 및 그 밖의 잔혹하거나 비인도적 또는 굴욕적인 대우나 처벌의 방지에 관한 협약」 제3조에 따라 본인의 의사에 반하여 강제로 송환되지 아니한다(난민법 제3조).

다. 난민신청절차

1) 국내 체류 외국인의 신청

대한민국 안에 있는 외국인으로서 난민인정을 받으려는 사람은 법무부장관에게 난민인정 신청을 할 수 있는데, 이 경우 외국인은 난민인정신청서를 지방출입국·외국인관서의 장에게 제출하여야 한다(난민법 제5조 제1항). 난민신청을 하는 때에는 여권 또는 외국인등록증(다만, 이를 제시할 수 없는 경우에는 그 사유서), 난민인정 심사에 참고할 문서 등 자료가 있는 경우 그 자료를 제시하여야 한다(난민법 제5조 제2항). 난민인정 신청은 서면으로 하여야 하나, 신청자가 글을 쓸 줄 모르거나 장애 등의 사유로 인하여 신청서를 작성할 수 없는 경우에는 접수하는 공무원이 신청서를 작성하고 신청자와 함께 서명 또는 기명날인하여야 한다(난민법 제5조 제3항).

출입국관리공무원은 난민인정 신청에 관하여 문의하거나 신청 의사를 밝히는 외국인이 있으면 적극적으로 도와야 하고(난민법 제5조 제4항), 법무부장관은 난민인정 신청을 받은 때에는 즉시 신청자에게 접수증을 교부하여야 한다(난민법 제5조 제5항).

2) 출입국항에서의 신청

가) 절차

외국인이 입국심사를 받는 때에 난민인정 신청을 하려면 「출입국관리법」에 따른 출입국항을 관할하는 지방출입국·외국인관서의 장에게 난민인정신청서를 제출하여야 한다(난민법 제6조 제1항). 난민인정신청서를 받은 청장·사무소장 또는 출장소장은 출입국항에서의 난민신청자에 대하여 지체 없이 면담 등을 통하여 조사를 한 후 그 결과를 첨부하여 법무부장관에게 보내야 한다(난민법 시행령 제3조 제2항).

지방출입국·외국인관서의 장은 제1항에 따라 출입국항에서 난민인정신청서를 제출한 사람에 대하여 7일의 범위에서 출입국항에 있는 일정한 장소에 머무르게 할 수 있다(난민법 제6조 제2항). 법무부장관은 제1항에 따라 난민인정신청서를 제출한 사람에 대하여는 그 신청서가 제출된 날부터 7일 이내에 난민인정 심사에 회부할 것인지를 결정하여야 하며, 그 기간 안에 결정하지 못하면 그 신청자의 입국을 허가하여야 한다(난민법 제6조 제3항). 출입국항에서의 난민신청자에 대하여는 개인의 안전과 위생, 국적국의 관습과 생활문화 등을 고려하여 제2항의 기간 동안 기본적인 의식주를 제공하여야 한다(난민법 제6조 제4항, 동법 시행령 제4조 제2항).

나) 난민인정심사 불회부

법무부장관은 출입국항에서의 난민신청자가 다음 각 호의 어느 하나에 해당하는 경우에는 그 사람을 난민인정 심사에 회부하지 아니할 수 있다(난민법 시행령 제5조 제1항). 구체적으로 대한민국의 안전 또는 사회질서를 해칠 우려가 있다고 인정할 만한 상당한 이유가 있는 경우(제1호), 인적사항 관련 질문 등에 응하지 아니하여 신원을 확인할 수 없는 경우(제2호), 거짓 서류를 제출하는 등 사실을 은폐하여 난민인정을 받으려는 경우(제3호),[166] 박해의 가능성이 없는 안전한 국가 출신이거나 안전한 국가로부터 온 경우(제4호), 난민인정을 받지 못한 사람 또는 난민인정이 취소된 사람이 중대한 사정의 변경 없이 다시 난민인정을 받으려는 경우(제5호), 난민법 제19조 각 호[167]의 어느 하나에 해당된다고 인정할 만한 상당한 이유가 있는 경우(제6호), 그 밖에 오로지 경제적인 이유로 난민인정을 받으려는 등 난민인정 신청이 명백히 이유 없는 경우(제7호)가 이에 해당한다.

다) 난민인정심사 회부

법무부장관은 난민법 제6조 제3항에 따라 난민인정 심사 회부 여부를 결정한 때에는 지체 없이 그 결과를 출입국항에서의 난민신청자에게 알려야 한다(난민법 시행령 제5조 제2항). 청장·사무소장 또는 출장소장은 난민법 시행령 제5조 제2항에 따라 난민인정 심사에의 회부 여부가 결정된 사람에게 지체 없이 「출입국관리법」에 따른 입국심사를 받을 수 있도록 하여야 한다(난민법 시행령 제5조 제3항). 법무부장관은 난민인정 심사에 회부하기로 결정된 사람에게 그 결정일에 난민인정 신청을 한 것으로 보아 난민인정 신청 접수

---

166 다만, 본인이 지체 없이 자진하여 그 사실을 신고한 경우는 제외한다.

167 난민법 제19조(난민인정의 제한)
　　법무부장관은 난민신청자가 난민에 해당한다고 인정하는 경우에도 다음 각 호의 어느 하나에 해당된다고 인정할 만한 상당한 이유가 있는 경우에는 제18조 제1항에도 불구하고 난민불인정결정을 할 수 있다.
　　1. 유엔난민기구 외에 유엔의 다른 기구 또는 기관으로부터 보호 또는 원조를 현재 받고 있는 경우. 다만, 그러한 보호 또는 원조를 현재 받고 있는 사람의 지위가 국제연합총회에 의하여 채택된 관련 결의문에 따라 최종적으로 해결됨이 없이 그러한 보호 또는 원조의 부여가 어떠한 이유로 중지되는 경우는 제외한다.
　　2. 국제조약 또는 일반적으로 승인된 국제법규에서 정하는 세계평화에 반하는 범죄, 전쟁범죄 또는 인도주의에 반하는 범죄를 저지른 경우.
　　3. 대한민국에 입국하기 전에 대한민국 밖에서 중대한 비정치적 범죄를 저지른 경우.
　　4. 국제연합의 목적과 원칙에 반하는 행위를 한 경우.

증을 교부하고, 난민인정 심사 절차를 진행한다(난민법 시행령 제5조 제6항).

난민인정 심사에 회부하기로 결정된 사람에 대해서는「출입국관리법」제12조에 따른 입국허가 또는 제13조에 따른 조건부 입국허가를 하되, 조건부 입국허가를 하는 경우에는「출입국관리법 시행령」제16조 제1항에도 불구하고 90일의 범위에서 허가기간을 정할 수 있다(난민법 시행령 제5조 제4항). 이때 청장·사무소장 또는 출장소장은 난민법 시행령 제5조 제4항에 따라 조건부 입국허가를 받은 사람이 부득이한 사유로 그 허가기간 내에 조건을 갖추지 못하였거나 조건을 갖추지 못할 것으로 인정될 때에는 허가기간을 연장할 수 있다(난민법 시행령 제5조 제5항).

3) 난민신청자의 처우

난민신청자는 난민인정 여부에 관한 결정이 확정될 때까지(난민불인정결정에 대한 행정심판이나 행정소송이 진행 중인 경우에는 그 절차가 종결될 때까지) 대한민국에 체류할 수 있다(난민법 제5조 제6항).

법무부장관은 대통령령으로 정하는 바에 따라 난민신청자에게 생계비 등을 지원할 수 있다(난민법 제40조 제1항, 난민법 시행령 제17조). 법무부장관은 난민인정 신청일부터 6개월이 지난 경우에는 출입국관리법 제20조의 체류자격 외 활동허가의 방법으로 난민신청자에게 취업을 허가할 수 있다(난민법 제40조 제2항).

법무부장관은 난민신청자가 거주할 주거시설을 설치하여 운영할 수 있고(난민법 제41조 제1항), 난민신청자의 건강을 보호하기 위하여 필요하다고 인정되면 난민신청자에게 건강검진을 받게 하거나 예산의 범위에서 난민신청자가 받은 건강검진 등의 비용을 지원할 수 있다(난민법 제41조, 동법 시행령 제20조 제1항). 난민신청자 및 그 가족 중 미성년자인 외국인은 국민과 같은 수준의 초등교육 및 중등교육을 받을 수 있다(난민법 제43조).

다만 난민불인정결정에 대해 행정심판 또는 행정소송을 진행 중인 사람, 난민인정을 받지 못하였거나 또는 난민인정이 취소된 후 중대한 사정변경 없이 다시 난민인정을 신청한 사람, 대한민국에 1년 이상 체류하고 있으면서 체류기간 만료일에 임박하여 난민인정 신청을 하거나 강제퇴거의 집행을 지연시킬 목적으로 난민인정 신청을 한 사람은 대통령령으로 정하는 바에 따라 생계비 등 지원, 주거시설 지원, 의료지원을 하지 않는다(난민법 제44조, 동법 시행령 제21조).

라. 난민인정심사

난민인정신청서를 제출받은 지방출입국·외국인관서의 장은 지체 없이 난민신청자에 대하여 면접을 실시하고 사실조사를 한 다음 그 결과를 난민인정신청서에 첨부하여 법무부장관에게 보고하여야 한다(난민법 제8조 제1항). 법무부장관은 지방출입국·외국인관서에 면접과 사실조사 등을 전담하는 난민심사관을 둔다(난민법 제8조 제4항). 난민심사관은 출입국관리 업무에 종사하는 5급 이상의 공무원으로서 난민 관련 업무에 2년 이상 종사하였거나, 법무부장관이 정하는 난민심사관 교육과정을 마친 자에 해당해야 한다(난민법 시행령 제6조).

법무부장관은 일정한 난민신청자에 대하여는 제1항에 따른 심사절차의 일부를 생략할 수 있다(난민법 제8조 제5항). 구체적으로 거짓 서류의 제출이나 거짓 진술을 하는 등 사실을 은폐하여 난민인정 신청을 한 경우(제1호), 난민인정을 받지 못한 사람 또는 거짓 서류 등을 제출하여 제22조에 따라 난민인정이 취소된 사람이 중대한 사정의 변경 없이 다시 난민인정을 신청한 경우(제2호), 대한민국에서 1년 이상 체류하고 있는 외국인이 체류기간 만료일에 임박하여 난민인정 신청을 하거나 강제퇴거 대상 외국인이 그 집행을 지연시킬 목적으로 난민인정 신청을 한 경우(제3호)가 이에 해당한다.

난민신청자는 변호사의 조력을 받을 권리가 있고(난민법 제12조), 면접의 공정성에 지장을 초래하지 않는 범위에서 면접에 신뢰관계 있는 사람의 동석을 신청할 수 있다(난민법 제13조). 또한 법무부장관은 난민신청자가 한국어로 충분한 의사표현을 할 수 없는 경우에는 면접 과정에서 일정한 자격을 갖춘 외국인에게 통역하게 하여야 한다(난민법 제14조). 난민심사관은 난민신청자가 난민면접조서에 기재된 내용을 이해하지 못하는 경우 난민면접을 종료한 후 난민신청자가 이해할 수 있는 언어로 통역 또는 번역을 하여 그 내용을 확인할 수 있도록 하여야 한다(난민법 제15조).

마. 난민의 인정

1) 절차

난민인정 등의 결정은 난민인정신청서를 접수한 날부터 6개월 안에 하여야 한다. 다만, 부득이한 경우에는 6개월의 범위에서 기간을 정하여 연장할 수 있다(난민법 제18조 제4항). 난민인정결정에 따른 난민인정증명서 및 난민불인정결정 따른 난민불인정결정통지서는 지방출입국·외국인관서의 장을 거쳐 난민신청자나 그 대리인에게 교부하거나「행정절차법」제14조에 따라 송달한다(난민법 제18조 제6항).

법무부장관은 난민인정 신청이 이유 있다고 인정할 때에는 난민임을 인정하는 결정을 하고 난민인정증명서를 난민신청자에게 교부한다(난민법 제18조 제1항). 한편, 난민인정 신청에 대하여 난민에 해당하지 아니한다고 결정하는 경우에는 난민신청자에게 그 사유와 30일 이내에 이의신청을 제기할 수 있다는 뜻을 적은 난민불인정결정통지서를 교부한다(난민법 제18조 제2항). 난민불인정결정통지서에는 결정의 이유(난민신청자의 사실 주장 및 법적 주장에 대한 판단을 포함한다)와 이의신청의 기한 및 방법 등을 명시하여야 한다(난민법 제18조 제3항).

2) 난민인정 배제사유

법무부장관은 난민신청자가 난민에 해당한다고 인정하는 경우에도 난민법 제19조 각 호의 어느 하나에 해당된다고 인정할 만한 상당한 이유가 있는 경우에는 난민불인정결정을 할 수 있다. 구체적으로, 유엔난민기구 외에 유엔의 다른 기구 또는 기관으로부터 보호 또는 원조를 현재 받고 있는 경우(제1호),[168] 국제조약 또는 일반적으로 승인된 국제법규에서 정하는 세계평화에 반하는 범죄, 전쟁범죄 또는 인도주의에 반하는 범죄를 저지른 경우(제2호), 대한민국에 입국하기 전에 대한민국 밖에서 중대한 비정치적 범죄를 저지른 경우(제3호), 국제연합의 목적과 원칙에 반하는 행위를 한 경우(제4호)가 이에 해당한다.

---

[168] 다만, 그러한 보호 또는 원조를 현재 받고 있는 사람의 지위가 국제연합총회에 의하여 채택된 관련 결의문에 따라 최종적으로 해결됨이 없이 그러한 보호 또는 원조의 부여가 어떠한 이유로 중지되는 경우는 제외한다.

3) 난민인정결정의 취소 또는 철회

법무부장관은 난민인정결정이 거짓 서류의 제출이나 거짓 진술 또는 사실의 은폐에 따른 것으로 밝혀진 경우에는 난민인정을 취소할 수 있다(난민법 제22조 제1항). 또한 법무부장관은 난민인정자가 자발적으로 국적국의 보호를 다시 받고 있는 경우(제1호), 국적을 상실한 후 자발적으로 국적을 회복한 경우(제2호), 새로운 국적을 취득하여 그 국적국의 보호를 받고 있는 경우(제3호), 박해를 받을 것이라는 우려 때문에 거주하고 있는 국가를 떠나거나 또는 그 국가 밖에서 체류하고 있다가 자유로운 의사로 그 국가에 재정착한 경우(제4호), 난민인정결정의 주된 근거가 된 사유가 소멸하여 더 이상 국적국의 보호를 받는 것을 거부할 수 없게 된 경우(제5호), 무국적자로서 난민으로 인정된 사유가 소멸되어 종전의 상주국으로 돌아갈 수 있는 경우(제6호)에는 난민인정결정을 철회할 수 있다(난민법 제22조 제2항).

법무부장관은 난민인정결정을 취소 또는 철회한 때에는 그 사유와 30일 이내에 이의신청을 할 수 있다는 뜻을 기재한 난민인정취소통지서 또는 난민인정철회통지서로 그 사실을 통지하여야 한다(난민법 제22조 제3항). 난민인정취소통지 또는 난민인정철회통지는 지방출입국·외국인관서의 장을 거쳐 난민신청자나 그 대리인에게 교부하거나 「행정절차법」 제14조에 따라 송달한다(난민법 제22조 제3항, 동법 18조 제6항).

바. 이의신청

난민불인정결정을 받은 사람 또는 난민인정이 취소 또는 철회된 사람은 그 통지를 받은 날부터 30일 이내에 법무부장관에게 이의신청을 할 수 있다. 이 경우 이의신청서에 이의의 사유를 소명하는 자료를 첨부하여 지방출입국·외국인관서의 장에게 제출하여야 한다(난민법 제21조 제1항). 이의신청을 한 경우에는 「행정심판법」에 따른 행정심판을 청구할 수 없다(난민법 제21조 제2항). 법무부장관은 이의신청서를 접수하면 지체 없이 난민위원회에 회부하여야 한다(난민법 제21조 제3항). 이때 난민위원회는 직접 또는 제27조에 따른 난민조사관을 통하여 사실조사를 할 수 있다(난민법 제21조 제4항). 법무부장관은 치난민위원회의 심의를 거쳐 난민인정 여부를 결정한다(난민법 제21조 제6항).

법무부장관은 이의신청서를 접수한 날부터 6개월 이내에 이의신청에 대한 결정을 하여야 하나, 부득이한 사정으로 그 기간 안에 이의신청에 대한 결정을 할 수 없는 경우에는 6개월의 범위에서 기간을 정하여 연장할 수 있다(난민법 제21조 제7항). 이 제7항 단서에 따라 이의신청의 심사기간을 연장한 때에는 그 기간이 만료되기 7일 전까지 난민신청자에게 이를 통지하여야 한다(난민법 제21조 제8항).

사. 난민인정자의 처우

대한민국에 체류하는 난민인정자는 다른 법률에도 불구하고 난민협약에 따른 처우를 받는다(난민법 제30조 제1항). 국가와 지방자치단체는 난민의 처우에 관한 정책의 수립·시행, 관계 법령의 정비, 관계 부처 등에 대한 지원, 그 밖에 필요한 조치를 하여야 한다(난민법 제30조 제2항).

난민으로 인정되어 국내에 체류하는 외국인은 「사회보장기본법」 제8조 등에도 불구하고 대한민국 국민과 같은 수준의 사회보장을 받는다(난민법 제31조). 또한 난민으로 인정되어 국내에 체류하는 외국인은 「국민기초생활 보장법」 제5조의2에도 불구하고 본인의 신청에 따라 같은 법 제7조부터 제15조까지에 따른 보호를 받는다(난민법 제32항). 난민인정자나 그 자녀가 「민법」에 따라 미성년자인 경우에는 국민과 동일하게 초등교육과 중등교육을 받는다(난민법 제33조 제1항). 법무부장관은 난민인정자에 대하여 대통령령으로 정하는 바에 따라 그의 연령과 수학능력 및 교육여건 등을 고려하여 필요한 교육을 받을 수 있도록 지원할 수 있다(난민법 제33조 제2항, 난민법 시행령 제14조).

법무부장관은 난민인정자의 배우자 또는 미성년자인 자녀가 입국을 신청하는 경우 「출입국관리법」 제11조에 해당하는 경우가 아니면 입국을 허가하여야 한다(난민법 제37조 제1항). 이때 배우자 및 미성년자의 범위는 「민법」에 따른다(난민법 제37조 제2항).

주요 판례 모음

IMMIGRATION

CONTROL LAW

주요 판례 모음

❀ 강제퇴거명령

(1) 대법원 2015. 1. 29.자 2014두44090 심리불속행기각결정
   (하급심 서울고등법원 2014. 10. 7. 선고 2013누52638 판결(2심),
   서울행정법원 2013. 11. 14. 선고 2013구합13624 판결(1심))

(2) 대법원 2015. 1. 25.자 2014두42872 심리불속행기각결정과 사실관계가 같음.
   (하급심 서울고등법원 2014. 9. 19. 선고 2013누49861 판결(2심),
   서울행정법원 2013. 10. 10. 선고 2013구합13617 판결(1심))

1. 사실관계
① 미얀마인인 원고는 단기방문(C-3) 자격으로 대한민국에 체류하던 중 난민인정 신청을 하였고, 출입국관리사무소는 원고의 체류자격을 난민신청자에게 부여되는 기타(G-1) 체류자격으로 변경함.
② 원고는 체류자격 외 활동허가를 받지 않고 약 15일간 단순노무 활동에 종사하다가 적발되어 출입국관리사무소로부터 범칙금 1백만 원의 통고처분을 받았다. 출입국관리사무소는 약 4개월간 원고가 취업활동을 할 수 있도록 체류자격 외 활동허가를 하였음.
③ 원고는 체류기간 및 체류자격 외 활동허가 기간 연장을 출입국관리사무소에 신청하였는데, 출입국관리사무소에서는 원고의 체류기간연장은 허가하면서 체류자격 외 활동허가 기간연장은 불허함.
④ 체류자격 외 활동허가기간이 도과한 후 같은 사업장에서 계속 일하다 적발된 원고는, 출입국관리사무소로부터 강제퇴거명령 및 보호명령을 받음.

2. 판단
가. (1) 판결
   이 사건 강제퇴거명령이 유지될 경우 난민인정 신청에 대한 사법적 심사가 완료되기 전에 원고가 강제 출국될 가능성을 배제하기 어렵고, 그 후에 난민지위를 인정받더라도 실익이 없게 되는 등 원고가 입는 불이익이 지나치게 클 우려가 있다(서울고등법원 2014. 9. 19. 선고 2013누49861 판결).

피고의 주장대로 원고의 난민지위에 관한 소송이 종료될 때까지 강제퇴거명령의 집행을 실제로 하지 아니한다면 이 사건 처분을 통하여 소송 종료 이전에 강제퇴거를 명해야 할 실익을 찾기 어렵다. 설령 보호명령을 발령함으로써 난민신청자가 소송에서 난민으로 인정되지 않은 경우 강제퇴거명령의 집행을 원활하게 할 수 있는 실익이 있더라도, 이는 소송 종료 직후 강제퇴거명령을 발령하여 신속하게 집행하는 방식으로 해결할 수 있으므로, 이 사건 강제퇴거명령으로 달성할 수 있는 공익은 크지 않은 것으로 보인다(서울고등법원 2014. 9. 19. 선고 2013누49861 판결).

나. (2) 판결
특별한 사정이 없는 한 대한민국에서 난민인정절차가 진행되는 동안 생계비 지원 또는 취업활동허가 등의 일정한 혜택이 없는 이상 체류를 지속하기 어려운 사정이 있고, 나아가 원고와 같이 난민인정절차가 상당기간 지연되는 경우에는 취업활동을 허가하지 아니하는 이상 생계를 유지하기 위하여 어쩔 수 없이 출입국관리법 제18조 제1항, 제20조를 위반하는 상황이 발생할 수 있다(서울고등법원 2014. 10. 7. 선고 2013누52638 판결).

출입국관리법 제18조 제1항, 제20조를 위반한 자에 대해 같은 법 제46조 제1항 제8호에 의하여 강제퇴거명령을 할 수도 있고, 같은 법 제67조 제1항에 따라 자진출국을 권고할 수도 있으며, 같은 법 제94조 제8, 12호, 제101조 제1항, 제102조 제1항에 따라 벌금에 해당하는 금액의 통고처분을 하거나 수사기관에 고발할 수 있는데, 난민인정을 받기 위해 노력하면서 생계를 유지해가고 있는 원고에게 가장 강력한 제재조치로서 난민인정 거부가 확정된 결과에 유사한 강제퇴거명령을 발하는 것은 원고의 위반행위의 정도에 비추어 상당히 가혹하다(서울고등법원 2014. 10. 7. 선고 2013누52638 판결).

서울고등법원 2017. 2. 8. 선고 2016누53558 판결
(하급심 서울행정법원 2016. 7. 7. 선고 2015구단52480 판결)

1. 사실관계
① 미국 국적 외국인인 원고는 B-2(관광통과) 자격으로 대한민국에 입국하여 체류하던 중, 2014. 11. 19. 서울 조계사 내 전통문화공연장에서 6·15 공동선언실천 남측위원회에서 주관한 '평양에 다녀온 그녀들의 통일이야기'라는 제목의 토크문화콘서트(이하 '토크콘서트'라 한다)에 참여하여 발언하는 등 2014. 12. 10.까지 4차례에 걸쳐 A와 함께 토크콘서트에서 대담자로 발언함.

② 이에 대해 출입국관리사무소에서는 원고가 출입국관리법 제11조 제1항, 제11조 제1항 제3호 및 제8호, 제46조 제1항 제3호 및 제14호, 출입국관리법 시행규칙 제54조 제5호, 제54조의2 제1호, 출입국관리법 제17조 제1항에 해당함을 근거로 강제퇴거명령을 함.

③ 원고는 2003년 무렵 미국으로 이주하여 영주권을 취득하였고 현재 가족과 함께 미국에 거주하며 학원을 운영하는 등 생활의 기반이 미국에 있음.

2. 판단

가. 1심

1) 출입국관리법 제46조 제1항 제14호, 동법 시행규칙 제54조의2 제1호 및 제54조 제5호('국가보안법 위반의 죄를 범한 자')에 해당하는지 여부

원고와 A가 토크콘서트에서 한 발언에 진위가 확인되지 아니하거나 과장된 부분들이 포함되어 있고 특수하게 연출된 상황이 일반적인 것으로 오인될 여지가 있는 점, 북한 사회주의 체제와 3대 세습체제의 정당성을 홍보하는 것으로 보이는 내용이 포함되어 있는 것은 사실이나, 우리 헌법이 채택하고 발전시켜 온 자유민주주의 체제의 우월성은 세계사의 흐름을 통해 이미 검증된 점, 북한이탈주민과 관련된 발언 등 문제가 된 원고의 발언들 중에는 남과 북이 서로 한민족이고 적대감을 해소해야 한다는 취지에서 나온 발언들이 있는 것으로 보이는 점, 원고와 A의 발언 중에 북한 체제, 북한이 내세우는 주체사상이나 선군정치 등을 직접적으로 찬양하거나 선전·옹호하는 내용이 포함되어 있지 아니하고 우리 헌법 하에서 용인될 수 없는 폭력적인 수단의 사용을 선동하는 내용도 포함되어 있지 아니한바, 국가의 존립·안전이나 자유민주적 기본 질서에 실질적 해악을 끼칠 명백한 위험성이 있다고 보이지 아니한다. 따라서 원고가 국가보안법 위반의 죄를 범한 자에 해당한다고 볼 수 없다.

2) 출입국관리법 제46조 제1항 제3호, 법 제11조 제3호('대한민국의 이익이나 공공의 안전을 해할 우려가 있는 자')에 해당하는지 여부

북한은 김일성 독재사상(이른바 '주체사상')에 기초한 한반도 적화통일을 기본목표로 설정하고 있으므로 대한민국 헌법과 법률에서 반국가단체로 간주하고 있다. 따라서 반국가단체를 옹호하는 취지의 발언은 대한민국 헌법이 인정하는 국가관은 아니다. 원고의 발언 중에는 북한 체제 및 정책의 정당성을 옹호하는 취지의 발언이 있는데, 대한민국 국민들이 북한 주민의 일상생활을 알 수 있는 기회가 지극히 제한되어 있는 상황에서 이런 이야기들은 그것이 일반적인 북한 주민의 생활을 이야기하는 것으로 오해하도록 할 소지가 다분하다.

원고의 토크콘서트에서의 발언에는 북한의 사회주의 체제와 정권의 정당성을 인정하고 북한을 인권·복지국가로 오인하게 할 만한 내용들이 포함되어 있고, 북한에 대한 직접 경험이 불가능한 대한민국 사회에서 위와 같은 발언이 가지는 파급력은 크다고 할 것인데, 실제

그로 인하여 우리 사회에 의견대립과 물리적 충돌 등 갈등이 심화되었던 점을 고려하면 원고의 위와 같은 발언과 행동이 대한민국의 이익이나 공공의 안전을 해칠 우려가 있었다는 사정이 인정된다.

그리고 외국인에게 내국인과 동일한 정도의 거주·이전의 자유가 보장되는 것이 아닌 점, 원고는 2014. 11. 19. 관광 비자를 통해 대한민국에 입국하였고 2003년 이래 미국에서 생활의 기반을 마련하여 생활해왔던 점, 원고로서는 대한민국에서 열리는 토크콘서트 등을 통해 자신의 생각을 발언하는 방식 외에 출판물이나 SNS, 영상매체 등 다양한 방식을 통해 자신의 의견을 표현할 수 있는 가능성이 열려 있는 점 등에 비추어 볼 때 이 사건 처분으로 인해 침해되는 원고의 사익이 공익에 비해 중대한 것으로 보이지 아니한다.

나. 항소심

원심 판단을 그대로 인용하면서 아래 내용을 덧붙임.

① 원고는 4차례에 걸쳐 A와 토크콘서트를 진행하면서 토크콘서트에서 행해질 A의 발언 내용을 충분히 예상하고 있었다고 할 것이고, 이와 같은 상태에서 A의 질문에 대답하거나 동조하는 방식으로 발언을 한 이상, 원고의 발언이 대한민국의 이익이나 공공의 안전을 해할 우려가 있는지 여부를 판단함에 있어 토크콘서트의 전체적 분위기나 토크콘서트에서 이루어진 A의 발언을 함께 고려하는 것은 타당하다.

② 원고가 토크콘서트에서 한 발언이 직접적으로 북한의 주체사상이나 선군정치 등을 선전하거나 세습체제의 정당성을 옹호하는 내용은 아니라고 하더라도, 원고는 앞서 본 바와 같이 북한 정권이 체제 홍보 수단으로 허용한 관광을 통하여 보게 된 단편적인 북한의 모습을 북한 사회의 일반적인 모습인 것으로 전달하거나 북한의 세습체제 및 사회주의경제체제의 정당성을 옹호하는 듯한 발언을 하였다. 북한에 다녀온 원고의 위와 같은 발언은 대한민국의 일반 대중들로 하여금 원고가 목격한 의도적으로 연출된 북한 사회의 모습이 북한 사회의 일반적인 모습인 것처럼 오인하도록 함으로써 북한 체제에 대하여 그릇된 인식을 갖게 할 가능성이 크다.

③ 우리 헌법이 채택하고 발전시켜 온 자유민주주의체제의 우월성이 이미 검증되었지만, 우리 사회에는 남북문제에 있어 여전히 첨예한 의견 대립이 있는 것이 현실이다. 이러한 사회적 상황에서 원고는 북한이 선전하는 북한의 모습을 북한의 의도에 맞추어 전달하였고 이로 인하여 남북문제에 관하여 사회적 논란과 분열을 야기함으로써 우리 사회의 갈등을 심화시켰다. 원고는 토크콘서트와 관련하여 이루어진 사회적 논란과 충돌은 일부 보수단체의 폭력적 행위에서 비롯된 것이고 원고는 오히려 그 피해자일 뿐이라고 주장하나, 원고는 이러한 논란이 일어나고 있음을 인식하면서도 공개된 장소에서 대중을 상대로 토크콘서트를 이어나갔고 그로 인하여 실제로 물리적 충돌이 발생하기도 하였다.

④ 이 사건 처분으로 인하여 원고가 출국한 후 5년 동안 입국을 금지 당함으로써 대한민국에 거주하는 친지를 만날 수 없는 등의 사익 침해를 입게 되었다 하더라도, 원고는 향후 입국 금지를 해제 받아 다시 입국할 수 있으며 종전과 같은 토크콘서트 방식 외에도 다양한 경로를 통해 자신의 의견을 표현할 수 있으므로 이 사건 처분으로 입게 되는 원고의 사익 침해가 이 사건 처분을 통해 달성하고자 하는 대한민국의 이익이나 공공의 안전에 비하여 중대하다고 보기 어렵다.

❀ 결혼이민

대법원 2014. 9. 4. 선고 2014두36402 판결
(* 2심 : 서울고등법원 2014. 4. 2. 선고 2013누48196 판결
  1심 : 서울행정법원 2013. 9. 12. 선고 2013구합12140 판결)

1. 사실관계

① 중화인민공화국 국적 외국인인 원고는, 한국인 배우자 A와 혼인하여 결혼이민(F-6) 체류자격을 취득하였음.
② 이후 원고는 A를 상대로 이혼 및 위자료 청구 소송을 진행함. 이에 따라 '원고와 A는 A의 귀책사유로 이혼하고, A는 원고에게 위자료 300만 원을 지급한다'는 내용의 조정을 갈음하는 결정이 확정됨.
③ 그러나 A와 원고 사이에 위 조정 내용에 포함된 위자료를 받지 않기로 하는 이면합의를 하였음.
④ 원고는 자신의 혼인관계가 본인에게 책임이 없는 사유로 파탄에 이르렀다는 점을 근거로 피고에게 결혼이민(F-6) 체류기간 연장허가 신청을 하였으나, 피고는 이에 대해 거부처분을 함.

2. 판단

원심이 일부 인용한 제1심판결 이유와 원심판결 이유에 의하면, …(중략)… A의 귀책사유로 이혼하였다는 내용의 조정이 이루어졌으나 조정 내용에 포함된 위자료를 지급하지 않기로 하는 이면합의가 있었덤 점, A가 수사기관에 원고의 가출사실을 신고한 점, A는 원고와의 이혼소송 및 피고 직원의 조사과정에서 원고와의 혼인관계가 파탄된 데에 원고에게도 상당한 책임이 있다는 취지로 주장하고 진술한 점 등의 여러 사정을 고려하면, 원고가 본인에게 책임이 없는 사유로 정상적인 혼인생활을 할 수 없었던 사람에 해당한다고 단정하기 어려우므로, 혼인관계 파탄에 관한 귀책사유가 불분명하다는 이유로 원고의 결혼이민(F-6) 체류자격 연장신청을 불허한 이

사건 처분이 적법하다는 취지로 판단하였다.

앞서 본 법리와 기록에 비추어 살펴보면, 원심의 위와 같은 사실인정과 판단은 정당하고, 거기에 논리와 경험의 법칙을 위반하여 자유심증주의의 한계를 벗어나거나 확정된 조정을 갈음하는 결정조서의 효력에 관한 법리를 오해한 잘못이 없다.

대구고등법원 2016. 8. 5. 선고 2016누4547 판결
(* 원심 : 대구지방법원 2016. 1. 27. 선고 2015구합23566 판결)

1. 사실관계
① 원고는 베트남 국적으로 2007. 4. 19. 비전문취업(E-9) 자격을 받고 대한민국에 입국하였다가, 2008. 4. 19. 체류기간이 만료되었음.
② D는 2009. 4. 1. 대한민국 국적 남성과 혼인하고 2013. 12. 3. 귀화하여 2014. 10. 28. 협의이혼 신고를 하였음.
③ 원고는 2015. 7. 27. D와 혼인신고를 하고, 2015. 8. 27. 피고에게 국민의 배우자(F-6-1) 자격으로 체류자격 변경허가 신청을 하였음.
④ 피고는 2015. 8. 28. 원고에게, '배우자 국적취득 후 3년 미만, 7년 4개월의 불법체류'를 이유로, 위 신청을 반려하는 통지를 하고, 같은 달 31. 원고에게, 출입국관리법 제17조 제1항, 제24조 제1항, 제46조 제1항 제8호, 제68조 제1항 제1호에 따라 2015. 9. 30.까지 자진출국할 것을 통보하였음.

2. 판단
① 원고는 입국 당시 부여받은 국내 체류기간이 만료되었음에도 그로부터 7년 이상 불법체류를 계속하여 오다가 베트남 출신 혼인귀화자인 D와 혼인신고를 마치고 위와 같은 체류자격 변경허가 신청을 하였다.
② 출입국관리행정은 내·외국인의 출입국과 외국인의 체류를 적절하게 통제·조정함으로써 국가의 이익과 안전을 도모하고자 하는 국가행정작용으로서, 특히 외국인의 국내 체류에 관한 사항은 주권국가로서의 기능을 수행하는 데 필수적인 것이므로 엄격히 관리되어야 하고, 그 중 국민의 배우자(F-6-1) 체류자격의 경우 국내취업과 국적취득이 다른 체류자격에 비하여 용이하므로 더욱 그러하다.

③ 혼인귀화자가 국적을 취득한 후 3년 이내에 다른 외국인을 결혼이민자로 초청하는 행위를 제한한 것은 혼인귀화자가 국민과의 혼인을 이유로 대한민국 국적을 취득한 후 단기간 내에 이혼하고 다른 외국인을 결혼이민자로 초청하지 못하도록 함으로써 건전한 국제결혼 문화를 정착시키고, 다문화가정의 조기해체를 방지하고자 하는 취지로 보이는바, 원고와 같이 국내에서 장기간 불법체류를 한 외국인이 혼인귀화로 대한민국 국적을 취득한 사람과 결혼하여 임신이나 출산을 하였다는 이유로 그 배우자의 국적취득 후 3년 경과 여부에 관계없이 체류자격 변경을 허가할 경우 위와 같은 제도의 취지가 몰각될 뿐만 아니라 강제퇴거가 예정되어 있는 불법체류자들이 국내 체류를 연장하기 위한 방편으로 혼인귀화자를 상대로 결혼과 임신을 시도하는 현상이 발생할 우려도 있어 보인다.

④ 앞서 본 바와 같이 '배우자의 국적취득 후 3년 경과' 요건은 결혼동거 목적의 사증 발급을 위한 심사기준 가운데 부부 사이의 자녀 출생을 이유로 심사가 면제될 수 있는 요건에 해당하지 아니하고, 불법체류자 등에게 인정되는 '임신·출산 예정, 자녀 양육 등과 같은 인도적인 사유로 인한 예외적인 체류자격 변경허가' 대상에도 해당하지 아니한다.

⑤ 피고는 비록 원고가 강제퇴거 대상이기는 하나 국민의 배우자이고 자진출석하여 체류자격 변경허가를 신청한 점을 감안하여 이 사건 처분 당시 원고에 대한 입국규제를 유예하는 조치를 하였는바, 원고로서는 출국하더라도 결혼동거 목적의 사증 발급 요건이 충족될 때까지 단기방문(C-3) 등의 체류자격으로 대한민국에 재입국하는 것이 충분히 가능할 것으로 보인다.

⑥ D 또한 그 부모와 형제가 현재 베트남에 살고 있어 원고가 재입국하기 전까지 일시적으로 자녀와 함께 친정인 베트남에서 지내거나(D는 한국인인 전 남편과의 혼인기간 중인 2011. 1. 29. 경 및 2014. 5. 10.경 베트남으로 출국하여 친정집에 머무르기도 하였다) 친정식구들로 하여금 대한민국을 방문하도록 하여 그로부터 자녀양육에 필요한 도움을 받을 수 있을 것으로 보인다(실제로 D의 모가 D의 국내 생황을 돕는다는 명목으로 2012. 5. 20.경 입국하여 2015. 5. 10.경까지 D와 함께 거주한 사실도 있다).

그러므로 이 사건 처분으로 원고 등이 입는 불이익이 그로 인하여 달성하려는 공익에 비해 지나치게 커서 그 처분이 재량권을 일탈·남용한 경우에 해당한다고 보기 어렵다.

❀ 사증발급거부

서울고등법원 2014. 9. 5. 선고 2014누41086 판결
(1심 : 서울행정법원 2013. 12. 12. 선고 2013구합21205 판결)

1. 사실관계

① 중국 국적 외국인인 원고는 2010. 4. 대한민국 국민 A와 혼인신고를 마침.

② 원고는 2010. 5. 피고(* 주선양한국총영사관 총영사, 저자 주)에게 결혼이민(F-6) 체류자격의 사증발급을 신청하였으나, 2010. 8. '혼인진정성 불명'을 이유로 거부되었고, 뒤이은 두 차례의 신청에 대하여도 각 2011. 8., 2012. 9. '혼인진정성 불명 등'의 이유로 거부되었음.

③ 원고는 2013. 5. 또다시 피고에게 결혼이민(F-6) 체류자격의 사증발급을 신청하였으나 피고는 2013. 7. 'A의 가족부양능력 결여'를 이유로 사증발급을 거부함.

2. 판단

가. 본안 전 판단

1) 대상적격

① 출입국관리법 제7조 제1항, 제8조 제3항, 제10조 제1항을 종합하면 입국하려는 외국인은 대통령령으로 정하는 체류자격을 가져야 하고, 유효한 여권과 법무부장관이 발급한 사증을 가지고 있어야 하며, 사증발급에 관한 기준과 절차는 법무부령으로 정한다. 같은 법 시행령 제7조 제1항, 제2항에 의하면 사증을 발급받으려는 외국인은 사증발급신청서에 법무부령으로 정하는 서류를 첨부하여 재외공관의 장에게 제출하여야 하고, 재외공관의 장은 외국인이 사증발급 신청을 하면 법무부령으로 정하는 바에 따라 체류자격과 체류기간 등 필요한 사항을 적은 사증을 발급한다.

② 사증을 발급받는 것은 외국인이 대한민국에 입국하기 위한 요건이 되는 것이므로, 재외공관의 장의 사증발급행위는 공권력의 행사에 해당하고 그 거부행위는 사증신청인으로 하여금 대한민국에 입국할 수 없도록 하는 것으로서 신청인의 법률관계에 변동을 초래한다고 할 것이며, 위 법률 규정에 따라 외국인은 사증발급에 관한 법규상의 신청권을 가진다.

2) 원고적격

원고는 이 사건 처분의 직접 상대방이고 사증 발급 신청인으로서 사증 발급과 관련된 법규에 의하여 보호되는 개별적·직접적·구체적 이익이 있다고 할 것이므로 원고적격이 인정된다.

나. 본안 판단

① 출입국관리법의 결혼이민(F-6) 체류자격 관련 규정, 혼인의 자유 및 그에 따른 가족결합권이 헌법에 의하여 보호되는 점 등을 고려하면, 비록 사증발급이 외국인에 대하여 대한민국 입국 허용 여부를 결정짓는 주권국가의 고권적 행위라 하더라도, 결혼동거 목적의 사증발급 신청을 받은 재외공관의 장은 혼인의 진정성 및 정상적인 결혼 생활의 가능성이 인정된다면 특별한 사정이 없는 한 사증을 발급하여야 할 것이다.

② 원고의 배우자인 A는 특정 사용자에게 종속되어 장기간 정해진 임금을 받는 근로자는 아니지만 사실관계를 종합해볼 때 월 평균 2,000,000원 이상의 일정한 소득을 얻고 있고, 농사일, 건설현장 노동의 특성에 비추어 특별한 사정이 없는 한 가동연한에 이를 때까지 앞으로도 일정한 소득을 얻을 수 있을 것으로 보인다. 또한 파산선고를 받거나 부도를 낸 바 없고 범죄경력도 없다.

③ 따라서 원고의 청구는 이유 있어 이를 인용한다.

대법원 2018. 5. 15. 선고 2014두42506 판결
(위 서울고등법원 2014. 9. 5. 선고 2014누41086 판결의 상고심)

1. 사실관계

위 서울고등법원 2014. 9. 5. 선고 2014누41086 판결과 동일

2. 판단

① 구 출입국관리법(2018. 3. 20. 법률 제15492호로 개정되기 전의 것, 이하 '출입국관리법'이라 한다)은 외국인이 입국한 때에는 원칙적으로 유효한 여권과 대한민국의 법무부장관이 발급한 사증을 가지고 있어야 하고(제7조 제1항), 입국하는 출입국항에서 출입국관리공무원의 입국심사를 받아야 한다고(제12조 제1항) 규정하고 있다. 따라서 외국인이 이미 사증을 발급받은 경우에도 출입국항에서 입국심사가 면제되지는 않는다. 사증발급은 외국인에게 대한민국에 입국할 권리를 부여하거나 입국을 보장하는 완전한 의미에서의 입국허가결정이 아니라, 외국인이 대한민국에 입국하기 위한 예비조건 내지 입국허가의 추천으로서의 성질을 가진다고 봄이 타당하다.

② 한편 출입국관리법은, 입국하려는 외국인은 대통령령으로 정하는 체류자격을 가져야 하고(제10조 제1항), 사증발급에 관한 기준과 절차는 법무부령으로 정한다고(제8조 제3항) 규정하고

있다. 외국인에게는 입국의 자유를 인정하지 않는 것이 세계 각국의 일반적인 입법 태도이다. 그리고 우리 출입국관리법의 입법목적은 "대한민국에 입국하거나 대한민국에서 출국하는 모든 국민 및 외국인의 출입국관리를 통한 안전한 국경관리와 대한민국에 체류하는 외국인의 체류관리 및 난민(難民)의 인정절차 등에 관한 사항을 규정"하는 것이다(제1조). 체류자격 및 사증발급의 기준과 절차에 관한 출입국관리법과 그 하위법령의 위와 같은 규정들은, 대한민국의 출입국 질서와 국경관리라는 공익을 보호하려는 취지일 뿐, 외국인에게 대한민국에 입국할 권리를 보장하거나 대한민국에 입국하고자 하는 외국인의 사익까지 보호하려는 취지로 해석하기는 어렵다.

③ 사증발급 거부처분을 다투는 외국인은 아직 대한민국에 입국하지 않은 상태에서 대한민국에 입국하게 해달라고 주장하는 것으로, 대한민국과의 실질적 관련성 내지 대한민국에서 법적으로 보호가치 있는 이해관계를 형성한 경우는 아니어서, 해당 처분의 취소를 구할 법률상 이익을 인정하여야 할 법정책적 필요성도 크지 않다. 반면, 국적법상 귀화불허가처분이나 출입국관리법상 체류자격변경 불허가처분, 강제퇴거명령 등을 다투는 외국인은 대한민국에 적법하게 입국하여 상당한 기간을 체류한 사람이므로, 이미 대한민국과의 실질적 관련성 내지 대한민국에서 법적으로 보호가치 있는 이해관계를 형성한 경우이어서, 해당 처분의 취소를 구할 법률상 이익이 인정된다고 보아야 한다.

④ 나아가 중화인민공화국(이하 '중국'이라 한다) 출입경관리법 제36조 등은 외국인이 사증발급 거부 등 출입국 관련 제반 결정에 대하여 불복하지 못하도록 명문의 규정을 두고 있으므로 국제법의 상호주의원칙상 대한민국이 중국 국적자에게 우리 출입국관리행정청의 사증발급 거부에 대하여 행정소송 제기를 허용할 책무를 부담한다고 볼 수는 없다.

⑤ 이와 같은 사증발급의 법적 성질, 출입국관리법의 입법목적, 사증발급 신청인의 대한민국과의 실질적 관련성, 상호주의원칙 등을 고려하면, 우리 출입국관리법의 해석상 외국인에게는 사증발급 거부처분의 취소를 구할 법률상 이익이 인정되지 않는다고 봄이 타당하다.

서울행정법원 2016. 7. 15. 선고 2015구합82860 판결

1. 사실관계

① 중국 국적 외국인인 원고는 2008. 1. 대한민국 국민 A와 혼인신고를 하고 2008. 6. 대한민국에 입국하였으나 두 달 뒤인 2008. 8. 가출함.

② 원고의 배우자인 국민 A는 2008. 9. 이혼소송을 제기하였고, 원고의 가출로 혼인관계가 지속될 수 없다는 이유로 이혼판결을 받음. 이 판결은 2008. 12. 확정됨.

③ 원고는 2009. 10. 대한민국 국민 B를 만나 2012. 9. 혼인신고를 한 후 2015. 1. 중국으로 출국하여 피고(* 주선양한국총영사관 총영사, 저자 주)에게 결혼이민(F-6) 체류자격 사증발급을 신청하였으나 피고는 2015. 3. '기타 : 신용불량자, 소득 요건 부족함, 출산 후 사증신청시 고려 예정임'을 이유로 거부함.

④ 원고는 2015. 4. 피고로부터 단기방문(C-3) 사증을 발급받고 2015. 5. 대한민국에 입국하여 2015. 12. F4 사증발급거부행위의 취소를 구하는 행정심판을 제기하였으나 중앙행정심판위원회에서는 처분성이 없다는 이유로 각하함.

2. 판단

가. 본안 전 판단

1) 대상적격

① 출입국관리법 제7조 제1항, 제10조 제1항을 종합하면, 입국하려는 외국인은 대통령령으로 정하는 체류자격을 부여받고, 유효한 여권과 법무부장관이 발급한 사증을 가지고 있어야 하는바, 사증을 발급받는 것은 외국인이 대한민국에 입국하기 위한 요건이 되므로 재외공관의 장의 사증발급행위는 공권력의 행사에 해당하고, 그 거부행위는 사증발급을 신청한 자가 대한민국에 입국할 수 없도록 하는 것으로서 신청인의 법률관계에 변동을 초래한다고 볼 수 있다. 따라서 관계 법령에서 외국인의 사증발급 신청절차 및 그 심사기준에 관하여 규정하고 있으므로 외국인에게 적어도 사증발급 심사라는 행정발동에 대한 신청권은 인정된다.

② 사증발급이 외국인에 대하여 대한민국 입국 허용 여부를 결정짓는 국가의 고권적 행위라 하더라도, 결혼동거 목적의 사증발급 신청을 받은 재외공관의 장은 혼인의 진정성 및 정상적인 결혼 생활의 가능성이 인정된다면 특별한 사정이 없는 한 사증을 발급하여야 할 것이므로, 적어도 결혼이민 체류자격을 갖춘 외국인의 경우 대한민국 입국의 전제가 되는 사증발급에 관한 조리상의 신청권이 인정된다.

③ 또한 국적법이 정한 일반귀화의 거주 요건 또는 간이귀화 요건을 갖추어 귀화허가를 구할 실체법상 권리가 있는 외국인에게는 품행 단정 등 국적법이 요구하는 다른 요건을 갖추어 대한민국 국민으로 귀화할 수 있으리라는 법률상 이익으로 보호되는 구체적 기대권이 인정되므로, 대한민국 입국의 전제가 되는 사증발급에 관한 조리상의 신청권이 인정된다.

2) 원고적격

원고에게 사증발급에 관한 법규상·조리상의 신청권이 인정되고, 원고는 처분의 직접 상대방이므로 원고에게는 원고적격이 인정된다.

나. 본안 판단

① 결혼동거 목적 사증발급 근거 규정의 형식과 문언, 사증발급의 내용과 특성 등을 고려하면 피고는 사증발급 신청인이 사증발급의 요건을 갖추었다 하더라도 사증발급을 허가할 것인지 여부에 관하여 상당한 재량을 갖는다. 다만 피고는 그 재량권을 행사함에 있어 출입국관리법의 입법 목적, 체류자격 요건을 정하고 있는 개별 규정의 입법 취지, 문언의 내용 등을 고려하여 합리적으로 이를 행사하여야 할 것이고, 재량권 행사에 사실오인이나 평등원칙, 비례원칙 등을 현저히 위배하는 불합리한 재량행사가 있다면 이는 재량권을 일탈, 남용한 것으로 위법하다.

② 교제경위 및 혼인의사에 관해 당사의 진술이 일치한다는 점, 진실한 혼인관계를 뒷받침할 만한 사실이 확인되는 점, B가 신용불량자이지만 초청인에게 요구하는 소득 요건을 갖추고 있다는 점, 피고가 소송 과정에서 추가한 처분사유는 사회적 사실관계의 동일성을 인정하기 어렵다는 점을 종합적으로 고려할 때 원고 청구는 이유 있으므로 이를 인용한다.

※ 사증발급거부와 입국금지가 동시에 문제된 사례
서울행정법원 2016. 9. 30. 선고 2015구합77189 판결

1. 사실관계

① 원고는 1976. 대한민국에서 출생하여 2002. 미국 시민권을 취득함으로써 같은 날 대한민국 국적을 상실한 재외동포이고, 피고는 법무부장관으로부터 사증발급에 관한 권한을 위임받은 재외공관의 장임.

② 병무청장은 2002. 1. 법무부장관에게 '원고는 공연을 위하여 병무청장의 국외여행허가를 받고 출국한 후 미국시민권을 취득함으로써 사실상 병역의무를 면탈하였는데, 원고가 재외동포의 자격으로 입국하여 방송활동, 음반출판, 공연 등 연예활동을 할 경우 국군 장병들의 사기가 저하되고 청소년들이 병역의무를 경시하게 되며 외국국적 취득을 병역 면탈의 수단으로 악용하는 사례가 빈번히 발생할 것으로 예상되므로 원고가 재외동포 자격으로 재입국하고자 하는 경우 국내에서 취업, 가수활동 등 영리활동을 할 수 없도록 하고, 불가능할 경우 입국 자체를 금지하여 달라'고 요청하였음.

③ 법무부장관은 2002. 2. 출입국관리법 제11조 제1항 제3호, 제4호 및 제8호에 따라 원고의 입국을 금지하는 결정을 하였음(이하 '입국금지조치').

④ 원고는 2015. 8. 피고에게 재외동포(F-4) 자격의 사증 발급을 신청하였음. 피고 직원은 2015. 9. 원고의 부친에게 유선으로 '원고가 입국규제대상자에 해당하여 사증발급이 불허되었다. 자세한 이유는 법무부에 문의하기 바란다'고 통보한 후 원고에게 여권과 사증발급 신청서를 반환하였음.

2. 판단

가. 입국금지조치의 처분성(긍정)

구 출입국관리법(2002. 12. 5. 법률 제6745호로 일부개정되기 전의 것) 제11조 제1항은 법무부장관은 대한민국의 이익이나 공공의 안전을 해하는 행동을 할 염려가 있다고 인정할만한 상당한 이유가 있는 자(제3호) 등 각호에서 정한 사유에 해당하는 외국인에 대하여 입국을 금지할 수 있다고 규정하고 있고, 제12조 제3항 제4호, 제4항은 출입국관리공무원이 입국심사를 함에 있어 제11조의 규정에 의한 입국의 금지 또는 거부의 대상이 아닐 것인지 여부를 심사하여 외국인이 위 요건을 갖추지 못하였다고 인정될 때 입국을 허가하지 아니할 수 있다고 규정하고 있으며, 구 출입국관리법 시행령(2002. 4. 18. 대통령령 제17579호로 일부개정되기 전의 것) 제13조는 법무부장관이 출입국관리법 제11조에 따라 입국을 금지하기로 결정한 자 및 입국금지를 해제한 자에 대하여 전산업무처리절차에 따라 그 자료를 관리하여야 하고, 재외공관의 장 등은 위 입국금지자명부를 비치하여야 한다고 규정하고 있고, 제14조 및 제2조는 중앙행정기관의 장 기타 관계기관의 장은 소관업무와 관련하여 입국금지사유에 해당하는 자가 있다고 인정하는 경우 법무부장관에게 입국금지요청을 하고, 법무부장관이 이를 심사한 후 입국을 금지한 경우 이를 요청기관의 장에게 통보하도록 하며, 요청기관의 장은 출국금지기간을 연장할 필요가 있는 경우 출국금지기간연장을 요청하여야 하고, 출국금지사유가 소멸한 경우 출국금지해제를 요청하여야 한다고 규정하고 있다.

위 출입국관리법령에 의하면 법무부장관의 입국금지조치는 특정 외국인이 입국금지사유에 해당한다는 이유로 이루어지는 제재적 처분으로서, 위 처분이 있는 경우 해당 외국인의 입국금지 사항이 출입국관리정보시스템에 등록되게 되고, 출입국관리공무원이 입국심사에서 해당 외국인이 입국금지사유에 해당하는지 여부를 심사함에 있어 상급 기관인 법무부장관의 입국금지조치가 있는 경우 그 조치에 구속되어 이를 판단하게 되므로(2008. 7. 3. 개정된 출입국관리법 시행규칙 제9조의2 제2호는 법무부장관으로부터 사증발급 권한을 위임받은 재외공관의 장이 사증을 발급하는 경우 사증발급을 신청한 외국인이 출입국관리법 제11조가 정한 입국금지대상에 해당하는지 여부를 심사·확인하여야 한다고 규정하고 있는바, 재외공관의 장으로서는 해당 외국인에 대한 법무부장관의 입국금지조치가 없는 경우에는 자체적으로 입국금지대상자 해당 여부를 심사·확인할 수 있을 것이나, 이미 적법·유효한 입국금지조치가 내려진 경우, 위임기관인 법무부장관의 입국금지조치에 반하여 해당 외국인이 입국금지대상자에 해당하지 아니한다고 판단할 수는 없을 것이다), 출입국관리법 제11조에 따른 법무부장관의 입국금지조치는 항고소송의 대상이 되는 처분에 해당한다고 봄이 상당하고, 처분대상자인 외국인에게 처분서 등의 방법으로 통지가 이루어지지 아니하는 것은 입국금지조치가 외국인의 입국 신청에 대응하는 조치가 아니고, 해외에 소재한 외국인의 주소를 일일이 확인하여 처분서를 송달하는 것이 곤란함을 이유로 한 것이므로, 위와 같은 사정만으로 입국금지조치의 처분성을 부정할 수 없다.

나. 사증발급거부행위
  1) 처분성(긍정)
      재외동포법 제1조는 재외동포의 대한민국에의 출입국과 대한민국 안에서의 법적지위를 보장함을 목적으로 한다고 규정하고 있고, 제2조 제2호는 대한민국의 국적을 보유하였던 자 또는 그 직계비속으로서 외국국적을 취득한 자 중 대통령령이 정하는 자(이하 "외국국적동포"라 한다)를 "재외동포"로 규정하고 있으며, 제4조는 정부는 재외동포가 대한민국 안에서 부당한 규제와 대우를 받지 아니하도록 필요한 지원을 하여야 한다고 규정하고 있고, 제5조는 법무부장관은 대한민국 안에서 활동하고자 하는 외국국적동포에게 신청에 의하여 재외동포체류자격을 부여할 수 있다고 규정하면서(제1항), 병역기피목적의 외국국적 취득, 대한민국의 이익을 해칠 우려 등 재외동포체류자격 부여가 거부되는 사유를 설시하고 있고(제2항), 법무부장관이 재외동포체류자격을 부여할 경우 대통령령으로 정하는 바에 따라 외교부장관과 협의하여야 한다고 규정하고 있다(제4항).
      위와 같은 재외동포법의 입법취지, 외국국적동포의 지위, 재외동포법 제5조가 외국국적동포의 체류자격 신청에 관하여 규정하면서 다른 체류자격과 달리 그 소극적 요건에 관하여 직접 규정하면서 체류자격 부여를 위하여 외교부장관과의 협의를 거칠 것을 요구하고 있는 점 등을 종합하여 보면, 재외동포법은 외국국적동포를 단순한 외국인과는 달리 취급하여 외국국적동포에게 재외동포사증을 발급받을 수 있는 신청권을 부여하고 있다고 봄이 상당하고, 그 신청한 행위가 거부되는지 여부에 따라 신청인의 법률관계에 변동이 생기게 되므로, 사증발급에 관한 법규상의 신청권이 있는 원고의 사증발급 신청을 거부한 이 사건 거부행위는 단순한 사실의 통지가 아닌 항고고송의 대상이 되는 처분에 해당하여 대상적격이 인정된다.

  2) 처분사유의 존부
    가) 비례의 원칙 위반 여부
      ① 이 사건 입국금지조치는 원고의 자유로운 입국으로 인하여 초래될 수 있는 대한민국 장병의 사기 저하, 병역 기피 풍조 등을 방지하기 위한 것으로서 원고의 입국을 금지함으로써 그 목적을 달성할 수 있으므로, 적합성의 원칙을 위반하였다고 볼 수 없다.

② 원고는 방송·연예활동을 제한하는 조건으로 입국을 허가하거나 기간을 정하여 입국을 금지하는 방법으로도 위 목적을 달성할 수 있다고 주장하나, 이 사건 입국금지조치 당시 원고의 행동이 초래한 사회적 영향과 충격을 감안할 때 원고의 자유로운 입국 자체가 국군장병의 사기 저하 등을 초래할 수 있었고, 이 사건 입국금지조치의 목적에 비추어 볼 때 적어도 구 병역법(2002. 12. 5. 법률 제6749호로 일부개정되기 전의 것) 제71조 제1항에 따라 원고가 36세가 됨으로써 공익근무요원소집의무가 면제되는 시기까지 10년 이상은 입국을 금지할 필요가 있었으며(이 사건 입국금지조치 이후인 2005. 12. 29. 재외동포법이 개정되어 병역기피 목적을 위하여 외국국적을 취득한 재외동포에 대하여 38세가 되는 때까지 재외동포체류자격 부여를 제한하는 제5조 제2항 제1, 2호가 신설되었다), 원고가 다시 대한민국 국적을 취득함으로써 병역의 의무를 이행하는 등의 사정이 발생할 경우 병무청장의 요청 등에 의하여 입국금지조치가 해제될 수 있었고, 이 사건 입국금지조치의 효력이 계속 유지되는 중에도 인도적 이유로 원고에 대한 입국을 임시로 허가할 수 있는 길도 열려 있었으므로(실제로 앞서 본 바와 같이 원고는 2003. 6. 26.부터 같은 달 27.까지 입국허가를 받아 입국한 바 있다), 이 사건 입국금지조치가 필요성의 원칙을 위반하였다고 볼 수 없다.

③ 원고는 이 사건 입국금지조치로 인하여 대한민국에 입국하여 진실을 해명하고 사죄를 구함으로써 명예를 회복하여야 할 원고의 인간으로서의 존엄과 가치, 행복추구권이 침해된다고 주장하나, 굳이 대한민국에 입국하지 않더라도 대한민국 언론 해외지사 또는 타국 언론과의 기자회견 등을 통하여 얼마든지 진실을 해명할 기회를 가질 수 있고, 반드시 대한민국에 입국하여 기자회견을 하는 방법으로만 진실을 해명할 수 있다고 볼 아무런 근거가 없으며, 이 사건 입국금지조치로 인하여 제한되는 기본권은 고국 내지 고향을 방문할 수 있는 자유를 포함하는 입국의 자유임이 분명하고, 이로 인하여 보충적 기본권인 인간으로서의 존엄과 가치 및 행복추구권까지 제한된다고 볼 수는 없다. 나아가 입국의 자유에 대한 외국인의 기본권주체성이 인정되지 않는 점(헌법재판소 2014. 6. 26. 선고 2011헌바502 결정 참조), 원고는 병역을 기피하기 위하여 미국 시민권을 취득함으로써 대한민국 국적을 상실하게 된 재외동포에 해당하는 점 등을 고려하면, 이 사건 입국금지조치가 비례의 원칙을 위반하였는지 여부는 보다 완화된 기준에 따라 판단되어야 한다.

④ 이 사건 입국금지조치를 통하여 달성하고자 하는 공익은 병역의무를 부담하는 국민들의 병역의무 이행의지가 약화되는 것을 방지하여 병역의무 이행을 확보하고, 이를 통하여 영토의 보전 및 대한민국의 국가 안전을 도모하며 탈법적 수단에 의한 병역기피 행위를 방지함으로써 국가의 법질서와 기강을 확립하기 위한 것이고, 위와 같은 공익은 병역기피 목적으로 미국 시민권을 취득한 원고의 입국을 금지함으로써 원고가 고국인 대한민국을 방문할 수 없게 되는 불이익보다 작다고 볼 수 없다.

나) 평등의 원칙 위반 여부

원고는 국적포기로 인하여 병역의무가 소멸한 남성은 매년 3,000명 이상, 그 후 다시 국적을 회복한 남성은 매년 1,000명 이상에 달하고, 2005년경 언론에 발표된 국적포기에 의한 병역기 피의혹 대상자 약 4,500명 중 고위공직자 자제가 약 1,200명에 달함에도 원고의 경우만 외국 시민권 취득에 따른 국적 포기를 병역 기피로 단정하여 이 사건 입국금지조치를 한 것은 평등 의 원칙에 위반된다고 주장하나, 앞서 본 바와 같이 원고는 단순히 미국시민권 취득을 통하여 대한민국 국적을 상실함으로써 병역의 의무를 면하게 된 것이 아니라, 이미 소집통지서를 수 령한 상태로서 정당한 사유 없이 소집기일로부터 3일 내에 입영하지 아니할 경우 병역법 (2004. 12. 31. 법률 제7272호로 일부개정되기 전의 것) 제88조 제1항에 의하여 3년 이하의 징역에 처할 상황에 있었는데, 일본 공연 및 미국 가족 방문을 빌미로 국외여행허가를 받은 후 미국에 입국하여 미국 시민권을 취득하는 방법으로 병역의 의무를 기피하였고, 위와 같이 탈법적인 방법으로 병역의 의무를 기피하였음에도 자숙하지 아니하고 국적상실신고를 한 바 로 다음날 공연·음반출판을 목적으로 한 재외동포(F-4) 자격의 사증 발급을 신청함으로써 대한민국 국내에서 영리활동을 하려고 한 점, 원고가 언급하고 있는 국적 포기 사례들은 대부 분 이 사건 입국금지조치 이후의 사정에 불과하고, 위 국적 포기 사례들이 대한민국 장병들의 사기 저하 및 청소년들에 대한 영향에 있어 원고와 같은 악영향을 끼쳤다고 볼 수 없으며, 원 고의 경우와 같이 입영통지 또는 소집통지를 받은 상태에서 소집일자를 연기하고 국외여행허 가를 받아 출국한 후 외국 시민권을 취득하는 등의 탈법적인 방법으로 이루어졌다고 볼만한 사정이 존재하지 않는 점 등을 고려하면, 이 사건 입국금지조치가 다른 외국국적 취득자에 비 하여 원고를 불리하게 취급함으로써 평등의 원칙을 위반한 것이라 볼 수 없다. 따라서 원고의 위 주장은 이유 없다.

다) 소결론

따라서 이 사건 입국금지조치는 적법한 처분으로서 이 사건 거부행위 당시에도 그 효력이 유 지되고 있었으므로, 하자의 승계 여부에 관하여 나아가 살필 필요 없이 이 사건 입국금지조치 를 이유로 원고의 재외동포 사증발급 신청을 거부한 이 사건 거부행위는 출입국관리법 제8조 제3항, 출입국관리법 시행규칙 제9조의2 제2호에 따른 것으로서 그 처분사유가 인정된다.

3) 재량권 일탈·남용 여부(적법)

출입국관리법 제8조 제3항, 같은 법 시행규칙 제9조의2는 재외공관의 장이 사증을 발급하는 경우 유효한 여권을 소지하고 있는지 여부(제1호), 출입국관리법 제11조의 규정에 의한 입국의 금지 또는 거부의 대상이 아닌지 여부(제2호), 출입국관리법 시행령 별표 1에서 정하는 체류자격에 해당하는지 여부(제3호), 위 시행령 별표 1에서 정하는 체류자격에 부합한 입국목적을 소명하는지 여부(제4호), 해당 체류자격별로 허가된 체류기간 내에 본 국으로 귀국할 것이 인정되는지 여부(제5호) 등을 심사하도록 규정하고 있는바, 사증발급에 관한 재외공관의 장의 재량은 앞서 본 요건이 충족되는 경우에도 재량으로 사증발급을 거부할 수 있는 재량을 의미하는 것으로 보아야 하고, 앞서 본 요건에 미치지 못하는 경우에도 사증을 발급하는 재량을 의미하는 것으로는 볼 수 없다. 앞서 본 바와 같이 이 사건 입국금지조치가 적법·유효한 이상 피고로서는 이 사건 입국금지조치의 효력을 부인함으로써 원고가 입국금지대상자에 해당하지 아니한다고 판단할 수 없으므로, 사증발급의 다른 요건들이 충족되었는지 여부에 관하여 나아가 판단할 필요 없이 출입국관리법 시행규칙 제9조의2 제2호에 따라 원고의 사증발급 신청을 거부하여야 한다. 또한 출입국관리법 시행규칙 제10조 제3호는 재외공관의 장이 법무부장관이 그 사증발급에 관하여 특별히 승인을 얻어야만 사증발급을 받을 수 있도록 한 사증발급규제자에 대하여 사증을 발급하고자 하는 때에는 사증발급권한 위임규정인 제9조의 규정에 불구하고 법무부장관의 승인을 얻어야 한다고 규정하고 있으나, 위 규정은 재외공관의 장이 입국금지대상자 등의 사증발급규제자에 대하여 사증을 발급하고자 하는 때 법무부장관의 승인을 얻도록 한 규정일 뿐, 입국금지대상자에 대하여 사증을 발급하지 아니하는 경우에도 법무부장관의 승인을 얻어야 한다는 취지로는 볼 수 없으므로, 피고가 법무부장관의 승인을 거치지 아니한 채 원고의 사증발급 신청을 거부하였다 하더라도 이를 이유로 이 사건 거부행위가 재량권을 일탈·남용한 것이라고 볼 수도 없다. 따라서 원고의 이 부분 주장도 이유 없다.

3. 사견

위 판결은 사증발급거부와 입국금지 모두의 처분성을 인정함으로써 사인의 권리구제에 좀 더 비중을 둔 것으로 보인다. 그러나 전술한 바와 같이 그 자체로 외부로 표현되지 않는 국가의 의사결정인 입국금지에 대해 그 자체로 처분성을 인정하기는 어렵고, 입국금지로 인해 발생하는 불이익은 사증발급거부행위를 다툼으로써 시정할 수 있다. 판결에서는 입국금지를 처분으로 전제한 후 해외 체류자에게 통지하기가 현실적으로 어렵기 때문에 송달하지 않는다고 설시하였으나, 입국금지조치의 본질은 서울행정법원 2014. 10. 31. 선고 2014구합12550 판결에서 설시한 바와 같이 특정 외국인의 입국이 대한민국의 국익에 부합하는지 여부를 판단하여 이를 내부 전산 시스템에 입력하는 '입국규제의 입력'이라 할 것이므로 송달이 문제될 여지가 없다. 따라서 입국금지의 처분성은 부정하는 것이 타당할 것이다. 사증발급거부행위에 대하여는 판결의 결론과 같이 처분성을 인정하는 것이 타당하다. 다만 재외동포법이 아니더라도 출입국관리법 자체에서 신청권을 도출할 수 있다는 사견을 덧붙인다.

서울고등법원 2017. 2. 23. 선고 2016누68825 판결
(위 서울행정법원 2016. 9. 30. 선고 2015구합77189 판결의 항소심)

1. 사실관계
원심과 동일함.

2. 판단
가. 입국금지
1) 입국금지의 처분성(긍정할 여지가 있다는 취지)

이 사건 입국금지조치의 처분성이 인정되지 않는다고 쉽게 단정할 수 없어 위 입국금지조치에 관하여 별개로 행정심판 내지 행정소송을 제기할 것을 기대하기 매우 어려웠다고 볼 수 없는 점(입국금지조치의 처분성에 대하여는 논란이 있고, 우리 법원은 입국금지명령 취소청구소송에서 이를 각하하지 않고 실제 판단을 한 바도 있다.

2) 입국금지의 상당성(긍정)

원고는, 이 사건 입국금지조치의 위법 여부를 금지조치가 내려진 시점을 기준으로 판단하여야 한다고 하더라도 이 사건 거부행위 당시까지 경과한 기간, 즉 14년 이상 입국금지조치의 효력이 유지되었음을 전제로 그 위법 여부를 판단하여야 하는데, 이러한 점을 고려하면 이 사건 입국금지조치는 상당성을 잃은 것으로 위법하다고 주장한다.

그러나 이 사건 입국금지조치가 내려지게 된 경위 및 목적에 비추어 보면, 그 당시 원고에 대하여 입국금지기간을 특정하지 않고 입국금지조치를 내려야 할 필요성과 상당성을 충분히 인정할 수 있어 입국금지기간을 특정하지 않았다는 사정만으로 이 사건 입국금지조치가 위법하다고 볼 수 없고, 이와 같이 입국금지기간을 특정하지 않은 것에 어떠한 잘못이 있다고 할 수 없는 이상, 나아가 이 사건 입국금지조치 당시 입국금지기간이 특정되지 않았기 때문에 현재의 상황과 같이 입국금지조치가 장기간 지속될 가능성이 있었다거나 이를 예상할 수 있었다고 하더라도 이를 이유로 그 당시 입국금지기간을 특정하지 않고 입국금지조치를 내린데 어떠한 잘못이 있었다고 볼 수도 없다.

나. 사증발급거부행위
1) 처분성(긍정)

원심 판결이유를 그대로 유지하였음.

2) 사증발급거부행위의 위법성(부정)

이 사건 입국금지조치에 원고의 주장과 같은 하자가 있다고 가정하더라도, 앞서 인정한 사실관계에 비추어 보면 그 하자가 위 입국금지조치를 당연무효에 이르게 할 정도로 중대하고도 명백한 것이라고 볼 수 없으므로, 이 사건 입국금지조치의 하자를 이유로 별개의 처분인 이 사건 거부행위가 위법하다고 다툴 수는 없다.

이에 대하여 원고는, 이 사건 입국금지조치의 처분성이 인정되지 않아 원고로서는 입국금지조치 자체의 위법성을 별도로 다툴 수가 없어 그 불가쟁력이나 구속력이 원고에게 수인한도를 넘는 가혹함을 가져오는 예외적인 경우에 해당하므로 이 사건 입국금지조치의 하자를 이유로 이 사건 거부행위의 위법성을 다툴 수 있다고 주장하나, 이 사건 입국금지조치의 처분성이 인정되지 않는다고 쉽게 단정할 수 없어 위 입국금지조치에 관하여 별개로 행정심판 내지 행정소송을 제기할 것을 기대하기 매우 어려웠다고 볼 수 없는 점(입국금지조치의 처분성에 대하여는 논란이 있고, 우리 법원은 입국금지명령 취소청구소송에서 이를 각하하지 않고 실제 판단을 한 바도 있다. 대법원 2013. 2. 28. 선고 2012두5992 판결 참조),

이 사건 거부행위는 이 사건 입국금지조치에 따라 당연히 예상되는 후속 처분에 불과하고 원고의 입장에서는 대한민국으로의 입국을 금지한 이 사건 입국금지조치가 직접적으로 중요하고 본질적인 처분임에도 불구하고, 원고는 이 사건 입국금지조치 당시나 그 이후 이 사건 입국금지조치에 관하여 어떠한 형태로의 법적 쟁송도 제기하지 않다가(2003.경 입국금지가 일시 해제되었을 때에도 어떠한 법적 이의를 제기한 바가 없다) 재외동포법상 병역기피 목적으로 국적을 이탈한 외국국적동포에게도 체류자격이 부여될 수 있는 연령(38세)에 이른 후에야 비로소 사증발급을 신청하고 이를 거부당하자 이 사건 소를 제기한 점, 이 사건 입국금지조치가 취소되거나 해제되지 않는 한 대한민국으로의 입국 허가, 즉 사증발급 역시 이루어지지 않을 것임은 충분히 예측할 수 있는 점 등에 비추어 보면, 원고가 제출한 증거만으로는 이 사건 입국금지조치의 하자를 이유로 이 사건 거부행위의 효력을 다툴 수 없게 하는 것이 원고에게 수인한도를 넘는 불이익을 주거나 원고가 그 결과를 예측할 수 없었던 예외적인 경우에 해당한다고 인정하기에 부족하고, 달리 이를 인정할 증거가 없으므로, 이 사건 입국금지조치의 하자를 이유로 이 사건 거부행위의 위법성을 다툴 수 없음은 마찬가지라 할 것이다.

3. 사견

사증발급거부의 처분성을 인정한 원심 판단을 유지하였다. 다만 입국금지 부분은 직접적인 다툼의 대상이 아니어서 처분성을 명시적으로 인정하지는 않았으나, 처분성이 인정될 수도 있다는 취지로 판시하였다. 전술한 바와 같이 입국금지의 처분성은 부정하되 사증발급거부행위의 처분성을 인정하는 것이 타당하다고 생각하므로 이 판결의 결론에는 찬성한다.

❀ 위명여권

서울고등법원 2016. 10. 7. 선고 2015누69968 판결
(*1심 : 서울행정법원 2015. 11. 26. 선고 2015구단57997 판결)

1. 사실관계

① 파키스탄 국적 외국인인 원고 A는 제1신분으로 단기방문(C-3) 사증을 발급받아 1999. 4. 대한민국에 입국하여 생활하던 중 외국환관리법위반으로 징역 2년, 집행유예 3년의 판결을 선고받고 2003. 10. 강제퇴거명령을 받음. 2003. 11. 출국함.

② 원고는 2005. 2. 현재의 신분인 제2신분으로 단기방문(C-2) 사증을 발급받아 대한민국에 입국한 후 2005. 3. 무역투자(D-8) 체류자격으로 변경하여 현재까지 체류 중임.

③ 출입국관리사무소에서는 원고가 제1신분으로 대한민국을 떠난 후 제2신분으로 대한민국에 재입국한 사실을 발견하고 원고가 신원불일치자라는 이유로 출입국관리법 제51조, 제63조에 따라 보호명령서를 발부한 후 2015. 5. 강제퇴거를 명함.

2. 판단

가. 출입국관리법 제7조 제1항 위반 여부

출입국관리법 제7조 제1항에 정해진 유효한 여권이라고 함은, 외국으로 출국하는 자국민에 대하여 해당국 정부가 발행하는 공식의 여행문서로서 해당 자국민의 신분을 공증함과 동시에 해당 자국민의 보호와 여행의 편의 제공을 외국정부에 의뢰하는 공식문서(National Passport)뿐만 아니라 일정한 국제기구 등이 발행한 여권과 난민여행증명서나 그밖에 여권에 갈음하는 증명서도 대한민국정부가 유효하다고 인정하는 것을 포함하며, 또한 권한 있는 관헌에 적법한 방식으로 발행되고 형식과 실체의 양면에서 유효한 것을 말한다. 그러므로 외견상 진정한 여권과 조금도 다르지 아니하더라도 사인이 부정하게 인쇄하여 작성한 것이라거나 정규의 절차에 의하여 취득하고 본인의 사진이 붙어있는 등 형식요건을 갖추고 있더라도 타인의 명의를 모용한 것은 유효한 여권에 해당하지 아니한다고 해석하여야 한다.

원고가 1999. 4. 제1신분으로 입국하였다가 2003. 10. 강제퇴거명령을 받고 2003. 11. 출국한 후 그로부터 5년이 지나지 않은 2005. 3. 제2신분의 여권으로 입국한 사실은 인정되므로 특별한 사정이 없는 한 제2신분은 타인의 명의를 모용한 것으로 추정된다. 이에 대해 원고가 제출한 제반 증거는 각각의 성격, 기재 경위 등을 고려할 때 원고 주장을 뒷받침한다고 보기 어렵다.

나. 신뢰보호원칙 위반 여부

신뢰보호원칙이 적용되기 위해서는 행정기관의 선행조치에 대한 신뢰를 보호할 가치가 있어야만 한다. 그런데 행정청이 개인의 위법행위로 인한 결격사유를 미처 알지 못하여 결격사유가 없음을 전제로 선행조치를 행한 후 사후에 결격사유를 발견하여 선행조치를 취소하는 경우에까지 위법행위를 행한 개인이 신뢰보호원칙을 주장할 수는 없다.

따라서 피고가 원고의 위법행위를 사후에 발견한 후 이를 알지 못한 상태에서 내린 법률관계를 되돌리기 위하여 이 사건 각 처분을 한 것을 신뢰보호원칙에 반하는 행위라고 할 수는 없으므로 이에 대한 원고의 주장도 받아들이지 않는다.

다. 재량권 일탈·남용 여부

① 출입국관리행정은 내·외국인의 출입국과 외국인의 체류를 적절하게 통제·조정함으로써 국가의 이익과 안전을 도모하고자 하는 국가행정작용으로, 특히 외국인의 출입에 관한 사항은 주권국가로서의 기능을 수행하는 데 필수적인 것으로서 엄격히 관리되어야 한다.

② 여권 등의 신분증 위조행위는 대한민국 국민도 엄하게 처벌을 받는 중대한 범죄이다. 그런데 이러한 위조행위의 위법성 자체에 더하여, 여권과 사증을 위조하여 대한민국에 입국하는 외국인은 대한민국이 입국을 거부할 만한 충분한 사유가 있음에도 이러한 위조행위를 통하여 대한민국 의사에 반하여 입국한 것으로서, 이는 마치 집주인을 속이고 주거에 침입하는 것과 다를 바 없다. 더욱이 갈수록 불안해져가는 국제 정세와 치안문제를 감안할 때 대한민국을 기망하여 입국한 외국인을 퇴거시킬 권한은 주권국가가 행할 수 있는 고유의 권한으로서 철저하게 보장되어야 한다.

③ 각 나라마다 성명, 생년월일에 대한 체계가 다양하고 신분등록 및 확인 제도와 그 관리 수준이 많이 달라, 외국인의 출입국을 관리하는 피고가 모든 외국인의 진정한 신분이 무엇인지 일일이 확인하는 것은 현실적으로 거의 불가능하다. 그런데 피고에게 적발된 대부분의 신원불일치자들은 현재 소지한 여권이 진정한 여권이라고 주장하여 피고의 출입국관리행정에 상당한 지장을 초래하고 있어 이러한 외국인에게 위조된 여권을 사용하는 데 따른 강한 불이익을 가하여 일반예방 차원에서 이러한 위조행위를 방지할 필요성이 크다.

④ 법무부 소속 출입국·외국인정책본부는 2012년과 2013년 두 차례에 걸쳐 두 개 이상의 신분을 사용하여 대한민국에 입·출국하였던 외국인들을 대상으로 '신원불일치자 자진신고제도'를 운영하면서 그러한 사실을 자진신고 하면 6개월 후 재입국하여 원래의 체류자격으로 체류할 수 있도록 하였다. 이에 따라 약 4,000여 명의 외국인들이 위명여권 사용행위를 자진신고 하여 혜택을 받았음에도 원고는 위 기간 동안 대한민국에 체류하였으면서도 자진신고를 하지 않아 끝까지 자신의 위법행위를 숨기려고 했던 것으로 보인다.

⑤ 원고는 2003. 11.경 강제퇴거를 당하면서 5년간 재입국 금지 대상이었는데 원고가 2005. 2. 재입국할 당시에서는 5년의 입국규제 기간이 경과하지 아니하여 원고는 제1신분으로는 입국이 불가능하였고, 원고가 과거 위명여권을 사용하여 대한민국에 입국하였던 전력이 밝혀졌다면 제2신분으로도 대한민국에 입국하지 못하였을 것이다. 따라서 이러한 입국규제가 출입국관리법을 위반한 외국인들에 대한 제재적 성격을 갖고 있는 점에 비추어 사후에라도 이러한 위법행위가 발견되면 해당 외국인을 출국시켜 출입국질서를 회복하는 것이 부당하다고 할 수 없다.

⑥ 원고는 이 사건 각 처분으로 인하여 자신이 입게 될 손해가 지나치게 크다고 주장하나 이는 어디까지나 원고의 귀책사유에서 비롯된 것이고, 그 손해 역시 금전적인 것에 불과하다. 따라서 위명여권을 사용한 출입국 행위가 출입국관리행정 및 사회 안전에 미치는 심각한 위해를 고려하여 볼 때 피고가 이 사건 각 처분으로 지키고자 하는 공익이 원고의 금전적인 손해보다 결코 가볍다고 할 수 없다.

라. 행정절차법 위반 여부

행정절차법 제3조 제2항 제9호는 외국인의 출입국에 관한 처분에 대해서는 행정절차법을 적용하지 아니한다고 규정하고 있고, 이 사건 각 처분은 강제퇴거 대상자에 대하여 긴급하게 내려지는 처분으로서 긴급성, 밀행성, 적시성이 요구되므로 행정절차법 제22조 제1항이 적용되지 아니하며(행정절차법 제23조 제1항 제3호의 예외사유에 해당하기도 한다), 행정절차법 제23조 제1항은 행정청의 자의적 결정을 배제하고 당사자로 하여금 행정구제절차에서 적절히 대처할 수 있도록 하는 데 그 취지가 있으므로, 처분서에 기재된 내용과 관계 법령 및 당해 처분에 이르기까지 전체적인 과정 등을 종합적으로 고려하여, 처분 당시 당사자가 어떠한 근거와 이유로 처분이 이루어진 것인지를 충분히 알 수 있어서 그에 불복하여 행정구제절차로 나아가는 데에 별다른 지장이 없었던 것으로 인정되는 경우에는 처분서에 처분의 근거와 이유가 구체적으로 명시되어 있지 않았다고 하더라도 그 처분이 위법하다고 할 수 없는데(대법원 2013. 11. 14. 선고 2011두18571 판결 참조), 을7-14호증의 각 기재에 의하면, 피고는 2015. 5. 6. 원고를 긴급보호하면서 미란다원칙 등 고지문과 안내서를 교부하였고, 이에 따라 2015. 6. 8. 무렵 보호일시해제신청을 하면서 자신이 보호수용된 사유를 "과거 타인의 여권을 이용하여 대한민국에 입국하였다가 외국환관리법위반죄로 집행유예를 선고받고 퇴거당한 사실이 있는데 그 후 타인의 여권을 입국한 사실이 발각되어 보호소에 수용되었다."라고 주장한 사실 등이 인정되므로, 이에 의하면, 원고는 이 사건 처분 당시 어떠한 근거와 이유로 이 사건 처분이 이루어진 것인지 충분히 알 수 있어서 그에 불복하여 행정구제절차로 나아가는 데에 별다른 지장이 없었다고 할 것이어서 원고의 이 부분 주장은 이유 없다.

❀ 출국금지

대법원 2013. 12. 26. 선고 2012두18363 판결
(하급심 서울고등법원 2012. 7. 19. 선고 2011누43180 판결(2심),
　서울행정법원 2011. 11. 11. 선고 2011구합22679 판결(1심))

1. 사실관계
① 원고는 총 665,937,580원의 국세를 체납하였음.
② 원고는 국세 체납 이후 총 23회(2002년 2회, 2003년 4회, 2004년 0회, 2005년 2회, 2006년
　1회, 2007년 3회, 2008년 4회, 2009년 2회, 2010년 4회, 2011년 1회) 출입국하였음.
③ 이에 대해 국세청장이 원고의 출국금지를 요청하여 법무부장관은 2011. 6. 원고에 대해 출입
　국관리법 제4조, 제4조의4 제1항에 따라 국세 체납을 이유로 6개월간 출국금지처분을 함.

2. 판단
① 국민의 출국의 자유는 헌법이 기본권으로 보장한 거주·이전의 자유의 한 내용을 이루는 것이
　므로 그 제한은 필요 최소한에 그쳐야 하고 그 본질적인 내용을 침해할 수 없다.
② 조세 미납을 이유로 한 출국금지는 그 미납자가 출국을 이용하여 재산을 해외에 도피시키는
　등으로 강제집행을 곤란하게 하는 것을 방지함에 주된 목적이 있는 것이지 조세 미납자의 신
　병을 확보하거나 출국의 자유를 제한하여 심리적 압박을 가함으로써 미납 세금을 자진납부하
　도록 하기 위한 것이 아니다.
③ 따라서 재산을 해외로 도피할 우려가 있는지 여부 등을 확인하지 아니한 채 단순히 일정 금액
　이상의 조세를 미납하였고 그 미납에 정당한 사유가 없다는 사유만으로 바로 출국금지 처분
　을 하는 것은 위와 같은 헌법상의 기본권 보장 원리 및 과잉금지의 원칙에 비추어 허용되지
　아니한다.
④ 원고가 5천만 원 이상의 국세를 체납한 사실은 인정되지만 원고가 재산을 은닉하거나 해외로
　도피시킨 정황을 적발하지 못하였고, 원고의 현재 직책이나 과거 경력, 1회 평균 3~5일 정도
　의 비교적 짧은 해외체류기간을 감안하면 그것이 재산의 해외 도피를 목적으로 한 출국이라
　고 단정하기 어렵다.
⑤ 따라서 원고의 청구는 이유 있다.

대법원 2015. 1. 29.자 2014두44090 심리불속행기각결정

(2심 : 서울고등법원 2016. 4. 28. 선고 2015누61315 판결

 1심 : 서울행정법원 2015. 8. 13. 선고 2015구합2291 판결)

1. 사실관계

① 원고는 P를 대신하여 1993경부터 1999. 11.까지 M주식회사를 운영하였고, 2000. 4.경부터 M주식회사의 대표이사로 근무했음. M주식회사는 2011. 12. 상법 제520조의2 제1항에 따라 해산된 후 2014. 12. 같은 조 제3항에 따라 청산종결됨.

② 원고는 2001.부터 증여세, 양도소득세 등 합계 563,759,000원 상당의 국세를 체납하였으나, 2013. 3. 관할 세무서장에게 체납 국세를 5회 분할하여 납부하겠다는 내용의 계획서를 제출하였을 뿐 자발적으로 체납 국세를 납부한 적이 없음.

③ 관할 세무서 등은 원고가 국세를 체납한 이후에 원고 명의로 된 토지 및 건물 등을 압류하여 징수절차를 거치고 있으나, 선순위 채권액이 과다하거나 지목이 도로에 해당하는 등이 이유로 체납 국세에 충당하기는 부족함. 이미 압류된 재산 외에는 원고 명의로 된 재산이 국내에 존재하는지 여부가 파악되지 않고 있음.

④ 원고의 가족인 처와 자녀들은 A국에 거주하고 있고 모두 A국의 영주권 또는 시민권을 취득한 상태로, 경제활동을 하고 있음. 원고는 사업 등의 목적으로 2001. 11.부터 2012. 11. 사이에 A국, B국, C국 등으로 총 48회에 걸쳐 출국하였음.

⑤ 국세청장이 국세 체납을 이유로 피고(* 법무부장관)에게 출국금지를 요청하였고, 피고는 2012. 12. 원고에 대하여 출국금지처분을 하였음. 이후 출국금지기간을 연장하는 처분을 하였음.

2. 판단

가. 제1심 법원의 판단 (원고 청구 기각)

 다음과 같은 사정들을 종합해보면, 원고가 출국할 경우 재산을 해외로 도피할 우려가 있다고 보기 충분하므로, 이를 이유로 원고의 출국을 금지한 이 사건 처분은 정당하고, 이 사건 처분으로 인하여 원고가 입는 불이익이 그로 인하여 달성하려는 공익에 비하여 지나치게 커서 가혹하다고 보기는 어렵다.

① 원고는 2001. 6.부터 현재까지 장기간에 걸쳐 증여세 등 거액의 국세를 체납하였고, 그 미납에 정당한 사유가 있다고 볼만한 자료가 없다.

② 원고는 국세 체납일 이후 현재까지 자발적으로 체납 국세를 납부한 적이 없고, 관할 세무서 등이 원고 소유의 재산에 대하여 압류 등의 조치를 취하였음에도 불구하고 그 대부분을 징수하지 못하였는바, 원고 명의의 재산이 더 이상 확인되지 않아 체납 국세를 징수하는 것이 사실상 곤란할 것으로 보인다.

③ 원고는 별다른 소득원이 없음에도 2001. 11.부터 2012. 11.까지 A국, B국, C국 등으로 수차례 출국하였고, 해외체류기간 또한 짧지 않은데, 원고는 그 경비 등에 대해서 납득할 만한 설명을 하지 않고 있다.

④ 원고가 국세를 체납할 무렵 원고의 처와 자녀들은 A국에서 체류하고 있었고 현재는 시민권 또는 영주권을 취득하여 A국에서 거주하는 것으로 보이는 바, 국내에 있던 원고의 은닉재산이 A국에 생활기반을 마련한 처와 자녀들을 통해 해외로 유출되었거나 장래에 유출될 가능성이 높고, 원고가 제출한 자료만으로는 원고의 국세 체납 이후로 원고의 처와 자녀들이 경제활동을 통해 미국에서의 학비, 생활비 등을 스스로 부담하였다고 보기 어렵다.

⑤ 체납자에 대한 출국금지는 조세채권의 정당한 집행을 통한 국가재정의 건전성과 조세정의 실현이라는 공익과 밀접하게 관련되어 있다.

나. 제2심 법원의 판단(원고 청구 인용)

피고가 제출한 증거들만으로는 원고가 출국을 이용하여 재산을 은닉하거나 해외로 도피시킬 우려가 있다고 인정하기 어렵다. 따라서 이와 달리 판단하여 원고에 대하여 출국금지기간을 연장한 이 사건 처분은 과잉금지의 원칙에 위배되는 것으로서 위법하다.

① 원고는 P를 대신하여 M주식회사를 운영하는 과정에서 금융기관 및 지인으로부터 돈을 차용하였고, 이후 자금난에 처하여 P소유의 부동산 매각대금으로 위 차용금을 변제하게 된 것이므로, 이를 두고 원고가 P로부터 현금을 증여받아 개인재산을 축적하였다고 보기는 어렵다.

② 원고에 대한 출국금지처분은 원고가 국세를 체납하기 시작한 2001. 6.부터 약 11년이 경과한 2012. 12.에야 이루어졌다. 과세관청이 2001. 8.경까지 원고 소유의 부동산 등에 대하여 압류 등의 조치를 취하였으나 재산가치가 없어 대부분 징수하지 못하였고, 그로부터 상당한 시간이 흘렀음에도 원고 소유의 재산이 추가로 확인되지 않았으며(과세관청이 2010. 8. 압류한 건물은 멸실되었고, 2010. 6. 압류한 원고의 우체국에 대한 예금채권은 선순위 채권액이 과다하여 각 그 재산가치가 전혀 없다), 그 밖에 원고가 재산을 은닉하거나 해외로 도피시켰다고 볼 만한 정황도 전혀 발견되지 않았다. 설령 원고가 P로부터 증여받은 현금의 일부를 은닉하였다 하더라도, 체납 시점으로부터 약 11년이 지난 2012년까지 원고의 은닉재산이 남아있을 것으로 보기는 어렵다.

과세관청이 피고에 대하여 원고가 세금을 체납한 2001. 6.부터 2012. 12.까지 원고에 대하여 출국금지요청을 하지 않았다는 것은 원고에게 체납세금을 징수할 별다른 재산이 없거나 재산이 있더라도 이를 은닉하거나 해외로 도피시킬 개연성이 없었다는 것을 일응 반증하는 것이라고 볼 수 있다. 따라서 피고가 세금을 체납한 때로부터 상당한 기간이 경과하도록 출국금지처분을 하지 않다가 새로이 원고에 대하여 출국금지처분을 하기 위하여는 원고의 재산상황이 체납 시와 비교하여 증가하였거나 원고가 은닉하거나 해외에 도피시킴으로써 발견하지 못했던 원고의 재산이 새로이 밝혀지는 등 원고가 재산을 은닉하거나 해외에 도피시킬 수 있다는 객관적인 정황이 드러나야 할 것이지만, 피고가 제출한 전 증거를 종합하여 보아도 이러한 객관적인 정황은 인정되지 아니한다.

③ 원고는 2001. 11.경부터 2012. 11.경까지 총 48회에 걸쳐 해외로 출국하였지만, A국으로의 출국은 가족 방문 목적으로 이루어진 것으로 보이는 점, 그 외 국가로의 출국은 그 행선지가 주로 B국(23회), C국(4회), D국(3회)이며 그 체류기간이 비교적 짧은 점, 원고는 2014년부터 2015년까지 사이에 새로이 설립된 L주식회사 CEO의 지위에서 여러 국가기관 등과 다수의 PM 용역계약 등을 체결한 것으로 보이는 점, 원고가 과다한 여행비용을 지출하였다거나 거액의 돈을 소지하고 출국하였다고 볼 만한 사정이 없는 점 등에 비추어 보면, 원고가 재산 도피 목적 또는 관광 등 소비 목적으로 해외로 출국하였다고 보기 어렵다.

④ 현재 원고 가족들은 모두 독립된 생계를 유지하고 있어 도리어 원고에게 생활비 및 해외체류 경비를 지원하였을 가능성도 충분히 있다.

⑤ 원고가 운영하던 P주식회사가 1998년경 자금난에 처하기 전까지는 원고는 관할 세무서로부터 성실납세자로 인정받았으며, 1996년경에는 명예세무서장으로 위촉된 적이 있었는데, 1998년경 발생한 외환위기상황에서 원고가 운영하던 회사도 경영상의 어려움을 극복하지 못한 것으로 보인다.

⑥ 원고는 해외에서 여러 가지 사업을 추진하는 것으로 보이는데, 피고가 원고에 대하여 출국금지처분을 함으로써 이러한 사업기회를 박탈하게 된다면 원고로서는 이러한 사업을 통한 수익을 창출할 기회가 사라지게 되고 과세관청으로서도 원고에 대하여 체납세금을 징수할 가능성이 사라지게 될 뿐이다.

서울행정법원 2005. 5. 19. 선고 2004구합32210 판결

1. 사실관계

① 원고는 A, B, C회사의 대표이사로 재직하였고 2004. 8. 지방세 12억 원가량을 비롯해 총 138억가량의 세금을 체납하고 있음. A회사는 화의인가결정을 받았다가 화의인가결정이 취소되었고, B 및 C회사는 회사정리절차 개시결정을 받았다가 폐지결정을 받았음.

② 법무부장관은 2004. 8. 31. 원고에 대해 2004. 8. 31.부터 2005. 2. 28.까지 출국금지를 명하는 처분을 하였다가 2005. 2. 26. 출국금지기간을 2005. 3. 1.부터 2005. 8. 31.까지 연장하는 처분을 하였음.

③ 원고는 1990. 1.부터 2004. 7.까지 총 102회 출입국하였고, 관광 등 목적으로 짧게는 1~2일, 방문 및 동거 등 목적으로 길게는 1달 이상 체류하였음.

④ 원고는 2001. 5.경부터 D회사와 제품개발, 해외수입 업무 등을 담당하다가 2003. 9.부터 정식 고문계약을 체결하여 해외로부터의 가구 수입 관련 업무를 담당하였음.

2. 판단

아래의 점을 종합하여 보면 원고에게 출국을 기화로 재산을 해외로 도피할 가능성이 있다고 보기는 어렵다 할 것이므로, 이 사건 처분은 이로 인하여 달성하려는 공익목적을 충분히 감안하더라도 원고에게 지나치게 가혹하여 그 재량권의 범위를 일탈·남용한 것으로서 위법하다.

① 원고는 D회사의 수입업무 전담 고문으로서 이 사건 처분 이전까지 미국, 중국, 필리핀 등지로부터 가구를 수입하는 업무를 전담하면서 주로 해외 관련 업무를 수행하고 있는데, 그 성격상 빈번한 외국출장이 필수적이다.

② 현재 원고 소유의 재산이 전혀 없고, 제3자 명의로 은닉하거나 해외로 도피한 재산이 있다고 밝혀진 바도 없다.

③ 원고가 100억 원이 넘는 국세를 체납하고 있음에도 국세청장이 원고에 대하여 출국금지조치를 요청한 바 없다.

④ 회사는 근로자들의 임금 및 퇴직금 채권 변제 확보를 위하여 회사 소유의 재고자산, 기계설비 및 매출채권 일체를 노조에게 양도하여 파산 당시에는 파산재단의 재원 자체가 고갈되어 파산절차의 집행비용도 부담하기 어려운 실정이었고, 원고는 파산선고 이후 실시된 세무조사에 의하여 회사 자료에 제대로 접근할 수 없었던 것으로 보인다.

⑤ 원고에게 부과된 이 사건 지방세의 성격에 비추어 볼 때 단순히 그 체납액이 과다하다는 사실만으로 그 미납에 대한 원고의 귀책사유나 비난가능성이 높다고 할 수 없다.

서울행정법원 1998. 12. 16. 선고 98구20390 판결

1. 사실관계

① 수입대행업자인 원고는 소외 A, B로부터 금 1,500,000원의 수입대행료를 받기로 하고 미국산 콩나물 재배용 콩의 수입을 대행하여 주기로 약정한 후, 수입신고 및 통관절차를 용역받은 소외 C에게 수입가격이 저가로 기재된 선하증권 등 수입신고 및 통관에 필요한 서류를 송부하여 C가 수입신고 및 통관을 하게 함으로써 위 소외 1, 2의 관세포탈 범행을 용이하게 하였음.

② 원고는 1998. 7. 10. 서울고등법원에서 특정범죄 가중처벌 등에 관한 법률 위반(관세)죄로 징역 2년 6월에 집행유예 3년 및 벌금형에 대한 선고유예, 추징금 371,880,032원을 선고받아 위 형이 그대로 확정되었음.

③ 법무부장관은 원고가 위 추징금을 납부하지 않았다는 이유로 출입국관리법 제4조 제1항 제1호, 동법시행령 제3조, 출국금지업무처리규칙 제3조 제1항 제3호, 출국금지기준 2.를 적용하여 1998. 9. 18.자로 1998. 9. 17.부터 1999. 3. 16.까지 원고의 출국을 금지하는 처분을 하였음.

2. 판단

아래와 같은 사정에 비추어 보면 원고가 단순히 추징금을 납부하지 않았다는 사유만으로 원고의 출국을 금지하는 이 사건 처분은 지나치게 가혹하여 무거운 처분으로서 재량권의 범위를 벗어난 위법한 처분이라고 할 것이다.

① 원고의 위 범행에 가담한 정도가 비교적 경미하였고 관세포탈로 인하여 위 수입대행료 이외에 다른 이득을 취할 의사가 있었던 것도 아니며, 실제로도 원고는 위 소외 A, B로부터 위 대행료 금 1,500,000원조차도 받지 못하고 있다.

② 위 추징금 371,880,000원은 위 형사사건 관세포탈물품의 국내도매가격에 상당한 금액으로서 위 사건 피고인들의 위 소외 A, B 및 원고 각자에게 과하여진 금원이고, 원고는 1996. 9.경 뉴질랜드 영주권을 취득하여 현재 처와 가족들은 뉴질랜드에서 생활하고 있어 원고가 장기간 뉴질랜드에 돌아가지 못하면 가족들의 생계가 위협을 받게 된다.

③ 원고는 국내에는 전혀 재산이 없어 추징금을 납부하지 못할 상황인 사실을 인정할 수 있고, 반증이 없으며, 원고가 이 사건 변론종결일 이후인 1998. 12. 1. 추징금 중 일부인 금 20,000,000원을 납부한 사실이 있다.

④ 원고가 관세포탈방조로 인하여 취한 이득이 전연 없고 그 범행가담의 정도도 비교적 경미한데 비하여 위 소외 A, B의 범행가담 정도는 원고와 비교할 수 없을 정도로 무거움에도 위 소외 A, B 및 원고가 위 추징금을 각자 납부해야 하는 결과 추징금을 납부하지 못한데 따른 책임을 물어 이 사건 처분을 하는 것은 원고에게 너무 가혹하다.

❀ 출국명령

서울고등법원 2014. 12. 24. 선고 2014누57753 판결

1. 사실관계
① 중국 국적 외국인인 원고는 H-2 체류자격으로 거주하던 중, 도박을 하였다는 범죄사실로 한 해 동안 세 차례 약식명령을 받았음.
② 출입국관리사무소에서는 원고에 대해 출국명령처분을 하면서 출입국관리법 제68조 제1항만을 기재하고 구체적인 사유를 적시하지 않았음.

2. 판단
가. 절차적 하자 유무에 관한 판단
　① 출국명령은 그 성질상 행정절차를 모두 거치기 어려운 절차에 해당하고, 출입국관리법에서는 별도의 규정을 통해 행정절차에 준하는 절차를 따로 두어 거치도록 하고 있으므로 행정절차법의 적용대상이 아니다.
　② 설령 행정절차법이 적용된다 하더라도 원고 스스로 범죄경력을 발급받아 사무소를 방문하였고, 출입국관리공무원이 처분사유를 분명히 고지하였으며, 처분사유와 근거 법령을 기재한 심사결정서를 제시하였고, 이에 대해 원고가 서명하였으므로 처분사유를 충분히 알 수 있었다.
　③ 따라서 처분에는 행정절차법 위반의 위법이 없다.

나. 재량권 일탈·남용에 관한 판단
　원고의 연이은 범죄 행위는 대한민국의 법질서를 경시하는 것이고, 또 대한민국의 선량한 풍속을 해칠 우려가 있는 행동으로 보기에 충분하므로, 원고에게 강제퇴거 또는 출국명령의 사유가 전혀 없다는 주장은 받아들이기 어렵다.
　또한, 넓은 재량이 인정되는 출입국관리행정의 특성, 원고가 출국에 이르게 된 계기, 이후 입국금지 기간 등을 종합적으로 고려할 때 처분이 너무 가혹하여 재량권의 범위를 일탈하였다거나 남용하였다고 볼 수 없다.

서울행정법원 2015. 2. 5. 선고 2014구합13386 판결

1. 사실관계

① 중국 국적 외국인인 원고는 1995. 생년이 A로 기재된 여권을 이용하여 대한민국에 입국한 후 체류기간을 도과하여 체류하다가, 그 불법체류사실을 자진신고하고 2002. 출국하였음.

② 원고는 2005. 생년이 B로 기재된 여권을 이용하여 대한민국에 입국한 후 대한민국 국민과 혼인신고를 마치고 2006. 거주(F-2) 체류자격으로 변경하여 대한민국에 체류해 왔음.

③ 원고는 2012. 법무부장관에게 귀화허가를 신청하였는데, 심사 과정에서 원고가 1995. A 여권으로 입국한 후 불법체류하다가 2002. 출국하였는데, 이를 숨기고 B 여권을 이용하여 다시 대한민국에 입국한 사실이 적발됨.

④ 출입국관리사무소에서는 2014. 원고에 대하여 신원불일치자(2개 이상의 인적사항으로 출입국심사를 받고 국내에 출입국한 자)라는 이유로 출국명령 처분을 내림.

2. 판단

다음과 같은 사정들을 고려하면, 원고가 주장하는 여러 사정을 고려하더라도 이 사건 처분으로 달성하고자 하는 공익에 비하여 원고가 받을 불이익이 지나치게 커서 이 사건 처분이 피고의 재량권을 일탈·남용한 것이라고 보기 어렵다.

① 원고는 2012, 2013 두 차례에 걸쳐 신원불일치자 자진신고를 시행하였는데 원고는 그 기간 동안 대한민국에 체류하였으면서도 자진신고를 하지 아니하였다.

② 외국인이 유효하지 않은 여권을 소지한 채 대한민국에 입국한 사실이 적발되면 일정한 기간 동안 대한민국에 재입국하는 것이 허용되지 아니하므로, 외국인이 현재 유효한 여권을 소지한 채 대한민국에 입국하였더라도 과거 유효하지 않은 여권을 소지한 채 대한민국에 입국하였던 사실이 적발되면 즉시 그 외국인을 강제로 퇴거시킬 필요가 있다.

③ 원고가 사증발급심사 과정에서 과거 허위의 인적사항이 기재된 여권을 사용하여 대한민국에 입국하였고 불법체류하였던 전력이 밝혀졌다면 원고는 대한민국에의 입국이 거부되었을 것이므로, 피고가 원고를 출국시켜 사후적으로라도 출입국질서를 회복하는 것은 합당한 조치이고, 그 결과 원고가 국내에서 형성한 인간관계와 생활기반이 상실되거나 단절되는 불이익을 받게 되더라도 이는 원고의 귀책사유에서 비롯된 것에 불과하다.

④ 원고가 중국으로 출국한 뒤 대한민국에 입국하여야 할 사유가 발생한 경우 적합한 사증을 발급받아 대한민국에 재입국하는 것이 가능할 것으로 보이고, 오히려 피고는 원고가 고령인데다 자진하여 출국할 의사가 있음을 고려하여 강제퇴거명령 대신 가벼운 이 사건 처분을 하였으므로, 원고가 주장하는 사정만으로는 이 사건 처분이 원고에게 지나치게 가혹하다고 보기는 어렵다.

⑤ 그 외 혼인관계의 진정성, 허위 사실이 기재된 여권을 사용하게 된 계기 등에 관한 원고의 주장을 믿기 어렵다.

서울고등법원 2015. 4. 23. 선고 2014누65709 판결
(하급심 서울행정법원 2014. 9. 12. 선고 2014구합6487 판결)

1. 사실관계
① 중국 국적 외국인인 원고는 유학(D-2) 사증으로 대한민국에 입국하여 체류하다가, 2011. 대한민국에 귀화하여 국적을 취득한 모친 B의 친자임을 이유로 영주자격(F-5)으로 체류자격변경허가를 신청함.
② 체류자격 변경허가를 신청하는 과정에서, 원고가 유학 체류자격을 신청할 때 제출한 호구부에는 부 C(D생), 모 E(F생)로 기재되어 있는 반면, 영주 체류자격 신청시 제출한 호구부에는 부 C(D생), 모 B(G생)으로 기재되어 있는 사실을 발견함. 이에 따라 원고에 대해 출입국관리사무소는 강제퇴거 대상이 되나 자진출국 의사를 확인하여 출국명령처분을 내림.
③ 원고의 모친인 B은 딸인 원고의 유학비자를 받아 한국으로 입국하게 할 목적으로 위조된 호구부를 제시하여 행사하여 벌금 100만 원의 약식명령을 발령받았고, 원고는 그 당시 비교적 어린 나이였고 우울증을 심하게 앓고 있었음.
④ 원고는 2011. 4. P정신건강의학과에서 '상세불명의 양극성 정동장애(의증), 분열정동성 정신병 NOS(의증)' 진단을 받았고, 증세가 호전되지 않아 2011. 6. Q병원으로 전원하여 치료 중에 있음.

2. 판단
원고는 상당한 정도의 정신과적 질병을 앓고 있고 이로 인하여 대한민국에서의 지속적 치료와 가족의 간호가 필요한 것으로 보인다. 원고의 모친 및 언니가 대한민국 국적을 취득하여 대한민국에 생활의 기반이 있는데다가 원고는 어린 시절 부모가 이혼하여 부친과 거의 교류하지 않는 것으로 보이는 점을 감안하여 볼 때 원고가 대한민국에서 출국할 경우 즉각적으로 심각한 건강상의 문제가 발생할 수 있을 것으로 보인다.

현 상태를 신청자에게 수익적으로 변경하는 신청에 대한 거부처분인 체류자격변경 불허가 처분과는 달리, 출국명령은 대상자가 대한민국에서 형성한 기반을 포기해야 하는 등 현 상태에 침익적 변동을 가져오고, 또한 대상자의 국내 체류가 대한민국의 질서에 어긋난다고 판단될 경우 언제라도 재차 동일한 처분이 가능하므로 공익과 사익의 비교·형량에 있어 체류자격변경 불허가 처분에 비하여 신중을 기할 필요가 있다.

서울행정법원 2008. 4. 16. 선고 2007구합24500 판결

1. 사실관계

① 원고는 H-2 체류자격으로 대한민국에 체류하던 중 '인간면역결핍바이러스(HIV)' 양성으로
   판정되었고, 관할 보건소는 원고가 HIV 양성반응자라는 사실을 출입국관리사무소에 통보함.

② 출입국관리사무소는 원고에게 출국명령을 함.

③ 원고의 생모는 한국인인 계부와 혼인하여 한국 국적을 취득하여 현재 한국에 거주 중이고, 원
   고의 생부는 이혼 후 원고와 연락이 끊어진 상태임.

2. 판단

우리나라는 당초 후천성면역결핍증을 2군 전염병으로 분류하여 오다가 전염병예방법이 2000.
1. 12. 법률 6162호로 개정되면서 3군 전염병으로 분류하고 있는바, 전염병예방법 제29조 및 시
행규칙 제16조에서는 전파가능성이 높은 제1군 전염병환자 및 제3, 4군 전염병환자 중 일부를
격리수용 대상자로 규정하고 있으나 3군 전염병 중에서는 성홍열 및 수막구균성수막염 환자만을
격리수용 대상으로 하고 있을 뿐 후천성면역결핍증(AIDS) 환자는 격리수용 대상으로 정하고 있
지 않다. 또한 HIV 감염 외국인에 대하여 위와 같이 철저한 관리가 이루어지고 있는 것과는 달
리, 다른 전염병에 대하여는 출·입국에 관련하여 특별한 관리가 이루어지지 않고 있고, 별다른
통계도 존재하지 않는 실정이다.

다음과 같은 사정, 즉 ① 후천성면역결핍증의 원인 바이러스인 HIV 바이러스는 특정한 경로로만
전염되는 것으로서 일상적인 접촉으로 전염될 가능성이 거의 없고, ② 원고는 한국 국적자인 생
모의 초청으로 적법하게 국내로 입국하였으며, 중국 내에는 달리 원고를 돌볼 만한 가족이 없는
상황인 점, ③ 한국 국적자인 원고의 가족들이 여전히 원고와 함께 생활하기를 희망하고 있고,
④ HIV 확산 방지라는 관점에서 볼 때 사회적으로 더욱 위험한 것은 HIV 감염이 확인된 경우보
다 오히려 감염 여부 자체가 확인되지 아니한 경우이고, HIV 감염이 확인되었다는 이유만으로
바로 불리한 처분을 받는다는 인식이 확산될 경우 잠재적 감염인들이 검사를 기피함으로써 사회
전체적으로 오히려 역효과를 나타낼 가능성이 높은바, 감염인의 인권을 보호함으로써 자발적인
검사 및 치료를 받을 수 있도록 하고, 스스로 감염 사실을 밝히고 전염 방지를 위한 생활수칙을
지키도록 유도하는 것이 HIV 확산 방지에는 오히려 효과적일 수도 있다.

따라서 이 사건 처분으로 보호하고자 하는 전염병 예방이라는 공익의 달성 여부는 확실치 아니
한 반면, 이 사건 처분으로 인하여 원고의 거주·이전의 자유, 가족 결합권을 포함한 행복추구권,
치료를 받을 가능성 등은 심각하게 침해될 것임이 분명하므로, 결국 이 사건 처분은 사회통념상
현저하게 타당성을 잃은 것이라 할 것이다.

찾아보기

저자 소개

정혁진 변호사

現 법무법인 정진 대표변호사
대한상사중재원 중재인
금융위원회 법률자문위원

학력 서울대학교 서양사학과 졸업
서울대학교 공법학과 졸업
Northwestern 대학교 법학석사
서울대학교 법학과 법학박사 수료

前 예금보험공사 변호사
삼성화재해상보험(주) 선임변호사
숭실대학교 법과대학 조교수
국방부 주한미군기지이전사업단 법무실장

최영재 변호사

現 법무법인 디라이트(D'LIGHT) 소속변호사
학력 서울대학교 법과대학
서울대학교 법학전문대학원(3기)
제3회 변호사시험
前 서울출입국관리사무소
대한법률구조공단 대구지부
대한법률구조공단 본부(*국민권익위원회 파견)

출입국관리법(제2판)

초 판 발 행 2017년 4월 17일
2판 1 쇄 2018년 8월 28일

저　　　자 정혁진, 최영재
펴　낸　이 김성배
펴　낸　곳 도서출판 씨아이알

책 임 편 집 박영지, 김동희
디　자　인 김나리, 윤미경
제 작 책 임 김문갑

등 록 번 호 제2-3285호
등　록　일 2001년 3월 19일
주　　　소 (04626) 서울특별시 중구 필동로8길 43(예장동 1-151)
전 화 번 호 02-2275-8603(대표)
팩 스 번 호 02-2275-8604
홈 페 이 지 www.circom.co.kr

I S B N 979-11-5610-628-9 93360
정　　　가 23,000원